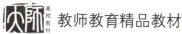

教师教育精品教材

基于教师资格考试的
教育学

华东师范大学教育学编写组／编著

华东师范大学出版社

·上海·

图书在版编目(CIP)数据

基于教师资格考试的教育学/华东师范大学教育学编写组编著. —上海:华东师范大学出版社,2015.12
ISBN 978 - 7 - 5675 - 4525 - 0

Ⅰ.①基… Ⅱ.①华… Ⅲ.①教育学－高等学校－教材 Ⅳ.①G40

中国版本图书馆 CIP 数据核字(2015)第 318881 号

基于教师资格考试的教育学

编　　著　华东师范大学教育学编写组
策划编辑　王　焰
项目编辑　蒋　将
审读编辑　汪　芳　邓华琼
责任校对　邱红穗
装帧设计　黄惠敏

出版发行　华东师范大学出版社
社　　址　上海市中山北路 3663 号　邮编 200062
网　　址　www.ecnupress.com.cn
电　　话　021 - 60821666　行政传真 021 - 62572105
客服电话　021 - 62865537　门市(邮购)电话 021 - 62869887
地　　址　上海市中山北路 3663 号华东师范大学校内先锋路口
网　　店　http://hdsdcbs.tmall.com

印刷者　上海华顿书刊印刷有限公司
开　　本　787 毫米 × 1092 毫米　1/16
印　　张　20
字　　数　448 千字
版　　次　2016 年 2 月第 1 版
印　　次　2023 年 2 月第 20 次
书　　号　ISBN 978 - 7 - 5675 - 4525 - 0/G·8931
定　　价　45.00 元

出 版 人　王　焰

(如发现本版图书有印订质量问题,请寄回本社客服中心调换或电话 021 - 62865537 联系)

建立面向学校改革的教育学

钟启泉

自改革开放以来,我国教育事业改革发展成绩显著。我们已拥有了世界上最大规模的学校教育,正进入到一个新的发展时期。特别是近十几年来的基础教育"新课程改革",其基本理念就是两个"为了":"为了中华民族的复兴,为了每位学生的发展"。这场改革激发了一线教师冲破旧观念与旧体制束缚的热情,拓展了教育创新的空间,同时也为我国教育学的新生带来了空前的压力与不竭的动力。

教育改革的核心环节是课程改革,课程改革的核心环节是课堂改革,课堂改革的核心环节是教师的专业发展。为了培养合格的新教师,我们需要脚踏实地、一步一个脚印地从起码的要求做起,那就是"回归、回答与回应":

回归教育常识。当今时代是"大众教育"的时代,不是"精英教育"的时代。随着国际高等教育的大众化,即便是发达国家的高等教育也把"培育有社会责任感的市民"(哈佛大学)或者"培育有教养的市民"(牛津大学),作为通识教育课程的宗旨。毫无疑问,作为"公民教育"的基础教育是成"人"而不是成"家"的教育,是一项为每一个学生的人格发展与学力发展奠基的事业。但在我国的基础教育界,一些中小学却背离了基础教育的基本性质与功能定位,张口闭口"拔尖创新人才"、"领袖人物"、"有思想力、领导力、创新力的杰出公民"等,任意地拔高了基础教育的宗旨,背离了教育常识,扰乱了教育舆论。基础教育在任何国家的国民教育制度中都是决定其国民素养的最重要、最基础的阶段,因此,今日国际教育界倡导的"卓越教育"绝不是满足少数"尖子生"的教育,而是旨在保障每一个学生的基本权利——"学习权"的教育。理想的学校是"和而不同"的"学习共同体",这是每一个学生、每一个教师乃至每一个家长得以成长的天地。当然,"学习共同体"的创建不仅需要"自上而下"的包括教育法制建设、学校标准化建设,乃至"核心素养"的界定与课程标准的精致化在内的顶层设计,而且需要基层学校中每一个教师凭借自身的实践"自下而上"地进行富有智慧的革新创造。

回答现实问题。大凡称得上真正的"教育改革",一定是教育观念与教育体制的同步变革。在这里,新生的教育学承担着重建一系列教育观念与概念的课题。诸如,为什么说"应试教育本质是反教育",为什么说"一味追求知识灌输效率的教学不等于有效教学",为什么说"分层教学是落后于时代的",为什么说"建构式教学终将替代灌输式教学"。面对诸如此类的问题,学校和一线教师,往往是迷茫的、困惑的,应当从理论与实践的结合上作出概念的梳理与澄清。如果说,产业社会时代学校教育的功能是"知识传递",那么知识社会时代学校教育的功能则是"知识建构"。国际知名的"知识金字塔"告诫我们,单靠教师的讲解获得的知识,其巩固率只有5%,而基于学生自身的活动体验建构的知识,其巩固率达90%。迷醉于缺乏信度与效度的"应试能力",或者仅仅满足于"低阶认知能力"而不聚焦"核心素养"发展的课程与教学,造就不了真才实学,更谈不上学生的实践能力与创新精神的培育。所谓"课堂转型",说穿了就是从"教师中心"走向"对话中心"。课堂,原本就是教师依托教材、引导学生展开探究和学会思维的空间——学生不断暴露自己的无知与困惑,引发认知冲突,活跃集体思维,习于相互倾听,存于彼此尊重的空间。这里的"教"与"学"可以比喻为"从已知世界到未知世界之旅","在这个旅途中,我们同新的世界相遇,同新的他人相遇,同新的自身相遇;在这个旅途中,我们同新的世界对话,同新的他人对话,同新的自身对话"。① 学习的实践是对话性实践,而当代教育科学的发展,特别是认知科学、儿童学、教育神经科学的积累,可以为我们解读这种对话性实践带来理论支撑。

　　回应教师需求。"课堂不变,学校不会变"——这个道理,已被20世纪70年代兴起的世界规模的"课堂革命"浪潮所印证。一线教师唯有把握了学校课程的整体结构,才能紧扣"核心素养—课程标准(学科素养与跨学科素养)—单元设计—课时计划"这一环环相扣的链条,展开有效的"协同学习"的教学活动。归根结底,学生是"学习的主体"。教师的课堂设计需要从"定型化"走向"情境化"研究。"借班上课"之类的"公开教学"的习俗或许是一种无奈——对新任教师而言,或许有一定的借鉴价值,但这种课堂绝不是真实的课堂,本质上是老练的教师展示其成熟的教学技巧,而学生不过是充当了为教师表演服务的跑龙套的角色而已。革新的教师走向"反思性实践家"需要满足三个条件:其一,读懂儿童;其二,吃透教材;其三,有教学追求。教师的教学实践能力是在日常的教学实践中借助"案例分析"培养起来的,教师成长的唯一途径就是教师之间相互切磋的"校本研修"。优秀的教师善于汇通"心理逻辑"、"学科逻辑"、"教学逻辑",他们是"双料"的专家,即儿童专家与学科专家。国际教师学研究归纳的教师专业成长"三大定律"——"越是扎根教师的内在需求越是有效;越是扎根教师的鲜活经验越是有效;越是扎根教师的实践反思越是有效",②值得我们关注。

　　我国学校改革的实践已经远远走在了教育理论的前面,教育学者必须面向真实的教育世界,秉持"国际视野、本土行动"的准则,急起直追,在潜心改革实践、服务改革实践的过程中,打造自身的理论功底与实践品格。作为学校教育改革的一个重要环节,教师资格考试制度及其考纲需要与时俱进。出于这一目的,我们围绕考纲涉及的一系列教育学的论题展开了一些关键概念、基本思路与典型案例的分析和梳理,编写了这本书。我们期待从这个小小的探索步伐中,能够引出有助于教师资格制度的完善,同时也有助于教育学自身改造的新的经验与新的发现。

2015年11月10日
于华东师范大学

----

① 佐藤学.学习的快乐:走向对话[M].钟启泉,译.北京:教育科学出版社,2004:56.
② Korthagen, F. 教师教育学[M].武田信子,译.东京:学文社,2010:65.

源于考纲，超越考纲

袁振国

教育学是教师教育的基础课和必修课。2011 年教育部颁布了教师资格考试改革方案，制定了《中小学和幼儿园教师资格考试标准（试行）》。它是教师职业准许的国家标准，也是中小学和幼儿园教师资格考试的基本依据。面对教师资格证书考试，教育学教材自然必须以满足考试要求为第一出发点。

中学教师资格考试大纲包括"教育知识与能力"与"综合素质"两部分。"教育知识与能力"重在考查申请教师资格人员能否"理解并掌握教育教学和心理学的基础知识、基本理论，能运用这些知识和理论分析、解决中学教育教学和中学生身心发展的实际问题"以及教师专业发展的相关问题，考试内容及分值情况是：教育基础知识和基本原理（19%）、中学课程（5%）、中学教学（14%）、中学生学习心理（18%）、中学生发展心理（9%）、中学生心理辅导（8%）、中学德育（17%）以及中学班级管理与教师心理（10%）。"综合素质"主要考查申请教师资格人员是否具有"先进的教育理念"、"良好的法律意识和职业道德"、"一定的文化素养"以及"阅读理解、语言表达、逻辑推理、信息处理等基本能力"，考试内容及分值情况是：职业理念（13%）、教育法律法规（13%）、教师职业道德规范（13%）、文化素养（13%）以及基本能力（48%）。据此，教材编写的基本原则是吃透考纲这两个部分中有关教育学的内容，全面覆盖相关原理与知识，并进行相应的整合，同时仔细研究近几年来考试真题所反映出来的有关教育学的拓展知识点、各模块的分值比例、出题形式及评分要求，将此反映在各章节的具体内容写作中。相信申请教师资格人员在阅读本书后，不仅对教育学体系可以有清晰的理解与掌握，而且能够从容地应对教师资格考试中教育学相关内容。

但是，我们都知道，教师资格考试标准的制定是一种尝试，尚处在试行阶段，因此现行的考纲作为师范院校教育学课程的教学依据具有明显缺陷：第一，理念落后，基本没有能够体现以学生为本的教育思想；第二，知识陈旧，新思想、新理论、新教育实践成果没有得到及时反映；第三，知识零碎，缺乏内在的逻辑性，只是相关知识的堆砌；第四，内容重叠，分散在考纲两个部分的知识未能很好协调，多处存在相同内容重复出现的现象，损坏了教育学的内在体系。因此，如果仅仅源于考纲要求，编制像现在市面上流行的教育学教材那样的课本，教给学生的将是一些支离破碎的知识点。为了编写一本理念先进、体系完整、内容保鲜、重点突出的教育学教材，我们源于考纲，又超越考纲。本教材的编写根据教育过程的内在逻辑，结合《教师教育课程标准（试行）》的基本要求，将考纲"综合素质"部分中有关职业理念的"教育观"的内容融合进了"教育概述"一章中，将有关"学生观"的内容拓展成涉及学生基本属性、学生地位、学生发展、师生关系及以人为本学生观的"学生"一章，将有关

"教师观"的内容与教师职业理念、教师职业道德规范及教师心理整合成"教师"一章,此外,又增补了现代教育思潮和理论的内容,特别是反映当下中国素质教育改革的现状与要求的内容,还探讨了在现代法治社会背景下,未来教师需要了解的相关教育法律法规等内容。

在确定了教材编写的基本指导思想以及整体逻辑体系之后,本教材力求打破教育类公共课教材的传统藩篱,着力在内容优化和形式美化两个方面进行特色性探索。在内容优化方面:首先,强调在学科体系完整性前提下的创新,不囿于以往教育学的传统内容,对符合教育学逻辑体系要求的内容和中学教师资格考试大纲所涉及的内容进行了有机整合;其次,强调在系统性前提下的针对性,编写内容都力求有助于学生既形成教育学素养又能顺利应对教师资格考试。在形式美化方面:首先,为了便于学生学习,清晰了解每章内容纲要,每一章都设置有明确的学习目标、关键词、本章框架示意图。"学习目标"旨在说明本章学习所要达到的基本指标,有利于学生明确学习重点;"关键词"旨在提炼出反映本章写作脉络的重要词语,有利于学生更快掌握本章基本概念;"本章框架"旨在厘清本章内容的逻辑关系,有利于学生有效把握各章内容体系。其次,为了尽可能使教材生动活泼,激发学生学习的欲望和提升学生的学习效果,每一章都采取了多样化的知识呈现方式,安排有案例、栏目、表格、图片以及思考题。"案例"能帮助学生更好地理解相关教育原理,"栏目"能促进学生拓展教育学视野,"表格"便于学生简明扼要地把握关键知识点,"图片"能增强学生的形象性认知,配有答案要点的"思考题"则能促进学生理论联系实践地分析问题。特别地,全书根据具体内容穿插了共 45 位教育学家图库(介绍其生平、代表性教育著作等),每章末扫一扫二维码即可轻松获得近几年教师资格考试真题,这两个精心设计既为学生提供自我检查和复习的便利,更是促进学生结合教育学相关内容去联系地理解。

本书的作者分别是:程亮(第一章第一、二、五节,第三、四节与胡东芳合撰),胡东芳(第二章,第三章第一节),张敏(第三章第二、三节),王丽佳(第四章),张礼永(第五章),唐思群(第六章),庞庆举(第七章),张克雷(第八章)。

由于时间较紧,且对如何兼顾教育学体系和考纲要求缺乏经验,本教材一定存在许多不足甚至错误之处,在使用之后,我们会及时调研、总结情况,尽快出版修订版本。诚恳希望使用者、阅读者和关心教育学与教师资格考试的老师、同学和专家学者提出宝贵意见。

2015 年 11 月于华东师范大学

在具体的教学实施中，结合各地各学校实际的学分和课时安排，以及学生的特征和自身的风格，利用本书的章节内容，编制个性化的课程纲要。以下以 36 个课时为例，提供一份参考性的进度安排及实施建议（各章"学习目标"中"了解"的内容，可安排学生课后自学，然后有重点地进行检测）。

进度/课时	内容	关键学习目标	实施建议
1/2	导言	明确本课程的学习要求。	让学生分享自己选择教师职业的动因；讲解本课程的性质及学习要求。
2/2	第一章 教育概述	掌握教育的含义、要素以及义务教育的特征。	讨论教育与教、训练、灌输、医疗、管理等概念的异同，归纳教育的含义及要素；讲授教育发生和发展的基本过程。
3/2		理解教育与人的发展、社会发展的基本关系。	呈现典型案例，讨论遗传、环境及学校教育在人的发展中的作用；列举数据，讲授教育的社会发展功能。
4/2		掌握有关教育目的理论，理解素质教育的基本要求及实施方法。	讲授个人本位论和社会本位论，以及素质教育的基本要求和实施方法；通过视频或阅读材料，呈现某个应试教育的现象，让学生分组评析并提出解决方案。
5/2	第二章 学生	理解学生的本质属性；掌握学生的权利和义务。	分组阅读和讨论：每组阅读其中的一个属性，概括观点，并举例说明，然后集中展示；通过典型案例，讲授学生的权利和义务。
6/2		掌握师生关系；理解和运用"以人为本"的学生观。	举例讲授师生之间的教育关系、心理关系及道德关系；结合栏目的阅读及讨论，让学生提出自己的学生观及其实现途径。
7/2	第三章 教师	理解教师的专业素养和成长阶段，理解教师职业道德和行为规范。	举例说明教师专业素养的重要，呈现 2—3 个有关教师专业发展阶段及其特征的理论，让学生讨论并归纳如何促进教师的专业发展；理解教师职业道德的内涵和国家最新颁布的教师职业道德和行为规范的要求。
8/2		评析教育教学实践中的师德和行为问题；掌握教师心理特征及其相关理论，分析教师常见心理问题和解决方法。	让学生围绕典型的职业道德和行为失范案例进行讨论，分析案例；说明教师的认知、人格和行为特征在教学过程中的表现；联系实际分析教师常见心理问题及其成因，掌握促进教师心理健康的常用方法。

进度/课时	内容	关键学习目标	实施建议
9/2	第四章课程	掌握基本的课程类型及其特征。	讲解课程的概念和主要流派;分组阅读与讨论:每组阅读一组课程分类,并用图表呈现该组课程的不同特征,然后集中展示。
10/2		理解课程开发的主要影响因素。	呈现一个典型的学校课程开发案例,让学生讨论儿童、社会以及学科特征的具体影响。
11/2	第五章教学	理解教学的意义;熟悉和运用教学过程的规律和教学原则。	讲授教学的概念及教学过程的基本阶段和规律;先自学第三节教学原则,再在小组中运用这些原则分析具体的课例。
12/2		掌握和运用常用的教学方法;运用不同的教学组织形式;掌握教学评价的相关概念。	尝试运用不同的教学组织形式,如分组等;围绕五类方法,让学生在小组中分享自己印象深刻的课堂经历;举例讲解教学评价的相关概念。
13/2	第六章德育	理解德育过程的规律及德育模式。	通过四个案例,讲解德育过程的基本规律;选取一个道德两难情境,讲解道德认知发展模式。
14/2		理解德育原则,掌握和运用德育方法。	自学德育原则,然后在小组中运用这些原则分析具体的案例;呈现若干问题情境,分组讨论并设计解决问题的具体德育途径和方法。
15/2	第七章班级管理	掌握培养班级集体的方法,理解家校联系的内容和方式。	结合典型案例或影视作品,讲解或让学生讨论班级集体的发展阶段与培养方法。
16/2		理解课堂结构和管理方法。	分组根据自己的课堂经历,罗列出常见的问题行为,并进行归类。选择其中一种,设计具体的处理方案。
17/2	第八章教育法律法规	理解教育法律法规的一般原理,以及教师的权利和义务。	讲解教育法律法规的内容;呈现典型的案件,让学生进行讨论与分析。
18/2	考试		可参照教师资格考试的试题,编制试卷。

目录

【学习目标】

1. 了解国内外著名教育家的代表著作及主要教育思想。

2. 掌握教育的含义及构成要素；了解教育的起源、基本形态及其历史发展脉络；理解教育的基本功能，理解教育与人的发展、社会发展的基本关系。

3. 理解义务教育的特点；了解发达国家学制改革发展的主要趋势；了解我国现代学制的沿革，熟悉我国当前的学制。

4. 掌握有关教育目的的理论；了解新中国成立后颁布的教育方针，熟悉国家当前的教育方针、教育目的及实现教育目的的要求；了解全面发展教育的组成部分及其相互关系。

5. 理解国家实施素质教育的基本要求，并依据这些要求分析和评判教育现象；掌握在学校教育中开展素质教育的途径和方法。

6. 了解教育研究的基本方法，包括调查法、实验法、历史法和行动研究法等。

【关键词】

教育:有意识地通过知识、技能或态度的传递,促进人的身心发展的社会活动。一般由教育者、受教育者和教育媒介等要素构成。

教育目的:国家或社会对个体通过教育在身心诸方面发生的变化或产生的结果的预期或要求。其中,国家教育目的反映的是对各级各类学校所要培养的人的规格的总体要求。

教育功能:教育对个人与社会所产生的作用或影响。其中,对个体身心发展产生的作用或影响,是教育的本体功能或个体发展功能;对社会政治、经济、文化、科技等方面产生的作用或影响,为教育的派生功能或社会功能。

学校教育制度:简称学制。即一个国家各级各类学校的系统,它规定各级各类学校的性质、任务、入学条件、修业年限以及它们之间的关系。

义务教育:依照法律规定,适龄儿童和少年必须接受的,国家、社会、家庭必须予以保证的国民教育。具有普及性、基础性、强制性、免费性、公共性等特征。

全面发展教育:对为使受教育者多方面得到发展而实施的多种素质培养的教育活动的总称。一般由体育、智育、德育、美育等构成。

【本章结构】

对于教育这一活动,我们都不陌生,我们都有所经历、有所体验,甚至都可以对它评论一番。自我们呱呱坠地的那一刻,教育就已经开始了。先是父母和其他家人的熏陶,而后从幼儿园、小学、中学以至大学,我们浸润在正规的学校教育之中;将来踏上工作岗位,我们仍然需要因循时代的变化,不断接受各种形式的研修或在职培训。在今天这样一个全球化、信息化的时代,教育对个体发展和社会进步的意义显得愈发重要了,以至于人们开始将教育拓展到人的整个一生,延伸到人的生活的方方面面。

但是,"教育"本身究竟是什么呢? 这大概是我们在谈论和从事教育工作时首先要回答的问题。对于教师来说,这个问题尤为根本,一方面因为这个职业本身就是因为教育而存在的,另一方面教师对这个问题的不同回答会深刻地影响到自身的职业理念和工作方式。

本章即是对这一问题的总体介绍。具体来说,我们首先分别从定义的、历史的、观念的层面勾勒教育的核心意义、发展历程和思想流变,进而对"教育实际上或可以做什么"以及"应该做什么"之类的功能和目的问题进行分析,最后介绍一些对教育问题进行科学探究的基本方法。

第一节 教育的概念与历史

要明确一个概念，我们通常从定义开始，厘清它的内涵和外延。为了阐明"教育"这个基本概念，这里也是从权威的界定出发，进行反省和辨析。同时，通过回溯教育作为一种实践形态的历史演变，展现教育发展的主要脉络，以增进我们对教育的理解。

一、教育的概念

根据《中国大百科全书·教育》的界定，"教育"这个词在用法上确有广义和狭义的区分："从广义上说，凡是增进人们的知识和技能、影响人们的思想品德的活动，都是教育。狭义的教育，主要指学校教育，其含义是教育者根据一定社会（或阶级）的要求，有目的、有计划、有组织地对受教育者的身心施加影响，把他们培养成为一定社会（或阶级）所需要的人的活动。"①在日常语言中，我们会说，一部电影，一本书，一次参观，甚至某次事件或经历，很有教育意义，即它们对我们的知识、技能或态度等产生了积极的影响，这便是广义的教育了；但更多的时候，我们取的是狭义的理解，**即用"教育"一词指称"学校教育"**。此外，"教育"有时还作为思想品德教育的同义语使用，比如我们常说"教育教学工作"，将"教育"与"教学"并置，其中"教育"相当于"思想品德教育"。

栏目 1-1

"教育"的界定问题

广义的"教育"很难与其他概念区分开来。我们确实会说，一部电影、一本书、一次参观或旅行很有教育意义，但是我们不太会说，看电影、读书、参观或旅行等活动本身就是教育。即便我们与朋友的一次交谈增进了自己的知识和技能，我们也不会把这种交谈看作是教育活动。这意味着，作为一个概念，"教育"都应该有区别于其他社会活动的内涵。然而，对于这个概念的内涵，人们在不同的社会语境中，站在不同的立场上，往往有完全不同的认识。下面是几种典型的观点：

（1）教育即能力的发展。瑞士教育家裴斯泰洛齐（Pestalozzi, J. H.）："教育是人类一切知能和才性的自然的、循序的、和谐的发展。"②

（2）教育即社会化。法国社会学家涂尔干（Durkheim, E.）："教育是年长的几代人对社会生活方面尚未成熟的几代人所施加的影响。……教育在于使年轻一代系统地社会化。"③

（3）教育即文化传递。英国人类学家马林诺夫斯基（Malinowski, B. K.）："教育就是指一个文化体系的传递；在文化变迁的时候，除了传递以外，也兼指两个文化体系的传播和融合。"④

---

① 中国大百科全书总编辑委员会. 中国大百科全书(第 11 卷)[Z]. 北京:中国大百科出版社,2009:438.
② 张人杰. 国外教育社会学基本文选[C]. 修订版. 上海:华东师范大学出版社,2009:8.
③ 同上注.
④ 马林诺夫斯基. 文化论[M]. 费孝通,等,译. 北京:中国民间文艺出版社,1987:45.

（4）教育即经验改造。美国哲学家**杜威**（Dewey, J.）："教育就是经验的改造或改组。这种改造或改组，既能增加经验的意义，又能提高指导后来经验进程的能力。"①

（5）教育即使人为善。日本教育学者**村井实**："教育是'使儿童（或每个人）变成善良的各种活动'。"②

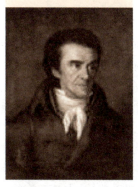

01. 裴斯泰洛齐

（Johann Heinrich Pestalozzi, 1746—1827）
瑞士民主主义教育家。被认为是现代教育理论和现代国民学校（初等义务教育）之父。
主要教育著作：《林哈德与葛笃德》《葛笃德怎样教育她的孩子们》等。

02. 涂尔干

（Émile Durkheim, 1858—1917）
又译为迪尔凯姆。法国社会学家、人类学家，主张教育的任务是提供集体生活所需的东西，把个人造就成真正的人，使个人与社会相适应。被称为"教育社会学之父"。
主要著作：《社会分工论》《社会学方法的准则》《道德教育》《宗教生活的基本形式》等。

03. 杜威

（John Dewey, 1859—1952）
美国哲学家、教育家，实用主义的集大成者。他以实用主义哲学为理论基础，提出了对教育本质的理解："教育即生长""教育即生活""教育即经验的继续不断的改造"。
主要教育著作：《我的教育信条》《学校与社会》《儿童与课程》《我们怎样思维》《民主主义与教育》《经验与教育》等。

尽管我们很难就教育内涵形成完全一致的认识，但是从人们有关"教育"一词的使用中，仍可以看到它所包含的三个要件：

第一，教育作为一种社会活动或过程，必定发生在人与人之间，而且是一方有意识地对另一方施加影响，即有施动的教育者和受动的受教育者。这是它不同于学习活动的重要之处，因为学习可以不需要他人的指导或教授。在这种意义上说，自我教育毋宁说是教育，还不如说是一种自主的学习。但值得注意的是，这种影响可以是年长一代向年轻一代施加的，也可以是同代之间的，甚至在今天出现了年轻一代对年长一代的文化"反哺"；这种影响可以是面对面的互动，也可以通过各种媒介手段（如网络、电视、广播等）展开。

① 杜威.民主主义与教育[M].王承绪，译.北京：人民教育出版社，2003：87.
② 大河内一男，海后宗臣，等.教育学的理论问题[M].曲程，迟凤年，译.北京：教育科学出版社，1984：317.

第二,教育意味着正在或已经传递了某种有价值的东西,特别是我们通常所说的知识、技能或态度等。因此,它与"教唆"不同;大概没有人会把教人使坏看作是教育。这些有价值的东西主要来自于人类智慧的结晶,包括特定社会在长期发展中积淀下来的丰富文化遗产。但是,在不同的历史时期或社会文化中,人们对什么样的知识、技能或态度是有价值的,可能会有不同的看法,因此会有不同的选择。比如,在西方,教育有重知识或理智的传统,而在中国,教育有重道德或人伦的特征。

第三,教育意味着直接促进人的身心发展,尤其是心灵或精神的发展。这意味着,教育与哺乳、医疗、体育训练是不同的:前者更多关涉精神上的积极变化,后者更多指向身体机能的发展。从这种意义上,学校体育与社会体育、学校教育与校外培训在性质和目的上是不同的。

总体来说,教育就是有意识地通过知识、技能或态度的传递,促进人的身心发展的社会活动。它必然内含了作为施动者的教育者和作为受动者的受教育者,而且是二者共同实施的一种对象性活动,涉及教与学的内容,以及承载这些内容的方式或手段等,这些方式或手段可以统称为教育媒介(也有称"教育中介")。因此,教育者、受教育者和教育媒介是教育的基本要素。具体到学校教育中,教育者一般是教师,受教育者一般是学生,教育媒介则是师生交互作用的介质,包括课程材料及其他辅助教育手段、设备、设施甚至环境等。

在现实中,教育又有不同的形式或类型。从承担的机构来看,就有家庭教育、学校教育与社会教育之分。一般来说,家庭教育是父母或其他年长者在家庭内自觉地、有意识地对子女进行的教育;学校是国家或社会设立的专门化的教育机构,由其实施的教育更为系统化;社会教育则是以家庭和学校以外的其他社会机构为单位进行的教育——这些机构包括各种职业组织或文化组织,如青少年宫、图书馆、博物馆、企业中人力资源部门等。当然,这种区分只是相对的,唯有它们相互协调,形成合力,才能真正有效地促进人的发展。事实上,今天的学校正在越来越多地加强与家庭或社区的开放与合作,积极利用各种社会场馆资源,辅助自身的课堂教学以及学生指导和管理。

还有从形式化的程度来对教育形态进行区分的,即非正式教育(informal education)、非正规教育(non formal education)和正规化教育(formal education)。非正式教育泛指融合在日常生活或生产过程中个体习得知识、技能或态度的活动,并没有独立的形式或系统,比如父母对子女的教育、原始社会的教育,大体属于此类;非正规教育是在学校以外其他社会组织所从事的教育活动,有一定的系统性,比如场馆教育、培训或补习班;正规化教育主要指学校教育,即个体在有组织的教育机构中所受到的系统化的教育。它们的具体差异,可以用下表来说明:

表 1-1

非正式教育、非正规教育和正规化教育的比较

类别	非正式教育	非正规教育	正规化教育
系统	无系统	有一定的系统	有严格的制度
对象	所有人	多为社会职业者	多为学生
过程	未明确的	非连续的	连续的
内容	无所不包的	灵活的	固定的
时间	终其一生	短期的	有较为统一的、确定的时限

二、教育的历史

要探明教育是什么,可以先从历史的分析开始。也就是说,追溯教育曾经是什么,它从哪里来,又经历怎样的演化,方成今天我们所见的形态。因此,本节将扼要地分析教育的起源、学校及其系统的建立和发展。

(一) 教育的起源

教育作为一种社会现象或活动,究竟从哪里开始? 或者说,究竟从哪里源起? 这便是教育起源问题。关于这个问题,主要有四种代表性的观点:

一是创造起源说。多数宗教或神话都持此说,即认为万物是某种超自然的力量(神或上帝)所创造的,而教育自然是上帝为了使人认识和信奉他、进入他安排的世界而创造的。随着近代生物学和解剖学的发展,尤其是达尔文进化论的提出,这种学说逐渐退居"幕后"。

二是生物起源说。以法国人类学家勒图尔诺(Letourneau, C.)和英国教育学家佩西·能(Nunn, P.)为代表。他们认为,教育是人与其他动物(尤其是高等动物)所共有的,且"生来就有一种由遗传而得到的潜在的教育",只是其他动物中存在的是低级形式的教育。沛西·能明确提出:"教育从它的起源来说,是一个生物学的过程……教育是与种族需要相应的种族生活天生的,而不是获得的表现形式,教育既无待周密的考虑使它产生,也无需科学予以指导,它是扎根于本能不可避免的行为。"因此,教育是根植于本能的,"生物的冲动是教育的主要动力"。[①]

三是心理起源说。以美国教育史学家孟禄(Monroe, P.)为代表。他认为,教育起源于儿童对成人的本能的、无意识的模仿。"原始社会以最简单的形式展现它的教育……用来帮助或强制个体服从普遍要求的复杂手段,绝大部分是无意识地对个体施加影响的……使用的方法从头至尾都是简单的、无意识的模仿。"[②]但是,这种从心理发展的角度考察教育起源的观点,将教育归结为无意识的活动,是对教育的目的性或意向性的否定,从而也使教育与学习等其他活动之间的界限变得模糊了。

四是劳动起源说。苏联和我国教育学界多持此说。其观点的源头主要在恩格斯(Engels, F. V.)"劳动创造了人本身"这一命题。由于苏联和我国以马克思主义哲学(而不是马克思哲学)为主导,这种起源说很快获得了认同,但是,也受到了一些挑战。一是有不少人误解了恩格斯的论断,以至于对这句话前面的"以至我们在某种意义上不得不说"这些字眼置若罔闻;二是即便劳动创造了人,但也不等于劳动创造了教育,劳动就是教育的起源。谨慎来说,劳动只能说是教育产生的客观前提或条件。

教育是人类特有的吗？

　　在讨论教育的起源时,涉及的一个主要问题是:人以外的动物界是否存在教育,或者说教育是否为人类所特有? 在勒图尔诺和佩西·能看来,答案是肯

---

① 佩西·能.教育原理[M].王承绪,等,译.北京:人民教育出版社,1992:38.
② 瞿葆奎.教育学文集·教育与教育学[C].北京:人民教育出版社,1993:178—179.

定的，而且前者还列举了很多的例子，如母熊教幼熊行走、攀登和进食，为了使幼熊学会这些，母熊不惜对幼熊进行处罚，甚至用脚踢和打耳光，有时轻咬幼熊。关于这类例子，也许还可以举出很多，比如马戏团里训练狗熊骑自行车，大象充当鼓手。又譬如还有这样的实验：将猫和老鼠从小饲养在同一个笼子里，猫长大了不但不把老鼠吃掉，反而和老鼠成为好朋友。但是，这些现象仅仅只能表明动物存在某种学习的能力，但不足以说明动物存在教育活动。主要理由是：(1)动物的这些行为仍然局限在本能的范围之内，是一种在本能基础上形成的条件反射；(2)这些行为是人类强加给它们的，不是它们自然而然进行的；(3)这些行为仅局限在个体的范围之内，不能积累成类的经验，因而也就不能相互交流；(4)这些行为有许多不是类的生活所必需的，对它们生存的作用意义甚微。

（郑金洲.教育通论[M].上海：华东师范大学出版社，2000：46—52.）

(二) 学校的产生

在中国，据《礼记·王制》的记载，"有虞氏养国老于上庠，养庶老于下庠"。《礼记·明堂位》也说："米廪，有虞氏之庠也。""庠"最初是饲养家畜的地方，后来又成为储存谷物的地方，所以又名米廪；而后又成为养老机构，严格来说，这种养老机构不是学校，但它可能在初民时代具有一定的教育作用。当年轻力壮的成年人外出狩猎、耕种、征战的时候，这些年老力衰却又富有经验的老年人，逐渐脱离了生产活动，可能自然地承担起照料和教育年幼儿童的责任。在西方，"学校"(英文 school)源于拉丁文 schola，原意为闲暇、休息，所谓"处士必于闲燕"是也。人没有闲暇，就没有学校生活，所以我国学校的雏形也在"庠"这类养老机构那里。

世界上发现的有丰富文字记载的学校，是位于伊拉克卡迪西亚省尼普尔以南的苏美尔学校(Sumerian School)。根据 1902—1903 年的考古发掘，这所学校距今有 4 000 多年的历史。该校的校长叫"尤米亚"(ummia)，也被称为"学校之父"(school father)；学生称"学校之子"(school son)；助教称"老大哥"(big brother)。其目标是培养寺院和宫廷的缮写员。学生主要是学习和誊写过去的文学作品。"教科书"是一些刻有象形文字的小泥板，上面有供学生学习的词汇表，也有一些写满作业的练习泥板。在纪律方面，教师经常鞭打学生，主要以棍棒纠正学生的过错和不当行为。[①]

事实上，学校是教育发展到一定历史阶段的产物。它的产生至少需要以下条件：

第一，闲暇阶层的出现。当生产力发展到一定阶段，群体的物质储备足以允许部分人从繁重的生产劳作中摆脱出来，成为群体中的闲暇阶层时，这些人可以专门从事生产和生活经验传递工作。最初，这些阶层除了上述养老机构中的有经验的老人外，还有各种仪式(特别是宗教仪式和成年礼)的主持者(如祭司、巫师、僧侣)，以及社会管理者(我国历史上出现的"官师合一")。

第二，文字的出现。这不仅改变了经验或文化的储存方式，也改变了教育的组织方式。教育逐渐从口耳相传转向以文字为载体的媒介传递。这也使经验累积与经验传递的分离成为可能，使教育与生活的分离成为可能。

---

① 瞿葆奎.教育学文集·教育与教育学[C].北京：人民教育出版社，1993：256—262.

第三,国家机器的产生。作为专门从事教育工作的学校,其最初的产生还依赖于统治阶级维持自身阶级利益的需要。它是作为国家机器出现的,不仅面向统治阶级的子弟,而且以培养统治人才为目的。

在中国,古代学校的发展有两条道路:一是官学,二是私学。近代意义的学校始于清末民初。在西方,古罗马有修辞学校,中世纪有主教学校、大学、基尔特学校,文艺复兴时期有拉丁文法学校、公学,宗教改革时期有平民学校和文科中学,启蒙和理性时期又出现了实科中学、综合中学。近代以来,学校作为一个专事教育的机构,一般都有入学、修业年限的规定,有明确的课程内容和固定的教学人员,通常会采取班级授课制。

(三) 学制的形成

尽管古代也有各种类型或级别的学校,但是这些学校之间并没有形成严格的体系。直到近代生产方式的变革、社会政制的转换、教育对象的扩大,现代学制才逐渐形成。它是一个国家各级各类学校的系统,规定着各级各类学校的性质、任务、入学条件、修业年限以及它们之间的关系。从纵向的维度来看,现代学制包括从幼儿园、小学、中学到高等学校(高职、大专、本科)的体系。从横向的维度来看,现代学制包括普通学校、专业学校(如师范学校、职业学校、技术学校等)。历史地看,现代学制的发展是下延式的,是先有贵族僧侣的学校,后有多数平民的学校;先有大学,后有小学。最早的大学,有1060年创立的萨拉诺大学,1158年的波洛亚大学,1140年的牛津大学。这些学校都为僧侣所控制。至于平民的小学,直到16世纪才有,幼儿园直到19世纪才有。现代学制主要有以下三种类型:

1. 双轨制

它是拥有两个相互平行的、相互独立的学校系统。一个系统是为贵族子弟或上流社会子女服务的,收费昂贵,设施完备,师资优良,其目的是培养社会所需要的各种高级人才;另一个系统是为平民大众子女设置的,办学条件较差,其目的是培养掌握一定文化和生产技术的劳动者和"顺民"。典型的是英国,贵族的子弟在良好的家庭教育之后,进入预备学校,而后是"公学"(如伊顿公学、威斯敏斯特公学),从而也有更多机会进入牛津、剑桥等知名大学;至于平民大众的子女小学毕业后,必须接受11岁考试,开始分流,一部分进入文法中学,一部分进入现代中学,一部分进入综合中学。

2. 单轨制

较为接近单轨制的是20世纪中期以后的美国和中国。无论是中产阶级的子弟,还是社会底层的民众或少数族裔的子女,都可以进入正式的学校系统,从小学进入中学,而后跨进大学的殿堂。这个系统是开放的,这种开放性不仅体现在每个公民都能有平等的入学机会(即受教育权),而且体现在不同类型、不同层级学校之间的贯通与联系,例如进入职业学校的学生同样可以进入大学,社区学院的学生毕业后可选择进入大学就读。

3. 多轨制(或分支型)

典型的是德国和苏联。在德国,基础学校毕业后,分别进入文法中学、实科中学,而后可以进入不同的高等学校。

在我国,最早制定的现代学制是1902年的《钦定学堂章程》,史称"壬寅学制"。但第一个实际执行的是1904年由张百熙、荣庆、张之洞等人主持制定的《奏定学堂章程》,又称"癸卯学制"。随着清廷的覆灭,民国政府的诞生,又颁布了新的学制。对我国现当

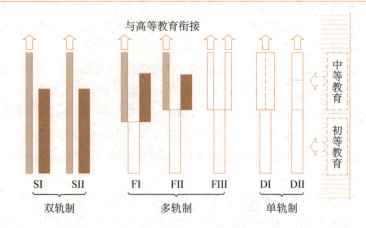

代学制产生深远影响的是 1922 年全国教育会联合会提出的学制——"壬戌学制"，这个学制从早期模仿日本，转向学习美国，形成了"六三三"的体系，基本上是民国时期的学制模式。新中国成立后，于 1951 年颁布了《关于改革学制的决定》，确定了新时期的学制，这一学制强调了工农干部受教育的权利，规定了各类技术学校和专门学院、学历教育与非学历教育在学制中的地位。我国现行的学制即是以此为基础进行完善的，具体如下图 1－2 所示：

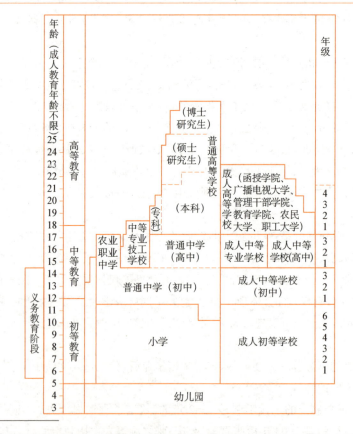

① 筑波大学教育学研究会.现代教育学基础[M].钟启泉,译.中文修订版.上海:上海教育出版社,2003:161.
② 吴文侃,杨汉清.比较教育学[M].修订版.北京:人民教育出版社,1999:70.

　　无论中外,在现代学制中,义务教育都是最为核心的部分,它直接关系到一个国家国民素质的高低。所谓义务教育,实际上是指依照法律规定,适龄儿童和少年必须接受的,国家、社会、家庭必须予以保证的国民教育。义务教育最早出现在德国魏玛邦。1619年,该邦公布学校法令,规定6—12岁男女儿童必须进入学校,对于不愿送子女入学的家长予以惩罚。19世纪中期开始,义务教育才逐渐在世界范围内普及。一般来说,它主要有以下特点:

　　一是普及性,即所有适龄儿童和少年,除了依据有关法律或法规的规定办理缓学或免学手续之外,都必须入学接受义务教育,以保证国民素质的整体提高。

　　二是基础性,即它是所有适龄儿童和少年都必须接受的最为基本的教育,是他们在未来社会生存和生活所必需的。

　　三是强制性,即它是依据法律的规定,由国家强制保证实施的。任何违反义务教育法律规定,阻碍或破坏义务教育实施的行为都应依法承担法律责任,受到法律的处罚或制裁。

　　四是免费性,即国家对接受义务教育的儿童和少年免收全部或部分就学费用,并设立助学金,帮助那些家庭贫困的学生就学。根据2015年修订颁布的《中华人民共和国义务教育法》,我国实行九年义务教育制度,且不收学费、杂费。

　　五是公共性,即它作为公共物品或益品,是为所有适龄儿童和少年所共享的,且不具排他性。

发达国家学制改革的主要趋势　　　栏目 1-3

（1）加强学前教育并重视与小学教育的衔接。
（2）强化普及义务教育、延长义务教育年限。
（3）普通教育和职业教育相互渗透。
（4）高等教育的大众化和多样化。
（5）学历教育和非学历教育的界线逐渐淡化。
（6）教育制度有利于国际交流。
（袁振国.当代教育学[M].2004年修订版.北京:教育科学出版社,2004:12—13.）

(四) 当代教育的发展

　　第二次世界大战后,世界的经济、政治、文化等都迎来新的发展空间,甚至可以说进入"黄金时期"。经济的高速发展,政治格局的重新调整,信息技术的突飞猛进,都使教育面临着新的机遇和挑战,经历二战后初期的教育重建,到20世纪60年代的教育扩张,到70年代的调整,再到80年代以来的教育振兴。在教育"波浪式"发展的过程中,似乎可以看到当代教育发展的一般趋向。

1. 全民化

　　教育的全民化,不外是指教育对象不限于专事学习的学生,而是关涉社会中的每一人。它所确保和期盼的是,在特定社会中,每个成员都享有平等的受教育权,都能获得一定程度的教育。教育作为一项基本的权利,已经获得了当代大多数国家的认同,并被写进了宪法予以保障。"全民教育"(education for all)概念正是在这一背景下提出的。1990 年,联合国教科文组织召开的世界全民教育大会通过了《世界全民教育宣言》,提出了 20 世纪 90 年代的全民教育目标。概括来说,全民教育所追求的,主要是以下三个方面:

(1)入学机会的均等(使学校教育面向所有人)。

(2)落实教育的基础性(确保每个成员获得社会所需要的基本知识、技能或态度)。

(3)满足学习者基本的学习需要(通过图书馆、社会教育机构等)。

04. 朗格朗

(Paul Lengrand,1910—2003)
法国成人教育家,终身教育理论的主要奠基者和终身教育运动的积极倡导者,被誉为"终身教育之父"。
主要教育著作:《终身教育引论》、《成人教育与终身教育》、《终身教育:概念的发展》等。

05. 叶圣陶

(1895—1988)
江苏苏州人。作家、教育家、语言学家、社会活动家。早年在教学实践中,通过改善师生关系、改变授课方式、塑造学生良好生活习惯等途径改进课堂效果,提高教学水平。后实行乡村教育实验,创办"生生农场"。此外,他曾起草《中学语文科课程标准》,成为"中国语文教师第一人"。
主要著作:《文心》等。

2. 终身化

终身教育和全民教育,是当代最具影响力的两大教育思潮。所谓终身教育,是指教育贯穿人生的各个阶段和生活的各个方面。其基本的意涵有二:一是教育在时间上贯穿人的一生,二是教育在空间上打通了学校与家庭、社会的阻隔。这两点都是针对作为制度化教育的学校教育而提出的。最初提出这一概念的是联合国教科文组织成人教育局局长朗格朗(Lengrand,P.),他曾写过一本书叫作《终身教育引论》。这本书所确立的终身教育思想,在联合国教科文组织的大力推动下,在后来的《学会生存——教育世界的今天和明天》、《学习——内在的财富》中得到了进一步的阐述。有人说,终身教育动摇了传统教育的大厦,无异于一场哥白尼的革命。但是必须注意的是,"终身教育并不是一个体系,而是建立一个体系的全面组织所依据的原则,而这个原则又是贯穿在这个体系的每个部分的发展过程之中的"。[①] 归结起来,终身教育的终极目标,不外乎通过教育增强人本身的自主学习能力,或者说"自我教育能力",也就是叶圣陶先生所说的"教是为了不教"的境界。

3. 民主化

民主化是当代教育改革的重要目标,也是判断一个教育制度或体系优异的重要尺度。实际上,上述全民教育概念的提出,就是教育民主化的体现。一般认为,教育民主化包括两个侧面:一是教育的民主。这是政治上的民主向教育领域拓展的结果,即使受教育权成为一项普遍的民主的权利,为不同种族、性别、阶层、信仰的公民所享有。二是民主的教育。这深入了教育

---

① 联合国教科文组织国际教育发展委员会.学会生存——教育世界的今天和明天[M].华东师范大学比较教育研究所,译.北京:教育科学出版社,2009:223.

过程的内部,是教育内涵的深化,即将专制的、灌输的、不充分民主的教育改造成民主的教育。它所要求是所有的受教育者都能享受到体现民主特征和要求的教育。民主的实质,无非是对人的权利的尊重和肯定,也就是人民享有参与和管理公共事务的权利。民主的教育,也就是对教育中人的权利的尊重和肯定,即教育中的人有权参与和管理教育事务的权利。具体来说,就涉及学校管理、教学过程、学生社团等方面的内容。总之,教育民主化,不仅意味着学校教育准入的开放性,也意味着学校中教师和学生参与管理和教学的自主性。例如,管理体制上从集权走向分权,师生关系上从权威型走向互动型,教育结构上从刚性、封闭走向弹性、开放,教学方式上从灌输走向启发,教育评价上从甄别、选拔走向发展,等等。

4. 信息化

二战结束之后,以核能源、计算机技术、微电子技术、生物技术等为标志的第三次工业革命浪潮席卷全球,人类步入了以知识经济为特征的信息社会(information society)。与工业社会不同,信息社会呈现出一些崭新的面貌:在生产过程上,从工业化、程序化、标准化转向个性化、弹性化、多元化;在生产形式上,从劳动和技术密集型走向知识和信息密集型;在组织形式上,从相对封闭的系统化走向开放的扁平化;在信息传递上,从单向传播走向双向的、交互的传播。这些变化也对教育发展提出了新的要求:不仅在教育目的上要致力于综合性、个性化、创造性人才的培养,而且在教育过程和制度的安排上要适应这种人才培养的需要,逐步走向多样化和民主化、全民化和终身化。两个时代教育的差异见表1-2:

工业时代的教育	知识时代的教育
教师即指导者	教师即促进者、向导、顾问
教师即知识源	教师即合作学习者
课程指向的学习	学生指向的学习
分时段的、严格计划的学习	开放的、灵活的、按需的学习
主要是事实为本的	主要是项目和问题为本的
理论的、抽象的原理与调查	真实的、具体的行动与反思
操练与练习	探究与设计
规则与程序	发现与发明
竞争的	合作的
课堂中心	社区中心
规定的结果	开放的结果

表1-2

工业时代与知识时代的教育比较[1]

---

[1] Trilling, B., Hood, P., Learning, Technology, and Education Reform in the Knowledge Age or "We're Wired, Webbed, and Windowed, Now What?"[J]. Educational Technology, 1999,39(3):5-18.

续表	工业时代的教育	知识时代的教育
	遵循规范	创造的多样性
	计算机是学习的科目	计算机是所有学习的工具
	静态的媒体呈现	动态的多媒体交互
	限于课堂的交流	世界范围的无边界的交流
	考试：通过常模来评估	表现：由专家、导师、同伴和自我评估

5. 全球化

全球化是 20 世纪 90 年代以来人类发展的重要课题。它是一个动态的发展过程，是以经济为主导的多领域、全方位的全球一体化过程。教育也是全球化关涉的重要领域。教育全球化，意味着各国教育的全球一体化，包括目标和内容的调整（如采用原版教材）、质量标准的确立（如 ISO 全面教育质量管理标准）、国际交流的加强（如相互承认学位、彼此交流学生）等。

第二节　教育的思想

教育既关涉到个体的发展，也关系到族群的延续；对任何国家或社会来说，它都是个重要的议题。历史上，很多重要的思想家、哲学家或教育家都对这个议题进行了广泛而深入的思考，提出了一系列富有创见同时影响深远的观点或理论。本文选取了不同时期一些代表性的思想家、哲学家或教育家，简要呈现他们在教育问题上的　些经典论述。

06. 孔子

（公元前 551—前 479）名丘，字仲尼。春秋末期鲁国人，中国思想家和教育家、儒家学派的创始人。其教育思想主要由弟子记载于《论语》中。

07. 苏格拉底

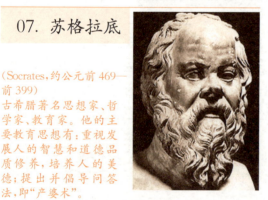

（Socrates，约公元前 469—前 399）古希腊著名思想家、哲学家、教育家。他的主要教育思想有：重视发展人的智慧和道德品质修养，培养人的美德；提出并倡导问答法，即"产婆术"。

一、古典的教育思想

有关教育的思考，由来已久。最初，这些思考或是建立在一些思想家或教育家的实际经验基础上，或是表现在他们对人性的假定和对美好社会的追求中。在源头上，中西教育及其思想形式都呈现出某种相似性。孔子和苏格拉底（Socrates）都没有直接留下著述，他们的思想主要是由弟子等人记叙的，而且主要是以对话的方式展开的。孔子倡导"有教无类"、"因材施教"、"不愤不启，不悱不发"的启发方法；苏格拉底主张"知识即美德"，其教学方法以"产婆术"闻名。两者的异同点见表 1-3：

	孔子的启发法	苏格拉底的产婆术
共同点	都属于互动式交谈;都属于伦理谈话;苏格拉底和孔子都深知自己无知,并对强不知以为知反感	
不同点	以弟子问、先生答为主	以先生问、谈话对象答为主
	从一般到特殊	从特殊到一般
	强调"温故而知新"	重在探究新知

表 1-3

孔子启发法与苏格拉底产婆术之比较①

孔子之后的**孟子**和**荀子**分别从不同的人性论出发,阐述了教育的功能。孟子主张性善,认为每个人都有"恻隐之心"、"羞恶之心"、"恭敬之心"、"是非之心"。"恻隐之心,仁也;羞恶之心,义也;恭敬之心,礼也;是非之心,智也。仁义礼智,非由外铄我也,我固有之也,弗思耳矣。"②所以,教育在扩充这些善端,存心养性。而荀子是性恶论的代表。他说:"人之性恶,其善者伪也。今人之性,生而有好利焉,顺是,故争夺生而辞让亡焉;生而有疾恶焉,顺是,故残贼生而忠信亡焉;生而有耳目之欲,有好声色焉,顺是,故淫乱生而礼义文理亡焉。"③所以,教育在于"化性起伪"。

08. 孟子

(约公元前 372—前 289)
邹(今山东邹城市)人。主张性善论,提出"存心"、"养性"的教育观。主要著作:《孟子》。

09. 荀子

(约公元前 313—前 238)
战国末期赵国人。主张性恶论,认为教育的作用就是改造人的本性,使之合于"礼",强调环境和教育对人的发展起着重要作用。主要著作:《荀子》。

苏格拉底之后的**柏拉图**(Plato)和**亚里士多德**(Aristotle)分别从不同的本体论及心灵假设出发,形成了不同的教育主张。柏拉图是西方理念论(或观念论)的代表,认为人的灵魂就具有天赋的知识,但是不同的人具有不同的灵魂。因此,他主张应该根据灵魂的不同性质施以不同的教育,强调"学习即回忆"和"教育即灵魂的转向"。其教育思想主要见于《理想国》(*Republic*)。相比较而言,亚里士多德是实在论的代表,认为人的心灵就像蜡块,因此教育可以形塑任何东西;他同时主张,教育应有国家控制,致力于培养公民。其教育思想主要见于《政治学》(*Politics*)和《尼各马可伦理学》(*Nicomachean Ethics*)中。

---

① 陈桂生.孔子"启发"艺术与苏格拉底"产婆术"比较[J].华东师范大学学报(教育科学版),2001,19(1):10—12。
② 《孟子·告子上》。
③ 《荀子·性恶篇》。

10. 柏拉图

(Plato，约公元前 427—
前 347)
古希腊哲学家。他重
视教育与哲学、政治生
活的联系,重视教育在
人发展方面的培养训
练作用。
主要著作:《理想国》、
《法律篇》等。

11. 亚里士多德

(Aristotle，公元前
384—前 322)
古希腊哲学家、科学家
和教育家。提出教育
的目的在于使人的德、
智、体全面发展,并最
早提出教育年龄分期,
认为教育应与人的成
长相适应。
主要著作:《工具论》、
《形而上学》、《政治学》、
《尼各马可伦理学》等。

12. 昆体良

(Marcus Fabius Quin-
tilianus，约 35—100)
古罗马时期教育家,古
罗马教育思想的集大
成者。主张教育的目
的在于培养具有良好
修养、高尚品德的演说
家。此外,他主张学校
实行分班教学和课程
交替进行的方式。
主要教育著作:《雄辩
术原理》(公元 96 年)。

13. 培根

(Francis Bacon，1561—
1626)
英国文艺复兴时期哲
学家、科学家和教育
家,早期科学教育思想
的代表人物。他提出
"知识就是力量"来概
括和赞美人类智慧。
主要著作:《学术的进
展》(1605)、《新工具》
(1620)、《新大西岛》
(1627)等。

这些都是教育思想的源头。世界上最早的系统阐
述教育问题的论著是我国的《学记》,是《礼记》的一篇。
约成于战国后期,是关于先秦儒家教育经验的总结。
在教育目的上,《学记》强调"建国君民,教学为先","化
民成俗,其必由学",以及"人不学,不知道"等;在教育
原则和方法上,提出禁于未发、及时施教、循序渐进、学
习观摩、启发诱导、长善救失等。此外,它也对古代教
育制度进行了记载。在西方,最早的教育论著当是古
罗马时期昆体良(Quintilianus，M. F.)的《雄辩术原
理》(Institutio Oratoria)。昆体良提出,教育的最终目
的是培养演说家,而这个过程必须经过初级学校、文
法学校和修辞学校三个教育阶段。在教学过程中,昆
体良特别强调要发展演说家所必需的记忆和模仿
能力。

二、近代的教育理论

有关教育知识的系统建构,是近代以来的事情。
培根(Bacon，F.)在《学术的进展》(Advancement of
Learning)中根据对象的性质,对人类知识进行了分类。
其中,在"传递或演讲"这一类型下,提到"教师的知
识",即通过阐释知识传递的原则和方法,使人的心灵
或灵魂在理性方面获得提升的一种特殊知识。在这种
知识下,培根提到了由易到难、化难为易,以及注意学
习者的个性和练习的次序等原则和方法。

但是,作为独立形态的教育学,其形成始于捷克教育家**夸美纽斯**(Comenius, J. A.)的《大教学论》(1632)。这本书开篇就说:"将一切事物教给一切人的无所不包的艺术,它是真正能以确定性教授它们、务使必有成效的教学艺术,它是愉快地进行教授的艺术,即是说,教师和学生双方都没有烦恼或厌恶,而是双方都引为最大的乐事;它是彻底地而不是肤浅地、浮华地进行教学的艺术。这种教学能导致真实的知识、文雅的道德和最深厚的虔信。最后,我们愿意以先验的(a priori)论证方法来说明这一切,即是说,从事物本身不变的性质中,如同从活的源泉中引出长流不息的小溪,然后把它们汇合成为一条集中的河流,从而为建立普遍学校的普遍艺术奠定基础。"[①]透过这段文字,可以看到,夸美纽斯旗帜鲜明地提出了教育知识生产的目的、方法和体系。不仅如此,夸美纽斯还从"泛智论"出发,提出了普及教育,主张根据学生年龄特征建立学校教育制度,并在理论上确立了班级授课制。

其后的一个半世纪,并没有沿着夸美纽斯所开创的教育学体系发展,但是涌现了像**洛克**(Locke, J.)和**卢梭**(Rousseau, J. -J.)这样卓越的思想家。他们都有做家庭教师的经历,但是他们的教育思想与他们的哲学立场和时代背景有着更为密切的联系。洛克是英国经验主义的代表,反对天赋观念,认为人的心灵就像一块白板,教育者可以随心所欲地涂写和塑造。他说:"我们日常所见的人中,他们之所以或好或坏,或有用或无用,十之八九都是由他们的教育所决定的。人类之所以千差万别,便是由教育之故。"[②]洛克主张,教育的目的在于培养精明能干的绅士,必须具备德行、智慧、礼仪和学问四种品质。"绅士需要的是事业家的知识,合乎他的地位的举止;同时要能按照自己的身份,使自己成为国内著名的和有益国家的一个人物。"[③]因此,他在课程和教学上强调实利的知识,关注能力的发展,注重儿童的特征。洛克的这些思想集中体现在他的《教育漫话》(*Some Thoughts Concerning Education*)中。

14. 夸美纽斯

(John Amos Comenius, 1592—1670)
捷克教育家。西方近代教育理论的奠基者。主要教育著作:《母育学校》、《大教学论》、《泛智学校》、《世界图解》等。

15. 洛克

(John Locke, 1632—1704)
英国哲学家、思想家、教育家。他认为人的认识来源于感觉和经验,提出"白板说"。主要著作:《政府论》、《人类理解论》、《教育漫话》等。

16. 卢梭

(Jean-Jacques Rousseau, 1712—1778)
法国启蒙思想家、哲学家、教育家。他提出自然教育理论,强调儿童的教育须顺应人的天性。主要著作:《社会契约论》、《爱弥儿——论教育》、《忏悔录》等。

---

① 夸美纽斯.大教学论[M].傅任敢,译.北京:人民教育出版社,1985:3.
② 洛克.教育漫话[M].傅任敢,译.北京:教育科学出版社,1999:1.
③ 同上书,114.

同样，法国启蒙思想家卢梭也主张感觉是知识的来源，主张人生而自由、平等，提出了社会契约论。在教育上，他是发现儿童的第一人，认为人的天性或自然本性是良善的，因此主张教育要"返归自然"，顺应儿童的本性，尊重儿童的身心特点和个性特征，培养身心和谐的自然人；在教学方法上，他倡导一种"自然后果法"。他说："我们不能为了惩罚孩子而惩罚孩子，应当使他们觉得这些惩罚正是他们不良行为的自然后果。"[1]卢梭最重要的教育著作是《爱弥儿》（*Emile*），这是一本教育小说。卢梭的自然主义教育是现代教育的新页，影响了包括**康德**（Kant，I.）、杜威等人在内的众多思想家和教育家。

17. 康德

(Immanuel Kant，1724—1804)
德国哲学家，德国古典哲学创始人。他认为教育的任务是充分发展人的自然禀赋，使人人得到自我完成，并主张儿童在16岁之前应接受体育、智育、德育。主要教育著作：《康德论教育》（或《论教育学》）。

18. 赫尔巴特

(Johann Friedrich Herbart，1776—1841)
德国哲学家、心理学家，在西方教育史上被誉为"科学教育学的奠基人"。他在批判康德和费希特的唯心主义哲学中，发展了一个理论教育学和实践教育学的双重教育学体系。他首先探索了"儿童的可教性"；其次认为道德是教育的最高目的和全部目的。主要教育著作：《普通教育学》《教育学讲授纲要》等。

三、教育上的"传统派"与"现代派"

直到德国的**康德**和**赫尔巴特**（Herbart，J. F.），教育学又开始了学科化的探索。康德在《论教育学》（*On Pedagogy*）（或《教育论》）中提出，要将教育学从一门艺术发展为科学，甚至提出了实验的思想。其实，康德的这本书是他在可尼斯堡大学开设教育学讲座时的笔记，由其学生林克整理而成。相比较而言，赫尔巴特的《普通教育学》（*General Pedagogy*）体现了他对教育学体系的全面思考，标志着教育学作为一门独立学科的形成。《教育学讲授纲要》（*Outlines of Educational Doctrine*）是他的另一本代表作。赫尔巴特认为，教育学若要成为一门科学，就需要以实践哲学和心理学为基础，前者说明教育的目的，后者说明教育的手段或途径。从实践哲学出发，赫尔巴特确立了道德之于教育的终极价值，并提出了内心自由、完善、仁慈、正义、公平或报偿等五种道德观念；根据多方面的兴趣（认识自然的知识兴趣和认识社会的同情兴趣），确立了相对应的学科知识体系；从"统觉"心理学出发，他提出了教学形式阶段，即"明了"、"系统"、"联合"和"方法"。此外，他还提出了"教育性教学"的概念，认为没有无教育的教学，也没有无教学的教育。

赫尔巴特对19世纪中后期的教育思想和实践产生了重要的影响，尤其是通过斯托伊（Stoy，K.）、齐勒尔（Ziller，T.）、莱因（Rein，W.）等人的发展，形成了第一个具有国际影响的教育学派——赫尔巴特学派。最初，美国的杜威也是这个阵容中的一员。但是，到了19世纪末20世纪初，杜威渐渐发展出自己的教育哲学。在"新教育"运动的推动下，赫尔巴特被看作是传统教育的代表，而杜威往往被当作是现代教育的代表。作为实用主义的集大成者，杜威将哲学看作是教育的一般理论，将教育看作是哲学的实验室，从而将他的自然经验主义、实验主义（或工具

---

① 卢梭.爱弥儿[M].李平沤，译.北京：商务印书馆，2014：120.

主义)的思想,直接在教育领域加以检核。其教育方面的著述,最有影响者,为《民主主义与教育》(*Democracy and Education*)、《我们怎样思维》(*How We Think*)、《经验与教育》(*Experience and Education*)。此外,杜威在担任芝加哥大学哲学、心理学与教育学系主任期间,开办了芝加哥大学实验学校(1896,又称"杜威学校"),推行教育改革的实验。杜威的观点主要如下:

(1)"教育即生活"。教育不是为遥远的未来生活作准备,就是生活的过程本身。个体总是处在社会之中,并通过参与群体的生活,通过与他人沟通,在理智和道德方面获得发展。这个过程就是个体生长的过程,就是经验不断改组或改造的过程。

(2)"学校即社会"。社会总是通过有意识地控制儿童的环境对他进行教育的,而学校就是社会为了对未成熟的社会成员进行教育而创建的典型环境。学校不应脱离社会生活,而应是社会的雏形或缩影。它应该是一个简化的、纯化的社会环境,成为平衡各种社会分歧或利益矛盾的共同体。它应该成为社会改革和社会进步的基本方法,为培养民主主义社会的良好公民作出贡献。

(3)"做中学"。杜威反对为"求知而求知",主张在行动中求知,通过行动去求知,而且知识的最终目的是行动,解决生活的问题,更好地适应环境。因此,学校课程应该从儿童的生活经验出发,以儿童的社会生活为中心,将园艺、纺织、木工、金工、烹饪等人类的基本事务纳入教材。杜威认为,学校课程的组织应该根据儿童自然倾向的发展,逐渐从心理的顺序过渡到逻辑的顺序。

四、现代中国的教育思想

在 20 世纪上半期,赫尔巴特和杜威的教育学说都对中国教育思想和实践产生了重要的影响。最初,我国主要是译介日本的教育著作,其中最为重要的是赫尔巴特及其学派的教育思想;但是,随着 1919 年杜威的访华以及他在华弟子(特别是胡适、蒋梦麟、陶行知等)的推动,杜威的教育学说几乎占据了当时高校的教育学讲坛,而且"教育即生活"、"学校即社会"、"从做中学"等都写在许多学校的墙上,挂在一些教育人士的嘴上,蔚为时尚。[1] 在这一过程中,一些本土的现代教育思想也逐渐形成。其中,最具代表性的当是陶行知的"生活教育"和陈鹤琴的"活教育"了。

19. 陶行知

(1891—1946)
安徽省歙县人,思想家、"伟大的人民教育家"。他先后从事平民教育、乡村师范教育和民主教育,为中国新教育作出了卓越的贡献。主要教育著作:《中国教育改造》等。

陶行知针对传统教育脱离生活、外来理论脱离中国实际的问题,对杜威的教育学说进行了批判的改造,提出了生活教育的理论。他认为"生活教育是生活所原有,生活所自营,生活所必需",因此主张"生活即教育"、"社会即学校"、"教学做合一"等。

针对传统教育的弊端,陈鹤琴主张将"死教育"变为前进的、自动的、活泼的、有生气的"活教育"。活教育的目的是"做人,做中国人,做现代中国人",这种人必须要有健全的身体、建设的能力、创造的能力、能够合作和能为大众服务。活教育强调,大自然、大

---

① 瞿葆奎.教育学的探究[M].北京:人民教育出版社,2005:492.

20. 凯洛夫

*(I. A. Kairov, 1893—1978)
苏联教育家,20世纪四
五十年代苏维埃教育
学的代表人物之一。
提出并强调智育在人
的全面发展中的地位
和作用。他认为课堂
教学是学校教学工作
的基本组织形式,强调
教师在教育和教学工
作中的主导作用,并提
出了教学的基本原则。
主要教育著作:《教育
学》等。*

21. 苏霍姆林斯基

*(V. O. Sukhomlynsky,
1918—1970)
苏联著名教育实践家和
教育理论家。他热爱社
会主义教育事业,热爱
儿童,指出只有全面和
谐的教育,才能促进儿
童全面和谐的发展。
主要教育著作:《给教
师的建议》、《把整个心
灵献给孩子》、《帕夫雷
什中学》、《和青年校长
的谈话》等。*

社会都是活教材,应让学生直接去学习;在方法上,活教育主张"做中教,做中学,做中求进步",从而提出了直接经验、均衡发展、自动研究、积极鼓励、具体比较、分组学习、集体竞赛等原则。其教学过程主要分为四个步骤:实验观察—阅读参考—创作发表—批评检讨。

新中国成立后,主导性的教育思想主要是马克思主义教育学。一方面是马克思(Marx, K. H.)本人关于个人全面发展的理论。他认为,教育的任务就是培养自由而全面发展的个人。要实现这一任务,就要将教育与生产劳动结合起来,特别是在机器生产时代,尤其要将童工的生产劳动与教育结合起来。马克思认为,教育主要有三件事:"第一,智育。第二,体育,像体操学校和军事训练给予的。第三,技术教育,这种教育传授全部生产过程的一般原理,同时引导儿童和年轻人实际使用和掌握一切行业的基本工具。"[①]另一方面是根据马克思主义的立场形成的一些教育学著述。其中,包括20世纪上半期杨贤江的《新教育大纲》,以及对我国影响较大的是苏联凯洛夫(Kairov, I. A.)主编的《教育学》(*On Education*)和苏霍姆林斯基(Sukhomlynsky, V. O.)的《帕夫雷什中学》(*Pavlysh School*)及《给教师的建议》(*Suggestions To Teachers*)等。

第三节 教育的功能

教育功能关涉的是"教育能做什么"或者"教育究竟有什么作用"的问题。教育一方面是以人的发展为直接目的,另一方面又是社会活动,承担着社会所提出的希望和要求,通过培养社会所需要的人才为社会作出贡献,因此教育功能不外是指教育对个人与社会所产生的作用或影响。其中,对个体身心发展产生的作用或影响,即为教育的本体功能,或者教育的个体发展功能;对社会政治、经济、文化、科技等方面产生的作用或影响,即为教育的社会功能,它是教育的派生功能。这就是教育的两大基本功能。

一、教育促进人的发展

发展的观念深入人心。但是,人的发展意味着什么? 个人的发展受到哪些因素的制约? 人们是怎样认识人的发展的? 对这些问题的不同回答,就会出现不同形式的人的发展的实践。

---

① 马克思.就若干问题给临时总委员会代表的指示·4.男女青少年和儿童的劳动[J].瞿葆奎,译.外国教育资料,1983(3):4.

(一) 人的发展的含义

人的发展是指个体在从生命开始到生命结束的全部人生过程中,其身心诸方面所发生的一切变化,它是个体由潜在素质变成现实特征的过程。《简明国际教育百科全书:人的发展》中指出,"人的发展"(human development)一语有两种释义方式:"第一种,也是较不常用的一种,是把它与物种发展史联系起来,将它看成是人类在地球上出现的过程,用以与其他生物的产生过程相比较。但是,远为通常的一种解释是把它和个体发展联系起来,从而看成是一个人从胚胎到身体死亡的过程。"①

具体地说,人的发展包括身、心两个方面。身(体)的发展,是指机体的自然形态和组织器官及其机能的发展、完善,包括机体的正常发育和体质增强两个方面。心(灵)的发展,则包括认知、情感、意志等方面的发展。在现实生活中,人的发展实际上是一个整体的变化过程,两者是相互影响、相互制约、相互促进的,表现出复杂的发展状态。身的发展,特别是神经系统发展的情况,制约着心理的活动及其发展;同时,身的发展也受到认识、情感、意志和性格等心理过程和特征的影响。

22. 伊拉斯谟

(Desiderius Erasmus, 约1466—1536)
荷兰哲学家,欧洲文艺复兴人文主义的主要代表人物之一,16世纪最重要的教育作家和理论家。主要教育经历:1498年之前,在巴黎担任一个富有的外国学生的家庭教师;1509—1514年,在剑桥教希腊语和神学。他认为教育最重要的是虔诚,要培养儿童与上帝、父母和玩伴之间爱和信任的关系,其次要提供儿童完整的语言和古典作品知识,进行人文主义教育,最后儿童要学习正确生活的规则,即学习良好的习惯。主要教育著作:《论男孩的礼貌教育》、《论童蒙的自由教育》、《论正确的教学》等。

(二) 人的发展的动因

人的发展,尤其是心的发展,不完全是自然成熟的过程,而是一个自为的、自觉的过程。关于人的发展的动因,人们存在着不同的认识,归纳起来,主要有三种:

一是内发论。该观点认为人的发展的动力来自个体自身的内在需要,身心发展是自然的过程。前面提到的孟子和卢梭等人,都是内发论的代表。美国心理学家格塞尔(Gesell, A. L.)强调人的成熟对于人的发展的决定作用,他认为人的发展受特定的顺序支配。内发论重视人的内部需要以及人体内在的发展机制,但忽视了外部因素对个人的影响以及个体的主观能动性。

二是外烁论。该观点认为人的发展主要依靠外在力量,诸如环境的刺激和要求、他人的影响及学校的教育和训练等。前面提到的荀子和洛克,都外烁论的代表。美国行为主义心理学家华生(Watson, J. B.)认为,个体可以有特殊的方法任意加以改变,或者使他们成为医生、领袖、银行家,或者使他们沦为乞丐、盗贼。外烁论由于强调外部力量的作用,重视教育的价值,从而忽视了个体的内在发展机制。

三是多因素相互作用论。该观点认为,人的发展是个体的内在因素(先天遗传的素质、机体成熟的机制等)与外部环境(外在刺激的强度、社会的发展水平、个体的文化背景等)在个体活动中相互作用的结果。没有个体的积极参与,不发挥个体的主观能动性,个体的发展不可能实现。在主客观条件大致相同的条件下,个体的主观能动性发挥程度,对人的发展有着决定性的意义。外部环境对个体发展的要求所引起的新的需要与个体已有发展水平之间的差距是个体发展的动力。

---

① 中央教育科学研究所比较教育研究室.简明国际教育百科全书·人的发展[Z].北京:教育科学出版社,1989:1.

(三) 人的发展的影响因素

人的发展的水平受到多种因素的影响，主要是受到遗传素质、生活环境、社会文化及人的社会活动的影响。学校教育是一种特殊的环境，它对人的发展有着特殊的意义。

第一，遗传因素。它是人的发展的物质基础和生理前提，为人的发展提供了可能性。遗传是一种生物现象，是人从上代继承下来的生理解剖上的特点，如机体的结构、形态、感官和神经系统的特点等。生物性因素为人的发展提供了基础，生物性因素的差异在更基础的层面上影响着人的发展的可能的方向，也影响着人身心发展的个别差异。因此，生物性因素在人的发展中具有重要作用。它为人的发展提供了现实可能性，如果把这种发展的现实可能性夸大为现实决定性，就会走向不恰当的反面。历史上出现的遗传决定论的思想，就片面地强调了遗传在人的发展中的作用。

第二，环境因素。人的发展过程在很大程度上是与其生活环境相适应的过程。环境制约着人的活动方式，人通过改变自身的状况，包括生理与心理状况，去适应环境，获得人的生存。生活环境提出了人的发展的需要，也会为人的发展提供一定的保障，环境推动和制约着人的发展的进程。历史上出现的环境决定论就片面强调了生活环境对人的发展的影响。

第三，教育因素。教育对人的发展影响更直接、更有效。教育因素包括家庭教育、学校教育以及社会教育等。家庭教育为社会发展提供了人力资源保障，为个体发展打下坚实的基础，并影响人的一生。学校教育具有明确的目的性和方向性，也具有较强的组织性和计划性，它可自觉地调控环境的影响，能促进个体的社会化与个性化。社会教育是家庭教育和学校教育的补充，它通常通过社会教育机构、社会文化和大众媒介对人的发展产生影响。教育对人的发展的影响是非常突出的，但也不是决定性的。历史上出现的教育万能论的思想就是将教育视为可以对人进行任意引导、任意塑造的工具，认为教育可以改变整个社会，这种观点也是片面的。

第四，主体因素。它是指人的主观能动性，是人类认识、改造环境或自我的能力与活动。人是一个能动的个体，环境和教育的影响只是人的身心发展的外因，对人的发展的影响只有通过人的身心发展的内因才能起作用。因此，人的个体的主观能动性是其身心发展的动力。所谓"逆境可以毁才，也可以成才"，"同流而不合污"，"出淤泥而不染"，"君子群而不党"，"威武不能屈"等古训就是这个道理。

栏目 1-4

狼孩

1920 年，辛格博士在印度加尔各答西南部森林的狼穴中救出了两个小女孩。其中，大的约七八岁，小的约两岁，分别取名卡玛那和阿玛那。辛格将他们送到孤儿院抚养。

刚入孤儿院时，她们用四肢爬行，喜欢夜行，害怕强光，凭嗅觉寻找食物，用舌头舔吮水汁，只吃生肉；不要衣被，不怕寒冷，不愿洗澡。而且，她们每晚像狼一样嚎叫多次，相依而睡，并想逃回森林；对其他人怀有敌意，有人靠近时，她们就会咆哮，其他孩子更是引不起她们的兴趣。但是，卡玛那对阿玛那感情很深，一年后阿玛那死去时，卡玛那两天两夜不吃不喝。

> 辛格博士下了很大功夫,试图使卡玛拉恢复"人性",但是收效总是不显著。两年后,她学会直立,但仍需有人扶持。1926 年,能单独直立行走,但不会跑。四年以后,卡玛拉只能听懂几句简单的话,仅仅学会 6 个词;七年后,她学到了 45 个词,并勉强学会了几句话。直到生命的最后三年,她才开始喜欢并适应人类社会了,习惯了晚上睡觉,用手吃东西,用杯子喝水。但是,智力水平远不能跟正常的同龄儿童相比。刚被发现时(8 岁),她的智力水平只相当于 6 个月的婴儿,快到 15 岁时,相当于两岁的婴儿,在 17 岁时,相当于 4 岁小孩的水平。
>
> (瞿葆奎.教育学文集·教育与人的发展[C].北京:人民教育出版社,1989:593—594.)

(四) 马克思关于人的全面发展的学说

对于人的发展问题,历史上存在各种不同的认识。这些认识影响着后世人们对人的发展的看法,也影响着人们为实现人的发展而开展的社会活动。其中,对我国学校教育影响巨大的是马克思关于人的全面发展的学说。这一学说确立了科学的人的发展观,指出了人的全面发展的历史必然。在马克思主义产生之前,亚里士多德、夸美纽斯、卢梭、裴斯泰洛齐等都曾提出过使人的体力、智力和道德等多方面和谐发展的思想。但是他们在提出和探讨人的全面发展的过程中,脱离社会生产和生活,只是从"神的意志"或"人的本性"出发来说明和解释人的发展。到了 19 世纪,英国空想社会主义者欧文(Owen, R.)也提出要培养"全面发展的人",但没能从根本上说清人的发展与社会物质生产、生活条件的关系。这些都构成了马克思主义关于人的全面发展学说的思想渊源。马克思主义从个人发展的社会历史条件出发,合理地阐明了人的全面发展的科学内涵。

具体来说,马克思主义关于人的全面发展的科学含义如下:第一,它是指人的生产物质生活本身的劳动能力的全面发展。这意味着"个人生产力的全面的、普遍的发展","是各方面都有能力的人,即通晓整个生产系统的人"。正如马克思所说的,"全面发展的个人……也就是用能够适应极其不同的劳动需求并且在交替变换的职能中……使自己先天的和后天的各种能力得到自由发展的个人"。这种劳动能力的全面发展,既表现为人的体力和智力的全面发展,又表现为人的才能和志趣的全面发展。第二,指人的才能的全面发展。正如马克思、恩格斯所说,"每一个人都无可争辩地有权全面发展自己的才能","任何人的职责、使命、任务就是全面地发展自己的一切能力"。第三,指人自身的全面发展。它意味着"人以一种全面的方式,也就是说,作为一个完整的人,占有自己的全面的本质","均匀地发展全部的特性"。第四,指人的自由发展,包括"全部才能的自由发展","各种能力得到自由发展","个人独创的和自由的发展","个性的比较高度的发展"等等。

马克思主义在规定人的发展时,强调要"从人们现有的社会联系,从那些使人们成为现在这种样子的周围生活条件来观察人们",进而提出,人的发展"既和他们生产什么相一致,又和他们怎样生产相一致","个人是什么样的,取决于他们进行生产的物质条件"。这表明,人的发展是与社会的生产力和生产关系紧密结合在一起的,也就是说,人的发展是与社会生产的发展相一致的。旧式的劳动分工造成了人的片面发展。分工本身是一定物质力量(社会历史条件)的产物,只有当个人重新驾驭这些物质力量并消灭(旧的)分工时才能使个人获得自由的和全面的发展;要驾驭这些物质力量并消灭旧的分工,没有集体是不可能实现的。"只有在集体中,个人才能获得全面发展其才能的手段,也就是说,只有在集体中才可能有个人自由。"但是,不是任何集体都能使个人自由发展的,只有"真实的"集体,即个人的自由联合体,才能实现一切社会成员的自由的、全面的发展。而要建立这样的联合体,就必须通过革命,由无产者推翻资本主义的国家,建立共产主义的社会。简而言之,马克思主义认为,要实现人的全面发展,就必须改变资本主义的社会关系,建立共产主义的个人联合体。

马克思主义关于人的全面发展学说,指出了人的全面发展的历史必然性,从而也为社会主义的人才培养指明了方向。马克思主义从社会生产的发展,特别是社会大工业生产发展对人的影响中,看到了"承认劳动的变换,从而承认工人尽可能多方面的发展是社会生产的普遍规律"。同时,马克思主义关于人的全面发展学说,构成了我国教育目的制定的理论基础。它有助于我国社会主义教育在人才培养中坚持全面发展的方向,丰富培养人的素质,更好地推进我国的现代化建设。

(五) 全面发展与个性发展之间的关系

全面发展与个性发展之间不是截然对立的,而是相辅相成的。"人的素质全面发展的过程也是人的素质个性化发展的过程,二者的发展是一个基本一致的过程。所谓全面发展,就是个性的全面发展;所谓个性发展,就是全面发展的个性。"[①]

第一,全面发展是个性发展的基础。没有人基本素质的相对完整、和谐的发展,个性及特长的发展就缺乏基础,就会失衡,这样的个性和特长发展实际上就是片面和畸形发展。按照马克思的观点,"人的全面发展"是人的"自由个性"形成的基本条件。要使"自由个性"成为可能,"能力的发展就要达到一定的程度和全面性",因为"自由个性"是"建立在个人全面发展和他们共同的社会生产能力成为他们的社会财富这一基础上的"。

第二,个性发展是全面发展的动力。人的发展要想真正形成突出的个性特点并具有较强的可持续性,就必须使自己的素质达到一定的全面性,特别是在人的那些最基本的素质方面,更是不能缺失。这样,"个性发展"就成了人追求"全面发展"的动力。

需要指出的是,人的全面发展,不是人的各方面的平均发展、均衡发展。从个人的全面发展看,有发展的不同方面,人的不同方面的发展不能以同样的水平来要求。全面发展的人,不应该是千篇一律的,而是在全面发展基础上个性又得到很好发展的人。因此,尊重个性的全面发展是人的全面发展的本质要求和最高境界。

二、教育促进社会的发展

社会是由众多子系统所构成的复杂系统。教育就是这个系统的组成部分,它除了具有自身的相对独立的要素环境,还与其他社会系统之间产生各种关联:一方面它受到其他社会系统的制约,另一方面它又对其他社会系统产生一定的影响或作用。前一个方面涉及的就是教育的社会基础、背景或环境问题,包括社会生产力的发展水平、社会

---

① 扈中平."人的全面发展"内涵新析[J].教育研究,2005(5).

政治经济制度、精神文化、人口发展状况,都在不同程度上影响到教育的目的、内容、手段、结构和制度等。下面主要讨论后一方面,即教育的社会功能。[①]

1. 教育的经济功能

有关研究表明,教育对国民经济增长具有突出的贡献。20世纪60年代,舒尔茨(Schultz, T. W.)研究了美国1929—1957年的经济增长,认为教育对国民经济增长的贡献是33%。另外,据美国经济学家丹尼森(Denison, E. F.)对美国20世纪20—80年代国民经济增长的分析,教育对国民收入增长的贡献达到了49.20%。[②] 具体来说,教育对经济的这种贡献,主要是通过以下途径来实现的:

首先,教育可以实现劳动力的再生产。随着人类生产力水平的提高,生产手段从刀耕火种走向机械化、自动化。面对日渐精细化、复杂化的生产机器,人们不经过专门的教育或培训,就难以胜任某项工作或职业。因此,在现代社会,教育通过培养各种专门性的人才,履行着劳动力再生产的重要职能。20世纪80年代的一项研究揭示,平均来说,一个受过四年初等教育的农民,其生产率比未受过教育的农民要高出8.7%,其年产出比未受过教育的农民要高13.2%。[③]

其次,教育可以提升人力资本的价值。在经济活动中,不仅物质资料是重要的资本,人本身也是重要的生产要素资本。舒尔茨提出人力资本的概念,并认为"教育作为经济发展的源泉,其作用是远远超过被看作实际价值的建筑物、设施、库存物资等物力资本的"。获得一定知识和技能的人是一切资源中最为重要的资源,人力资本的收益大于物力投资的收益。现在,越来越多的国家意识到,国际竞争的核心是经济竞争,经济竞争的核心是科技竞争,科技竞争的核心是人才竞争,而人才竞争的关键则在于教育,所以它们都开始把教育摆在关系到国计民生的重要战略地位。不仅如此,就个人来说,教育可以帮助他获得直接的经济利益。一般来说,受教育的水平越高,个人的经济收入也就越高(表1-4)。

表1-4　教育投资的收益率[④]

收入水平	国家	年份	个人收益率(%)			社会收益率(%)		
			初等	中等	高等	初等	中等	高等
高收入	希腊	1993		8.3	8.1		6.5	5.7
	新西兰	1991		13.8	11.9		12.4	9.5
中等收入	玻利维亚	1990	20.0	6.0	19.0	13.0	6.0	13.0
	中国	1993	18.0	13.4	15.1	14.4	12.9	11.3
	墨西哥	1992	18.9	20.1	15.7	11.8	14.6	11.1
低收入	埃塞俄比亚	1996	24.7	24.2	26.6	14.9	14.4	11.9
	尼泊尔	1999	16.5	8.5	12.0	15.7	8.1	9.1

[①] 这里有关教育的社会功能的内容,引自郑金洲主编的《教育基础》(华东师范大学出版社2013年版)第四章。

[②] 赖德胜.教育与收入分配[M].北京:北京师范大学出版社,1998:39.

[③] 张人杰.国外教育社会学基本文选[G].修订版.上海:华东师范大学出版社,2009:310.

[④] Guthrie, J. W. Encyclopedia of Education: Vol. 2 [M]. 2nd ed. New York: Gale, 2003:650.

最后,教育可以促进科学技术的生产。科学技术是第一生产力。而教育还具有直接生产科学技术的作用,通过科学技术的研发,把潜在的生产力转化为现实的生产力。在这方面,现代大学起到了重要的作用。所谓"产—学—研"相结合,是现代大学的特征。通过研究,促进教学,培养人才;同时形成科技成果,转化为生产过程,推进经济的发展。

2. 教育的政治功能

法国政治学家迪韦尔热(Duverger, M.)说过,"没有或几乎没有任何事物完全是政治性的",但是一切或几乎一切都带有部分政治性[①]。同样,教育具有鲜明的政治特征,它承担着培养国家公民和政治精英、促进政治民主化的重要使命。

首先,促进政治民主化。民主是现代社会的政治理想,是作为专制的、集权的社会的对立面出现的。它的精神主旨是,使每个人都享有平等地参与国家管理和社会事务的权利和机会。教育作为启迪民智的手段,在推进政治民主化方面有特殊的作用,主要表现在以下方面:第一,直接向学生传递有关民主生活的知识和价值观,使他们具有参与民主生活的意识和能力。第二,使每个公民不分地区、民族、阶层、性别、信仰等,都享有平等的受教育权利和机会—— 这本身就是政治民主化在教育领域的体现。第三,促进教育过程本身从专制、封闭或单向控制,走向民主、开放和自由,从而使学生在学校营造的民主氛围中耳濡目染,逐渐形成参与公共生活的民主精神。

其次,培养合格的公民。如果说培养"人才"是教育的经济目标,那么培养"公民"就是教育的政治目标。"公民"概念不仅仅意味着拥有特定国家的国籍,而且意味着具备相应的知识、技能和倾向。例如,在知识层面,要了解国家制度、政府组织、民主法治等方面的事实与信息;在技能层面,要有关注公共生活、参与民主决策、沟通表达技巧等;在情意层面,要有公共精神和服务能力。帮助学生形成这些知识、技能和态度,使他们成为负责任的公民,是现代学校教育不可忽视的责任。

最后,培养政治人才。例如,在英国,伊顿、哈罗、拉格比等公学,牛津、剑桥等大学培养出一大批政治家。如1951年,保守党议员中,有80.5%的人上过牛津、剑桥等。在美国,1789—1953年,约有67%的高级政治领导人(包括总统、副总统、众议院议长、内阁成员、最高法院法官)是大学毕业生,其中绝大多数毕业于名牌的和地位很高的东部院校,如哈佛、耶鲁、普林斯顿、达特茅思等等。在日本,1937年在总数为1 377名文职官员中,有1 007名即73.1%的人是东京大学的毕业生。

3. 教育的文化功能

教育与文化之间有着天然的联系,它本身就是社会文化的重要载体,具有促进文化延续和发展的重要作用。具体来说,包括以下三个方面:

首先,促进文化的传递和保存。从纵向上来说,教育总是试图将过去社会积累的文化遗产传递给年轻一代,在促进年轻一代社会化的同时也实现了文化的传承和繁衍;从横向上来说,教育有助于促进文化在不同的社会空间和社会群体中流动和传播,这既可以发挥特定文化的辐射作用,同时也可以促进文化之间的交流和融合。

其次,促进文化的选择。在学校教育中,课程是传递社会文化的直接载体,但是它

---

① 迪韦尔热. 政治社会学[M]. 杨祖功,王大东,译. 北京:华夏出版社,1987:11.

所承载的并不是所有的社会文化遗产。因为社会本身是复杂的,既有文化的精华,也有文化的糟粕,既有丰富的、创生的元素,也有贫乏的、僵化的成分,所以并不是所有的社会文化遗产都适合学校的课程体系;即便这些文化遗产都是积极的,也未必要将它们都纳入学校的课程体系,事实上由于学校课程的容量限制,也不可能将它们"全盘吸收"。在这种意义上说,学校课程必定是经过精心选择的社会文化。在选择的过程中,往往需要考虑两个方面:一是所选择的文化要符合特定国家或社会的需求,二是所选择的文化要基于学生的发展需要。除了课程层面的文化选择之外,在教师层面也存在一定的文化选择空间。他们并不是简单地复制教材或教参上的内容,而是根据对自我的定位、对学生的认知、对课程的理解、对环境的感知,最终确定"教什么"、"怎么教"之类的问题。因此可以说,教师就是一个文化选择者。

最后,促进文化的更新。文化的传承与文化的更新是内在统一的:没有文化的传承,文化的更新就无从谈起;没有文化的更新,文化的传承就失去了意义。教育的文化更新功能主要体现在三个方面:第一,教育选择和重组社会文化的过程本身,就是在进行文化的更新,即在有目的地过滤既往社会文化中某些贫乏的、僵化的、糟粕的内容,并在各种积极的文化因素之间建立起系统的关联,从而实现了社会文化的优化和系统化;第二,教育本身也在不断生产新的知识或经验,特别是在高等教育阶段,学术研究直接促进了知识的创生,丰富了文化的积累;第三,更为重要的是,教育通过人才的培养,不断创造新的文化。

第四节　教育的目的

如果说教育是一种培养人或促进人的发展的活动,那么它所要培养的究竟应该是怎样的人? 或者说,它究竟要促进人怎样的发展? 这就涉及教育的目的问题。它是指国家、社会或个人对个体通过教育在身心诸方面发生的变化或产生的结果的预期或要求。狭义上往往指的是国家的教育目的,即特定国家对各级各类学校所要培养人的规格的总体要求。但是,这些期待或要求,在不同的人那里可能是有差异的,而在不同的社会中也未必相同。比如,有些人、有些国家强调教育应该是"成人"的,使人的本性得到完善,使人的能力得到提升,使人的潜能得到开掘;还有人或国家主张教育应该致力于培养"人才",使个体成为对国家或社会有用的人,成为具有专业知识和能力的人;但是,也有人或国家提出,教育尤其是基础教育的使命既不是简单的"成人"也不是培养"人才",而是培养合格的公民。这种差异,在深层上反映的是人们在教育价值观上的深刻分歧。

一、教育目的的取向
(一) "个人"与"社会"

个人本位论以法国的卢梭、瑞士的裴斯泰洛齐、德国的康德、美国的马斯洛(Maslow, A. H.)、法国的萨特(Sartre, J. P.)等为代表。这种取向把人的价值看成高于社会价值,把人作为教育目的根本所在。它认为教育目的的根本在于使人的本性、本能得到自然发展,使其需要得到满足;主张根据人的本性发展和自身完善这种"天然的

23. 马斯洛

(Abraham Harald Maslow, 1908—1970)
美国心理学家、教育家，人本主义心理学的创始人。认为教育最重要的作用在于引导人的潜能的实现，促使学习接近人的潜能，最终达到"自我实现"。提倡创造性教育。
主要著作：《动机和人格》《科学心理学》《存在心理学探索》《人性能达到的境界》等。

24. 凯兴斯泰纳

(Georg Kerschensteiner, 1854—1932)
20世纪德语国家教育理论改革运动最为杰出的代表之一，因提倡"劳作学校"而著名。
主要教育著作：《课程理论评论》《德国青年的国民教育》《教育原理》、《教育家的灵魂》等。

需要"来选择、确立教育目的，按照人的本性和发展的需要来规定教育目的。社会本位论则以德国的纳托普（Natorp，P.）、凯兴斯泰纳（Kerschensteiner，G.）、法国的孔德（Comte，A.）和涂尔干为代表。这种取向强调社会价值高于个人的价值，并把满足社会需要视为教育的根本价值。它认为，社会是个人赖以生存与发展的基础，教育是培养人的社会活动，教育培养的效果只能以其社会功能的好坏来加以衡量。涂尔干就曾说过，教育在于使年轻一代系统地社会化——塑造社会我，这就是教育的目的。

（二）"现在"与"未来"

从时间的维度来看，还有两种与生活密切相关的教育目的论：准备说和适应说。准备说强调教育是为儿童的未来生活作准备的，适应说认为教育就是为了儿童的当下生活的。斯宾塞（Spencer，H.）认为，教育在于为未来的完满生活作准备。这种完满生活按其重要性程度，可分为直接有助于自我保全的活动、在获得生活必需品中间接有助于自我保全的活动、目的在于培养和教育子女的活动、与维持正常的社会和政治关系有关的活动、生活中的闲暇时间用于满足爱好和感情的各种活动。① 但是，杜威认为，教育就是生活本身，而不是为未来的生活作准备，为成人的生活作准备。生活是充满着变数的，是不确定的，一方面无法预知未来的生活状态，另一方面即便设想了未来的生活状态，也可能因为这个目标遥不可及，使人们看不到实现的可能性。所以，教育应该从现在的生活出发，并为了现在的生活作准备。当然，这并不意味着，教育就排斥为未来生活作准备，只是在为现在的生活作准备就是为未来的生活作准备，因为生活本身就是连续的，未来的生活是基于现在的生活的。②

（三）"职业"与"博雅"

教育究竟是培养一个职业人还是培养一个自由人？所谓"博雅"，即"自由"（liberal），即寻求精神自由，追求高尚人格，这种自由和人格不受外物所役，不为物质生存所累；所谓"职业"，也就是"专化"，即为了谋生或职业的目的。博雅教育在西方有着悠久的历史。它是按照人类最大限度的能力来设计的，并非是为他们的职业或专业作准备的。其目的是使每一个人学会独立思考，会作出明智而独立的决定。它之所以称为"自由"，是因为它的目的是要把人从无知、偏见和狭窄的束缚中解放出来。在自由意义上受过教育的人应该是一个知识广博、理解透彻的人，一个思维严整、表达清晰的人，一个富于想象、善于洞察的人，一个尊重他人、追求崇高的人……"总之，自由意义上受过

---

① 斯宾塞. 斯宾塞教育论著选[M]. 胡毅，王承绪，译. 北京：人民教育出版社，2005.
② 杜威. 民主主义与教育[M]. 王承绪，译. 北京：人民教育出版社，2001.

教育的人决不止一种类型。他永远是一个独特的人,同其他同样受过教育的人比较起来,他们虽然具备我们提到过的共性,但是他还是具备极鲜明的个性。"①

二、我国的教育方针与目的

教育方针是国家教育事业发展的总的方向和指针,因而它的变化,一方面体现出经济发展、政治方向或社会形势的新要求,另一方面意味着教育事业发展的新路向和新举措。新中国成立伊始,即根据当时教育的新民主主义性质,提出了"为工农服务,为生产建设服务"的方针。其后,随着经济与社会的发展,这一方针的表述也在不断地发生变化(见表1-5)。这些变化主要体现在三个方面:

时间	来源	教育方针与目的的具体表述
1949		"为工农服务,为生产建设服务"
1957	毛泽东在最高国务会议上的讲话	"我们的教育方针,应该使受教育者在德育、智育、体育几方面都得到发展,成为有社会主义觉悟的有文化的劳动者"
1958	中共中央、国务院《关于教育工作的指示》	"党的教育工作方针,是教育为无产阶级的政治服务,教育与生产劳动相结合"
1978	《中华人民共和国宪法》	"教育必须为无产阶级政治服务,同生产劳动相结合,使受教育者在德育、智育、体育几个方面都得到发展,成为有社会主义觉悟的有文化的劳动者"
1981	中共中央《关于建国以来党的若干历史问题的决议》	"坚持德智体全面发展、又红又专、知识分子与工人农民相结合、脑力劳动与体力劳动相结合的教育方针"
1981	五届人大第四次会议的《政府工作报告》	"我们的教育方针是明确的,这就是使受教育者在德育、智育、体育等几方面都得到发展,成为有社会主义觉悟的有文化的劳动者和又红又专的建设人才,坚持脑力劳动与体力劳动相结合,知识分子与工人农民相结合。现在的任务是要根据现代化建设中的实际情况来进一步贯彻这个方针"
1985	《中共中央关于教育体制改革的决定》	"教育必须为社会主义建设服务,社会必须依靠教育"
1993	《中国教育改革和发展纲要》	"第一,教育是社会主义现代化建设的基础,必须坚持把教育摆在优先发展的战略地位。第二,必须坚持党对教育工作的领导,坚持教育的社会主义方向,培养德智体全面发展的建设者和接班人。第三,必须坚持教育为社会主义现代化建设服务,与生产劳动相结合,自觉地服从和服务于经济建设这个中心,促进社会的全面进步"
1995	《中华人民共和国教育法》	"教育必须为社会主义现代化建设服务,必须与生产劳动相结合,培养德、智、体等方面全面发展的社会主义事业的建设者和接班人"

表1-5

新中国教育方针与目的的表述变化

① 瞿葆奎.教育学文集·教育目的[G].北京:人民教育出版社,1989:592—609.

	时间	来源	教育方针与目的的具体表述
续表	2001	国务院《关于基础教育改革与发展的决定》	"坚持教育为社会主义现代化建设服务,为人民服务,必须与生产劳动和社会实践相结合,培养德智体美等全面发展的社会主义建设者和接班人"
	2010	《国家中长期教育改革和发展规划纲要(2010—2020年)》	"全面贯彻党的教育方针,坚持教育为社会主义现代化建设服务,为人民服务,与生产劳动和社会实践相结合,培养德智体美全面发展的社会主义建设者和接班人"

一是在有关教育性质的表述上,从"必须为无产阶级政治服务"变为"必须为社会主义建设服务",再到"必须为社会主义现代化建设服务"。这折射的是我国发展重心从"以阶级斗争为纲"向"以经济建设为中心"的转变。

二是在有关培养人的形象上,从最初"有社会主义觉悟的有文化的劳动者",变为"有社会主义觉悟的有文化的劳动者"和"又红又专的建设人才",再到"全面发展的社会主义事业的建设者和接班人";至于"全面发展"的内涵也从最初的"德育、智育、体育几方面都得到发展"的不甚确切的表述,调整为"德、智、体等方面全面发展"的科学表述。

三是在有关培养人的途径上,始终坚持教育"必须与生产劳动相结合"的原则,后来又增加了"与社会实践相结合"的原则。前一原则是马克思主义区分两种教育制度的重要标尺之一,充分显示了社会主义教育制度的优越性;然而,这一原则的实际内涵却不是固定不变的:从"学工"、"学农"、"学军"逐渐发展为将生产劳动融贯在学校教育的制度设计和内容安排之中。

当前我国的教育方针与目的是通过教育基本法的形式确定下来的。1995年《中华人民共和国教育法》规定:"教育必须为社会主义现代化建设服务,必须与生产劳动相结合,培养德、智、体等方面全面发展的社会主义事业的建设者和接班人。"据此,我国的教育目的是培养德、智、体等方面全面发展的社会主义事业的建设者和接班人。其中,"建设者"和"接班人"主要是从国家或社会的层面提出的,体现了国家或社会对教育培养人的形象的总体要求,是"又红又专"的新发展;同时,我国教育所要培养的"建设者"和"接班人"必须是面向个人的,是"德、智、体等方面全面发展的"。

三、素质教育的提出与实施

由应试教育向素质教育转变,是当代中国教育改革与发展的重要决策,是国家教育目的与方针在政策和实践层面的具体推进和落实。从根本上说,这一转变是对当前"培养什么样的人"、"如何培养人"问题的现实回应,同时也与世界教育发展的趋势相呼应。"素质教育的概念是中国独有的,但素质教育的思想和实践却是全球性的。"[①]素质教育特别强调实践能力和创新精神的培养,关注每个人的素质或素养的全面而个性化的发展。实际上,这也是许多国家教育改革的议题和行动。

---

① 袁振国.中国素质教育政策研究[M].济南:山东教育出版社,2004:前言.

美国学生应具备的能力、技能与个性品质

1989年美国科学促进会推出了《美国2061年计划》,1990年时任美国总统布什发表了《美国2000年教育战略》,1991年美国劳工部发布了关于美国2000年的报告《要求学校做什么样的工作》,一个比一个更明确地提出了受教育者必须具备五种能力及三方面的技能和个性品质。

五种能力是:(1)资源:约定、组织、规划和分配资源;(2)人际关系:与他人共同工作;(3)信息:获取和使用信息;(4)系统:理解复杂的相互关系;(5)技术:运用多种技术工作。

三方面的技能和个性品质是:(1)基本技能:读、写、完成算术和数学运算、听和说;(2)思维技能:创造性思考,作出决策,解决问题,想象、指导如何学习和进行推理;(3)个性品质:有责任感、自尊、有社交能力、自我管理、正直和诚实。

(一) 素质教育的提出

改革开放初期,在"多出人才、快出人才、出好人才"的战略指引下,我国教育在短时间内为社会各行各业输送了大量急需的人才。但是,这种培养"人才"的取向客观上也造成了学校教育中的激烈竞争,出现了"应试教育"的倾向,造成了学生负担过重的问题,从而使教育偏重社会方面、偏离个人发展。在20世纪90年代,国家开始将"素质教育"理念纳入政策的框架。1993年《中国教育改革和发展纲要》明确提出:"中小学要由'应试教育'转向全面提高国民素质教育的轨道,面向全体学生,全面提高学生的思想道德、文化科学、劳动技能和身体心理素质,促进学生生动活泼的发展,办出各自的特色。"与以前的教育政策相比,这里的规定显示出新的气象:针对20世纪80年代以来"应试教育"面向"知识"、面向"少数"的倾向,特别提出了面向"素质"、面向"全体"、走向"全面"的新方向,同时强调学生生动活泼的发展以及学校的特色发展。这意味着,基础教育在实现新的转型,即转向对"素质教育"的内涵关注,转向全体学生的全面发展和生动活泼的发展,而不止是关注部分学生的发展,或关注学生的部分发展。[①]

20世纪90年代颁行的一系列重要的教育政策或规章,都在不同程度沿袭了《中国教育改革和发展纲要》在教育目的上确定的基调。例如,1996年《中华人民共和国国民经济和社会发展"九五"计划和2010年远景目标纲要》提出:"改革人才培养模式,由'应试教育'向全面素质教育转变。"1998年《面向21世纪教育振兴行动计划》将素质教育作为一项"跨世纪工程"。1999年6月,中共中央、国务院颁发了第一份直接以"素质教育"为名称的政策文本,即《关于深化教育改革全面推进素质教育的决定》。这项政策更为明确地要求以素质教育为方向,深入推进我国的教育改革,更为明确地突出了我国教育的根本宗旨和发展重点。2006年6月,素质教育被写入修订后的《中华人民共和国义务教育法》,标志着素质教育已上升到法律层面,成为国家意志。2010年7月,《国家中长期教育改革和发展规划纲要(2010—2020年)》公布,把"坚持以人为本、全面实施素质

---

① 叶澜.中国基础教育改革与发展研究[M].北京:中国人民大学出版社,2009.

教育"作为教育改革发展的战略主题。

(二) 素质教育的内涵与特征

1999 年颁布的《关于深化教育改革全面推进素质教育的决定》中明确了素质教育的内涵:"实施素质教育,就是全面贯彻党的教育方针,以提高国民素质为根本宗旨,以培养学生的创新精神和实践能力为重点,造就'有理想、有道德、有文化、有纪律'的德智体美全面发展的社会主义事业建设者和接班人。"具体来说,素质教育有以下几个方面的特征:

(1) 全体性。它要面向每一位学生,使他们都在原有的基础上得到充分的发展。

(2) 全面性。它要促进每个学生在德、智、体、美等方面都有所发展。

(3) 基础性。它要促进每个学生都获得基础知识、基本技能,特别是具备自我发展和学会学习的能力,为他们终身发展奠定良好的基础。

(4) 差异性。它在面向全体学生的同时,要承认、尊重、照顾每个学生的个别差异,促进学生个性生动活泼的发展。

(5) 主体性。它要求学校及其教师要尊重学生的自觉性、自主性和创造性。

(6) 开放性。它要求建立学校、家庭和社会相结合的教育网络,充分利用家长和社会的力量丰富教育资源,支持、配合学校进行素质教育。

素质教育与应试教育的区别见表 1-6:

类别	应试教育	素质教育
指导思想	为了应付升学考试,以追求升学率为目的,唯分数是举	为了全面提高学生的素质也就是为了全面提高国民的素质
教育目的	为适应上一级学校的选择需要,以应试训练为目的	根据社会进步和人的发展需要,使学生学会做人、学会求知、学会生活、学会健体、学会创造和学会审美
教育对象	面向少数人而忽视多数人,是重在"提高"的淘汰式的"英才教育"	面向全体,是重在"普及",促使每个学生充分发展的"通才教育"
教育内容	完全围绕应试要求,考什么就教什么、学什么,轻"德"缺"体"、少"美"、砍"劳",是一种不完全的畸形教育	使受教育者在德、智、体、美、劳多方面都得到发展的教育
课程结构	单一的学科课程,且只重视少数所谓的"主科",轻视所谓的"副科"	以现代课程理论为指导,把课程分为必修课、选修课和活动课程等几个板块,把它们都纳入课表,作为正式课程平等对待,还十分注意开发"隐性课程"
学生课业负担	为了应付中高考,作业较繁重,较多采用"题海战术"和机械记忆,而忽视学生对知识的真正理解和掌握	以作业为例,内容适度,形式灵活,不仅重视巩固性的书面作业,还要设计富于个性和创造性的活动作业、口头作业、行为作业,并把课外阅读纳入培养健康个性的工作之中,以利于学生的全面发展

表 1-6

素质教育与应试教育的区别

	应试教育	素质教育
师生关系	迫使教师"选择适合教学的学生",强调师道尊严,师生之间是一种管与被管、教与被教、灌与被灌的关系	强调尊师爱生,师生民主平等,双向交流。要求教师尊重、理解、信任、鼓励、扶植每一个学生,教师选择使每个学生都得到应有发展的教学艺术
教育方法	方法单调,重在"灌输",强调背诵,忽视实践能力和创造性思维的培养	方法灵活,重在"启发",鼓励创造性发挥,使学生生动活泼地主动地发展
教学途径	把课堂和书本作为教学的唯一途径,不同程度地脱离社会、脱离实际	为了培养学生适应社会、适应生活的新型素质,要求实现教育的社会化,建构学校与社会的"双向参与"机制,使得教学途径增多,实行开放式的现代教育
教育评价	筛选性评价,以考试成绩作为评价学生的主要标准,甚至唯一标准	发展性评价,评价标准、评价方式、评价主体多元化
教育结果	多数学生产生厌学情绪,个性受到压抑,只得到片面发展,缺乏可持续发展的能力	全体学生的潜能得到充分发挥,素质全面提高,个性得到充分、自由的发展,具有可持续发展的能力

(三) 素质教育与全面发展教育

《关于深化教育改革全面推进素质教育的决定》提出:"实施素质教育,必须把德育、智育、体育、美育等有机地统一在教育活动的各个环节中。学校教育不仅要抓好智育,更要重视德育,还要加强体育、美育、劳动技术教育和社会实践,使诸方面教育相互渗透、协调发展,促进学生的全面发展和健康成长。"这意味着,素质教育是全面发展教育的深化和具体化。所谓全面发展教育,是使受教育者多方面得到发展而实施的多种素质培养的教育活动的总称,由多种相互联系而又各具特点的教育组成。一般认为,它是由德育、智育、体育、美育、劳动技术教育构成。下面简要说明它们的内涵及实施要求。

1. 德育

德育是指向学生传授一定社会思想准则、行为规范,并使其养成相应思想品德的教育活动,是思想教育、政治教育、道德教育、法制教育、健康教育等方面的总称。在这方面,素质教育要求:以马列主义、毛泽东思想和邓小平理论为指导;要符合"学生成长规律",要从学生成长规律出发"确定不同学龄阶段的德育内容和要求";要改进德育工作的方式方法,寓德育于各学科教学之中,加强学校德育与学生生活和社会实践的联系,讲究实际效果,克服形式主义倾向;要针对新形势下青少年成长的特点,加强学生的心理健康教育。

2. 智育

智育是指向学生传授系统的科学文化知识和技能,培养和发展他们智慧与才能的教育。在这方面,素质教育要求:转变教育观念,改革人才培养模式,积极实行启发式和讨论式教学,激发学生独立思考和创新意识,切实提高教学质量;让学生感受、理解知识产生和发展的过程,培养学生创新思维习惯;要重视培养学生收集处理信息的能力、获取新知识的能力、分析和解决问题的能力、语言表达能力以及团结协作和社会活动的能力。

3. 体育

体育是指向学生传授身体运动及其保健知识,增强他们体质,发展他们身体素质和运动能力的教育。在这方面,素质教育要求:树立"健康第一"的指导思想,切实加强体育工作,使学生掌握基本的运动技能,养成坚持锻炼身体的良好习惯;确保学生体育课程正常开展和课外体育活动时间,不准挤占体育活动时间和场所;举办多种多样的群体性体育活动,培养学生的竞争意识、合作精神和坚强毅力。

4. 美育

美育又称审美教育,是培养学生健康的审美观,发展他们感受美、鉴赏美和创造美的能力的教育。在这方面,素质教育要求:将美育带入学校教育全过程;培养学生美好的心灵,陶冶情操,提高他们的精神境界和素养;开展丰富多彩的课外文化艺术活动,增强学生美感体验,培养学生欣赏美和创造美的能力。

5. 劳动技术教育

劳动技术教育是引导学生掌握劳动知识和技能,形成劳动观点和习惯的教育。在这方面,素质教育要求:不是纯粹的劳动技能的教育,而是在培养劳动态度、劳动习惯、劳动精神的同时,提高学生的动手能力、创造能力;要让学生通过劳动与社会实践,了解自然,熟悉社会。

总体来说,"五育"之间既相互独立,又相互促进。所谓相互独立,是指各育都有独特的内涵、价值、任务和内容,彼此之间是不能相互替代的。所谓相互促进,是指各育共同构成了全面发展教育的整体,忽视其中任何一者,都会背离全面发展教育的内涵,造成人的片面发展。但从人的发展过程来说,"五育"之间的划分只是相对的,实际上它们之间是相互渗透的关系,即任何一者的展开都可能附带地承担或完成了其他各育的某些任务。

(四) 实施素质教育的基本要求

《国家中长期教育改革和发展规划纲要(2010—2020年)》中明确指出:"坚持以人为本、全面实施素质教育是教育改革发展的战略主题,是贯彻党的教育方针的时代要求。其核心是解决好培养什么人、怎样培养人的重大问题,重点是面向全体学生、促进学生全面发展。着力提高学生服务国家服务人民的社会责任感、勇于探索的创新精神和善于解决问题的实践能力。"因此,素质教育的实施需要遵循以下基本要求:

(1) 着眼于民族素质的提高。这是国家实施素质教育的根本宗旨。素质教育旨在通过对受教育者进行各方面的教育,从而提高其综合素养和生存技能,进而促进整个国民素质的提高。

(2) 着眼于可持续发展。学生是国家和社会发展的后备力量,是未来社会建设的主力军。只有通过素质教育把学生教育好,让他们真正掌握知识和技能,才能为国家和社会的发展提供后续力量,从而实现国家的可持续发展。

(3) 着眼于全体学生的各方面素质的提高。学校必须贯彻落实教育方针,把培养学生在德、智、体、美、劳等方面全面发展作为教育目标,未来的社会是一个多元化的社会,学生只有德才兼备,综合发展,才能适应这种多元化的需求。

(4) 着眼于学生的主动发展、创新发展。素质教育必须把创新教育和基础知识教育结合起来,着力培养学生的创新精神、创新能力。

(5)着重于学生的个性发展。素质教育不但要促进学生的全面发展,而且要在促进学生全面发展的同时,根据学生的个性特征和兴趣爱好,因材施教,充分发挥出学生的个性特长,为学生个人能力的充分发挥创造良好的条件。

(五)学校实施素质教育的途径与方法

学校是推进和落实素质教育的主阵地。为了切实推进从应试教育到素质教育的转变,学校需要多管齐下,多途并进。一是要转变教育观,切实树立与素质教育相适应的教育观、学生观、教师观、质量观。二是要坚持"五育"并举,促进德育、智育、体育、美育和劳动技术教育工作相互渗透、协调发展。三是推进"新课程"改革,这是实施与推进素质教育的基本途径。每一个教育者都要理解、掌握并实践新课程理念,真正实施素质教育。四是转变评价方式,促进以定性评价统整、取代定量评价,从侧重甄别功能转向侧重发展,强调评价的真实性、情境性和过程性。五是开展丰富多彩的实践活动。六是建设一支具有良好政治业务素质、结构合理、相对稳定的教师队伍,这是实施素质教育的根本保障。

当然,全面推进素质教育,促使学生全面发展,最终需要落实在课堂教学中。为此,学校及教师应从多方面入手,优化教学过程,提高教学效率。一是落实课堂教学目标,既重知识与技能,又关注过程与方法、情感态度价值。二是强调教学内容与儿童生活和社会生活的关联。三是激发学生的课堂参与,全方位调动学生的主动性和积极性,保证学生学习的有效性,提高学生学习的质量。四是建立多层次、多样化的教学模式。微观层次上,可以有知识掌握与传授模式、技能形成与训练模式、能力获得与培养模式、行为规范认同与示范模式、态度改变与教化模式等等;从内容来考虑,可以有概念教学模式、例题教学模式、思想方法教学模式等等。宏观层次上,可以有学习—教授模式、发现—指导模式、问题—解决模式等等。

第五节 教育研究及其基本方法

教育研究是以科学的方法探究教育现象的活动。这一活动是以教育现象为对象,以科学的方法为手段,遵循一定的研究程序,以获取教育的知识为目的。一般来说,它是一种有目的、有计划的活动,通常是以发现某种规律、解决某个问题或改进实践为目的;它是一种按步骤、分阶段的活动,通常有一套严格而系统的操作原则和程序(如研究的设计等);它是一种运用各种方法认识和解决问题的活动(如调查法等)。下面介绍几种教育研究的基本方法。

一、调查研究

调查研究是运用观察、列表、问卷、访谈、测验等方式,收集有关研究对象的资料和数据,从而对教育的现状作出科学的分析认识,并提出具体工作建议的一整套实践活动。它有一套研究的方法和工作程序,有一套收集、处理资料的技术手段,并以调查报告作为研究成果的表达形式。与实验研究不同,这是一种事后的追溯研究;与历史研究不同,这是一种现状的事实研究。例如,泰勒(Tyler, R. W.)等人在一项"阅读学习时间与阅读能力提高"的研究中,对 195 名五年级和六年级的学生进行了研究,旨在调查学生在校与在家的阅读时间对于提高阅读成绩的效果。其中,学生每天阅读时间的统计包括:在校规定的阅读时间,在校业余阅读的时间,在家规定的阅读时间,在家业余阅读的时间。根据收集资料的方法不同,调查研究又有观察法、问卷法、访谈法等的区分。

第一,观察法。观察一般有日常观察和科学观察。这里的观察法是指研究者有目的、有计划地通过感官和辅助工具,在自然状态下对客观事物进行考察而获取其事实资料的一种科学研究方法。例如,了解课堂教学中师生的互动情况。其特点是:观察目的比较明确,对观察对象不加干预或控制,有翔实的观察记录。从观察的情境来分,有自然情境中的观察和实验室观察;从观察的方式(是否借助仪器设备)来分,有直接观察和间接观察;从研究者是否参与被观察者所从事的活动来看,有参与性观察和非参与性观察;从观察是否受到严格的控制来分,有结构式观察和非结构式观察。

第二,问卷法。调查者运用事先设计好的问卷向被调查者书面了解情况或征询意见。其优点是能获得统一的或标准化的数据,且易于进行定量分析;问卷适合大规模发放,可以节省人力和财力;而且问卷有较好的匿名性。但缺点是:难以获得深层信息;会出现错答、乱答、不答等情况,问卷回收率不高,问卷篇幅往往偏长,问卷易受被调查者水平的限制。对于这种调查而言,题目或问题的编制是关键。总体原则,以尽可能简单的问卷获取尽可能需要的信息。

第三,访谈法。访谈是一种研究性谈话,指通过与被访者的口头交流来收集所需资料的研究方法。通常是一对一的有目的的谈话,有时也有一对多的谈话,其中一个人负责主持和引导谈话。其目的主要是,通过访谈,了解被调查者对于某个问题的看法,或把握教育事实,征询意见。其优点是:灵活性大——访谈者可根据需要和情况,选择访谈时间和地点,调整访谈提纲和内容,引导访谈对象,以便获取所需的信息;成功率高——访谈者可直接了解被访者的观点和态度;适用面广——既适用于文化程度高的人群,也适用于文化程度低的人群(如文盲、阅读困难者);可获得深层信息——可以通过追问等方式,挖掘一些深层的材料和信息;可观察非言语行为——可以直接观察被访者的表情、动作等,判别其谈话内容的真实性。但是,缺点是代价高、时间长、受访谈者影响大、缺乏隐秘性等。

25. 梅伊曼

(Ernst Meumann, 1862—1915)
德国心理学家,实验教育学派的创始人之一。他反对依靠个人经历(卢梭)和逻辑推理(赫尔巴特)来构建教育学体系,认为只有运用科学方法加以实验和证明的教育学才是科学的教育学。因此,他提倡教育学应当采用科学实验的方法,创立"实验教育学"。
主要教育著作:《学习心理学》(1903)、《实验教育学纲要》(1907)、《实验教育学入门讲义》(1914)等。

二、实验研究

教育实验是指研究者依据一定的研究假设和研究设计,主动操纵研究变量,并对非研究变量予以明确和适度的控制,观测结果,从而检验研究假设的一种实践性和教育性的活动。其特点主要在于:一是对因果关系的揭示,即教育实验试图揭示教育活动中两个变量之间的因果关系;二是对自变量的操作(实验处理),实验研究总是通过设置、改变某一变量而引起某种现象;三是对无关变量的控制,需要控制的无关因素有:被试的态度、历史、生长与成熟、实验的处理与实施、测量和测试手段等。

在实验研究中,实验设计十分重要。实验设计指进行一项教育实验研究的整体设计,涉及研究的各个环节,即确定课题、提出假设、确定变量、选择样本、确定实验的组织形式和具体方法、设计分析资料的方法以及整个研究的进程和策略。实验设计是实施实验过程的基本蓝图,是关系到实验是否有效的关键因素。其基本思想是要突出自变量和因变量之间的关系。具体来说,有两个方面的要求:一是使自变量对因变量的作用最大化,从而显现自变量与因变量之间的关系;二是使无关变量对因变量的影响尽可能降到最小,避免无关因素的影响,使实验误差和无关变量对因变量的干扰作用控制在最小范围内。

三、历史研究

历史研究就是研究过去的事件,或者说是寻找事实,然后使用这些信息去描述、分析和解释过去的系统过程。从内容上来看,在教育领域中,历史研究可有三种形态:教育思想史或观念史研究(如**朱熹**的教育思想),教育制度史研究(如私学的历史沿革),教育实践史研究(如中国教学方式的历史变革)。其研究的一般程序如下:

26. 朱熹

(1130—1200)
南宋理学家、教育家。他将人性分为天地之性与气质之性,认为人要达到善,就必须"存天理、灭人欲"。从这一人性论出发,他将人的教育分为"小学"和"大学"两个阶段。小学阶段,主要是懂得基本的伦理规范,养成行为习惯,学习初步的文化知识。大学教育,重点探究事物发展的规律,成为国家所需要的人才。对于学习,根据切身实践,形成了著名的"朱子读书法":循序渐进、熟读精思、虚心涵泳、切己体察、着紧用力、居敬持志六条。主要著作:《四书集注》《小学》《朱子语类》《近思录》等。

(1)确定研究问题。可以有两种方式:一是对研究假设或问题的陈述,如研究"新文化运动对中国教育发展路向的影响"即蕴涵了一个假设;二是对研究目的的陈述,如研究"革命的反思:1985年中国教育改革的思考"的表述是:"本研究拟对改革发生的背景进行详细的描述,分析引发这场教育改革的因素,总结这场改革的关键特征,批判性地分析这场改革对学校和教师的影响。"在这一目的的表述中实际上也隐含着具体的问题:1985年教育改革的原因是什么?内容是什么?这场改革的特征是什么,产生了什么样的影响?……

(2)收集和评价史料。从形态上来看,史料有两种:文字材料(如书、报刊、日记、信件、会议记录),音像材料(如图片、录像、声音等),口传材料(如民歌、俗语、俚语、习俗等),器物材料(如遗迹)等。从资料的原始性来看,史料也可分为两种:第一手资料,即关于某一教育事件的原初的或首次的记录;第二手资料,即至少一次被援引的关于该事件的陈述。对收集的资料进行评价和鉴别,主要有两种方式:一是外部批评,主要确定资料形式的真伪或真实性,即"辨伪"和"证真"。涉及的是文献的形式和外表,内容包括:确定作者、成书年代、地点、背景及版本等是否可靠。二是内部批评,主要是确定资料内容的客观性和可靠性。这涉及的主要因素有:著者的学识和威望、记载的真实程度、著者的偏见和动机、资料的一致性程度等。

(3)对史料的分析与解释。收集和评价工作之后,针对研究问题对史料进行分析与解释。要注意以下几个方面的问题:分析史料的性质,结合问题的背景进行分析,并注重确保史料的针对性、充分性和全面性。

四、行动研究

行动研究是指行动者(或与研究者合作)在特定的社会情境(教育情境)中,通过反思和行动,解决教育问题,提升教育质量的一种研究活动。德金(Deakin)行动研究模式是目前广泛采用的操作模式(如图1-3所示),其特点有三:一是"为行动而研究",即是为了行动或实践的改进;二是"在行动中研究"或"在研究中行动",即是将行动和研究结合了起来;三是"由行动者研究",即行动者本身就是研究者或者研究的合作者。一般来说,行动研究主要包括五个步骤:

图 1-3

德金行动研究模式①

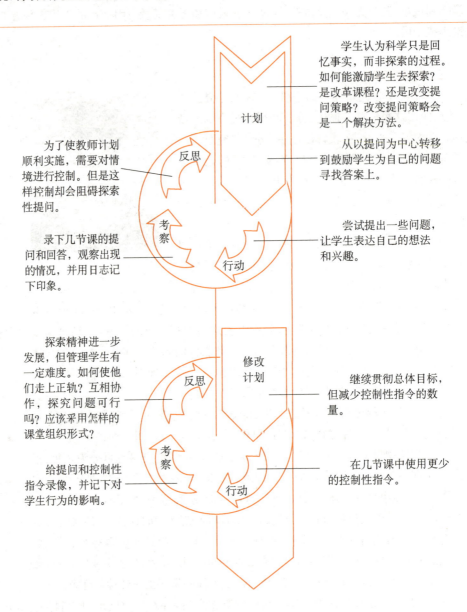

为了使教师计划顺利实施,需要对情境进行控制。但是这样控制却会阻碍探索性提问。

录下几节课的提问和回答,观察出现的情况,并用日志记下印象。

学生认为科学只是回忆事实,而非探索的过程。如何能激励学生去探索?是改革课程?还是改变提问策略?改变提问策略会是一个解决方法。

从以提问为中心转移到鼓励学生为自己的问题寻找答案上。

尝试提出一些问题,让学生表达自己的想法和兴趣。

计划 / 反思 / 考察 / 行动

探索精神进一步发展,但管理学生有一定难度。如何使他们走上正轨?互相协作,探究问题可行吗?应该采用怎样的课堂组织形式?

给提问和控制性指令录像,并记下对学生行为的影响。

修改计划 / 反思 / 考察 / 行动

继续贯彻总体目标,但减少控制性指令的数量。

在几节课中使用更少的控制性指令。

　　(1)问题。任何研究都是从问题开始的。作为拉近理论与实践之间距离的教育行动研究,自然也不例外,而且比之其他研究更具问题意识,因为它本身就是一项面向教育实践者"行动"本身的研究。

---

① 李克东.教育技术学研究方法[M].北京:北京师范大学出版社,2003:215.

（2）计划。计划是一幅研究的"蓝图"，它不仅提供了比较详尽的研究步骤，确保整个行动研究过程的有序开展，而且为行动研究过程和结果的评价提供了参考的框架。同时，制订计划的过程也是在进一步分析和论证问题解决的可行性。

（3）行动。这既是问题解决的实际操作过程，是研究计划付诸实施的过程，也是后续的观察和反思的实践基础。

（4）考察。这一收集资料的过程，也就是对行动者及其行动的实际状态（包括背景、过程、结果、特征等）的全面考察。这种考察可以是自我观察，比如研究者自己对自身行动过程和结果的反观，通常表现为在行动结束之后，对自身所展开的行动过程的回忆与描述；或者通过摄像等技术，记录下自身行动的全过程，以及相关的情境；还可以是其他合作者对某行动者及其行动的观察。

（5）反思。反思是在行动和观察之后作出的，它既是行动研究第一个循环的结束，也意味着新的行动研究循环的开始。反思的目的就在于寻求教师行动或实践的合理性。

参考文献

［1］王道俊、郭文安. 教育学［M］. 北京：人民教育出版社，2009.

［2］袁振国. 当代教育学［M］. 第 4 版. 北京：教育科学出版社，2010.

［3］全国十二所重点师范大学联合编写. 教育学基础［M］. 第 2 版. 北京：教育科学出版社，2008.

［4］郑金洲. 教育基础［M］. 上海：华东师范大学出版社，2012.

［5］张红霞. 教育科学研究方法［M］. 北京：教育科学出版社，2009.

［6］刘易斯·科恩，劳伦斯·马尼恩，基思·莫里森. 教育研究方法［M］. 第 6 版. 程亮，宋萑，沈丽萍，等，译. 上海：华东师范大学出版社，2015.

思考题

案例分析：

案例一：据《中国青年报》报道，2001 年，湖南省某重点中学一位语文教师在《入学教育课》的论文中有一段话："读书考大学，是为了自己，不是别人。读书增强了自己的本领，提高了自己的资本，将来能找到一个好的工作，挣下大把的钱，从而有一个美好的个人生活，比如生活愉快，人生充实，前途美好，事业辉煌，甚至找一个漂亮的老婆，生一个聪明的儿子。"根据这段材料，分析这位语文教师所持有的教育目的观，并结合实际进行简要评析。

案例二：近年来，经常有媒体报道大学毕业生工资不如农民工，不如保姆。也有研究对 2007 年高校毕业生就业状况进行了调查，发现 50％的毕业生月起薪在一千至两千元之间。大学毕业生的工资水平在下降，保姆的工资水平在上涨，两者已经不相上下。据此，有人认为读书没有什么用。请从教育功能的角度，评析这一现象和观点。

案例三：在学校里，老师们常常抱怨"5＋2＝0"的情况。意思是说，学生在学校五天所受到的良好教育，与周末两天在家庭所受的不良影响抵消了。请根据教育与人的发展的理论，评析这种现象。

扫一扫二维码
直接获取答案
要点

扫一扫二维码
轻松获取练习题

【学习目标】

1. 理解学生的本质属性。

2. 了解学生的地位,掌握学生享有的合法权利和应该履行的义务。

3. 掌握师生之间的教育关系、心理关系以及道德关系。

4. 理解"以人为本"的含义,在教育教学活动中做到以学生的全面发展为本。

5. 运用"以人为本"的学生观,在教育教学活动中公正地对待每一个学生,不因性别、民族、地域、经济状况、家庭背景和身心缺陷等歧视学生。

6. 设计或选择丰富多彩、适当的教育教学活动方式,因材施教,以促进学生的个性发展。

【关键词】

学生:指具有发展潜能及发展需要的个体,他们是学校教育的对象,以学习为其主要任务。作为学校教育的对象,他们又是具有主观能动性、具有不同素质的个体,教育者必须承认并尊重这一事实,满足学生各方面发展的需要。

学生地位:指学生的社会地位和学生在教育过程中的地位总和。学生的社会地位是其作为社会成员应具有的主体地位,它反映的是学生的权利和义务问题。学生在教育过程中的地位是指学生既是教育的客体,又是自我教育和发展的主体。前者是后者的基础和依据,后者是前者的具体化。

学生发展:指学生在遗传、环境和学校教育以及自我内部矛盾运动的相互作用下,身体和心理两个方面所发生的量、质、结构方面变化的过程与结果。它涉及个体性发展、群体性发展以及精神性发展三个维度。

师生关系:指教师和学生在教育、教学活动中,为实现一定的教育目的而结成的相互关系,包括彼此所处的地位、作用和相互对待的态度等。它是教育活动过程中人与人之间最基本、最重要的关系,是维系教育活动必不可少的基本要素。

人的全面发展:最根本是指人的劳动能力的全面发展,即人的体力和智力的全面、和谐、充分的发展。还包括人的道德的发展,是人的各个方面、各个部分、各个层次全面、充分、自由、和谐统一的发展。

以人为本:是一种对人在社会历史发展中的主体作用与地位的肯定,强调人在社会历史发展中的主体作用、目的与地位。

学生观:指教育者在对学生的本质属性及其在教育过程中所处位置和作用上的看法,它是教育观的一个重要组成部分。

【本章结构】

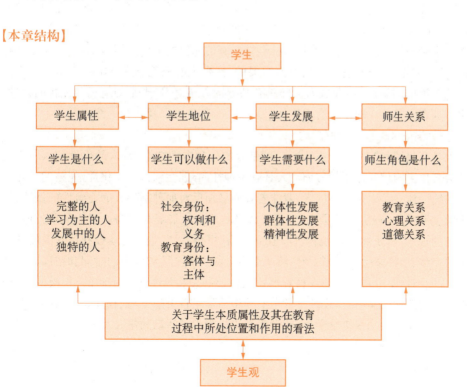

　　一般而言,学生是指在各级各类学校或其他教育机构中学习的人。而从学校教育的角度来看,"学生是指具有发展潜能及发展需要的个体,他们是学校教育的对象,以学习为其主要任务。作为学校教育的对象,他们又是具有主观能动性、具有不同素质的个体,教育者必须承认并尊重这一事实,满足学生各方面发展的需要。"①学生虽然是教育过程的最基本的要素之一,是教师工作的对象,但以往的教育学对学生的分析和研究却未能予以足够的重视。因此,充分了解和研究学生的本质属性、地位与作用、发展规律以及师生关系等显得十分必要,这既是教育工作的出发点和归宿,也是有效促进学生健康成长的条件与保障,更是形成并实践"以人为本"学生观的前提与基础。

第一节　学生的基本属性

　　学生是人,具有人的本质属性,是生活在一定的社会关系中,具有特定的社会属性的人。应该说这些命题是毋庸置疑、不证自明的,但在教育的理论与实践中,却往往出现忽视甚至否定学生的人的属性的情况。因此,学生究竟是怎样的人,值得每一位教育工作者认真思考。整体而言,在教育教学活动中,学生既是受影响者、不成熟的个体、居于客体地位、具有向师性与可塑性,又是教育活动中的主体,具有主观能动性。对学生不同的认识,不仅影响着人们对学生地位与学生发展的看法,也影响着教育活动的创建。随着教育的发展与进步,特别是在新课程改革背景下,一般认为学生具有四个方面的属性。

一、学生是完整的人

　　学生并不是单纯的抽象的学习者,而是有着身心诸方面需要及丰富个性的完整的人。学生既是具有一定生理机能、遗传素质的自然人,又是已经形成一定的思想意识、获得一定经验的社会人,是自然性与社会性皆有的完整的个体。即是说,学生是独立存在的、具有主体性的、有着身心诸方面需要的、活生生的完整的人。学生不是任何人可以随意支配的附属品,他和成人一样具有独立的人格尊严、丰富的情感和独特的个性,其生命具有完整性。他是具有主体性、独立人格、创造力以及独特个性的人。

(一) 学生是生理、心理和社会文化性的统一体

　　人具有"身"和"心"两个方面。"身"是人的生理方面,"心"是人的生理和人所受到的社会文化影响相互作用的方面。人具有生理性、心理性和社会文化性,完整的人是这三者的统一体。学生是完整的人,意味着我们必须反对那种割裂人的完整性的做法,摒弃把学生肢解为自然人、社会人、经济人以及将学生发展异化为身心素质的单方面、畸形发展的观念,真正将学生视作具有独立人格、思想感情、主观能动性和认知潜能的活生生的完整人,将学生真正当人看,给予学生全面发展个性和能力的时间和空间。在教育中,我们不仅要尊重学生的人格尊严,而且,还必须将学生视作主动的、积极的、有进取精神和创造性的学习者,在教育教学活动中给学生自由想象与创造的时间和空间,把精神生命发展的主动权交给学生,使学生真正成为学习活动的主人。

---

① 袁振国.当代教育学[M].修订版.北京:教育科学出版社,1999:89.

（二）学生的生理、心理和社会文化性各方面也有具体的完整构成

学生的生理包括了人生理构造的各个方面，不能只注重其中一方面；学生的心理有认知、情感、个性等不同方面，不能只注重其中一方面；学生的社会文化性涉及社会文化对人所要求的德、智、体、美各方面，不能有所偏废。在教育活动中，作为完整的人而存在的学生，不仅具备全部的智慧力量和人格力量，而且体验着全部的教育生活。要把学生作为完整的人来对待，就必须反对那种割裂人的完整性的做法，还学生完整的生活世界，丰富学生的精神生活，给予和创设学生全面展现个性力量的时间和空间。

图片来源：昵图网 www.nipic.com

需要指出的是，在社会实践领域中，许多工作所面对的往往只是人的某一方面，医生所面对的往往只是人的生理方面，艺术家所面对的往往只是人的精神方面……这种分工所带来的对人的局部的关注，反映了社会不同职业的职责。教育工作却不同，作为培养人的一种专门活动，它所面对的学生却是一个完整的人。教育不仅要影响人的认识、情感等心理因素，也要影响人的身体等生理因素；教育不仅要关心人的智力发展，还必须塑造人的品德；教育不仅要使学生适应社会现有的生产水平，还必须使他们成为德智体美全面发展的人。因此，从教育学意义上看，学生必然是完整的、全面的人。教师要树立"完整人"的学生观，真正促进学生"整个人"的和谐、全面发展。

二、学生是以学习为主要任务的人

学生的主要任务是学习，是在以学习为主的各种活动中去认识世界、改造世界，并从中获得身心的发展。学生的学习有着区别于日常生活和工作中的学习特点，它是在教师的指导下进行的有目的、有计划、有组织的规范化学习。教师的指导对学生学习的质和量都会产生重要影响。需要指出的是，尽管学习是学生的主要任务，但不是唯一的任务。现实当中有很多教育者、成年人有意无意地将"主要"这个词替换成了"唯一"，这是导致很多学生问题的根源所在。

（一）学生的学习是以系统学习间接经验为主

学生的学习是以间接经验的掌握为主。即是说，学生认识的对象主要是人类实践总结的认识成果——概括化经验体系，也就是间接经验，它主要以书本知识的形式体现出来。这首先是由教学活动的任务决定的。教学要解决学生的认识问题，使学生从不

知到知，从知之不多到知之较多，尽可能缩小与人类认识的差距，要求学生掌握既有的文明精华。其次是由学生学习的时间有限性所决定的，不可能凡事都去实践，在实践中获得直接经验，而需要在尽可能有限的时间里，最大限度地学习、吸收并消化他人优秀的经验。最后是由更好地促进学生发展所决定的。学生以系统学习知识经验为主，可以缩短学生个体的不成熟期，使其今后的发展少走弯路，更加顺利一些。

(二) 学生的学习是在教师指导下的规范化学习

学生是教育的对象，学生的学习是在教师指导下进行的。作为教育的对象，学生明确自己的主要任务是学习，具有愿意接受教育的心理倾向，服从教师的指导，接受教师的帮助，期待从教师那里汲取营养，促进自身的身心发展。而且，教师的指导对学生学习的质和量都能产生影响，不仅使学习更具成效，也是在特定情况下（如特定的年龄阶段中，特定的学习内容等），学习活动得以产生的前提条件。离开教师的有效指导，有很多的学习几乎不能进行。

学生所参加的是一种规范化的学习。学生的学习是有目的、有计划、有组织地进行的，它是由一定的教育制度以及学校的各项规章制度所规定了的。因此，学生的一系列行为模式和规范不仅要受到社会传统观念、文化习俗等影响，而且还要为确定的制度所规定。师生之间存在着制度化的关系，各自都负有制度所规定的权利和义务，甚至负有法律上的责任。

(三) 学生的学习具有主观能动性

学生是一个具有认识和实践能力的人，而不是一个"白板式"的人。学生的学习具有主观能动性，表现在学生具有个人的爱好、兴趣、追求，有个人的独立意志。虽然学生是从师学习的受教育者，但学生不是被动装填知识的"容器"，不是接受教训、听话的"驯服工具"，而是有主观能动性的学习的主体。教师的"传道、授业、解惑"只是外因，只有通过学生的内因——主观能动性的发挥才能实现。正如陶行知先生所说，先生的责任不在教，而在教学，而在教学生学。教师要从教会学生学习出发，改变那种让学生跟在自己后面亦步亦趋的习惯，使他们真正成为学习的主人。

学生是具有主体地位的人，是教育活动的主体。在学习教育者所给予的东西时，都是经过他们自己考量后，才会作出相应的反应。即是说，学生既受各种外界影响的制约，又不完全由外在影响所决定。学生的发展蕴涵在主体活动之中，学生不是被动接受教师的支配和塑造，而是作为一个自主发展的个体自觉参与教育过程，具有主观能动性和自我教育的可能性。因此，教师能否珍惜和巧妙地运用其权威性，引导学生主动积极发展，是对教师素质的考验。

三、学生是发展中的人

"人的发展"是指作为整体的个人，从生命的起点状态到生命的终点的全部人生中，在与环境的相互作用中，身心两个方面整体的积极变化过程。学生具有发展性，是指学生是一个发展变化的人，生理和心理还不成熟，需要得到发展。在学校教育中，学生发展这一概念具有丰富的含义，它既是身心的和谐发展，又是一个由量变到质变的过程，也是一个由遗传、环境和学校教育协同作用的结果，呈现出一定的规律性。

(一) 学生具有和成人不同的身心发展特点

学生是具有能动性和思想情感的主体,具有独特的创造性;学生具有和成人不同的身心发展特点,是发展中的人,具有发展的巨大潜能和塑造性,是具有发展需要的人。一方面,学生处于人生发展的特定阶段。中学这一时期,是一个人的生理、心理发育和形成的关键时期,是一个人从不成熟到成熟、从不定型到定型的成长发育时期,也是一个人生长发育特别旺盛的时期。学生身心各方面都潜藏着巨大的发展潜能,同时,他们身心发展的各种指标都还处在变化之中,具有极大的可塑性,需要教育者科学、合理的开发与发掘。另一方面,学生又是已具有一定能力并享有一定权利的主体,他们享有一定的权利并具备行使这种权利的能力,成人不仅不能剥夺或者代替他们行使其权利,相反要给予应有的尊重和适当的保护。

27. 维果茨基

(Lev Vygotsky, 1896—1934)

苏联心理学家、教育家。被西方称赞为20世纪心理学界少有的真正百科全书式的人物。他对心理过程作了社会起源的分析,认为人从出生就是一个社会实体,是社会历史的产物。维果茨基用"最近发展区"和"内部语言"两个概念解释他心理过程的社会起源思想。最近发展区,是"由对问题的独立解决所决定的实际发展水平,与通过成人指导下或与更有能力的同伴的合作对问题的解决所决定的潜在的发展水平"之间的区域。内部语言是一种对自己的无声的谈话,依靠人与社会之间的相互作用。成功的教育应当能激发学习者内部发展过程的最近发展区,教学应当走在发展前面。教师应当成为学生心理发展的促进者。主要教育著作:《儿童期高级注意形式的发展》(1929)、《儿童心理发展问题》(1929—1934)、《思维和语言》(1934)等。

(二) 学生具有发展的巨大潜能

学生是具有发展可能和需要的个体。一方面,学生是有发展可能的个体。遗传素质与教育环境为学生的发展提供了可能性。人与动物的区别就在于人能用语言进行思维、用工具参加劳动。人的先天遗传基因、生理机能以及后天社会实践活动为其身心发展奠定坚实的基础,使他们发展有了可能。另一方面,学生是有发展需要的个体,且学生的发展需要是多方面的,包括生理和心理、认知和情感、道德和审美等方面。教育正是基于学生发展需要的多面性,才确定了全面发展的目标。

(三) 学生具有获得成人教育关怀的需要

作为发展中的人,也就意味着学生还是一个不成熟的人,是一个正在成长的人。学生是在教育过程中发展起来的,是在教师指导下成长起来的,这就决定了学生需要获得成人的教育和关怀。毕竟,学校教育是有目的、有计划、有组织地培养人的社会活动,它对个体成长起着主导作用。正因为学生的不成熟,才有巨大的发展潜力,也正因为学生的不成熟,学校和教师才大有可为。因此,教师应充分尊重、保护、发展学生的不成熟性,有效地促进学生的健康成长,并根据其年龄特点有效地促进他们自由、和谐、健康地成长。

对于教育工作者而言,首先必须相信每一个学生蕴藏的巨大潜能,自觉地将"让每个孩子都获得成功"作为教育信条,相信、热爱每一位学生,使自己成为每一位学生发展道路上的助燃器和指导者;其次,由于学生是处在发展过程中的人,学生的发展具有可能性与可塑性,学生个体的发展依赖个体与环境的相互作用。因此,必须以发展的眼光看待学生,而不能以贴标签的行为对待学生,要把学生作为一个发展的人来对待,要理解学生身上存在的不足,允许学生犯错误,并努力帮助学生解决问题、改正错误,从而不断促进学生的进步和发展。在对学生进行有效教育和管理的同时,还必须注意尊重和保护学生的合法权利。此外,教育者既要对学生的现在负责,也要对学生的将来负责。

四、学生是有差异、有个性的独特的人

"学生"既是一个抽象的、整体的概念,也是一个具体的、个体的概念。作为整体的概念,有其共同性,而作为个体的概念,表现出极大的个体差异性。

(一) 学生有着个体差异性

学生存在着个别差异,每个学生都有自身的独特性。学生与学生之间存在着巨大差异,学生与成人之间也存在着巨大的差异。这些差异是由不同的遗传、环境和教育等因素造成的。比如,有的学生才华早露,而有的则大器晚成;有的学生性格内向,而有的则性格外向;有的学生喜欢语文,而有的则喜欢数学;等等。"尺有所短,寸有所长",智育成绩欠佳的学生,可以有高尚的道德;不擅长艺术表演的学生,可以有高超的劳动技能;等等。也就是说,每个学生都有自己的天赋、尊严、兴趣、爱好等,具有自己独特的气质和鲜活的个性。学生多方面的发展固然是基本的,但更重要的是每个学生富有特点的个性发展。

"天生我才必有用"。学生的差异性不应该成为教育上的负担,相反,是一种宝贵的资源。对于学校教育工作者而言,既要承认和接受学生个体发展的差异性,又要正视学生的个别差异,克服按统一标准和尺度去衡量学生、追求完全趋同和整齐划一的弊病,并将其真正视为人个性形成和完善的内在资源。通过因材施教,因人而异,为每一个学生创设适宜的、良好的发展条件;从个性化的角度入手,力求使每一个学生在不同领域内有所专长、有所成就,最终促进学生的个性化发展。我们要改变以往的学生观,用赏识和发现的目光去看待学生,要重新认识到每位学生都是一个天才,只要我们正确地引导和挖掘他们,每个学生都能成才。

(二) 学生存在着个性的独特性

学生个性的独特性指的是没有一模一样的学生,每一个学生都是独特的个体,都具有独特的个性。"人心不同,各如其面"就是学生独特性的形象表述。学生的独特性对教育者来说意味着不能千篇一律地对待他们,要探索适合于不同学生的教育方法,顺应学生特有的个性,促使学生真正实现个体生命的潜力和可能,塑造出具有个体风格的生命体。一方面,学生时代是人生命历程中最富生命活力,生命色彩最为丰富斑斓,生命成长最为迅速,最为重要的时段,我们不能简单地将其定义为"成人期"的准备,相反,必须肯定其作为人完整生命历程的重要组成部分所具有的价值;另一方面,我们还必须承认学生的生动的、独特的成长价值不同于成人的生活和内在世界,理解并尊重学生独特的精神生活、内在感受以及不同于成人的观察、思考和解决问题的方式,肯定充盈着纯真情趣、智慧、和谐和生命活力的学生世界的价值。

栏目 2-1

加德纳的多元智能理论

传统智力理论认为语言能力和数理逻辑能力是智力的核心,智力是以这两者整合方式而存在的一种能力。针对这种仅徘徊在操作层面而未揭示智力全貌和本质的传统的有关智力的狭隘定义,研究者们从 20 世纪 70 年代开始,就从心理学的不同领域对智力的概念进行了重新检验,其中最有影响的当属

耶鲁大学的心理学家罗伯特·斯滕伯格（Stenberg，R.）所提出的三元智力理论（分析性智力、创造性智力、实践性智力）。

而20世纪80年代哈佛大学认知心理学家加德纳（Gardner，H.）提出其多元智能理论，指出过去对智力的定义过于狭窄，未能正确反映一个人的真实能力。他认为，智能是人在特定情景中解决问题并有所创造的能力，人的智力应该是一个量度他的解题能力（ability to solve problems）的指标。根据这个定义，他在《智能的结构》（*Frames of Mind*，1983）这本书里提出，人类的智能至少可以分成七个范畴（后来增加至八个）：语言智能、逻辑—数理智能、空间智能、运动智能、音乐智能、人际交往智能、内省智能、自然观察智能。他提出了"智能本位评价"的理念，扩展了学生学习评估的基础；他主张"情景化"评估，改正了以前教育评估的功能和方法。

加德纳的多元智能理论是对传统的"一元智能"观的强有力挑战，给人耳目一新之感。尤其是当前在新课程改革中，大部分教师对学生评价颇感困惑之时，他的理论无疑会给我们诸多启示。

对于当下的学校教育工作者而言，既要了解研究学生共同的年龄特征，更要了解研究每个学生的不同特点。不是一味地按考试分数高低来看学生，更不是以分数排队、张榜公布，而是善于看到每个学生的长处和不足、优点和缺点，因材施教，扬长补短或扬长避短。这需要教师尊重学生并深入到学生独特的内在世界，关注学生内心的奥秘，真正把学生当"学生"，尊重学生的生活经验和独特体验，充分关注每一个学生身上所蕴藏的丰富、独特的发展"资源"。将教育由以往单纯的"塑造"、"改变"和"授予"转变为对学生潜能、灵性的"激活"与"唤醒"，从而实现学生全面人格、自由个性、生命活力以及主体性、创造性的真正"解放"。

第二节　学生的地位

学生是一种教育身份，同时也是一种社会身份。学生的地位包括学生的社会地位和学生在教育过程中的地位。前者是后者的基础和依据，后者是前者的具体化。

一、学生的社会地位

学生的社会地位是指他们作为社会成员应具有的主体地位。它反映的是学生的权利和义务问题。由于学生具有社会身份属性，社会同样会对学生的身份进行定位，划出学生与其他社会身份的边界——享有的权利边界和应该履行的义务边界。事实上，由于社会大众在传统上把学生当作需要保护的对象，社会对学生的定位一般比较偏重权利这一方面。只是近年来学生的复杂性越来越为人所认识，对学生义务的界定也逐步清晰起来。

（一）学生的身份和法律地位

相对于社会正式成员地位的成年人而言，学生是不成熟的青少年儿童，是未进入正式成人社会的"边际人"。长期以来，学生被看成是没有独立性、主体性的存在，在社会上处于从属和依附的地位。要改变这种状况,关键是承认和确立青少年儿童在社会中的主体地位并切实保障青少年儿童的合法权益。从观念层面上讲,学生是社会的未来、人类的希望,要正确认识学生的身份,树立现代学生观;从制度层面上讲,学生是独立的社会个体,有着独立的法律地位,他们不仅享有一般公民的绝大多数权利,并且受到社会特别的保护。因此要懂得法律规定的学生的权利和义务,尊重学生的权利,确立恰当的学生管理制度,科学地教育和管理学生。

世界各国都非常重视儿童权益问题,并制定了相应的法规。1959 年联合国通过了《儿童权利宣言》(*Declaration of the Rights of the Child*),1989 年又通过了《儿童权利公约》(*Convention on the Right of the Child*),明确指出:18 岁以下的任何人都是积极和创造性的权利主体,拥有包括生存、发展和充分参与社会、文化、教育、生活以及他们个人成长与福利所必需的其他活动的权利。为了保护这些权利,又提出儿童利益最佳原则、尊重儿童尊严原则、尊重儿童观念与意见原则、无歧视原则。

我国作为《儿童权利公约》的缔约国之一,在履行《儿童权利公约》的同时,在相关法规中也对青少年儿童的权利及其保护作出了明确的规定。自 20 世纪 80 年代以来,随着相关法律的相继颁布,从有关涉及学生的法律法规看,对学生身份的定位是从三个层面进行的:第一,中小学生是国家公民;第二,中小学生是国家和社会未成年的公民;第三,中小学生是接受教育的未成年公民。因此,中小学生是在国家法律认可的各级各类中等或初等学校或教育机构中接受教育的未成年公民。

中小学生身份的确定为其法律地位的定位提供了前提。在学校教育过程中,作为未成年公民,学生在与教师、校长或行政机关双方形成的关系中,享有未成年公民所享有的一切权利,如身心健康权、隐私权、受教育权等,应受到学校的特殊保护;在学校教育过程中,学生享有受教育的平等权、公正评价权、物质帮助权等,也必须受到特别保护。教师不能因为教育职责的履行而侵害学生的权利。

(二) 学生享有的合法权利

学生是权利的主体,享有法律所规定的各项社会权利。国际社会及许多国家都对未成年学生所享有的权利作了具体的规定,我国也在一系列有关法律、法规和政策中对青少年享有的权利作出了规定,如《宪法》《婚姻法》《教育法》《义务教育法》《未成年人保护法》等等。在这些规定中,未成年学生享有的主要权利概括起来有人身权和受教育权两大类。要确保学生的社会地位,关键是看学生合法权益是否得到保障。

人身权是公民权利中最基本、最重要、内涵最为丰富的一项权利。由于未成年学生正处于身心发育的关键时期,因此人身权受到特别的保护。国家除了对未成年学生的人身权进行一般保护外,还对未成年学生进行特殊性的保护。

其一,身心健康权(包括保护未成年学生生命健康、人身安全、心理健康等内容)。例如,合理安排学习时间和作业量,合理安排学生的体育锻炼,定期组织身体检查,不得让未成年学生在危及人身安全、健康的校舍和其他教育教学设施中活动,安排有利于学生身心健康的社会活动等。

其二,人身自由。未成年学生有支配自己人身和行动的自由,未经法定程序,不受非法拘禁、搜查和逮捕。例如,教师不得因为各种理由随意对学生进行搜查,不得对学生禁闭。

其三，人格尊严。学生享有受他人尊重、保持良好形象及尊严的权利。例如，教师不得对学生进行谩骂、体罚、变相体罚或其他有侮辱学生人格尊严的行为。

其四，隐私权。"任何组织和个人不得披露未成年人的个人隐私。"学生有权要求保护私人的、不愿或不便让他人获取或干涉的、与公共利益无关的信息或生活领域。例如，教师不得随意宣扬学生的缺点或隐私，不得随意撕拆、毁弃学生的信件或日记等。

其五，名誉权和荣誉权。学生有权享有大家根据自己日常生活行为、作风、观点和学习表现而形成的关于其道德品质、才干及其他方面形成的正常的社会评价，有权享有根据自己的优良行为而由特定社会组织授予的积极评价或称号，他人不得歪曲、诽谤、诋毁和非法剥夺。"国家依法保护未成年人的智力成果和荣誉权不受侵犯。"

受教育权是学生最主要的权利，我国一系列法律都对此进行了规定。如《宪法》规定："中华人民共和国公民有受教育的权利和义务。国家培养青年、少年、儿童在品德、智力、体质等方面全面发展。"《义务教育法》规定："各级人民政府及其有关部门应当履行本法规定的各项职责，保障适龄儿童、少年接受义务教育的权利。""凡具有中华人民共和国国籍的适龄儿童、少年，不分性别、民族、种族、家庭财产状况、宗教信仰等，依法享有平等接受义务教育的权利，并履行接受义务教育的义务。"《未成年人保护法》规定："学校应当尊重未成年学生受教育的权利……不得违反法律和国家规定开除未成年学生"。

从我国的有关法律法规来看，学校和国家在保证学生的受教育权方面负有重要责任。学校无权因学生交不起学杂费或其他摊派费用如建校费、校服费，而让学生停学、退学或变相开除。国家除了为所有学生提供正常的教育机会外，在义务教育阶段尤其关注贫困和残疾学生，使他们享受物质帮助权，如对贫困学生和残疾学生减免学杂费，设立帮困、帮残基金，实施奖学金、助学金、贷学金制度。对残疾学生，国家还根据残疾人的特点设立特殊的教育机构，给予特别的对待。

（三）学生需要承担的义务

未成年学生作为法律的主体，在享有法律规定的各项权利的同时，也负有履行法律规定的各项义务。教师有责任教育学生了解自己的义务，履行自己的义务，如果学生在日常生活和教育活动中未尽义务或违反规定，由此造成的后果则应由学生负责。《中华人民共和国教育法》中规定学生应尽的义务有："（1）遵守法律、法规；（2）遵守学生行为规范，尊敬师长，养成良好的思想品德和行为习惯；（3）努力学习，完成规定的学习任务；（4）遵守所在学校或者其他教育机构的管理制度。"此外，我国各级各类学校学生守则的内容也都是对学生应该履行的义务的规定。

需要说明的是，对于学生的法律地位及其体现的权利、义务将在教育法律法规章节中予以明确的说明与详细的解读。

二、学生在教育过程中的地位

学生在教育过程中的地位一直是教育史上争论的重大问题，其中主要有两种对立的观点。一种是"教师中心论"，代表人物是德国的赫尔巴特和苏联的凯洛夫。该观点注重教师在教育教学中的管理和引导作用，把学生看成是可以随意涂抹的一张白纸，一个可以作任意填灌的装知识的容器，教师在教育教学过程中起主宰作用和权威作用，学生处于从属地位。这种观点在近代教育史上占据了主导地位。另一种是"学生中心论"（儿童中心论），代表人物是美国的杜威和法国的卢梭。该观点注重学生学习的主动性和能动性，把学生视为教育过程的中心，"儿童变成了太阳，而教育的一切措施则围绕着他们转动，儿童是中心，教育的措施便围绕着他们而组织起来"[①]，全部的教育教学活动都要从学生的兴趣、需要出发，教师只能处于辅助地位，整个教育过程要围绕学生进行。教育的目的在于促进学生的成长。这两种观点都不恰当地贬低或抬高了学生的地位，是不科学的。我国教育理论工作者从 20 世纪 70 年代末就开始了对这一问题的讨论，至今已持续了二十多年。随着研究的不断深入，观点层层涌现，可谓百花齐放。代表性的观点如下表：

表 2-1

师生之间主客体关系诸观点一览表[②]

类别	观点		代表
	教师	学生	
教师单主体论	主体	客体	南京师大教育系编《教育学》
学生单主体论	主导	主体	王策三
	从属于学生的主体	第一主体	周虹
	客体	主体	燕国材
	认识客体	认识主体	《教学认识论》
双主体论	主体	主体	张连捷 张启航
	主体(教授过程，客体为教学内容)	主体(学习过程，客体为教学内容)	王月胜 胡艳红
	现实主体	现实客体(潜在主体)	曾小玉 陈建翔
	(教师的教为矛盾主要方面时)主体	客体	王冬桦
	(学生的学为矛盾主要方面时)客体	主体	
	(教的活动之备课环节)主体	客体	陈佑清
	(教的活动之实施环节)主体	客体(特指学生学习的主体性)	
	(学生活动中)客体	主体(客体是学生自我身心结构)	

　　现代教育理论认为，在教育过程中，学生既是教育的客体，又是自我教育与发展的主体。

---

① 赵祥麟,王承绪.杜威教育论著选[M].上海:华东师范大学出版社,1981:32.
② 南纪隐.教师与学生主客体地位的三维思考[J].教育研究,2001(4).

(一)学生是教育的客体

学生是教师教育活动的主要对象。一方面,教育是一种有目的、有计划、有组织的活动,而教育的具体目的、计划主要是由教师制订的,学生主要是根据教师的教育计划接受教育。从这个意义上说,在教育的组织过程中,学生处于被组织、被领导的地位。另一方面,学生身心发展尚未成熟,认识和改造客观世界的能力还不强,需要教师根据其身心发展的特点以及社会发展的要求进行培养和指导。所以,那种忽视教师的主导作用的观点是片面的。

图片来源:百度图片。

在教育过程中,学生是受教育者,其主要任务就是在教师的指导下从事学习、接受教育,实现自身的社会化。教师的任务则是按照社会的要求,有目的、有组织、有计划地对学生施加教育影响,促进学生的全面发展。在教育过程中,教师不仅决定着教育活动的思想政治方向,且教育教学内容、教学方法和组织形式也要由教师设计和决定。学生主观能动作用的发挥,在很大程度上取决于教师的启发诱导。从学生本身情况来看,他们的可塑性、依附性和向师性的特点也可以说明学生是处于教育对象的客体地位。承认学生的客体性和客体地位,就是强调教育和教师的主导作用。

(二)学生是自我教育和发展的主体

学生是自我教育和发展的主体。自我教育下的学生既是教育者,又是受教育者,充分体现了个体的自觉性和能动性。学生是自我教育和发展的主体,意味着学生总是按照自己认可的目的去活动的,体现出其目的性的存在样式。学生在自己的整个生活过程中有自己的体验与经验,形成了自己的行动能力。此外,学生按照自己认可的目的去行动,同时也就要为这种行动负责。这是因为:第一,学生根据自己的价值标准和兴趣对教师的教育影响进行评价和取舍;第二,教师的教育成效也取决于学生学习的主动性和参与程度;第三,学生还能对自己的教育环境进行主动的改造。学生永远是教育过程的积极参与者,是认识和实践活动的主体,具有主观能动性。外界影响包括教师的影响,总是要经过他们大脑的积极思维和身心内部的矛盾斗争,然后才被他们有选择地接受。尽管教师的影响对学生的发展有着不可低估的作用,但它毕竟是一种外在的力量,并不会自动地转换为学生的意识和行动,必须经过学生主体的主动吸收、转化。学生是具有主观能动性的人,是学习的主人。因此,教师要善于激发和调动学生的主观能动性,促进他们更加自觉地、积极地发展。那种片面强调教师的主宰作用、忽视学生的主体性的观点,显然是不全面的。

学生的"主体"与"客体"的属性是对立统一的,既相互联系又相互区别,在教育过程中从属不同的范畴,有着不同的作用。教师的作用只是外因,任何知识技能的领会与掌握都要依靠学生独立自主的学习,教师不可能包办代替;任何有效的教学必须以尊重学生身心发展规律,特别是学习规律为前提。因此,学生在教育过程中处于主体地位,是主体与客体的统一体。只有正确地处理它们之间对立统一的关系,才能做到既充分发挥教师的主导作用,又充分调动学生的主动性、积极性;既把学生看成教育的客体,又不断激发学生自我教育的潜能,使学生成为自我教育的主体,促进学生在德、智、体、美、劳诸方面生动活泼、主动地发展。

第三节 学生的发展

在学校教育中,人的发展体现为学生发展。学生发展表现为学生个体性、群体性、精神性的发展。它是学生在学校生活中完成的,学生在学校的学习生活、社会生活、精神生活是实现学生发展的主要生活形式。因此,人的发展中所包含的身体、心理与社会三个层面的内容,自然也就成为学生发展的基本内容。学生发展实际上是学校教育的直接归宿,在开展学校教育实践时,需要明确学生发展的要求。

一、学生发展的内涵与规律

学生发展是指学生在遗传、环境和学校教育以及自我内部矛盾运动的相互作用下身体和心理两个方面所发生的量、质、结构方面变化的过程与结果。理解学生发展的内涵,把握学生发展的规律是认识学生、理解学生、发展学生的基础。

(一) 学生发展的内涵

从当今学生在学校生活中的特殊性出发,学生发展的内涵可以从以下三个方面进行表述:

首先,学生发展是学生个体性的发展。学生个体性的发展是学生作为有效的生活个体的发展。既有生理的发展,也有心理的发展。生理发展就是学生在学校教育指导下实现的生理构造的完善和机能的增强,心理发展则表现为学生符合学校教育要求的态度、认知、情感、意志、需要等心理品质以及个性心理方面的和谐发展。学生个体性的发展使学生成为一个完整的人,能够在与环境的相互影响中实现自己独立的生活和存在。

其次,学生发展是学生群体性的发展。学生群体性的发展是学生在社会认知、适应、交往、沟通、创造等方面的发展。学生在学校生活中,不仅要使自己能够作为一个独立的个体而存在与发展,而且还必须要能使自己与群体保持和谐,让自己成为群体中的个体。这就需要学生充分发展自己的群体性,增强自己的社会适应性。这种发展使学生成为一个社会的个人,能够在与他人相互影响中实现自己作为人类的生活与存在。

最后,学生发展是学生精神性的发展。学生精神性的发展,具体体现在掌握人类长期形成的精神文化,形成时代性的精神信念,追求精神生活的质量。实际上,学生的个体性发展与群体性发展是学生的工具性存在的表现,学生精神的完善才是学生本体性存在的表现。学生只有达到精神上的完善,才能具有明确的自我认知,充分体现出自己的主体性与独特性。

(二)学生发展的一般规律

学生的身心发展是有规律的,这些规律是学生在一定年龄阶段身心两方面发展的稳定的、典型的本质特征。

第一,顺序性。表现为身心两个方面的发展呈现一定的顺序,身心发展的个别过程和特点的出现也具有一定的顺序。人的身体发展遵循着从上到下、从中间到四肢、从骨骼到肌肉的发展顺序;心理发展所涉及的记忆、思维、情感维度也表现出一定的顺序,总是由机械记忆到意义记忆,由具体形象思维到抽象逻辑思维,情感则由喜怒哀乐等一般情感到理智感、道德感、美感等复杂情感。身心发展的顺序性决定了教育工作的顺序性,教育工作者应当遵循一定的顺序,对受教育者提出循序渐进的要求。既不要拔苗助长,也不要压抑学生的发展。

第二,阶段性。学生发展是一个由量变到质变的过程,一个阶段的量变积累到一定程度就会产生质的飞跃,跨入到另一阶段。人的身心发展在某一年龄阶段所表现出的区别于其他年龄阶段的典型特征,心理学上称之为年龄特征。不同阶段的学生,其身心发展具有不同的特点,这决定了教育上不能搞一刀切,而要根据不同阶段学生身心发展的特点,进行教学内容的安排、教学进度的选择、教学方法的设计等。一方面,教育工作者要考虑学生的发展水平和年龄特征;另一方面,不同年龄阶段并不是截然分开的,而是相互联系、相互衔接的,在考虑教育工作的阶段性时,还要考虑不同阶段的衔接问题。

第三,不平衡性。学生的身心发展具有非等速、非直线的特征,表现在两个方面:一是同一方面的发展,在不同年龄阶段不平衡;二是不同方面的发展不平衡。教育工作者要了解教育对象的不同方面发展的成熟水平,根据成熟水平进行相适应的教育,既不能早于成熟期,也不能晚于成熟期。此外,教育工作者还要抓住身心发展的"关键期",采取各种措施,及时施教。

关键期理论

栏目 2-2

关键期理论是早期教育的重要依据,是教育研究的重大突破,它的发现使21世纪人类的学习产生巨大的改变。生物学家康拉德·劳伦兹(Konrad Lorenz)因此而获得了诺贝尔奖。这一理论的基本含义是:人类个体从出生到成熟有一个漫长的过程,在这个过程中,不同年龄阶段的发展水平和速度是不同的。个体在其发展过程中有某个特定时期对某些能力或知识信息的获得特别敏感,如果接受了适当刺激的影响,就不知不觉地、毫无困难地获得这些能力和知识;如果在这个时期未能受到适当刺激的影响,那么,他们以后对这些知识或能力的获得就会事半功倍,得花几倍、几十倍的时间与努力,甚至永远失去获得这些能力和知识的可能。即使以后花大量的时间和精力去弥补由于早期没有得到适当的刺激而造成的影响,收益也是甚微的,或者说,根本就没有效果。这样一个时期,心理学称之为发展的关键期。

第四，稳定性和可变性。在正常情况下，只要具备基本的社会生活条件，个体身心发展的阶段、年龄特征、速度是大体相同的，具有一定的普遍性和共同性。但是，由于家庭环境、教育条件以及个人主观努力程度等的差异，个体身心发展的速度、特征又各不相同。教育工作者要根据那些比较稳定的共同的特征，选择教育内容和教育方法。同时，又要注意身心发展的可变性，充分利用发展的可能性，采取各种有效措施，促使学生的身心向更高水平发展。

第五，差异性。学生身心发展在发展速度、发展水平、发展倾向等方面具有一定的个别差异性。有的学生才华早露，而有的则大器晚成；有的学生性格内向，而有的则性格外向；身体方面，存在着高矮、胖瘦、美丑等个体差异；心理方面，"人心不同，各如其面"。教育工作者面对的是活生生的、有血有肉、有思想感情的人，需要在注意学生共性的同时，了解个体的差异，这样才能真正做到因材施教，使所有的学生都能各得其所地获得最大限度的发展。

第六，互补性。个体身心发展的互补性反映的是个体身心发展各组成部分的相互关系。表现在两个方面：一是机体某一方面的机能受损甚至缺失后，可通过其他方面的超常发展得到部分补偿。如盲人，往往听觉、触觉、嗅觉等非常发达。二是存在于心理机能与生理机能之间。人的精神力量、意志、情绪状态等心理机能对整个身心的发展能起到调节作用，它帮助人战胜生理上的疾病和残缺。这意味着教育工作者一方面自身要树立信心，相信每一个学生，特别是某些方面有缺陷或暂时落后的学生，通过其他方面的补偿性发展，都会达到个体身心发展的一般水平；另一方面，要掌握科学的教育方法，善于发现学生优势，扬长避短，激发学生自我发展的信心和自觉性。

二、学生发展的时代特征

学生身心的发展既有年龄特征，也有时代特征。年龄特征主要是生理学和心理学研究的内容，时代特征就是当代学生区别于过去时代学生的共有的典型特征。观照并研究学生发展的当代状况，既能发现学生特点发生变化的轨迹，又能为当下的教育实践提供参考。

(一) 当代学生发展中的特点

了解和研究当代学生身心发展的特点是教师开展教育工作的前提，根据这些特征进行科学的教育是实现教育目的的基本保证。

第一，生理成熟的提前。中学生阶段，学生在生理的发展上正处于青春发育期，其生理变化多种多样且十分显著，主要表现为"四大变化"：身体外形的巨变、生理机能的加强、基础代谢率的提高和性的成熟。生理上的变化为中学生心理的急剧发展变化创造了条件，引发了其他时期所未有的诸多矛盾，成为"最难教育的时期"和"最见教育成效的时期"。这个时期教育得好，就会促进他们健康成长，使之成为有用人才；教育不好，他们就会滑到邪道上去，变成社会的不安定因素。因此，在教育过程中必须予以重视，采取得力措施，有效地化解中学生成长中的各种矛盾。

第二，宽阔的视野。当代学生生活在信息时代，他们获取信息的渠道广泛多样。由于学生本身具备敏感、吸收快、求知欲强，并善于接受新刺激、新事物和新观念的特点，他们往往比教师更先了解和掌握一些新信息，在新技术的使用中能最先接受和适应，对信息的撷取没有固定的模式。所有这些,都既丰富了他们的大脑,也开阔了他们的视野,使其知识广度和信息广度都有了相当的提高。教育工作者应注意做好两方面的工作:一是指导学生学会选择、学会过滤信息。这包括对信息良莠的辨别和对信息轻重的处理。二是自身不断学习新知识,掌握新信息。教师只有具备与学生同样的知识广度和视野广度,有同样接收新生事物的敏度与热情,才能真正走进学生的心灵,和学生找到共同的语言,进而更好地调控和指导学生的学习与行为。

第三,解放的个性。改革开放以来,我国青少年学生的主体意识,如自我中心意识、维权意识、反叛意识和积极张扬个性的意识已明显增强。首先,他们表现出的是思想新异。其次,他们表现出的是装束新潮。初中阶段正是开始"讲究"的阶段,他们比较欣赏"时髦",而鄙视"老土"。最后,他们表现出的是行为大胆。他们无所畏惧,在许多情况下会坚持做他们认为是正确的或有益的事。因此,今天的教育改革就非常强调学生的个性与主体性。

第四,突出的自我。中学阶段,学生本身就处在一个"自我"觉醒的阶段,再加上竞争的这种时代特点,他们的"自我"愈发突出。他们既要求老师的尊重,也要求家长的尊重;对于阻碍到个性自由与发展的一切人和事,他们会抱有强烈的不满情绪甚至敌对行为;他们注重特长展示,注重别人对其形象的认可;他们会主动争取一些自己应得的权益;他们还开始在意自己的成绩和荣誉是自己努力得来的还是别人照顾得来的,如果是前者,他们会倍加珍惜,分外自豪,而如果是后者,他们则会耿耿于怀,宁可弃之;等等。

从学生发展的角度看,上述当代学生发展中的种种变化,无疑具有积极的意义,而对教育工作者而言,又是一种挑战。教育教学工作需要因时而进,永远不能脱离对社会发展状况的观照。

(二) 当代学生发展中的压力

当代社会的飞速发展为学生发展提供了更多的条件与可能,也对学生的发展提出了更高的要求。当代学生承受的压力也远大于以往,且压力源也更加多元。

其一,来自社会的压力。日益发达并且开放的传媒同时传达着不同的理念和观点,方向多变,真伪混淆,是非模糊,这对思维方式尚不完善、社会经验及人生阅历相对缺乏的学生而言,尤其感到无所适从。理想与现实的巨大落差导致一些学生对个人发展前途迷茫,意志消沉;娱乐化的传媒常使意志力薄弱的学生难敌诱惑,影响正常的生活和学习;国家相关政策的变化,如招生政策、就业政策等,不可避免地给人们带来一定的心理压力。

其二,来自家庭的压力。独生子女家庭对学生的爱护常常近似溺爱,使许多学生存在社会交往方面的障碍,缺乏当代社会所必需的合作精神,责任意识淡薄,面对困难和挫折的毅力不足等。一些家庭结构的不稳定严重影响着学生健康情感的培养以及健全人格的形成。家庭对子女教育的高投入导致高回报的预期,以及家长对学生发展的急功近利、不切实际的期望,使学生背负着巨大的精神负担。

其三,来自学校的压力。当代社会的发展促进了学校教育的发展,但学校教育还远不能满足当代学生发展的高要求。如相对不足的教育资源和过于统一而又较高的教育要求,使得学校教师无法做到因材施教;过于僵化单一的评价机制,在一定程度上限制了当代学生的充分发展;当代教育改革在解决了一些问题的同时,又带来了许多新问题;等等。诸如此类的问题,都会给学生带来不小的压力。

触目惊心:学生之累社会之痛

孩子考上了大学,自然要清理出那些不再需要的中学课本书籍等。孩子平时都将用过的书籍材料,包括平时的测验试卷练习页都保留了起来,这次可真是:不清不知道,一清吓一跳。

看着那成堆的书籍本册纸张,连孩子自己都难以相信,这些居然是他在这三四年中用过的。这实在让人感慨,于是有意作了一些统计。这一堆书中有5部分:

1. 包括了全部高中三年的教学用书以及部分初二和初三的教材,其中高中用课本教材达75本。总计约170本,重约40公斤,共计1 250元。

2. 高中期间的各类各科练习册(基本上是随书配套的),近100本,重约17公斤,价值至少400元。

3. 高中阶段所做的各类测验、考试卷及练习作业卷达5 000多页,重约18公斤,价值至少250元。

4. 各类课外辅导书,60多本,30多公斤,价值850元。

5. 小学至高中,由学校"推荐"订购的一些杂志,有八九种,共130本,约9公斤,近500元。

以上各类总计,重约近100公斤,价值近3 250元。

以上这些,还仅仅是一个学生由小学到高中12年中用到的一部分而已,最多约占全部的二分之一。遗憾的是那些小学及初中的教材本册,在上高中前就已经处理掉了,因为实在是没有地方放置了。不过大家不难想象,如果留下12年的全部教材、课辅、本册试卷,应该会是什么样子。又,如果再加上大学四年的,又会是什么样子!

不难算出,如果除去寒暑假,如果每一本书都认真读一遍,一个学生要在一个学期中学习掌握多少本书?在一个星期中要读过几本书?做多少页的考试及练习?

……

（新华网论坛. http://202. 84. 17. 149/detail. jsp? id = 57397943. 2008-08-01.）

(三) 当代学生发展中的问题

当代学生发展中的问题呈现复杂多样的状态。既存在一些共性化问题,也有一些个性化问题;既有学习方面的问题,也有心理方面的问题。

就学习方面而言,高度紧张的学习以及激烈的竞争使学生感到精神压力巨大,经不起失败的挫折;过于单一的学习会影响部分学生社会交往能力的发展,导致性格孤僻;教育方法过于简单机械等常常使师生之间处于紧张对立的矛盾关系之中;学生在繁重的课余学习与频繁的考试中,承受着很大的心理压力。他们愈是意识到学业成败、升学考试与个人前途关系重大,就愈是对自己前途命运缺乏把握感。

就心理方面而言,当代学生生理成熟提前与心理成熟延后,自我调节能力不强,导致学生情绪困扰增多,心理问题也日益突出。如厌学,表现为对学习失去兴趣,常常感到身心乏力,打不起精神,萎靡不振,甚至厌学的状态。再如逆反,表现为对来自自身之外的无论正确还是错误的看法、要求等都感到厌烦并导致对抗、对立等情绪的不良状态。再如自卑,表现为由于遭受失败挫折或与他人进行不恰当的比较而导致的自不如人的消极心理,伴随着情绪低落、丧失信心、自我封闭等不良情绪体验。还有网络成瘾,表现为长时间沉迷于网络,对网络之外的事情都没有过多的兴趣,从而影响身心健康的一种症状。

面对当代学生发展中的问题,从学校教育角度说,需要予以引起足够的重视,认清问题的实质,找准导致问题的原因,采取切实可行的措施,比如,组织丰富的文体活动,加强师生间的亲密接触,以及同学间的支持鼓励等;也需要教育工作者的耐心与宽容、恰当的教育技巧、高度的责任感。

三、学生发展的实现

学生发展的实现主要是通过其独有的专门的学校生活过程,辅之以其他各种生活过程而完成的。[①] 学校生活既是学生发展的重要环境,也是学生发展的具体活动过程。与学生发展内涵所涉及的三个具体层面相对应,学生学校生活可以分为学习生活、社会生活与精神生活。三种生活实现三种不同层面的发展,但三种生活又是统一于学校生活之中的。

(一) 学习生活与学生发展

学习生活是学生学校生活的基础部分,它是学生个体以学习为主要任务的生活过程。学习生活中学生个体性的发展表现在认识范围的扩展,认知能力的增强,学习情感的丰富。因此,教育工作者需要创建理想的学习生活,它是以认识世界为目标,而不能仅以获得知识为归宿;要以直接经验为基础,构建学生的主观世界;要以探究活动为基础,形成学生的主体意识。总之,学习生活是学生自身特有的生活过程,是为了学生自己更好地生活;学习生活只能是学生自己去生活,这应该是学生在学习生活中形成的基本意识。

(二) 社会生活与学生发展

社会生活是以社会关系的形成为主要任务,以人与人之间的交往活动为主要形式的生活过程。学生的社会生活是以学生群体的存在为基础,以学生间的社会性交往为基本活动形式的。学生正是在社会生活中使单个的学生形成学生群体,从个体化走向群体化,进而完成社会化。社会生活中学生群体性的发展,具体体现在认识社会、建立人际关系以及形成社会生存能力这三个方面。因此,教育者需要通过社会生活的创建与体验来促进学生发展的实现。具体地说,通过增强课堂活动的社会意识、突出学生在组织性活动中的参与性以及强化学校人际交往的指导性来实现。

(三) 精神生活与学生发展

精神生活是人们在处理个人与他人、个人与世界、个人与自身等关系的基础上自身特有的思想倾向、情感态度和价值意识的活动过程。学生的精神生活是学生认识与体

---

① 徐学莹,唐德海,唐荣德,等.教育学:行动与体验[M].桂林:广西师范大学出版社,2008:100—117.

验自己精神完善的活动过程,这个过程既是人类长期积累起来的精神的主体化过程,也是学生建构自身精神系统的过程。精神生活中的学生发展不仅体现在形成学校生活的意义方面,而且体现在追求生命价值的实现方面,还体现在完善精神生活的方式方面。因此,教育者需要通过相应的精神生活的创建与体验来促进学生发展的实现。具体地说,通过增强学习生活的人文品质、重视读书与交流以及关注生活体验等途径来实现。

第四节　师 生 关 系

师生关系指的是教师和学生在教育教学过程中结成的人际联系,是指在教育教学活动中,教师和学生为实现教育目标而以一定的方式结成的相互之间的动态联系。在这种关系中,教师和学生显示出各自的角色、地位、行为方式和相互的态度。因此,"学校中的师生关系包含两个方面的内涵:一是教师和学生在教育过程中彼此所处的地位,由此构成师生之间的角色关系;二是教师和学生在教育活动中的交往,由此构成师生之间的心理关系。"[1]它是学校教育活动中最重要、最基本的人际关系,是人类社会关系的一种特殊形式,既由学校教育活动的特点所决定,又受社会中人际关系的制约。

栏目 2-4

师生关系调查

《中国教育报》曾开展了师生关系大调查。在回答调查问卷针对学生、老师、家长共同设置的"您对目前的师生关系是否满意?为什么?"、"怎样的师生关系你认为是比较满意的?请谈谈你的看法"等问题时,学生对目前师生关系的满意程度是:满意的占 27％;比较满意,但认为不足的占 34％;不满意的占 24％;认为一般的占 2％;拒绝回答的占 13％。

学生认为比较理想的师生关系应当是:老师、同学互相帮助,成为朋友、共同进步;老师不仅在课堂上、学习上关心我们,在课外也能和我们友好相处,不要时时摆出一副老师的架子;学生要对老师尊重,有困难能向老师诉说;对老师不要有恐惧感;老师能真正理解学生,上课是师生,下课是朋友;学生能体谅老师的苦心,融洽、无隔膜、坦诚相见,互相尊重,互相理解等。

老师认为比较理想的师生关系是:互相理解、互相信任、互相尊重,建立起民主、平等、亲密的新型师生关系;课上是老师,课下是朋友。

家长认为比较理想的师生关系是:上课时应该是老师,课余时像朋友;既是师生关系,又是朋友关系,孩子心中最信任的是老师,有心里话也愿意跟老师说;老师爱学生,学生尊敬老师,老师与学生像朋友一样。

从调查问卷分析,无论是学生、老师,还是学生家长,大家认为最理想的师生关系是师生之间能成为朋友,课堂上是师生,平时是朋友,互相尊重,互相理解。学生应当尊敬老师,老师应成为学生的"良师益友"。

（《中国教育报》2002 年 12 月 24 日,第 3 版。）

---

[1] 教师资格认定考试编写组.教育学[M].北京:北京师范大学出版社,2008:115—116.

一、师生关系的特点及其意义

师生关系主要是指师生之间特定的工作关系与心理关系。理解师生关系的特点以及良好师生关系的意义,对于我们处理好师生间的人际关系,做好教育教学工作,提高教育教学质量,具有重要而直接的启发价值。

(一) 师生关系的特点

从师生之间的工作关系来看,教师和学生各自担任了不同的社会角色,各有不同的社会责任和特定的权利与义务。教师作为教育者,受社会和国家的委托,履行教育和教学的职责,承担着培养受教育者成为合格人才的使命。学生作为受教育者,承担了学习任务,在教师引导下,自觉地、主动地按照一定的教育理念成长和发展。

从师生之间的心理交往关系来看,在教育过程中,存在着师生之间的认知心理交往和情感心理交往。认知心理交往主要是指师生之间感知、熟悉和了解。教师尽管在这方面处于掌握认知心理信息的优势地位,但是并不占有认知心理信息的全部;学生尽管处于认知心理信息的弱势地位,却占有一部分教师所没有的认知心理信息。在情感交往心理方面,主要是指师生之间情感的相互影响、相互感染、相互交融、相互接纳、相互激励。认知心理交往是情感心理交往的基础,情感心理交往又影响着认知心理交往。师生只有情感融洽,彼此尊重和信赖,才会产生好的教育效果。

(二) 良好师生关系的意义

良好的师生关系不仅是顺利完成教学任务的必要手段,而且是师生在教育教学活动中的价值、生命意义的具体体现。建立良好的师生关系,无疑将对学生学习态度以及教学的整体效果产生积极影响。学校中的教育活动总是以师生关系为前提,并在一定的师生关系维系下进行的。良好的师生关系具有多方面的功能。

第一,教育功能。师生关系是教师和学生为实现一定的教育目的而结成的相互关系,其本身就孕育着一种教育任务。和谐友好、民主平等的师生关系对学生具有后天的教育作用,它为学生正确认识和处理人与人之间的关系树立典范,使学生吸取相应的道德经验,懂得怎样与人相处、怎样做人。

第二,激励功能。良好的师生关系对师生双方都会产生重要的激励作用。对于教师而言,良好的师生关系能够使教师感受到教育教学过程的愉快和自身从事工作的价值,从而激发教师的工作热情和积极性,增强教师的责任心,激励教师全身心投入到教育工作中去。良好的师生关系能激发学生的学习热情,因为爱老师,所以喜欢老师教的课,并千方百计地把学习搞好。良好的师生关系能使师生亲密合作,形成愉快的情绪气氛,从而调动师生双方积极主动地参与教学活动。

第三,调节功能。在教育教学活动中,师生之间不可避免地会产生各种各样的矛盾。比如,师生的角色地位不同而产生的不同的角色期待,师生在个人经历、认知结构、价值目标、基本需求、思维方式、行为习惯、兴趣爱好等方面的实际差异,教师对学生的高要求与学生能力有限之间的落差,等等。良好的师生关系有利于处理教育过程中师生之间产生的矛盾,能有效减少和缓解矛盾。

第四,社会功能。良好的师生关系传递着一种关怀、信任的心理氛围,对于孩子们今后更好地适应社会起着重要的作用。师生关系的状态对学生人格的养成具有很大影响。这是由师生关系的特殊性所决定的。在一般社会人际关系中,关系的双方有时可以忽略双方关系给对方造成的不良影响。中学生正处在身心迅速发展的过程中,很多方面还不成熟,比较脆弱,很不稳定,师生关系作为这个阶段具有重大影响力的因素之一,其状态不能不影响学生许多方面的认识和感受。健康和谐的师生关系会使学生倍感温馨,宽容理解、团结合作等优良个性品质也会因此形成;反之,则会造成恶劣影响。

　　总之,良好的师生关系既是教育教学活动顺利进行的保障,也是实现教学相长的催化剂,还能满足学生的多种需要。良好的师生关系对学生学习态度、学习成绩、学生活动效率、个性发展及心理健康都有着很大的影响。对教师的喜爱程度往往决定了其对某些科目的好恶程度。良好的师生关系能促进学生成绩的提高,罗森塔尔效应证明教师对学生的期望会影响学生的学业成绩。良好师生关系也是衡量教师和学生学校生活质量的重要指标,民主型的领导下学生的组织程度高,效率也高,也有利于学生健康个性的发展。此外,良好师生关系还是一种重要的课程资源和校园文化。

二、师生关系的表现形式

　　学校教育是教师和学生共同参与的活动,在教育活动中,教师和学生是有明确分工的,他们各自充当着不同的角色,承担着不同的任务。学生没有教师的积极工作,就很难实现自身的健康发展;教师没有学生的积极配合,就不能很好地完成教学任务。因此,明确学生是教师的合作者,是建立和谐师生关系的重要前提,也是教育教学活动顺利开展的保障。

(一) 教育关系

　　教育关系是指教师和学生在教育教学活动过程中为促进学生的整体发展和自主发展而结成的教育与被教育、组织与被组织、引导与被引导等主体间关系。它是师生关系中最基本的表现形式,也是师生关系的核心。师生间的教育关系是为完成一定的教育任务而产生的。这种关系是从教育过程本身出发,根据对教师与学生在教育活动中各自承担的不同任务和所处的不同地位的考察,对两者关系作出的教育学意义上的解释。

图片来源:红动中国 www.redocn.com

　　从教师与学生的社会角色上看,教师之于学生有明显的优势:在知识上,教师是较多者,学生是较少者;在智力上,教师是较发达者,学生是较不发达者;在社会经验上,教师是较丰富者,学生是欠丰富者。教师的任务是发挥这种优势帮助学生迅速掌握知识,发展智力,丰富社会经验。这一过程需要发挥学生的主体性。

学生在教学中主体性的实现,既是教育的目的,也是教育成功的条件。要培养主动发展的人,就必须充分调动个体的主动性。无法想象,消极被动的教育能够培养出主动发展的人。另一方面,个体身心的发展并不是简单地由外在因素施加影响的结果,而是教师、家庭、社会等外在因素通过学生内在因素起作用的结果;没有个体主动积极参与,没有师生之间的互动,没有学生在活动过程中的积极内化,就没有真实意义上的教学存在。

教师指导学生的目的是促进学生自主发展。教师的责任是帮助学生由知之不多到知之较多,由不成熟到成熟,最终是要促成学生能够不再依赖教师,学会学习,学会判断,学会选择,而不是永远牵着他们的手。社会是在不断发展变化的,学习的标准、道德的标准、价值的取向也是在不断变化的,整个世界的基本特点之一就是多元化。我们不可能期望在学校里教授的东西能使学生受用终身,我们要认可并且要鼓励学生,善于根据变化着的实际情况有所判断、有所选择、有所发挥。

(二) 心理关系

师生之间的心理关系是以认知因素和情感因素为基础,贯穿于师生交往全过程的师生之间的心理交往与交流。包括师生之间的认知关系和情感关系。

其一,认知关系。师生之间认知关系的建立遵循认知过程的一般规律。首先要经历从感性到理性、从现象到本质的过程;其次有较多的情感参与,师生间彼此的好恶态度,影响着彼此的认知;再次会受到他们自身的人生观、价值观的影响;最后还体现出相互反馈的特点。教师对学生正确的认知和评价,可以赢得学生的肯定和理解,形成师生关系的良性循环;反之,则会形成师生关系的恶性循环。师生间积极肯定的认知关系,可以形成良好的教育氛围和教育合力,有助于提高教育的效率。

其二,情感关系。师生之间情感关系具体表现在教师对学生的情感和学生对教师的情感的特征上。教育工作的最大特点在于它的工作对象都是有思想、有感情的活动着的个体。教师对学生的情感具有社会性、普遍性和稳定性的特征,它是以教师对学生的全面了解和认识为基础的。教师对学生情感的高度发展是对学生的爱。学生对教师的情感,在不同的年龄阶段有不同的内容和表现形式,需要在实际交往中形成和发展。学生对教师情感的高度发展是对教师的信赖。

就情感心理交往而言,师生之间情感会产生相互影响、相互感染、相互交融、相互接纳、相互激励的可能,因此,建立良好的情感关系,有利于师生正常的心理关系的形成,有利于教育目标的顺利完成。教师对学生积极的情感可以调控学生和教师自身的行为,能够赋予教师的教导以特殊的魅力,使学生乐于受教,也使学生更多地产生与教师交往的愿望和行动,并在交往中获得教益。师生之间只有感情融洽,彼此尊重和信赖,才会产生好的教育效果。

(三) 道德关系

师生之间的道德关系是指在教育过程中,师生双方都应履行的道德义务关系。师生关系中渗透着广泛的道德内容,师生交往存在于广阔的道德生活领域。师生双方在履行道德义务的过程中,建立起了稳固的道德关系。师生之间的道德关系发挥着重要的教育职能,它有助于学生从师生交往中逐渐理解和掌握一般的道德关系和道德内容,并将其转化为自己的思想品德,从而推动教育工作顺利进行。

现代师生的道德关系是建立在民主与平等的基础上的,尊师爱生是我国师生道德关系的主要特征。在师生的道德关系中,教师发挥着主导作用。从社会学的角色看,师生关系在更深刻的意义上,是人和人的关系,是师生间思想交流、情感沟通、人格碰撞的互动关系。一名教师对学生的影响不仅仅是知识上的、智力上的,更是思想上的、人格上的。学校的教师对儿童和青少年的发展有着特别的意义。教育工作者作为一个人,作为社会中的一个人,对成长中的儿童和青少年有着巨大的潜移默化的影响。精神需要精神的感染,道德需要道德的濡化,教育工作者的真正威信在于他的人格力量,它会对学生产生终身的影响。同样,学生不仅对教师的知识水平、教学水平作出反应,对教师的道德水平、精神风貌更会作出反应,用各种形式展现他们的评价和态度。

三、师生关系状况分析与类型解读

对我国教育工作者而言,师生关系的优化与完善需要准确把握当前师生关系的状况,也需要正确解读当前师生关系的类型。

(一)师生关系状况分析

从师生之间的领导方式及关系密切程度来看,当前我国中小学师生关系现状可以归纳为融洽与不融洽两类,这两种关系状况有其具体的表现,也有其深刻的原因,具体情况如下表:

表 2-2

我国目前存在的师生关系状况①

关系状况	领导方式	关系密切程度	表现	原因
融洽	民主与合作	接近亲近共鸣信赖	愿意接近教师,与教师相处有一定的安全感;感到与教师关系和睦,自己已经得到教师的肯定和认可;为教师言行所感动,与教师产生共鸣,体会到教师的期望;能向教师打开心窗,与教师倾心相交,与教师共享欢乐	由教师的管理、指导、劝告、教育等行为促成学生尊敬、服从等反应 由教师热情帮助、支持、同情等行为促成学生信任教师、愿意接受教诲等反应 由教师和蔼、亲切、赞同、合作等行为促成学生协调、友好等反应 由教师尊重、信任、爱护、赞扬等行为促成学生帮助、信赖、自信、乐观等反应
不融洽	放任与专制	不信赖紧张冲突对抗	生疏感惧怕情绪对立公开对抗	由教师的厌倦、不闻不问、怀疑、敏感等行为导致学生冷漠、无所谓等反应 由教师压制、挑剔、责备等行为导致学生自卑、逃避等反应 由教师的不公正、偏向、惩罚等行为导致学生不信任、怨恨、不合作等反应 由教师谩骂、羞辱、体罚等行为导致学生拒绝、公开对抗、报复等反应

---

① 伍德勤,杨国龙.新编教育学[M].上海:华东师范大学出版社,2013:103.

(二)师生关系类型解读

从主体之间交往与接触情况看,师生关系可以分为对立型、信赖型、放任型和民主型四种基本类型。每一种师生关系都有其不同的特征与影响:对立型师生关系模式的特征是命令、权威和疏远,信赖型师生关系模式的特征是有序、被动和服从,放任型师生关系模式的特征是无序、随意和放纵,民主型师生关系模式的特征是开放、平等和互助。研究表明,民主型师生关系是比较理想的师生关系。

关系类型	师生相互态度	师生情感关系	师生在课堂合作状态	效果
对立型	教师简单、粗暴,学生畏服	学生情绪不愉快,师生相互疏远、紧张、对立	教师不允许学生有不同意见,往往以教师的主张、决定为准;学生主动性、积极性受到压抑,独立思维受阻	师生交往呈明显单向型,易发生冲突,教学效果极差
信赖型	教师以领导者自居,学生采取服从态度	师生之间感情平稳,无冲突	教师包揽一切活动,学生跟着教师设计的路子走,明显缺乏学习的主动性、创造性	从知识的掌握看,有一定的教学效果,但学生独立思考、独立解决问题的能力差
放任型	教师对学生没有严格要求,放松指导责任;学生对学习采取自由态度	课堂气氛淡漠	教师让学生自主学习,学生各行其是;教师能够解答学生的问题,但不能给予及时的正确指导,不认真检查学习效果	教学效果明显下降
民主型	教师对学生严格要求,热情、和蔼、公正,尊重学生,教学民主;学生尊敬教师,接受指导,主动自觉进行学习	情绪热烈、和谐、课堂气氛活跃	师生之间呈现积极的双向的交流,学生积极思考、提出问题、各抒己见;教师认真引导	教学效果良好

表 2 - 3

我国目前存在的师生关系类型[①]

四、新型师生关系的建立

新型师生关系是师生主体间关系的优化,是教育活动顺利进行和教育目标完成的基础。关于新型师生关系的主要观点可概括为:"师生关系是民主平等、合作对话的关系;教学应以学生为中心,学生既是教的活动的中心,也是学习活动的中心,教学活动过程应该围绕学生展开,促进学生的充分、全面和谐发展是教学活动的出发点、目的和归宿;师生双方的关系在教学过程中表现为教和学活动的主体间互动关系,师生关系是主体间性(双主体)关系。"[②]新型师生关系的建立需要在明晰其基本要求基础上实践一些

---

① 傅道春.教育学——情境与原理[M].北京:教育科学出版社,1999:162—163.
② 蔡宝来.教学改革基本理论问题研究:问题域、进展及走向[J].教育研究,2008(12).

基本策略。

（一）建立新型师生关系的基本要求

传统的师生关系是一种单通道的授受关系，导致学生的被动性和消极态度，造成师生关系的紧张。建立在有利于学生发展意义上的严格要求和民主的师生关系，是一种朋友式的友好帮助关系，不仅师生关系和谐，而且学习效率高。新型师生关系是以教师尊重学生的人格、平等对待学生、热爱学生为基础，同时又看到学生是处在半成熟期、发展中的个体，需要对他们正确指导。新型师生关系的构建需要满足一些基本要求：

一是尊师爱生。尊师爱生是指学生应当尊重教师，教师应当关爱学生，师生之间彼此尊重，相互关爱。尊师意味着学生对教师要尊敬、讲礼貌；学生尊重教师的劳动，对教师的育人工作有一种感激之情和感恩之心；学生对教师的教导、要求和评价，应严肃认真地对待；学生对教师不盲从，坚持独立思考。爱生意味着教师要热爱全体学生，尤其是要爱那些特别需要帮助的"学困生"或"问题生"。这种爱，不同于一般意义上的爱，这种爱主要是源于教师对祖国未来的关心和期待，对教育事业的无限忠诚。教师热爱学生是建立民主、平等、和谐师生关系的基础。

二是民主平等。师生平等体现了师生在教育过程中相互尊重人格和权利、相互开放、平等对话、相互理解、相互接纳等关系。它是师生在共同参与的过程中形成的。师生在教育教学中要讲民主，这种民主不是表面上的你问我答，而是师生之间真正的对话关系。教师应该鼓励学生争论质疑，允许学生说出与众不同的想法，尊重学生的每一束思想火花。民主平等的结果是师生的融洽、协调。

三是教学相长。教学相长是指教师只有了解学生及教育的目的，才能使自己的知识和教育智慧得以充分发挥；学生只有了解教师和教育取向时，才能在教育活动中更好地获得知识，促进自身发展。教学相长是教师与学生在一种良好的教学环境下的相互促进关系，是在尊师爱生、民主平等的基础上两者良好关系的进一步延伸和升华。

四是心理相容。心理相容是指教师与学生之间心理上的相互包容，情感上的相互支持。陶行知先生说过："真的教育是心心相印的活动，唯独从心里发出来的，才能达到心的深处。"和谐的师生关系，有利于达成"亲其师，信其道"的教育效果。

（二）建立新型师生关系的基本策略

师生关系总是建立在一定社会背景之中的，建立民主平等、和谐亲密、充满活力的师生关系，对于教师来说需要做到了解、研究、热爱、尊重学生，公平对待学生，主动与学生沟通，善于与学生交往，努力提高自我修养，健全人格。

第一，了解和研究。教师了解和研究学生是师生之间取得共同语言，并使教育影响能够深入学生内心的前提条件。它存在于教师教育生活的每一时空，包括了解学生个体的思想意识、道德品质、兴趣、需要、知识水平、学习态度和方法、个性特点、身体状况和班集体的特点等。

第二，公正与公平。在素质教育理念下，公正成为教师必备的职业道德，具体表现就是公平对待每一位学生。作为教师，对不同出身、性别、智力、相貌、年龄、个性以及关系密切程度的学生能够做到一视同仁，同等对待，对每一位学生都要关心、爱护、无偏见、不偏袒、不以个人的私利和好恶作标准。师爱是"泛爱"，而不是"偏爱"。教师对学生的爱应当是职业的、无私的、公正的，是面向全体学生的爱。教师要爱全体学生，而不是一部分学生。教师无论教哪个班级，无论教什么学生，都应一视同仁，待之以爱，不能随教师个人兴趣、利益来选择，否则就不是真正的"师爱"。

第三，体谅和宽容。师生平等并不是要时时处处把学生看作像教师一样的成人，学生作为未成年人，正处于成长时期，许多方面和成年人是不一样的。教师需要设身处地从学生的角度考虑他们的感受和行为。要体谅学生，同时对于学生身上发生的一些不尽如人意的事情，要予以宽容。亚里士多德曾说过，在有些情况下，公平对待也就是体谅和宽容；宽容就是体谅，是对公平事物作出正确判定，正确判定就是对真理的判定。

第四，给学生提供多样的发展机会。美国心理学家加德纳的多元智能理论认为，每个个体都具有自己独特的智能结构形式，即都具有自己的智能强项和弱项。这种差异并不表现为好坏、高低、贵贱之间的差异，而是多样化的表现。每一个学生都有其独特的价值，在教育教学中教师应该承认其差异、适应差异、追求多样性，尽可能地提供适合学生发展的机会，保证学生有机会获得适合其特点的教育。

28. 加德纳

（Howard Gardner，1943— ）
美国当代著名教育家，提出"多元智能理论"。主要著作：《艺术和人的发展》《艺术、智能与大脑：对创造力的认识途径》《智能的架构：多元智能理论》等。

第五节　学　生　观

所谓学生观，是"关于学生的本质属性和特征的基本观念体系。诸如教育工作者对学生的本质、特征、成长发展过程等每一方面的基本看法。形成于教育、教学实践之中，受一定社会的政治经济制度、文化传统、教育传统所制约，并受到教育工作者自身世界观和对学生身心发展规律的认识水平的影响。制约教育工作对学生采取的态度和方法，并在一定程度上影响教育的目的、目标、内容和方法等"。[1] 即是说，学生观是教育者对学生的本质属性及其在教育过程中所处位置和作用上的看法，它影响教师对学生的认识及其态度与行为，进而影响学生的发展。有什么样的学生观，就会有什么样的教育活动。"从本质上看，学生观是一种思维层面上的观念，是指教育工作者对学生的一种态度和看法；从结构上看，学生观具有一定的层次维度，具有复合性的内部结构；从功能上看，学生观影响着教育工作者在教育实践中工作态度和教育行为的取向，直接制约着教育效果。"[2]正确的学生观，有利于建立和谐的师生关系，有助于正确地开展教育活动，因而能取得积极的教育效果。

① 顾明远.教育大辞典（简编本）[Z].上海：上海教育出版社，1999：536.
② 金柱伟，高原.学生观研究综述[J].教育科学论坛，2013(6).

栏目 2-5

课程改革与学生观变化

就中国教学论的问题史而言,学生始终未成为研究的重心,在关于学生的认识问题上,研究者都以一种缄默的观念来定位和定性。而新课程改革引发的教学改革,却首先把学生推向中心,使得学生观问题研究成为教学改革研究的重点问题,从而成为教学理论研究中的一个重要研究主题。由于对学生的认识和定位往往与对人的认识和定位密切相关,因之现代学生观的人本化观照尚需哲学对人的问题研究的进一步深化。近年来,关于学生的认识的主要观点有:学生是学习者,是学习活动的主体,是学习的主动发起者,是自主生成和建构知识的主体;学生是受教育者,是能够主动发展且具有巨大创造性潜力的受教育者。

（蔡宝来. 教学改革基本理论问题研究:问题域、进展及走向[J]. 教育研究,2008(12).）

一、学生观的历史演变

确立一种正确的学生观是教育活动取得理想效果的根本保证。然而,正确学生观的确立并不是一朝一夕就能完成的,它经历了漫长的曲折的历程。在不同的历史时期,在不同的国家,基于不同的经济、文化背景和政治需要,占据主流地位的教育思想会对人们的学生观产生影响,并进而在教育教学实践中留下深深的印迹。

（一）传统学生观

在古今中外教育史上,曾出现过形形色色的学生观,它们从不同的方面——学生的天性观、学习观、身份观、地位观以及管理观——表达了对学生的看法和认识,并进而影响到当时人们的教育教学行为。

1. 中国教育背景下学生观的演变

在古代社会,对学生观的理解基本上与传统的儒家教育思想是相互映照的。诸如,孔子的因材施教学生观。孔子把不同的学生比作是不同的"材",这既是孔子有教无类的一种体现,表明任何人都有接受教育的权利;这也是孔子教学原则的体现,说明孔子承认学生是有差异的,那么教育就应为每个学生提供与其适合的教育。又如,孟子的"性善论"学生观及荀子的"性恶论"学生观。主张"性善论"的孟子用"水"来比喻学生之"性",天生性善就像水下流一样自然。之所以后天当中有好人,有坏人,是外在环境的改变影响而造成的。教育应当是"顺性"而施,就是要保存学生天性当中的"善端"。与之不同,主张"性恶论"的荀子用"木"和"金"来比喻学生,在《劝学篇》中用"木受绳则直,金就砺则利"来说明教育的作用。学生必须经过教育的打磨和锻造才能得到改善,教育就是要"逆性"而施,用外在的强硬力量对学生进行改造。再如,朱熹的"玉璞"、"珠宝"学生观。他将学生的教育分为"小学"和"大学"两个既相互区别又相互联系的阶段,"小学"的任务是"圣贤培璞","大学"的任务则是在"培璞"的基础之上"加光饰"。

在近代社会,封建时代陈旧的学生观遭到一些有识之士的批判,如清初王筠明确发出"学生是人"的呼吁与呐喊;民国时期蔡元培提出教育要尊重学生身心发展水平,并依据学生发展特点科学地选择教育方法,明确主张教育适合学生而不是学生适合教育;陶行知则强调学生不是"书架子"、"字纸篓","我们必须以导河的办法把学生的精神宣导出去……倘不能因势利导,反而强事压制,那么决堤泛滥之祸不能幸免了",①学生具有自己的精神世界,也有自身的发展特点,教育应当因势利导,而不应当独断专行。但由于各种原因,

被人诟病已久的旧时学生观并没有得到根本的清理,甚至时至今日仍有一定的印迹,影响着一些人的思想和行为。总体来看,在传统中国教育的学生观中,学生是被压制和被塑造的、缺乏独立性的"小大人"。

在今天的学校教育中,尽管对学生的认识有所改变,但学生作为积极的、独特的、活生生的生命个体仍没有得到完全的认同和承认。学生的权益、学生时代的独特价值、学生内在世界的尊严和秘密仍缺乏成人世界的普遍真诚接纳、理解和尊重。在我们的观念和所实施的以"灌输"与"塑造"为主旨的教育世界里,学生仍被视作等待加工和塑造的"小大人",仅仅被当成弱小的、被动的,需要保护、改造和加工的对象,学生在教育教学活动中仍没有完全摆脱被动接受教育的对象、装知识的器皿这一角色而真正成为学习的主人,学生独特的生命价值受到漠视。在这种学生观之下,我们的学校教育强调了对学生的加工、塑造,却忽略了对学生内在世界的关照与学生声音的倾听;在强调对学生进行保护的同时,却忽略了对学生作为权益和行为主体的自觉确认,其结果是在教育中造成了成人世界对学生世界的非人道的取代和压制。在这种对学生及学生世界存在偏见基础上的学生观支配下的学校教育,不仅遮蔽了学生的纯真天性,禁锢了学生的灵性与智慧,同时还严重损害了学生的正当权益,阻碍了学生潜在能力的充分发展,使教育活动远离了人的生命本性。

2. 西方教育背景下学生观的演变

在学生天性观的认识上,有两种不同的观点:一种是以赫尔巴特为代表的原罪论、性恶论,认为儿童生来就有一颗盲目冲动的种子,处处驱使他不驯服,以致经常扰乱成人的计划,也把儿童的未来人格置于许多危险之中。另一种是以卢梭为代表的性善论,认为人的天性是善的,在人的心灵中根本没有什么生来就有的邪恶。是腐败的社会使人堕落,对儿童产生恶劣的影响。这突出表现于他的一句名言,"出自造物主之手的东西都是好的,而一到了人手里,就全变坏了"。

在学生学习观的认识上,英国教育家洛克曾提出著名的"白板说",认为儿童就像一块白板,可任由教师涂抹。据此理论,许多人把学生的大脑当成知识的容器或仓库,主张向学生灌输系统的知识,学生则是被动地接受。而杜威等人则反对把学生当成知识的容器,反对系统的知识的传授,主张儿童从生话中、活动中学习。与知识相比,他们更

---

① 方明.陶行知教育名篇[M].北京:教育科学出版社,2013:153.

强调能力的发展。

在学生身份观的认识上，赫尔巴特、斯宾塞等人把学生当成"小大人"看待，主张向学生传授成人的知识，为完满的生活作准备。而卢梭、杜威等人则主张从儿童的天性出发，从实际出发，把儿童看作独特的、处于特定阶段的人，让他们适应生活而不是为生活作准备。

在学生地位观的认识上，也有两种不同的观点：一种是"教师中心论"，认为教师在教育过程中处于中心地位，具有绝对的权威，学生必须服从教师。另一种是"儿童中心论"，认为儿童在教育过程中处于中心地位，教育的措施应围绕他们组织起来，教师在这一过程中处于次要地位，是以咨询者和辅导者的身份出现的。

在学生管理观的认识上，赫尔巴特提出了管理先行的思想，主张对学生施行严格的管理，以防止儿童现在和未来的反社会倾向的发展，从而达到维持学校和社会秩序的目的。而卢梭、杜威等人则主张对儿童实施顺从其天性的自然的、自由的教育，反对严酷的纪律和惩罚。[1]

从中外教育背景下学生观的演变，可以看出，它们既有可取的积极的一面，又有不合理之处，我们应取其精华、去其糟粕，为形成正确学生观服务。传统学生观把学生视为被动的客体，是教育者管辖的对象，是装知识的容器；而现代学生观则认为学生是积极的主体，是学习的主人，是正在成长着的人，教育的目的就是育人。

(二) 现代学生观

学生是什么？学生是具有独立人格的、发展中的、有着完整生命表现形态的生命个体。在这种全新的认识下，建立并实践"以人为本"的现代学生观就显得尤为重要。毕竟，教师面对的是一个个充满活力的生命体，是一个个完整的人。在教学中教师需要尊重学生，且这种尊重是全方位的，不但要尊重他们的人格、感情，而且要尊重学生的个性、思想、观点、意见等，在此基础上努力建立民主、平等、和谐的新型师生关系。只有在这样的学习氛围中，学生才会身心愉悦地参与学习活动，积极主动地进行学习和探索；

图片来源：www. huitu. com

---

[1] 赵雪霞.学生观综述[J].教书育人,2002(20).

只有在这样的学习过程中,师生之间才可能有真正的思想交流碰撞、情感沟通和人格的熏陶。

所谓"以人为本",指的是以人为基点,从人出发又向人回归的教育思想。它是人本主义哲学思想在教育上的体现,是一种对人在社会历史发展中的主体作用与地位的肯定,强调人在社会历史发展中的主体作用、目的与地位,强调尊重人,尊重人的生命、需求,尊重人的精神世界,尊重人的个性和差异。"以人为本"的学生观,即以学生全面发展为核心,将学生视为发展中的人,承认每个学生都有发展潜力;将学生看作是完整的个体,充分尊重、关心、理解、信任每个学生;在教育教学过程中,将学生放置在发展的主体位置,把课堂还给学生,让学生成为学习的主体、发展的主体;尊重学生个体的独特性,根据学生的不同特点,以恰当的方式教育和引导学生学习、生活,帮助他们健康成长和全面发展,为他们一生的发展奠定扎实的基础。

"以人为本"的学生观是根据人的全面发展思想建立起来的全面发展的学生观,是现代教师必须具备的科学的学生观。一方面,它不仅强调以人为本位,弘扬人的主体精神和人的价值,丰富人的精神,提高人的生命质量,提升人的生存竞争能力,把学生的知识学习、能力发展、人格完善和精神升华有机地结合起来,而且提出要注重为学生获得终身学习能力、创造能力打好基础的理念;另一方面,它超越个体本位论的教育,即在重视人的发展、把人和人的全面发展作为教育及社会发展的核心的同时,还非常重视人与自然、人与社会的和谐统一,倡导通过教育促进中国特色社会主义现代化建设。

总之,要改变学生的命运,我们必须"发现学生",把学生真正地当"学生",用一种全新的学生观来支撑我们的学校教育。教师只有具有正确的学生观,才能做到热爱学生、理解学生、尊重学生,建立起民主平等、教学相长的师生关系;教师只有确立全新的学生观,才能全身心地去热爱学生、尊重学生,为有悠久人文历史的中华民族培养出一批批能自立于世界民族之林的人。

二、"以人为本"的现代学生观的实现

"以人为本"的学生观意味着教育工作者需要用全面的眼光看待学生;意味着在教育教学活动中公正地对待每一个学生,不因性别、民族、地域、经济状况、家庭背景和身心缺陷等歧视学生;意味着需要构建良好的师生关系;意味着需要因材施教,促进学生的全面发展。这既是理论研究的发现,也是实践经验的总结。不妨来看一看《动物学校》究竟告诉了我们什么?

《动物学校》　　栏目 2-6

很久很久以前,动物们决定创办一所学校以应付日益变化的世界的需要。在这所学校里,教授一个由跑、跳、爬、游泳、飞行等科目组成的活动课程。为了便于管理,所有的动物学习所有科目。

第一批学员有鸭子、兔子、松鼠、鹰以及泥鳅。

鸭子在游泳这门课上表现相当突出,甚至比他的老师还要好,可对于飞行这门课,只能勉强及格,而对跑这门课感到非常吃力。由于跑得慢,他不得不每天放学后仍留在学校里,放弃心爱的游泳以腾出时间练习跑步,他不停地练呀练呀,脚掌都磨破了,到期末考试时终于获得了勉强及格的成绩。而他的游泳科目,由于长期得不到练习,期末时只获得了中等成绩。学校对中等成绩是能够接受的,所以除鸭子自身以外没有人在乎这一点。

兔子在刚开学时是班级里跑得最快的,由于在游泳科目中有太多的作业要做,他不得不整天泡在水里,结果精神都泡得快要崩溃了。

松鼠的成绩一向是班级里最出色的,但对飞行科目感到非常沮丧,因为他的老师只许他从地面上起飞,而不允许从树顶上起飞。由于他非常喜欢跳跃,并花了很多时间致力于发明一种跳跃的游戏,结果期末考试时爬行科目只得了一个 C,跑只得了一个 D。

鹰由于活泼爱动一开始就受到了老师们严格管制,在爬行课上的一次测验中,他战胜了所有的同学,第一个到达了树的顶端,但他用的是自己的方式而不是老师所教的那种方式。因此他并没有得到老师的表扬。

学期结束时公布成绩,普普通通的泥鳅同学,由于游泳还马马虎虎,跑、跳、爬成绩一般,也能飞一点,因此他的成绩是班级里最高的。毕业典礼那天,他作为全体学员的唯一代表在大会上发了言。

生活在草原上的许多鼠类动物没有在这所学校里读书,因为这所学校的管理者拒绝在课程里增加挖掘这一科目。为了子女的将来着想,他们没让自己的孩子在这所学校里就读,而是先把他们送到一个商贩那里学徒,之后又联合其他鼠类创办了一所私立学校,据说这所学校办得相当相当成功……

(胡东芳.教育新思维——东西方教育对话录[M].桂林:广西师范大学出版社,2011:7—8.)

究竟是谁扼杀了鸭子的游泳天赋?为什么兔子的精神会崩溃?为什么第一个到达树的顶端的鹰得不到老师的表扬?为什么普普通通的泥鳅同学成绩是班级里最高的?为什么这所动物学校的管理者要拒绝鼠类家长的要求?……可以这么说,动物学校中所发生的事情实际上也是我们现实中人类学校情形的一个真实缩影,它所反映出的问题在我们的学校中也是大量客观存在的。它所涉及的不仅仅是一个因材施教的问题,更重要的是一个我们应该秉持何种学生观以及如何办教育的问题。

(一)用全面的眼光看待学生,充分尊重学生的主体地位

教师要用全面的眼光看待学生的发展,就不能孤立地、片面地只强调学生某方面的发展,忽视人的整体和谐发展。教师要面向全体学生,要善于发现每个学生的特点及闪光点,尤其重视对后进生、学困生的关怀。在教育教学活动中,充分尊重学生的主体地位,尊重学生的感受及体验,充分调动学生学习的积极性和主观能动性,让学生独立自主地探究知识,学会学习,培养学生的创新精神和实践能力。

教师要充分尊重学生的主体地位,就需要实践以学生的全面发展为本的理念。一是以学生的个性为本,学校教育不应像花匠摆弄盆景那样,按自己的意愿去随意剪裁学

生,而要从学生的个性和兴趣爱好出发,给学生留有自我发挥的空间和余地;二是要在以学生为本的基础上,给予学生充分的指导,有目的、有计划、有组织地培养学生,遵循学生的个性发展,绝不是放任不管,让学生像野花那样"自然成长"。我国的教育教学改革正朝着实施素质教育的方向努力,培养全面发展、适应社会主义所需的人才,教师必须树立新型的学生观,"一切都是为了每一个学生的发展"。作为一名教育工作者,教师要进一步增强事业心、责任感,以促进学生的全面发展、个性发展和可持续发展为己任,把素质教育落到实处。

(二) 坚持教育公正,处理好学生发展的"共同性"和"差异性"问题

坚持教育公正,是"以人为本"对教育的本质要求。正确地对待所有的学生,促进所有学生的共同发展,意味着教师在教育教学活动中,要公平公正地对待每一位学生,不因性别、民族、地域、经济状况、家庭背景和身心缺陷等歧视学生,给所有学生提供远行的教育机会。教师必须关心爱护全体学生,尊重学生人格;对学生严慈相济,做学生良师益友;保护学生安全,关心学生健康,维护学生权益。坚持教育公正,并不是让所有学生步调一致,而是让每一位学生都能在发展自己潜能的基础上,充分发展个性。素质教育的理念强调,每位学生都是独立的、平等的个体,在教育中具有同样的权利和义务,教师应该相信每一位学生都能进步,并促进每一位学生在其原有基础上获得最大的提高。"人尽其才,才尽所用"是教育的实质公正,是教育公正的真谛所在。

(三) 构建良好的师生关系

如前所述,师生关系是教师和学生在教育、教学过程中结成的相互关系,反映的是彼此所处的地位、作用和相互对待的态度等。它是学校教育中最基本的人际关系,师生关系的好坏关系到学校各项活动能否正常进行,并直接影响到教育的效果。构建良好的师生关系在教育教学中至关重要。正如古人所云:"安其学而亲其师,乐其友而信其道。"为此,教师需要做到:尊重和信任学生,关心和爱护学生,欣赏和期待学生,体谅和理解学生,严格要求学生,掌握良好的沟通方式。

(四) 因材施教,促进学生的个性发展

在教学中,教师面对的是千差万别的独立个体,他们每个人都是独一无二的。由于遗传、后天环境等因素的不同影响,每个学生都有自己的个性,教育要真正做到"以人为本"、"以学生为本",就必须因材施教,即根据每个学生的天赋、能力进行教育,使其能够达到自己的最佳状态。教师在教学中要根据不同学生的认知水平、学习能力以及自身素质,选择适合每个学生特点的学习方法来有针对性地教学,发挥学生的长处,弥补学生的不足,激发学生学习的兴趣,树立学生学习的信心,从而促进学生全面发展。设计或选择丰富多样、适当的教育教学活动方式,因材施教,以促进学生的个性发展。

教师在课堂教学中要实现因材施教,需要满足一系列前提条件。一是分析研究学生的相关内容:(1)研究所教学生的群体特点规律;(2)研究学生的学习经历;(3)研究学生的兴趣爱好;(4)研究学生的家庭背景。二是分析研究学生必需的技能:(1)教师要学会分析和观察;(2)教师要学会与学生沟通;(3)教师应明确了解学生有一个双向互动的过程。三是分析研究学生应处理好的几个关系:(1)学生实际与教学目标的关系;(2)学生实际与教学思想的关系;(3)学生实际与教学内容的关系;(4)学生实际与教学方法的关系。四是分析学生差异:(1)注重差距,因成绩差异施教;(2)注意男女生差异,因性别

施教;(3)针对个性特点,长善救失。

(五) 树立全心全意为学生发展服务的意识

"以人为本"的学生观强调教育以服务学生的全面发展为前提,为每个学生的全面发展服务,为发掘每个学生的潜能和创造力服务。一是服务于学生的身心,提高他们的身心素质;二是服务于学生的学业,提高他们的知识理论水平,掌握一定的技能;三是服务于学生的生活,创设优良的学习环境;四是服务于学生的终身发展,使教育成为促进学生可持续发展的手段,增强学生面向未来的适应能力。

参考文献

[1]　袁振国.当代教育学[M].修订版.北京:教育科学出版社,1999.

[2]　金一鸣.教育原理[M].第二版.北京:高等教育出版社,2002.

[3]　黄济,王策三.现代教育论[M].北京:人民教育出版社,1999.

[4]　赵祥麟,王承绪.杜威教育论著选[M].上海:华东师范大学出版社,1981.

[5]　中央教育科学研究所比较教育研究室编译.简明国际教育百科全书:人的发展[M].北京:教育科学出版社,1989.

[6]　伍德勤,杨国龙.新编教育学[M].上海:华东师范大学出版社,2013.

[7]　傅道春.教育学——情境与原理[M].北京:教育科学出版社,1999.

[8]　方明.陶行知教育名篇[M].北京:教育科学出版社,2005.

[9]　朱旭东.教师专业发展理论研究[M].北京:北京师范大学出版社,2011.

[10]　国家教师资格考试培训系列教材编写组.综合素质[M].上海:华东师范大学出版社,2013.

[11]　徐学莹,唐德海,唐荣德,等.教育学:行动与体验[M].桂林:广西师范大学出版社,2008.

思考题

1. 全面实施素质教育的要求下,怎样评价学生的优、良、中、差呢? 为此,我制定了这样的标准:一是在大纲规定的基础科 60 分以上,并能发现自己的特长且有所发展的,视为及格;二是基础科及格或良好,特长科明显超过同年级学生的,视为良好;三是基础科良好,特长科大大超过同年级学生或有所发明创造的,视为优秀;四是仅基础科及格或仅特长科有所发展的,均视为不及格;五是仅基础科良好,或特长科单方独进的,视为畸形发展,作降格评价。这一评价标准的实施,使绝大部分差生都抬起头来走路,找到了自己成才的优势与途径,也使文化课考试分数好的学生不再自我感觉良好,从而找到了良性互补、和谐发展的新路子。通过一个学期的实践,学生的学习积极性明显高涨,各科学习成绩有了大幅度的提高,各科总分由原来年级的倒数第二,上升到年级的第二名。

问题:请你针对案例中制定的评价标准,谈谈你对如何促进学生发展问题的看法。

2. 下面有两个事例:(1)英国科学家麦克劳德上小学的时候曾偷偷地杀死了校长家的狗,这在西方国家显然是难以原谅的错误。幸运的是麦克劳德遇到了一位高明的校长,校长的惩罚是要麦克劳德画两张解剖图:狗的血液循环图和骨骼结构图。正是这

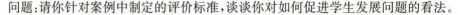

个包含理解、宽容和善待学生的"惩罚",使小麦克劳德爱上了生物学,并最终因他发现胰岛素在治疗糖尿病中的作用而走上了诺贝尔奖的领奖台。(2)据报载:一位学生在课堂上无精打采,直打瞌睡,教师发现后并未板着面孔去训斥,而是从故事说开去。他说,英国著名前首相丘吉尔,每天都工作到凌晨两三点钟才就寝,并说:"我的觉有一半是在汽车上睡的。"教师说:"我看,有的同学的觉有一半是在课堂上睡的。"又说:"丘吉尔被人称为一只勇猛的狮子。我看现在在课堂上睡觉的同学,今后也可能成为一只勇猛的狮子。"这位教师幽默的语言使得大家包括那位打瞌睡的学生都笑了起来,教学在轻松的气氛下继续进行下去。

　　问题:请结合这两个事例,谈谈现阶段我国教师应该具备什么样的学生观才有利于学生发展。

扫一扫二维码
轻松获取练习题

【学习目标】

1. 了解教师专业发展的要求,理解教师成长阶段。

2. 具备终身学习的意识。

3. 在教育教学过程中运用多种方式和手段促进教师自身的专业发展。

4. 理解教师职业的责任与价值,具有从事教育工作的热情与决心。

5. 理解《中小学教师职业道德规范》(2008 年修订)的主要内容,分析评价教育教学实践中的师德问题。

6. 理解教师职业行为规范的主要内容,并在教育活动中遵循教师职业行为规范要求,恰当地处理与学生、学生家长、同事以及教育管理者的关系。

7. 了解教师角色心理、心理特征。

8. 掌握促进教师心理健康的理论与方法。

【关键词】

教师的职业理念：是一种价值体系，由众多彼此紧密相关的价值观念构成，集中体现在教育观、学生观以及教师观三个方面。

教师观：教师对自身职业角色的性质、特点、责任和价值，以及科学履行职责所必须具备的基本素养和专业发展等方面的认识。

教师专业发展：教师作为专业人员，在职业道德、专业思想、专业知识、专业能力、专业品质等方面由不成熟到成熟的发展过程。

终身学习：生发于 20 世纪 60 年代并在 80 年代后期开始在世界各国的教育改革与发展中得以付诸实践的一种教育思潮。它强调人的一生是一个通过不断学习和受教育来逐步完善自我的过程。

教师职业道德：教师在从事教育专业工作时所应遵循的价值取向、基本原则和行为规范的总和，是调节和处理教师与学生、教师与同事、教师与家长、教师与教育管理者的关系时所应遵守的基本道德规范和行为准则。

教师职业道德评价：指人们凭借校内外舆论、教育传统习俗和教师内心信念等形式，根据一定的原则、标准和方法，对教师的职业行为所作的善恶褒贬的道德评判。

教师职业行为规范：指教师在职业活动中为实现教育目标、履行教师职责、严守职业道德，从思想认识到日常行为应遵守的基本规则。

教师角色：指由教师的社会地位决定、并为社会所期望的行为模式。教师角色代表教师个体在社会团体中的地位和身份，同时包含许多社会期望、教师个体应表现的行为模式。

教师心理健康：指教师在教育教学过程中有意识完善人格、发挥心理潜能、维护和增强心理各方面的机能和社会适应能力，预防各种心理疾病，使个人心理机能发展达到最佳状态。

【本章结构】

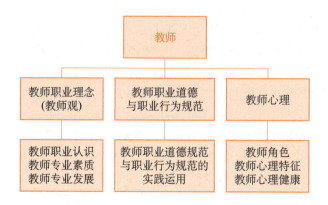

教育活动是培养人的活动，教师队伍建设直接关系到教育目的的实现。《中华人民共和国教师法》（以下简称《教师法》）对教师的概念进行了全面的界定：教师是履行教育教学职责的专业人员，承担教书育人、培养社会主义事业建设者和接班人以及提高民族素质的使命。所以，作为一个合格的人民教师，应该理解教师的职业理念，树立正确的教育观、学生观和教师观；理解教师职业道德规范和职业行为规范，并指导具体的职业行为；了解教师心理特征和心理健康常识，以健康心态投入教育教学过程。这对促进学生全面发展、教师专业成长、学校教学改革和社会文明进步具有重要意义。

第一节　教师的职业理念（教师观）

职业理念是由职业人员形成和共有的观念和价值体系，它是为保护和加强职业地位而起作用的精神力量，是在其职业内部运行的职业道德规范。对于从事教育工作的教师而言，养成正确的职业理念既是搞好教育工作的前提，也是不断促进自身专业成长的基础。总体来看，教师的职业理念是一种价值体系，它是由众多彼此紧密相关的价值观念构成的，它集中体现在教育观、学生观以及教师观三个方面。本节内容主要论述教师观，教育观和学生观内容分别在"教育"和"学生"章节中阐述。

现代教师观是建立在对教师职业角色认识基础上的，是对"教师是一种怎样的职业"这一核心问题的回答。因此，了解现代教师职责和特点，明确现代社会对教师的期望和要求，提高教师的现代意识，是教师树立正确的教师观、实现教师角色的准确定位的前提。

一、教师职业的认识

教师职业是随着社会发展的需要而产生的。人类为了生存和发展，需要把在社会实践中积累的丰富经验传递给下一代，由此产生学校，同时也就产生了教师。教师是学校中传递人类科学文化知识和技能，进行思想品德教育，把受教育者培养成一定社会需要的人才的专业人员。教师的职业既古老又年轻，既平凡又崇高。它伴随着人类社会的产生而产生，是人类社会古老而永恒的职业活动之一。

（一）教师职业的性质

从教师所扮演的社会角色、承担的社会职责及与活动对象的关系等方面来看，教师职业是一种专门职业，教师是履行教育教学的专业人员。之所以把教师职业看作为一种专业，是因为它具有专业的基本特征：一是教师职业具有一定的职业声望；二是教师需要经过严格的职前专业训练；三是教师具有专业自主性；四是教师职业有自己的专业标准；五是教师实践是现代教育科学重要的专业研究领域。归纳起来，教师职业具有两个方面的属性：

第一，教师职业是一种专门职业，且教师是专业人员。教师职业伴随着人类社会的产生而产生，随着教育的普及化、教育理论与实践的丰富和发展，教师职业经历着从兼职到专职、从专门到专业进而从数量到质量的专业发展的过程，并越来越强化其专业特征。（1）教师职业属于专门职业。1966 年，联合国教科文组织在《关于教师地位的建议》中提出，应该把教师工作视为专门职业，认为它是一种要求教师具备经历过严格训练而持续不断的研究才能获得并维持专业知识及专门技能的公共业务。从中可以看出，教师职业具有不可或缺的社会功能，也具有相对完善的专业理论和成熟的专业技能，还具有一定的专业自主权等。（2）教师是专业人员。在国际劳工组织制订的《国际标准职业分类》中,教师被列入了"专家、技术人员和有关工作者"的类别中。1986 年 6 月 21 日,我国国家统计局和国家标准局发布的《中华人民共和国国家标准职业分类与代码》中,各级各类教师被列入了"专业、技术人员"这一类别。1994 年实施的《教师法》中把教师界定为"履行教育教学职责的专业人员",第一次从法律角度确认了教师职业的专业地位。1995 年国务院颁布《教师资格条例》,2000 年教育部颁发《〈教师资格条例〉实施办法》,自此,教师资格制度在全国开始全面实施。2001 年 4 月 1 日起,国家首次开展全面实施教师资格认定工作。

第二,教师职业是促进个体社会化的职业,且教师是教育者。教师是教育者,承担着培养合格的社会成员、延续人类社会发展的重要职责,而且对人类社会进步有着重要作用。其一,传递和传播人类的文化科学技术知识,对人类社会的延续和发展起着桥梁作用。其二,培养和塑造受教育者高尚的思想品德。总体来看,教师的根本任务在于促进个体的社会化,主要通过搞好教学工作、做好思想品德工作以及全面关心学生的健康三个方面的工作促进个体的社会化,使之成为社会的一员。

(二) 教师职业的社会地位

不同的职业具有不同的社会功能,拥有不等量的社会地位资源,从而使各种职业之间产生了社会地位高低差异。一般说来,决定职业社会地位高低的主要因素有:职业的社会功能、职业的经济待遇、职业的社会权利、职业的从业要求。[①]

1. 教师职业的社会功能

职业的社会功能是指一定的职业对于社会的作用。某一职业的社会作用越大,其职业的社会地位也就越高。教师肩负着培养一代社会新人,延续人类社会发展的重任,其社会地位自然应是崇高的。

2. 教师职业的经济待遇

经济待遇是指社会给予某一职业的从业者的物质报酬,包括工资及诸如带薪假期、退休金等福利。教师的劳动属于复杂劳动,复杂劳动"是这样一种劳动力的表现,这种劳动力比普通劳动需要较高的教育费用,它的生产要花费较多的劳动时间,因此它具有较高的价值"。[②] 随着经济的发展和社会文明的进步,当教师的社会地位和经济待遇得到充分提高时,教师职业就愈将成为让人羡慕和受人尊敬的职业。

3. 教师职业的社会权利

职业的社会权利是指某一职业的从业者在履行职责时所享有的各项权利。教师职业从业者除享受一般的公民权利外,主要是职业本身所赋予的专业方面的权利。在《教师法》第七条中列举了教师享有的多项权利,如:"进行教育教学活动,开展教育教学改革和实验";"从事科学研究、学术交流,参加专业的学术团体,在学术活动中充分发表意见";"指导学生的学习和发展,评定学生的品行和学业成绩";"按时获取工资报酬,享受国家规定的福利待遇以及寒暑假的带薪休假"等。当教师的合法权益受到侵犯时,可以通过一定渠道提起申诉等。

---

① 袁振国. 当代教育学[M]. 修订版. 北京:教育科学出版社,1999:82—84.
② 马克思. 资本论(第 1 卷)[M]. 中共中央马克思恩格斯列宁斯大林著作编译局,译. 北京:人民出版社,1975: 223.

4. 教师职业的从业要求

职业的从业要求是指某一职业对从业者的资格要求,包括教育程度、道德品质、工作能力等。教师职业作为专门职业,对从业者的各个方面都有着很高的要求。在我国,教师的资格要求是:遵守宪法和法律,热爱教育事业,具有良好的思想品德,具备国家规定的学历或经国家资格考试合格,有教育教学能力。

(三) 教师职业的责任

教师职业的本质,或教师的根本职责是教书育人。现代教师职业的任务是引导、帮助和促进学生成长,它有着多元化的体现。

第一,搞好教学是教师的主要任务。教师要明确教育目的和学校的培养目标,遵循教育教学规律和学生身心发展规律,组织好教学活动,使学生掌握教学大纲所规定的文化科学知识和技能,发展学生的智力、能力。

第二,培养学生健全的人格。教师应通过教学活动、课外活动、班主任工作、社区活动等多种途径教育学生,培养学生树立正确的人生观、世界观和价值观,帮助学生塑造形成自尊、诚信、正直、良善、乐观、毅力等优秀人格特征。

第三,培养学生具有强健的体格和良好的心理素质。这是作为合格的未来社会建设者的基本要求。

二、教师的专业素质

专业素质是专门职业对从业人员的整体要求。教师的专业素质是教师在育人过程中稳定的必备的职业品质,是教师职业形象、育人知识与育人能力的综合反映,是教师从事专业工作的基本保障。它是以一种结构形态而存在的,主要包括专业理念、专业知识、专业技能和专业情意四个方面,它们共同决定了教师专业发展水平的高低。

(一) 专业理念

教师的专业理念是"教师在对教育工作本质理解基础上形成的关于教育的观念和理性信念",[①]为教师专业行为提供理性支点,直接影响到教师的教育教学行为、师生交往以及自身的专业发展。有没有对自己所从事职业的理念,是专业人员与非专业人员的重要差别。

2011年12月12日,教育部正式公布《中学教师专业标准(试行)》(征求意见稿)。为促进中学教师专业发展,建设高素质中学教师队伍,根据《教师法》和《义务教育法》,特制定《中学教师专业标准(试行)》,明确提出"学生为本、师德为先、能力为重、终身学习"四项基本理念,并从"专业理念与师德、专业知识、专业能力"三个维度对中学合格教师的专业素质提出了基本要求,为我国中学教师的专业发展提供了依据。

1. 学生为本

尊重中学生权益,以中学生为主体,充分调动和发挥中学生的主动性;遵循中学生身心发展特点和教育教学规律,提供适合的教育,促进中学生生动活泼学习、健康快乐成长,以及全面而有个性的发展。

---

① 叶澜. 新世纪教师专业素养初探[J]. 教育研究与实验,1998(1).

2. 师德为先

热爱中学教育事业，具有职业理想，践行社会主义核心价值体系，履行教师职业道德规范。关爱中学生，尊重中学生人格，富有爱心、责任心、耐心和细心；为人师表，教书育人，自尊自律，以人格魅力和学识魅力教育感染中学生，做中学生健康成长的指导者和引路人。

3. 能力为重

把学科知识、教育理论与教育实践相结合，突出教书育人实践能力；研究中学生，遵循中学生成长规律，提升教育教学专业化水平；坚持实践、反思、再实践、再反思，不断提高专业能力。

4. 终身学习

学习先进中学教育理论，了解国内外中学教育改革与发展的经验和做法；优化知识结构，提高文化素养；具有终身学习与持续发展的意识和能力，做终身学习的典范。

基于上述四项基本理念，《中学教师专业标准（试行）》对教师"专业理念与师德"维度所涉领域及基本要求作出了详细的说明（见表3-1）。

表3-1　教师"专业理念与师德"维度所涉领域及基本要求

领域	基本要求
（一）职业理解与认识	1. 贯彻党和国家教育方针政策，遵守教育法律法规。2. 理解中学教育工作的意义，热爱中学教育事业，具有职业理想和敬业精神。3. 认同中学教师的专业性和独特性，注重自身专业发展。4. 具有良好职业道德修养，为人师表。5. 具有团队合作精神，积极开展协作与交流
（二）对学生的态度与行为	6. 关爱中学生，重视中学生身心健康发展，保护中学生生命安全。7. 尊重中学生独立人格，维护中学生合法权益，平等对待每一个中学生。不讽刺、挖苦、歧视中学生，不体罚或变相体罚中学生。8. 尊重个体差异，主动了解和满足中学生的不同需要。9. 信任中学生，积极创造条件，促进中学生的自主发展
（三）教育教学的态度与行为	10. 树立育人为本、德育为先的理念，将中学生的知识学习、能力发展与品德养成相结合，重视中学生的全面发展。11. 尊重教育规律和中学生身心发展规律，为每一个中学生提供适合的教育。12. 激发中学生的求知欲和好奇心，培养中学生学习兴趣和爱好，营造自由探索、勇于创新的氛围。13. 引导中学生自主学习、自强自立，培养良好的思维习惯和适应社会的能力
（四）个人修养与行为	14. 富有爱心、责任心、耐心和细心。15. 乐观向上、热情开朗、有亲和力。16. 善于自我调节情绪，保持平和心态。17. 勤于学习，不断进取。18. 衣着整洁得体，语言规范健康，举止文明礼貌

（二）专业知识

教师作为一个专业人员，必须具备从事专业工作所要求的基本知识。作为专业的教师，应该具备精深的学科专业知识、扎实的教育理论知识和广博的科学文化知识三个大的方面，而且这三个方面的知识应该是相互结合和交融的。

1. 精深的学科专业知识

学科专业知识，又称本体性知识，指的是教师所具有的特定的专门学科知识，如语文知识、数学知识等，它是教学活动开展的基础。教师在学科专业知识上应该向纵、横两个维度拓展和延伸。横向即要掌握本专业各主要领域的知识,了解整个知识体系和各知识之间的联系,并准确地把握知识的重点、难点和关键部分,能把所要教授的知识纳入整个专业知识体系;纵向即要把握本专业的历史、现状,探求其未来的发展。教师只有注意学科专业知识的不断发展,才能不落伍,才能常教常新。

2. 扎实的教育理论知识

教育理论知识,又称条件性知识,指的是教师所具有的教育学科方面的知识,它是教师成功教学的重要保障。教学工作是一种培养人的专业工作,"仅通晓一门学科并非必然地使他成为该学科的好教师",正所谓"学者未必是良师"。教育实践离不开教育理论的指导和规范,教师不能没有教育理论的武装。教师必须努力学习教育学、心理学的新成果,并将其运用于自己的教育教学工作实践,不断提高自身的教育教学能力。

3. 广博的科学文化知识

教师必须具备广博的科学文化知识,以适应教学内容的多元化和教育对象特点的需要。教师科学文化知识越广博,就越能满足学生的求知要求,就越能启迪学生的创新思维,就越有利于培养学生的综合素质和创新能力。

《中学教师专业标准(试行)》对教师"专业知识"维度所涉领域及基本要求给予了更为详细的说明(见表3-2)。

表3-2 教师"专业知识"维度所涉领域及基本要求	领域	基本要求
	(五) 教育知识	19. 掌握中学教育的基本原理和主要方法。20. 掌握班集体建设与班级管理的策略与方法。21. 了解中学生身心发展的一般规律与特点。22. 了解中学生世界观、人生观、价值观形成的过程及其教育方法。23. 了解中学生思维能力与创新能力发展的过程与特点。24. 了解中学生群体文化特点与行为方式
	(六) 学科知识	25. 理解所教学科的知识体系、基本思想与方法。26. 掌握所教学科内容的基本知识、基本原理与技能。27. 了解所教学科与其他学科的联系。28. 了解所教学科与社会实践的联系
	(七) 学科教学知识	29. 掌握所教学科课程标准。30. 掌握所教学科课程资源开发的主要方法与策略。31. 了解中学生在学习具体学科内容时的认知特点。32. 掌握针对具体学科内容进行教学的方法与策略
	(八) 通识性知识	33. 具有相应的自然科学和人文社会科学知识。34. 了解中国教育基本情况。35. 具有相应的艺术欣赏与表现知识。36. 具有适应教育内容、教学手段和方法现代化的信息技术知识

(三) 专业技能

教师的专业技能是指教师在教育教学过程中运用一定的专业知识和经验完成某种教育教学任务的活动方式,它通常分为教师的专业技巧和专业能力两个方面。

1. 教师的专业技巧

教师的专业技巧主要指教学技巧,它是在教学过程中教师从事教学活动的一般熟练技能,其功能在于引导学生的学习活动,并控制课堂气氛与学生的注意力,使教学活动能顺利进行。在教学过程中,教师的教学技巧主要有:(1)导入的技巧;唤起学生的注意力,刺激学生的学习兴趣;(2)强化的技巧:适时对学生正确的学习行为给予奖励;(3)变化刺激的技巧:变换感觉的途径,变换交流的模式,变换语言的声调;(4)发问的技巧:训练、改善学生的反应,增强学生的参与程度;(5)分组活动的技巧:组织小型的学生小组,指导咨询,鼓励协作;(6)教学运用技巧:板书的设计,教具的使用,现代化教学手段的掌握;(7)沟通与表达的技巧:书面语言的使用,口头语言的表达,体态语言的运用;(8)结束的技巧:总结学生学习的表现,提出问题的要点,复述学习的重点;(9)补救教学的技巧:学生的个别辅导,学生作业的指导。

2. 教师的专业能力

教师的专业能力是教师完成一定教育教学活动的本领。现代教育要求教师具有的教学能力主要包括:(1)语言表达能力;(2)人际交往能力;(3)组织管理能力;(4)教学设计能力;(5)教学实施能力;(6)教学评价能力;(7)把握信息技术能力;(8)教育教学研究能力;(9)终身学习能力。

《中学教师专业标准(试行)》对教师"专业能力"维度所涉领域及基本要求作出了更为具体的说明(见表3-3)。

30. 斯金纳

(Burrhus Frederic Skinner,1904—1990)
美国心理学家,新行为主义学习理论的创始人,也是新行为主义的主要代表人物之一。他发展了传统的"刺激—反应"行为理论,提出"操作性条件反射"理论,并设计了一个实验仪器,即"斯金纳箱"(Skinner's Box)。他认为有机体的行为不仅有应答性行为,还有操作性行为。斯金纳在对学习问题进行研究的基础上提出了"强化理论",把强化分为正强化和负强化,负强化不同于惩罚。他还主张利用教学机器,进行程序教学。
主要著作:《有机体的行为》(1938)、《科学与人类行为》(1953)、《学习的科学和教学的艺术》(1954)、《教学机器》(1958)等。

表 3-3

教师"专业能力"维度所涉领域及基本要求

领域	基本要求
(九)教学设计	37. 科学设计教学目标和教学计划。38. 合理利用教学资源和方法设计教学过程。39. 引导和帮助中学生设计个性化的学习计划
(十)教学实施	40. 营造良好的学习环境与氛围,激发与保护中学生的学习兴趣。41. 通过启发式、探究式、讨论式、参与式等多种方式,有效实施教学。42. 有效调控教学过程。43. 引发中学生独立思考和主动探究,发展学生创新能力。44. 将现代教育技术手段渗透应用到教学中
(十一)班级管理与教育活动	45. 建立良好的师生关系,帮助中学生建立良好的同伴关系。46. 注重结合学科教学进行育人活动。47. 根据中学生世界观、人生观、价值观形成的特点,有针对性地组织开展德育活动。48. 针对中学生青春期生理和心理发展特点,有针对性地组织开展有益身心健康发展的教育活动。49. 指导学生理想、心理、学业等多方面发展。50. 有效管理和开展班级活动。51. 妥善应对突发事件
(十二)教育教学评价	52. 利用评价工具,掌握多元评价方法,多视角、全过程评价学生发展。53. 引导学生进行自我评价。54. 自我评价教育教学效果,及时调整和改进教育教学工作
(十三)沟通与合作	55. 了解中学生,平等地与中学生进行沟通交流。56. 与同事合作交流,分享经验和资源,共同发展。57. 与家长进行有效沟通合作,共同促进中学生发展。58. 协助中学与社区建立合作互助的良好关系
(十四)反思与发展	59. 主动收集分析相关信息,不断进行反思,改进教育教学工作。60. 针对教育教学工作中的现实需要与问题,进行探索和研究。61. 制定专业发展规划,不断提高自身专业素质

(四) 专业情意

专业情意是基于对所从事专业的价值、意义深刻理解所形成的奋斗不息、追求不止的精神。对教师而言,意味着专业理想的树立、专业情操的养成、专业性向的定位和专业自我的建立。每年在西方一些发达国家的师范院校的毕业典礼上,即将从事教师职业的毕业生,要经历一个重要的仪式——集体宣誓,诵读《教育者誓词》。在这份誓词中澄清着教师职业所包含的一切要义,明确着教师职业各方面的要求或规范,也表达着教师职业的专业情意。

栏目 3 - 1

美国教育工作者的职业宣言——《教育者誓词》

我在此宣誓,我将把我的一生贡献给教育事业。我将履行作为教育者的全部义务,不断改善这一公共福利事业,增进人类的理解和能力,并向一切为教育和学习作出努力的作为和人表示敬意。我将这些义务当作我自己的事,并时刻准备着、责无旁贷地支持我的同事们做到这一点。

我将时刻注意到我的责任——通过严格的对知识的追求来提高学生的智力。即使非常辛苦,即使受到放弃这一责任的外界的诱惑,即使遇到失败等等障碍而使之更加困难,我也将坚定不移地执行这一许诺。我还将坚持不懈地维护这一信念——鼓励并尊重终身学习和平等对待所有的学生。

为了忠实地完成这一职业义务,我保证做到努力钻研所教内容,不断改善我的教育实践,并使在我教导下的学生能够不断进步。我保证寻求和支持能提高教育和教学质量的政策并提供所有热爱教育的人一切机会去帮助他们达到至善。我决心不断努力以赶上或超过我希望培养的素质,并坚持和永远尊重一个有纪律的、文明的以及自由的民主生活方式。

我认识到有时我的努力可能会冒犯特权和有地位的人,我也认识到我将会受到怀有偏见和等级捍卫者们的反对,我还认识到我将不得不遇到那些有意使我感到灰心、使我丧失希望的争论。但是,我将仍然忠于这一信念——这些努力和对目标的追求使我坚信它与我的职业是相称的,这一职业也是与使人民自由相称的。

在这次集会的所有人的面前,我庄严宣誓,我将恪守这一誓言。

(美国教师联合会. 美国教育工作者的职业宣言——《教育者誓词》[J]. 胡东芳,译. 教育艺术,1998(2):24.)

---

1. 专业理想

教师的专业理想是教师对成为一个成熟的教育教学专业工作者的向往与追求。它为教师提供了奋斗的目标,是推动教师专业发展的巨大动力。具有专业理想的教师,会对教学工作产生强烈的认同感和投入感,愿意终身献身于教育事业;也会对教学工作抱有强烈的使命感,致力于改善教育素质以满足社会对教育专业的期望,努力提高专业才能及专业服务水准,努力维护专业的荣誉、团结、形象等。

2. 专业情操

教师的专业情操是教师对教育教学工作带有理智性的价值评价的情感体验。它是构成教师价值观的基础,是构成优秀教师个性的重要因素,也是教师专业情意发展成熟的标志。它既有理智的情操——由对教育功能和作用的深刻认识而产生的光荣感与自豪感,也有道德的情操——由对教师职业道德规范的认同而产生的责任感和义务感。

3. 专业性向

教师的专业性向是教师成功从事教学工作所应具有的人格特征,或适合教学工作的个性倾向。它是教师发展的心理基础,也是教师专业发展的重要内容和新领域。它包括心灵的敏感性、爱的品质、交流沟通的意愿、对教育工作的兴趣等人格特征,也包括语言表达能力、交流沟通能力、逻辑思维能力等基本能力在内的职业品质。优秀的教师专业性向具有如下特征:(1)有见识;(2)有奉献精神;(3)有敏锐的洞察力和分析力,富有预见性;(4)有独立性;(5)在人际关系中,坦率、幽默、诙谐。

4. 专业自我

教师的专业自我是教师个体对自我从事教学工作的感受、接纳和肯定的心理倾向,它对教师的教学行为和教学效果具有显著的影响。高"自我"的教师,倾向于以积极的方式看待自己,能够准确地领悟他们自己所处的世界,对他人有深切的认同感,具有自我满足感、自我信赖感、自我价值感,从而有效地作为独特的个性"自我"来进行教育教学,提高教学效果。

三、教师的专业发展

教师专业发展是指教师在其整个职业生涯中,依托专业组织,通过终身专业训练,习得教育专业知识技能,实施专业自主,表现专业道德,不断获取新知识,增强专业能力,发展和提升专业性,成为合格的教师专业人员的过程。教师专业发展也是指教师作为专业人员,在职业道德、专业思想、专业知识、专业能力、专业品质等方面由不成熟到成熟的发展过程,即由一名新手教师发展成为专家型教师或教育家型教师的发展过程。

(一)教师专业发展阶段

自20世纪60年代以来,教育界开始大力关注教师专业发展的阶段性特征,研究者对教师专业发展阶段进行了多维视角的研究,并形成了具有较大影响力的几种代表性的理论:①

一是针对职前教师的专业发展阶段理论,主要有:(1)富勒(Fuller, F.)和鲍恩(Bown, O.)的教师关注阶段论,将教师专业发展分为教学前关注阶段、早期生存关注阶段、教学情境关注阶段以及关注学生阶段四个阶段;(2)卡鲁索(Caruso, J.)的教师发展阶段论,将教师专业发展分为焦虑/欢快期、混乱/清晰期、胜任/不胜任期、批判/新意识期、更有信心/更不胜任期以及失败/缓解期六个阶段;(3)亚格尔(Yarger, S.)和默滕斯(Mertens, S.)的教师发展阶段论,将教师专业发展分为教师教育之前的学生阶段与师范生阶段两个阶段;(4)萨克斯(Sacks, S.)和哈林顿(Harrington, G. N.)的教师发展阶段论,将教师专业发展分为预想期、进入实习期、定向期、试误期、整合/巩固期以及掌握期。

二是针对在职教师的专业发展阶段理论,主要有:(1)卡茨(Katz, L.)的教师发展时

① 杨秀玉.教师发展阶段论综述[J].外国教育研究,1999(6):36—41.叶澜,白益民,王枬,等.教师角色与教师发展新探[M].北京:教育科学出版社,2001:338—345.朱旭东.教师专业发展理论研究[M].北京:北京师范大学出版社,2011:299—317.

期论,将教师专业发展分为求生存时期、巩固时期、更新时期以及成熟时期四个阶段;(2)伯顿(Burden,P.)的教师发展阶段论,将教师专业发展分为求生存阶段、调整阶段以及成熟阶段三个阶段;(3)麦克唐纳(McDonald,F.)的教师阶段发展论,将教师专业发展分为过渡阶段、探索阶段、创新和实验阶段、专业教学阶段;(4)费斯勒(Fessler,R.)的教师生涯循环论,将教师专业发展分为职前教育阶段、引导阶段、能力建立阶段、热心和成长阶段以及生涯挫折阶段五个阶段;(5)斯德菲(Steffy,B.E.)的教师生涯发展模式,将教师专业发展分为预备生涯阶段、专家生涯阶段、退缩生涯阶段、更新生涯阶段以及退出生涯阶段五个阶段;(6)休伯曼(Huberman,M.)的教师职业生活周期论,将教师专业发展分为入职期、稳定期、实验和歧变期、重新估价期、平静和关系疏远期、保守和抱怨期以及退休期。

我国学者在充分借鉴已有相关研究成果基础上,结合我国的国情,探索我国教师生涯发展的特点,普遍认为,教师专业发展主要包括五个阶梯式阶段。

1. 准备阶段

准备阶段或称"职前阶段",是指教师职前教育阶段,接受师范教育的师范生属于这一阶段。该阶段的教育是为了特定的教师角色作准备的,通过该阶段的学习和积累,获得教师所必需的基本知识和基本技能,为成为一个合格教师奠定基础。

2. 适应阶段

适应阶段或称"求生阶段"、"新手阶段",刚毕业走向教学岗位的教师处于此阶段。由于进入了一个全新的学校,接触全新的课堂环境,面对完全陌生的学生面孔,因此,要熟悉备课、上课、布置作业、辅导、批改作业、测验考试以及对教学情境进行细致的分析等教学常规性工作,完成从学生到教师角色的转变。

3. 胜任阶段

胜任阶段或称"巩固阶段"。通常经过三到四年左右的实践磨练,在积累了更多的教学经验并尝到成功的喜悦后,一部分新手教师可以成为胜任教师(但并不是所有的教师都能达到这个水平)。课前能有意识地选择教学内容,确定教学重难点,制订教学计划;能明确采用适当的方法进行实际课题教学,上课时能引导学生掌握重难点知识;也能对课堂教学环境和学生的实际听课情况进行分析,更有效主动地掌握课堂教学,了解自己的教学效果。为了对课堂进行更有效的控制,教师会注意对所需教学信息作相应的分析,这样就会对教学更有责任感,并以更强烈的感情对待教学。此外,教师还会积极主动地进行反思,并希望取得更大的教学成果。

4. 熟练阶段

熟练阶段或称"成熟阶段"。通常在工作五年后,有一定数量的教师会进入教学水平相对熟练的发展阶段。在该阶段,教师的直觉起着越来越突出的作用,对教学情境能有直觉感受,并通过分析教学情境积累比较丰富的教学经验,能够在更高的水平上发现教学情境的相似性,并加以有效的分析和判断,对新教学情境进行提前预测,而且随着时间的积累,预测的明晰性和准确性不断提高。

5. 专家阶段

专家阶段是教师专业发展的最高级阶段,进入该阶段的教师能凭直觉把握教学,他们驾驭教学的能力极强,在课堂上娴熟自如,润物细无声,知识如春雨般浇灌学生的心田。要想成为专家型教师,时间和经验都很重要。

栏目 3-2

名师于漪简介

于漪,江苏镇江人,1951 年 7 月毕业于复旦大学教育系。长期从事中学语文教学,形成独特的教学风格。历任上海市杨浦中学语文教师、校长。1978 年被评为语文特级教师。现任华东师大等多所大学兼职教授、上海市教师研究会会长。代表作品:《于漪语文教育论集》、《于漪文集》等。

名言:一辈子做教师,一辈子学做教师。

于漪(1929—　　)

有研究表明,教师至少积累了十年的教学经验,在教室里讲述过 10 000 小时以上的课,在此之前至少当过 15 000 小时的学生之后,才有可能发展到专家阶段。该阶段的教师不仅有着明确的教学领域,而且能在其教学领域中找到自己的研究领域,也能对所遇到的问题提出自己独到的观点与想法,同时还能具有完整的教育教学价值理念体系,并有一整套与之相应的可操作化的方法体系。

栏目 3-3

新教师如何走向专家型教师

1. 学习专家型教师拥有完整知识结构及其合理的组织整合:除专业学科知识外,怎样提高学生动机、如何在课堂上管理学生等知识同样很重要;有效组织整合各类专业知识,比如怎样设计整体课程计划(包括教案以及其他课前导入、检查家庭作业、指导练习等),并在课堂上发挥教学智慧如有效利用学生提问、适当追问等。

2. 学习专家型教师高效工作:熟练掌握教学技能并达到自动化地步,比如通过提问处理学生注意力不集中,而不是专门停止讲课处理课堂纪律问题;监督并评价自己的教学,比如经常对以往的作业题目或基本原理举例不断反思并考虑如何改进。

3. 学习专家型教师创造性的洞察力:重新定义问题找到巧妙解决问题方法,比如通过改善作业评价体系预防因竞争激烈导致的考试作弊行为;注意思考问题的三种重要方式;快速区分有效信息和无效信息,如讲光合作用时,学生提问植物为何开花和植物为何需要土壤,后者为可利用的有效信息;按照有利于解决问题的方式对信息进行整合,如学生成绩下降与父母离异;将其他情境中获得的知识应用于教学,如公司领导管理方式运用于班级管理等。

成为专家型教师没有捷径,都是一步一步努力的结果。

(斯滕伯格,威廉姆斯. 教育心理学[M]. 张厚粲,译. 北京:中国轻工业出版社,2003:4—16.)

(二) 教师专业发展要求

教师要成为一个成熟的专业人员,需要通过不断的学习与探究历程来拓展其专业内涵,提高其专业水平,从而达到专业成熟的境界。

1. 加强终身学习的意识和能力

"终身教育"这一术语于 1965 年在联合国教科文组织主持召开的成人教育促进国际会议期间,由联合国教科文组织成人教育局局长朗格朗正式提出。现代终身学习理念是生发于 20 世纪 60 年代并在 80 年代后期开始在世界各国的教育改革与发展中得以付诸实践的一种教育思潮。它强调人的一生是一个通过不断学习和受教育来逐步完善自我的过程。教师通过两种终身学习的途径,即教育系统中的学习以及自学,不断拓宽知识视野,更新知识结构;潜心钻研业务,勇于探索创新,进而不断提高专业素养和教育教学水平。

2. 理解教育创新的价值与类型

教师需要通过不断的教育创新来反映其专业发展的水平。教师的教育创新是教师为了一定的目的,遵循教育发展的规律,对教育教学的整体或其中的某个部分进行变革,从而使教育教学得以更新与发展的活动。可分为以下几个类型:(1)教育观念创新。诸如,教育现代化观念、教育个性化观念、大教育观念、终身学习观念、教育国际化观念等。(2)课程创新。现行的课程存在着结构不尽合理、内容不够先进等问题,因而也需要通过创新来解决。(3)教育方法的创新。教育方法中存在着机械、呆板、整齐划一、单向灌输,缺乏启发性、艺术性和创造性等问题,迫切需要通过创新来解决。

3. 重视人际交往能力的培养

教师工作是一个以人与人之间交流互动为手段的职业,要时时刻刻与人打交道,在交往的基础上对他人产生影响。教师的人际关系主要包括四个方面:(1)师生关系。这是教师最主要的人际关系,是指学生和教师在教育、教学活动中结成的相互关系。(2)与学生家长的关系。为了更好地了解学生,培养学生,教师还需要与学生家长建立经常性的联系,互相支持,建立和谐的家校合作关系,使双方的教育形成合力。(3)与同事的关系。学会与同事交往、合作,是教师更好地完成教育教学任务的保证。(4)与领导的关系。这关系到教师能否获得更好的工作支持,拥有更好的教学条件和发展机会。

4. 实践教师职业的责任和价值

教师职业责任指的是教师必须承担的职责和任务。在社会主义条件下,人民教师的根本职责,就是培养社会主义新人,培养社会主义现代化事业的建设者和接班人。教师职业价值指的是教师职业这一客体对于主体的意义,主体包括社会、群体和个体。"教师职业价值不仅包括职业外在价值层面,也包括内在价值层面。前者指的是教师作为一个教育工作者所承担的社会责任、义务、使命以及实际的社会贡献,这是教师职业所以存在的根本依据和实现自身主体价值的根本途径;后者指的是教师这一职业对于教师这一主体的价值和意义,是教师在社会系统和职业体系中享有的各种权利、待遇、地位以及自我发展和精神上的自由程度。它有一个层级体系,包括维持生计的实用价值、满足社会性需要的精神价值以及独立进行创造而获得的内在尊严与快乐的生命价值。"

（三）教师专业发展途径与方法

教师专业发展不是阶段性的而是终身性的。教师只有通过终身学习，才能获得专业的终身发展，因而教师的专业发展至少包括正规专业教育、非正规专业教育和校本专业发展三个方面的途径。教师专业发展的实效性，在很大程度上取决于具体方法的针对性、有效性及可行性。对于教师专业发展方法而言，既有长久以来一直采用的方法，也有因新课程改革而带来的一些新的方法。

1. 终身学习

终身学习是教师实现自我发展的前提。教师终身学习的途径主要有以下两种：(1)参加系统的终身学习，包括积极参加继续教育、校本研习、各类成人教育以及远程教育学习等；(2)不断加强自学，包括钻研教材、听课与评课、阅读与积累、外出考察与观摩以及公开课、教学大奖赛等教学活动。教师的终身学习本身就是一种榜样示范。教师只有树立终身学习的理念，并付诸行动，才会影响到学生的学习态度及行为；教师只有具备不断学习的能力，才能提高学生的学习能力；只有学而不厌的教师才能教出学而不厌的学生。

2. 教学反思

教师的反思是教师以自己的教学活动过程为思考对象，来对自己所作出的行为、决策以及由此所产生的结果进行审视和分析的过程，是对教育事件进行理性选择的一种思维方式和态度，是一种通过提高教师的自我觉察水平来促进其能力发展及专业成长的途径。美国心理学家波斯纳（Posner，M. I.）提出了一个教师成长的简要公式：经验＋反思＝成长。并进一步指出，没有反思的经验是狭隘的经验，至多只能形成肤浅的知识，如果教师仅仅满足于获得经验而不对经验进行深入的思考，那么他的发展将大受限制。

3. 同伴互助

20世纪末，合作、协作已成为教师专业素养的重要内涵。新的课程标准的颁布，新教材的推行，新的课程理念的逐渐渗透，不同学科的相互融合，以及与现代信息技术的整合等，这些都要求教师间彼此合作，共同提高。同伴互助的主要方式有：(1)磨课——这是对课堂教学研究的一种形象化说法，往往由集体开展的"备课—上课、听课—评课"三个环节组成；(2)沙龙——这里指教师之间主题性的小型研讨活动；(3)展示——学校定期由教研组或课题组以研究小组为单位，向其他教研组或教师群体展示各自开展的阶段性的实践及其思考和成果。此外，同伴互助方式还可以不拘一格，如教师的网上备课平台、互动平台、新老教师结对、教研组活动、备课组活动、问题交流中心等，并且通过同伴互助，可以防止和克服教师各自为政的现象，让教师在开放互动的环境里学习。

4. 专业引领

一般情况下，校内同层级教师的横向支援，明显缺少纵向的引领，尤其是在当今我国课程发展大变动的时期，先进的理念如果没有以课程内容为载体的具体指引与对话，没有研究者与骨干教师等高一层次人员的协助与带领，同事之间的横向互助常常会囿于同水平反复。因此，教师还必须向专业人士和成功人士学习，不断接受先进理论、技术、方法和经验的专业引领。专业引领的基本要求有三点：(1)目标明确、内容正确、方法适当；(2)充分发挥引领人员和教师双方的能动性和积极性；(3)到位而不越位，到位就是给教师提供必要的帮助,不越位就是引领人员对教师不能越俎代庖、包办代替。专业引领的操作方法有如下四个:一是阐释教育教学理念,二是共拟教育教学方案,三是指导教育教学实践尝试,四是引导反思教育教学行为。

5. 课题研究

课题研究对教师的专业发展起着重要的作用,主要体现在以下四个方面:(1)提升教师专业理论水平;(2)拓展教师专业知识;(3)提高教师专业能力;(4)形成教师专业自我。教师开展课题研究,首先要寻找课题研究的理论依据,进行理论奠基;在课题研究的过程中,教师要自始至终以先进的教育理论来指导自己的研究活动和实践活动,并通过研究和实践,或是验证,或是补充完善,或是丰富、发展他人的理论;当研究活动结束,教师要对课题的研究进行认真总结;在深入的理性思考的基础上,对自己的做法、感悟进行理论上的提升。因此,课题研究的全过程,就是教师学习理论、运用理论、提升理论的过程。

第二节　教师的职业道德与职业行为规范

社会要发展,教育要先行。教育先行的关键在于建设一支高素质高质量的师资队伍,其中师德是关键核心要素。师德对保障学校教育目标的实现、促进学生全面发展具有重要作用。

教师职业道德与教师职业行为两者相辅相成,有着不可分割的内在联系:教师职业道德是指导其职业行为的规范,既是职业行为的思想先导,也是职业行为的积累和结晶;教师职业行为是教师职业道德的语言、动作和形态的外显。但两者也有区别,职业道德包括职业理想、职业责任、职业良心、职业态度等,侧重于对思想、态度、情感的指导,包括很多潜在的、难以量化的内隐的部分;职业行为规范则主要由职业活动行为、人际交往行为、仪态仪表行为等构成,侧重于语言和行为的调节。职业行为多半是外显的、能够观察到的部分。

栏目 3-4

《国家中长期教育改革和发展规划纲要(2010—2020 年)》在第十七章"加强师资队伍建设"第五十二条目明确指出:加强师德建设。

"加强教师职业理想和职业道德教育,增强广大教师教书育人的责任感和使命感。教师要关爱学生,严谨笃学,淡泊名利,自尊自律,以人格魅力和学识魅力教育感染学生,做学生健康成长的指导者和引路人。将师德表现作为教师考核、聘任(聘用)和评价的首要内容。采取综合措施,建立长效机制,形成良好学术道德和学术风气,克服学术浮躁,查处学术不端行为。"

一、教师职业道德

良好的职业道德是教师做好教育教学工作的前提和保障。每位教师都应该充分认识教师职业道德规范,并落实于行动中。

(一)教师职业道德的定义

道德是对人们行为进行善恶评价的心理意识、规范和行为活动的总和。所以道德包括意识形态和行为规范两个层面。职业道德指在职业活动过程中一切符合职业要求的心理意识、行为准则和行为规范的总和。所以从道德意识和行为规范角度出发，我们把教师职业道德定义为教师在从事教育专业工作时所应遵循的价值取向、基本原则和行为规范的总和，它是调节和处理教师与学生、教师与同事、教师与家长、教师与教育管理者的关系时所应遵守的基本道德规范和行为准则。教师职业道德在本行业研究中一般简称为师德。在理解教师职业道德内涵和外延时应注意以下两个方面：

1. 教师道德与教师职业道德的关系

教师道德包括教师处理与他人、与国家、与社会关系时一切道德意识和道德行为规范的总和，而教师职业道德仅仅是其中与职业工作相关的部分。但在实际运用中很多人把两者相混淆。如果说人类生活可以分为私人生活、国家与社会公共生活、职业生活三个基本领域的话，调节这三个领域的道德规范分别为私德、公德和职业道德。

私德是私人生活中的道德规范，指个人品德、修养、作风、习惯以及个人私生活中处理爱情、婚姻、家庭问题及邻里关系的道德规范。公德是国家及社会生活中的道德规范，即国民公德和社会公德，包括文明礼貌、爱护公物等。职业道德指在职业活动过程中一切符合职业要求的心理意识、行为准则和行为规范的总和。职业道德是职业生活中的道德规范，包括忠于职守、勤恳工作等。所以，"师德建设即教师道德建设"的说法混淆了两个不同范畴的概念。教育界所引用的师德一般专指教师职业道德，此命题把教师职业道德完全等同于教师道德。

2. 私德与教师职业道德的关系

教师职业道德与教师的私德关系密切。每个人的道德水平参差不齐，教师在教育活动中的积极态度、投入精力、对学生的关爱等内隐的道德规范主要是靠教师的个人道德修养和个人内心信念维系的，教师个人道德修养的提高有助于教师职业道德向更高境界提升。但是教师私德水平提高并不等于师德水平的必然提升，有的教师以"爱学生"名义体罚学生，虽然动机"高尚"，但却违反教师职业道德规范。

所以，教师的私德、公德、职业道德之间既有联系又彼此独立，如诚信、忠诚可以是三个领域共有的道德规范，但是对家人的忠诚和对教育事业的忠诚具有不同的规范要求和行为表现。

(二) 教师职业道德的特点

师德特点是由教师职业的性质决定的。了解师德特点有助于我们更好理解教师职业道德规范。

1. 师德本身的专业性

师德的专业性指从专业特点出发建立的师德标准具有充分的专业和理论依据。我国《教师法》第三条明确规定了教师职业的性质是"履行教育教学职责的专业人员"，体现了教师职业的专业性。教师职业的专业性决定了师德的专业性。师德的专业性是师德的重要特征，体现出教师从经验型向专业型的转变。

2. 师德要求的先进性

师德要求的先进性指师德要求处于整个社会道德体系的较高水平和较高层次，对整个社会发展具有助推作用。

3. 师德意识的自觉性

师德意识的自觉性指教师内心对职业的高度认可和对教育事业的信念，并表现出较高的工作热情和较强责任感。它是教师职业情感和职业行为的基础。

4. 师德行为的示范性

师德行为的示范性指教师的言行举止不仅是教师自身行为的规范，而且还作为教育学生的有效方式和手段对学生具有榜样示范作用。

5. 师德影响的深远性

师德影响的深远性在广度上表现为师德对学生人格健全、智慧发展等全方位的影响，也可以通过与家长、社区沟通交流辐射到学生家庭、社区乃至整个社会得到体现；师德影响的深远性在深度上表现为师德对世界观、人生观发展期的学生的影响可能伴随学生未来几十年的发展。

(三) 教师职业道德的基本功能

1. 师德具有调节评价功能

师德是教师调节和处理与学生、社会、集体、职业工作关系时所应遵守的基本行为规范或准则，所以调节评价功能是教师职业道德的最基本、最主要的功能，它不仅指向教育过程，而且也指向教师本身。

师德对教育过程具有调节功能，主要表现在学校运用和自我提升两个方面：学校一般以师德规范为原则处理教师与学生、同事、领导、社会之间可能出现的矛盾，在此基础上找出最佳解决方案；师德对教师本身的自我调节功能，主要表现在师德是教师通过内心体验把外在要求内化为自身人格组成部分的过程。

2. 师德具有示范功能

教师职业道德的示范功能表现在师德作为教育手段直接参与教育过程本身，是教育过程的组成部分。而其他行业的职业道德则对职业行为产生间接的影响，比如律师道德再高尚也不能靠道德打赢官司。但是教师品德高尚可以作为榜样示范直接影响学生的良好品德形成，而且身教重于言传，它对学生身心发展的影响更深刻而广泛。尤其是学生具有向师性，师德的示范功能更凸现其重要价值。

3. 师德具有促进教师职业专业化功能

从专业发展角度而言，师德建设是教师职业生活的必需。这种必需表现为两个方面：第一是底线需求，一方面教师专业生涯需要以职业道德基本要求作为教师的底线伦理标准，另一方面教师专业生涯也需要职业道德规范给予权利保障，以确保教师在行使专业权利时免受非专业人士的非理性指责与侵犯；第二是高层次需要，因为教师职业道德具有先进性，教师争取专业荣誉需要教师追求更高层次的职业道德境界。

多年来，教育界行风和师德问题屡屡引起全社会的关注。个别教师或一些教师的职业道德问题，直接损害了整个教育行业的道德形象和声誉。广大教师应清醒意识到教师职业道德不能仅满足于自律，教师个体的从业行为与整个行业声誉必然地发生着联系。每个教师都应该主动参与师德建设，遵照我们共同约定的职业伦理标准从事教育工作，同时积极抵制和干预有损教师声誉的缺德行为。庞大的教师队伍应该有自己的职业道德自觉，应该有自己行业内部的专业伦理公约。

(四) 解读并运用《中小学教师职业道德规范》(2008 年修订版)

美国是世界上较早对教师职业道德规范进行研究并作出行业规范的国家之一,美国乔治亚州教师协会 1896 年颁布的《教师专业伦理规范》是世界上最早的教师职业道德法规,后来诸多国家对教师职业道德都有规定出台。我国教育部、全国教育工会于 1984 年 10 月颁发了我国首部《中小学教师职业道德要求(试行草案)》。该规范明显偏向政治因素,缺乏师德规范的层次性、可操作性和专业性。随着教师职业道德规范的研究日趋深入,相关规范条例也越来越走向专业化。2008 年 9 月 1 日,教育部、中国教科文卫体工会全国委员会颁布重新修订的《中小学教师职业道德规范》(以下简称《规范》)。2008 年《规范》修订主体由以往的全国教育工会改为中国教科文卫体工会全国委员会。尤其是 2008 年 6 月 25 日,教育部在《中国教育报》正式征求社会意见,提出《规范》需要广大教师共同参与、共同完善和共同遵守,并需要全社会的支持和监督。这体现出师德规范由他律向自律转化,制定主体由政府部门向行业组织转化的趋势,是一种专业化的发展进步。

颁布日期	制定主体	主要内容	处理关系
1984 年 10 月	教育部、全国教育工会	爱国爱党,执行教育方针,学习马列主义、毛泽东思想和教育理论,热爱学生,奉公守法,举止文明,以身作则	教师与国家及社会、教师与学生、教师与学校集体、教师与家长
1991 年 8 月	国家教育委员会、全国教育工会	爱国爱党;执行教育方针,教书育人;提高理论水平,钻研业务;热爱学生,保护其身心健康;热爱学校,团结协作;注重个人修养,为人师表	教师与国家及社会、教师与学生、教师与学校集体
1997 年 8 月	国家教育委员会、全国教育工会	依法执教,爱岗敬业,热爱学生,严谨治学,团结协作,尊重家长,廉洁从教,为人师表	教师与国家及社会、教师与学生、教师与学校集体、教师与教育系统外群体
2008 年 9 月	教育部、中国教科文卫体工会全国委员会	爱国守法,爱岗敬业,关爱学生,教书育人,为人师表,终身学习	教师与国家、教师与教育系统内群体、教师与学生、教师与教育系统外群体

表 3-4

我国《中小学教师职业道德规范》演变历史

教师职业道德规范应当说明颁行目的,确立道德理想、道德原则、道德规则由高到低三级层次的教师职业道德规范体系架构。师德理想主要着眼于从较高层次的理想状态对教师职业道德的定位,它代表教师职业道德的发展方向,是社会对教师伦理行为的最高要求,体现着教育专业至善的道德境界,是教师应该努力的方向;师德原则主要着眼于从理想主义与现实主义相结合的角度对教师职业道德的定位,它既表达了现实社会特别是教育工作对教师的基本道德要求,同时又考虑到现实中教师现有的道德水平以及如何拉动教师职业道德向更高层次迈进;师德规则主要体现了对教师道德的底线要求,是每一个教师在教育工作中必须遵守的基本职业伦理要求。这些要求一般指教师的外显行为特征,有很强的可观察性和可操作性,因而也最有约束力,体现师德规范的现实主义要求,是师德的最低要求。

> **栏目 3-5**
>
> ## 中小学教师职业道德规范(2008 年修订)
>
> 一、爱国守法。热爱祖国,热爱人民,拥护中国共产党领导,拥护社会主义。全面贯彻国家教育方针,自觉遵守教育法律法规,依法履行教师职责权利。不得有违背党和国家方针政策的言行。
>
> 二、爱岗敬业。忠诚于人民教育事业,志存高远,勤恳敬业,甘为人梯,乐于奉献。对工作高度负责,认真备课上课,认真批改作业,认真辅导学生。不得敷衍塞责。
>
> 三、关爱学生。关心爱护全体学生,尊重学生人格,平等公正对待学生。对学生严慈相济,做学生良师益友。保护学生安全,关心学生健康,维护学生权益。不讽刺、挖苦、歧视学生,不体罚或变相体罚学生。
>
> 四、教书育人。遵循教育规律,实施素质教育。循循善诱,诲人不倦,因材施教。培养学生良好品行,激发学生创新精神,促进学生全面发展。不以分数作为评价学生的唯一标准。
>
> 五、为人师表。坚守高尚情操,知荣明耻,严于律己,以身作则。衣着得体,语言规范,举止文明。关心集体,团结协作,尊重同事,尊重家长。作风正派,廉洁奉公。自觉抵制有偿家教,不利用职务之便谋取私利。
>
> 六、终身学习。崇尚科学精神,树立终身学习理念,拓宽知识视野,更新知识结构。潜心钻研业务,勇于探索创新,不断提高专业素养和教育教学水平。
>
> (国家教育部、中国教科文卫体工会全国委员会 2008 年 9 月 1 日印发)

《规范》修订的基本原则是:(1)坚持"以人为本";(2)坚持继承与创新相结合;(3)坚持广泛性与先进性相结合;(4)坚持倡导性要求与禁行性规定相结合;(5)坚持他律与自律相结合。《规范》反映了新形势下社会发展对教师的职业道德和职业行为的基本要求。《规范》对教师的职业道德起指导作用,是调节教师与学生、教师与学校、教师与国家、教师与社会相互关系的基本行为准则(具体内容参见栏目 3-5)。爱国守法体现了教师对国家和社会的责任;爱岗敬业体现了教师对事业的责任;关爱学生体现了教师对学生的责任;教书育人是教师的根本任务,体现了教师对自己的责任;为人师表是教师职业的内在要求,体现了教师对学生和对自己的责任;终身学习则体现了教师专业发展的责任。其中,"爱"与"责任"是贯穿其中的核心和灵魂。

1. 爱国守法——教师职业的基本要求

热爱国家是每个公民的神圣职责和应尽的义务,是全体公民共同的基本要求。把我国建设成为社会主义法治国家是我国现代化建设的重要目标。作为教师应该做到:第一,热爱自己的祖国,并把爱国主义思想渗透在教育教学过程中,培养出有理想、热爱自己祖国的学生;第二,遵纪守法,守法是教师坚持正确职业行为的保证,教师应把自己所有教育教学活动置于法律允许的框架内,了解教师和学生的权利和义务,不做违法之事。教师应当成为践履守法要求的典范。

> 因为学生不遵守课堂纪律,江西省南昌市××中学某班主任老师强令他的家长到学校陪读。但是因为家长工作忙无法来校陪读,学生便被赶出学校。班主任老师说,家长不来陪读,学生不准来上课。
>
> (《北京娱乐信报》2004 年 5 月 31 日)
>
> 分析:该老师不许学生上课的行为违反了《义务教育法》,剥夺了学生接受教育的权利,对学生人格和心理发展会产生消极影响,容易引发学生师源性心理问题。而且学生犯错家长"连坐"的做法也违背教育规律,不利于家长和老师形成教育合力。

案例分析 3-1

2. 爱岗敬业——教师职业的本质要求

爱岗敬业是教师职业道德的基本要求,凸现了教师对工作岗位的感情和责任。爱岗敬业要求教师做到:第一,忠诚于人民教育事业,志存高远,勤恳敬业,乐于奉献。爱岗体现出教师对自己所从事工作的热爱,敬业则体现出教师对工作的责任。教师只有热爱自己的工作,把工作当成自己的事业来完成,才会全身心投入,热爱学生,诲人不倦,甘于奉献并乐在其中。第二,爱岗敬业还要求教师对工作高度负责,认真备课上课,认真批改作业和辅导学生,不得敷衍塞责。

> 杨老师是某中学的化学老师,为人谦和,对工作特别认真。每天早晨 6 点多他就来到办公室,或者看书或者把头天批改的学生作业再翻阅一遍,并认真做好记录。等学生自习时,杨老师来到课堂,不时请一两个学生到教室外轻声个别指导。他虽然不是班主任,但对学生情况了如指掌。学生也喜欢找他谈心。有时家里煲汤,他还会把班上的几个特困生叫到家里改善伙食,以增加其营养。
>
> (杨芷英. 教师职业道德[M]. 新编版. 北京:高等教育出版社,2007:27.)
>
> 分析:杨老师的行为体现了一个人民教师爱岗敬业、对工作一丝不苟、认真负责的职业道德;也体现出一个教师对学生的真诚关爱,因材施教,默默奉献,从而赢得了学生的心,学生都愿意把心里话和他诉说。
>
> 杨老师高尚的师德是他忘我工作的动力,也体现出教师独特的人格魅力。

案例分析 3-2

3. 关爱学生——师德的灵魂

关爱学生是教师职业道德永恒的话题。师爱具有成熟性、教育性和宽容性。基于教师专业角度出发,教师对学生的关爱应体现在以下几个方面:

第一,关心爱护全体学生,尊重学生人格,平等公正对待学生。教师面对的是学生群体,所以教师应该没有选择地爱所有的学生;教师要尊重学生人格、尊重学生个性差异,教师应把学生看成有思想、有个性、完全平等的人;在师生交往中,教师对每个学生都应遵守公平原则,公正地对待每一个学生,不得以民族、性别、家庭背景、地域、相貌以及身心的发展水平为由偏袒或歧视某些学生。

第二,教师爱学生要严慈相济,做学生的良师益友。教师对学生的关爱要爱而有度,严而有格,严慈相济促进学生进步;同时教师的角色也应从良师向益友转化,建立一种新型的平等民主的师生关系已经成为时代的要求。此外,也要求教师学会从学生角度看问题,理解体验学生的感受,引导并陪伴学生一起成长。

第三,教师爱学生要保护学生安全,关心学生健康,维护学生权益。保护未成年学生的安全是教师应尽的责任。教师保护学生安全的责任不应仅仅理解为教师在突发事件前必须舍生忘死,要视具体情况而定。日常生活中保护学生安全更多指向对学生的安全意识教育和落实安全防范措施,制止伤害学生行为或侵犯学生合法权益的行为发生,不带学生从事危险活动,保护好学生安全等;关心学生健康体现在减轻学生课业负担、关注学生心理健康等方面;维护学生权益是法治精神在学校中的体现,教师不得以任何借口剥夺学生的权益。

第四,不讽刺、挖苦、歧视学生,不体罚或变相体罚学生。实际生活中往往会有这种情况发生,比如教师变相体罚学生,歧视、排斥后进生,非法限制学生,乱收费、乱罚款等等。现在教育部和各地方政府、学校都出台了相关规定,2014年教育部颁发了《中小学教师违反职业道德行为处理办法》,对教师体罚学生等违规行为将视情节轻重分别给予相应处分。

案例分析 3-3

学生中午集体排队去餐厅吃饭,小祺在排的过程中一直与别人讲话,影响秩序,老师提醒他好几次都无效,于是老师让他站到队伍外5分钟,然后归队。家长知道后电话老师,认为这是变相体罚,因为让小祺站在队伍外面伤害了他的自尊心,说"若不是看在你才工作,就打电话去教育局投诉,你的饭碗就没了"。小刘老师慌乱道歉:对不起,是自己考虑不周,以后一定注意。办公室其他老师有点忿然,认为这个是教育惩罚不是变相体罚,没必要这么低声下气请求家长原谅。小刘老师叹一口气说:"算了,家长投诉一票否决,要是家长打电话给校长或者教育局,没事也变得有事了。知道家长这样以后少管点就是了。"

(王永林.惩罚,让教育变得更完整[J].教学与管理,2013(11).)

分析:案例中的教师和家长实际上都不清楚惩罚和变相体罚的区分在哪里,导致家长把投诉教师"变相体罚"作为溺爱自己孩子的挡箭牌;教师怕惩罚万一碰到"变相体罚"的雷区触犯师德底线,从而导致一些教师产生多一事不如少一事,不敢管学生,不愿管学生的想法。

这个案例揭示了困扰教师的问题:教育中究竟要不要惩罚?惩罚与变相体罚的区别何在?首先,教师拥有一定的教育惩戒权是法律赋予的权力,这也是维护教学秩序所必需的手段,而且对班级其他同学会产生"杀鸡儆猴"的替代强化效应。其次,惩罚与变相体罚有一定区别。体罚是某人以暴力方式接触被罚人身体的一种惩罚,如打耳光、扯耳朵等。体罚造成的危害性是伤害学生自尊性,影响学生自我意识形成,容易造成心理创伤和性格缺陷。变相体罚是没有接触被罚人身体,但以非人道方式对待被罚人或迫使被罚人作出某些行为,使其身体或精神上感到痛苦的惩罚形式。变相体罚也属于体罚范畴,只是表现形式不同。但造成的危害性与体罚类似甚至更严重,如侮辱人格,损害学生身心健康。

如果教师在教育过程中并未使用非人道的方式,对学生的惩罚也未超出其年龄及健康状况能够承受的水平,惩罚是直接针对错误行为本身的惩戒并没有侮辱学生的人格,那么教师的惩罚行为就属于合法的和正当的教育手段运用。

4. 教书育人——教师的天职

教师的根本任务是教书育人。育人是目的,教书是手段。教书育人要求做到:

第一,教师必须遵循教育规律,实施素质教育,培养学生良好品行,促进学生全面发展。学校教育必须遵循社会发展的规律以及学生身心发展的规律,做到科学育人。所以教师在教育过程中,尤其应该了解不同年龄阶段的学生在认知、人格、体能等方面的发展特点和规律,力求做到教育成效最大化;素质教育要求教师应对全体学生实施德、智、体、美等全面发展的教育,促进学生智慧发展和人格健全。

第二,教师应该循循善诱,诲人不倦,因材施教。教学过程要循序渐进,由浅入深,激发学生的学习动机,达成学习目标;因材施教是凸现学生个性的教育过程,要求教师从学生实际出发,提供适合学生个性发展的目标、手段和方法,充分发挥学生的特长。

第三,教师应注意激发和培养学生创新精神。首先是启发学生的创新意识,教师应创造良好课堂氛围,激发学生兴趣和求知欲,鼓励学生敢于质疑,敢于打破传统挑战权威,敢于发表自己的观点和想法;其次要让学生掌握创新的技能和方法,学会如何去发现问题,思考分析运用什么手段方法、通过什么途径去解决问题;最后要鼓励学生创新实践,帮助和引导学生把创新精神落到实处,培养学生创新能力,为今后社会的发展创新作好准备。

第四,教师要做到不以分数作为评价学生的唯一标准。学校实施的是全面发展的素质教育,因而学校评价学生的出发点、依据、手段、形式、方法、主体也应该呈现多元化的立体架构。

5. 为人师表——教师职业的内在要求

为人师表是教师职业的内在要求,也是师德规范的显著标志。教师的教育威信来源于以身作则,为人师表。为人师表要求做到:

第一,教师要坚守高尚情操,知荣明耻,严于律己,以身作则。教师应在各个方面率先垂范,以自己的人格魅力和学识影响学生,教会学生辨析正确的人生观、价值观和财富观;同时教师要以身作则,教师对学生的示范作用体现在启发激励、控制和调整等方面,"亲其师,信其道"。

第二,教师应关心集体,团结协作,尊重同事,尊重家长。这体现了教师如何处理与集体、同事、家长的关系。教师的个人发展目标与学校集体的发展目标本质上是一致的,比如教师的教学评比得奖、论文发表、科研项目立项等,既是教师个人的专业成长,也有助于学校发展目标的实现。同时集体目标的实现对教师个人发展也是一种促进和提升。所以教师要关心集体,自觉维护集体利益。

教师的成长离不开教师团队的合作帮助,教师集体同行间的交流、鼓励、合作是每个教师成长过程中必须经历的,同时教育学生的过程也需要教师的团队协作。

教师与家长是平等的合作双方,教师和家长一致的目标是把孩子教好,应该形成教育合力。所以教师在和家长接触交流的过程中,应该彼此尊重。尤其是开家长会时教师不能把家长当成犯错的学生横加指责,令家长处于尴尬的境地。这也不是为人师表教师该有的职业行为。

栏目 3-6

教师如何与家长沟通

1. 耐心倾听家长对孩子情况的分析。
2. 以理解的态度评价家长提出的意见,沟通双方的教育理念。
3. 以建议的方式对家长提出合理要求。
4. 与家长建立经常的联系而不是要告状了才联系。
5. 评价学生时先讲优点再指出存在问题。
6. 家长会上不公开告状点名批评,与家长个别交流。
7. 创设新型家长会:对话讨论、学生成长展示、专家报告、家校联谊等。

第三,教师应作风正派,廉洁奉公,自觉抵制有偿家教,不利用职务之便谋取私利。一方面,需要教师个人提高自身师德修养,廉洁奉公,作风正派;另一方面,也需要教师行业内部形成一致的舆论导向,对违反师德、滥用教师权力者不容忍、不包庇,接受上级机关和社会公众的有效监督,从外界给犯规者施加心理压力,从而降低该种现象发生的概率。

第四,教师应衣着得体、语言规范、举止文明。作为当代教师,为人师表也意味着教师应该塑造良好的公众形象。公众形象主要指一定的组织机构在社会公众心目中相对稳定的地位和整体形象。教师的仪表应具有美感、职业感和时代感。教师得体衣着、优雅气质、文明言行等良好外在形象有助于创造良好的公共关系软环境。

6. 终身学习——教师专业发展的不竭动力

终身学习是时代发展、教育改革的要求,也是教师职业特点所决定的。终身学习要求做到:

第一,教师必须崇尚科学精神,树立终身学习理念,拓宽知识视野,更新知识结构。在信息社会,教师必须首先把终身学习内化为自己的信念,才能在职业生涯中不断进取,更新教育理念;教师应该用科学的教育观指导学生发展,培养学生崇尚科学的探究精神,要让自己始终站在时代的前沿,引领学生努力学习探究未来;教师在教学过程中应该运用现代化的教学手段,结合教学实际更新知识结构,丰富课堂信息,关注发展趋势,不断充实完善自己。

第二,教师必须潜心钻研业务,勇于探索创新,不断提高专业素养和教育教学水平。教师要自觉树立科研意识,结合工作实践进行教研,不断总结提炼教学经验,成为研究型教师;现代科技发展给教师的专业生涯发展提供了广阔的平台,现代化多媒体教室、"云课堂"的出现需要教师运用新的教学模式来适应这种新的课堂,对教师探索创新能力提出挑战,同时能有效促进教师自身专业成长和学校教改。

（五）评价教育教学实践中教师的道德规范问题

教师职业道德评价是教师落实教师职业道德规范的重要保证，也是教师职业道德意识转化为职业道德行为的中介环节。同时，教师职业道德评价对调节教育人际关系具有重要的指导和调节作用。评价是否科学有效，直接关系到师德建设的成效。

1. 教师职业道德评价的定义

道德评价是运用已掌握的道德标准对人的行为作出价值判断，通过运用道德概念进行道德推理、作出善恶判断的道德思维活动而实现，属于价值判断领域。教师职业道德评价是指人们凭借校内外舆论、教育传统习俗和教师内心信念等形式，根据一定的原则、标准和方法，对教师的职业行为所作的善恶褒贬的道德评判。

2. 教师职业道德评价的依据

教师职业道德评价的依据就是评价对象所具有的反映道德价值的要素。评价应该以教师的职业行为作为实际依据。行为一般由动机、目的、手段和效果等因素组成。师德评价过程要仔细分析上述因素，结合具体环境进行评价。

首先，师德评价要坚持动机与效果统一原则。①

在评价道德行为善恶依据问题上，一直有动机论和效果论之争。动机论认为衡量道德善恶及其价值的主要依据是行为的动机状态。效果论则认为动机本身无所谓善恶，善恶是由效果决定的。这两种观点都片面地强调某一个方面，割裂了动机与效果的统一性。

在师德评价中，一般对"好心办好事"和"坏心办坏事"没什么争议，比较容易作出善恶评价。评价分歧常常在于"好心办坏事"或者"歪打正着"的情况。例如：学校中普遍存在的教师出于教育学生、维护课堂纪律或提高学生成绩等目的对学生采取的体罚或者变相体罚。从教师的动机状态分析，相信很多教师是出于关爱学生、希望学生进步的动机状态出发的，但是好的动机未必收到好的效果，有时因为教育手段运用失当导致教育效果与预期相距甚远。更多的时候，我们要结合教育实践的效果来评价分析教师行为。而且动机是一种内在的意图，师德评价仅仅依靠观念性的东西而忽略实践效果显然不妥。

同时，只看结果不问过程的评价也是片面的，例如学校对教师的评价仅仅看学生分数高低，忽略教师在教育过程中付出的努力会挫伤教师的工作积极性，何况教育效果不是立竿见影的，"十年树木，百年树人"，学生的品格培养、能力发展都是路遥知马力的显现过程。教育改革过程存在着失败可能性，仅以结果评价教师职业行为会导致教师墨守成规，抵制教学改革。

所以，师德评价应该兼顾动机与效果两个方面。联系动机看效果，透过效果看动机，只有全面科学分析评价师德才是有效的评价，才会对教师队伍建设起到促进作用。

其次，师德评价要坚持目的与手段统一原则。

一方面道德目的决定道德手段，另一方面道德手段也影响道德目的。目的有正确与否之分，手段也有适当与否之分。若目的卑劣，则任何手段运用的结果都是恶行；若目的善良，则手段不适当也应该给予具体分析。如果在别无选择情况下，运用不正当手

① 杨芷英.教师职业道德[M].新编版.北京：高等教育出版社，2007：181—200.

段达到良好目的,也具有行为正面的道德价值。但如果不当手段代价大于良好目的价值,则应该予以否定。例如教师为提高学生成绩,长期采用高压手段以学生付出身心健康为代价的职业行为是违反教师职业道德规范的,应予以制止。

3. 教师职业道德评价的基本形式

教师职业道德评价的基本形式包括外部评价和内部评价两种形式。

教师职业道德的外部评价是指通过社会舆论、他人评价、教育传统习俗等对教师职业道德进行的道德判断。

(1) 社会舆论。社会舆论指在一定社会生活范围内,人们根据一定的社会道德原则和规范以及风俗习惯,对某种现象、事件或行为发表带有倾向性的意见。在这里特指以教师道德规范为标准,对师德进行分析评价,它反映了教师与学生、与他人的道德关系。社会舆论对师德具有制约、监督和评价功能。它通过在教师心目中产生的巨大压力来调节制约教师行为,使教师职业行为与道德规范或教师群体相一致。比如汶川地震中"范跑跑"现象,遭到媒体舆论大量批评,最后范老师被清除出教师队伍。社会舆论对教师、学校、教育行政部门还有一定的监督作用,有时其监督力量之人比政策法律还有效。此外,社会舆论对教师行为、学校行为具有评价功能。

社会舆论分正式的和非正式的两种,大型期刊网站公开报道和街头巷尾的民间议论在教师职业道德评价中的作用都不可忽略。但是由于社会舆论的复杂性,其中包括正确或错误、先进或落后、专业与非专业、理性与非理性的议论掺杂其中,需要相关部门和专业人士对社会舆论进行有效引导,学校教师和管理者也应该对社会舆论进行理性专业分析,而不是盲目跟从。

(2) 他人评价。他人评价指被评价者以外的个人或者团体组织对教师职业道德表现及品质的评价,包括同行评价、学生评价、领导评价、专家评价和家长评价等。所谓旁观者清,一般情况下,他人评价相比自我评价更具客观性。作为评价者应该实事求是,从多角度、多方面观测评价客体,力求评价的公正、准确和客观;作为被评价者也要辩证看待他人评价,既不能因为评价者位居高位或权威崇拜盲目接受他人评价,也不能因为评价者是无名小卒或学生而拒绝或忽视他人评价。对他人评价要作深入分析,吸取评价中有效建议,并与自我评价相结合,不断提升自己的教师专业素养。

(3) 教育传统习俗。教育传统习俗专指教育领域的传统习俗,如"教学相长"、"学而优则仕"等传统思想。教育传统习俗具有稳定性和两重性的特点,精华与糟粕并存,需要教育工作者去伪存真、去除糟粕保留精华,扬善抑恶,弘扬优秀教育传统习俗,推动社会发展。

教师职业道德的内部评价是指教师根据内心信念等对自己的职业道德行为进行的道德判断,即教师道德的自我评价。自我评价的基本方式是内心信念。自我评价中道德主体同时是评价主体和评价客体。作为评价主体,道德主体必须清楚自己内心的道德理念和行为动机,评价可能更及时、恰当和公正。但是人们普遍存在自我掩饰的心理倾向,有时会自我评价过高,与他人评价差距过大导致矛盾冲突;自我效能感低的人则可能会出现自我评价过低的情况,导致自信不足,甚至自暴自弃。

因为师德建构是由他律到自律的过程,所以教师内心的感受、体验、反省在评价过程中非常重要。不同个体因个人道德修养、职业发展水平和阶段、所处情景不一样,对教师职业道德规范的认识理解不尽相同,会产生不同的自我评价结果。一个教龄一年和一个教龄二十年的教师,其道德发展水平和特征也有所差异;一个偏远山区教师和一个大城市的教师,对同一件道德事件的领会和感悟也会存在很大差异。所以师德评价指标应该更注重个体的情境性和差异性。师德建设的重点也根据教师不同发展阶段有不同的侧重点。师德评价只有把外显的道德规范制度言语与不同情景下的个人言语相结合,才能体现出师德评价严谨性与灵活性的统一。

中小学教师职业道德评价是一个理论与实践结合的问题,构建系统、科学、规范的中小学教师职业道德评价体系,建立多层次、全方位、立体式的评价方式,使师德评价成为教师、管理者、学生、社会共同参与的交互行为,对教师专业发展、学校建设和未来教育发展都具有重要意义。

二、教师职业行为规范

要全面促进教师的专业发展和职业规范,仅仅重视职业道德意识层面的要求是不够的,还需要从职业行为层面提出更为具体的要求,师德最终要落实在行动中,师德是职业行为的积累和结晶。教师职业行为规范具体体现在处理好与学生、学生家长、同事以及教育管理者的关系。教师职业行为规范建立在教师职业劳动特点的基础上,而了解教师职业劳动特点有助于我们更深刻地理解教师职业行为规范。

(一) 教师职业劳动的特点

教师的职业劳动特点由教师的任务和职业角色的定位所决定,对教师职业行为规范具有重要意义。教师职业劳动具有以下特点:(1)艰巨性。教师劳动的艰巨性是由其工作内容及过程的特殊性所决定的。它还体现在劳动时间的连续性和空间的广延性上。有人把教师比喻成"园丁"、"蜡烛",体现了教师劳动的艰巨性。(2)创造性。教师劳动的创造性是由劳动对象差异性的特点所决定的,也是教育教学过程的动态变化特点决定的。教育对象、教育内容、教育场景的变化需要教师发挥教育智慧,运用不同的教育手段方法创造性地解决问题。(3)示范性。教师劳动的示范性由劳动对象的模仿性等心理特点所决定。教师为人师表,本身就是一种教育手段,教师劳动手段的特殊性决定了教师劳动的示范性。(4)长期性。培养人才是长期系统工程,"十年树木,百年树人",教师需要付出长期不懈努力,才能完成育人目标。

(二) 教师职业行为规范的定义与特点

1. 教师职业行为规范的定义

职业行为是指人们对职业劳动的认识、评价、情感和态度等心理过程的行为反映。职业行为产生一般都会伴随着一定的道德价值产生,所以职业行为具有道德责任。

但是从业者对自己的职业行为的道德责任并不是无限的。职业行为选择有时并不是完全自由的,所以当我们在分析某种职业道德问题时,要先分析行为人的主观原因和客观原因。一般有以下三条界限:第一,客观上存在着选择的可能性。对于客观上根本不可选择的行为,不能要求人们承担道德责任。第二,主观上有选择的能力。行为人必须有承担道德义务、选择并实现职业行为的专业能力。第三,道德义务上应该做的事情和应该选择的行为。即对行为人职业行为分内之事,完成就算尽到道德责任,如果没有去做或没有做好,那就应该负一定的道德责任。同时,如果行为人按照职业道德规范选择了自己的职业行为,就尽到了道德责任,反之,就要承担一定的道德责任。

在此限度内,行为人必须对所选择的职业行为负责并承担道德责任。当我们评价教师职业行为担负的道德责任时,也应结合实际情况综合考虑分析责任限度问题,而不应该把教师责任无限扩大。

教师的职业行为规范指教师在职业活动中为实现教育目标、履行教师职责、严守职业道德、从思想认识到日常行为应遵守的基本规则。教师的职业行为包括课堂教学、课外辅导、教学评价、课程开发、教学研究、进修学习、学术交流、人际交往、仪态仪表等。

2. 教师职业行为规范的特点

教师职业行为规范具有引导性、约束性、促进性和时代性等特点。引导性是表明教师从事职业活动应该怎么做的基本要求。约束性是表明教师从事职业活动不能怎么做的基本要求。促进性是行为规范对教师专业发展所起作用的功能体现。时代性要求教师职业行为规范要适应一定时期内各相关因素的发展需要和利益诉求。

(三) 教师职业行为规范的内容与要求

教师行为规范的基本内容可分为两个层次:第一个层次是由国家立法机构和有关行政部门制定的关于教师活动要求的法律、条例和守则等,这些要求具有法律和行政效力,是每一位教师获取任职资格过程中必须学习和牢记的;第二层次是由社会的道德规范及人们所公认的执业特点所构成的。它是通过社会舆论、群体力量、个人的自尊、习惯形式来实施的。根据《教师法》和《中小学教师职业道德规范》,结合我国文化传统和社会发展现状,要求教师在处理与学生、学生家长、同事以及与教育管理者的关系时遵守教师职业行为规范。具体包括以下几个方面:

1. 教师的思想行为规范

教师的教育对象是未来社会的建设者,教师的思想道德行为直接影响到我国社会未来发展。所以作为人民教师,在思想上应该保持和国家的高度一致,具体表现在:(1)热爱社会主义祖国,拥护中国共产党的领导,认真贯彻执行党和国家的教育方针、政策。不做有损国格、人格的事。(2)热爱教育事业,遵循教育规律,树立素质教育理念,尽职尽责,教书育人。(3)树立正确的人生观和价值观,发扬无私奉献精神,爱岗敬业,乐于奉献。(4)正直诚实,作风正派,为人师表。(5)自觉遵守法律法规,遵守社会公德,自尊自爱,廉洁奉公。

2. 教师的教学行为规范

教学是学校的中心工作,教学行为规范对教育目标的实现是重要保障。教师在日常教学中应严谨治学、钻研业务,用科学精神、渊博知识和人格魅力去感染教育学生。具体而言:(1)教学态度端正,严谨认真地对待教学工作中的每个环节和教学细节,全身心投入工作。(2)钻研业务,了解本学科最新研究成果,更新教育理念和知识结构,不断改进教学手段方法,提升自己的专业素养。(3)熟悉教材和大纲,了解学生原有认知基础,认真备课,为上课作好充分准备。(4)组织好课堂教学,上课善于激发学生的求知欲,创造生动活泼的课堂气氛,鼓励学生积极思考。上课时应做到语言流畅,思路清晰,表达准确,板书规范,因材施教。(5)布置的练习和作业经过精心挑选,科学定性定量,高效完成知识巩固。认真批改作业,及时反馈信息,对学习困难学生给予义务辅导。(6)按时上课下课,不迟到、不缺课、不拖堂。不随意占用其他学科教学时间,减少学生课业负担。(7)既要严格要求学生,又要尊重学生;对待学生要一视同仁,奖励惩罚措施公平公正。积极鼓励学生提问,热情、耐心回答学生提问。不讽刺挖苦学生。鼓励学生创新。

于老师在教《宇宙里有些什么》这篇课文时,课文中有句话:"宇宙里有千千万万颗星。"这时候一个同学提问:"老师,万万等于多少?"全班哄堂大笑,另外一个同学说:"万万不等于亿吗?"在大家的笑声中,提问的同学灰溜溜坐下了。于老师继续问道:"既然万万等于亿,课文干吗不说宇宙里有千亿颗星呢?"同学们都哑了。一个同学站起来说:"用万万有两个好处:第一听起来响亮,亿听不清楚。第二万万好像比亿多的感觉。"同学们又笑开了。于老师当即给予了表扬:"你发现了汉语修辞的一个规律:字的重叠可以产生两个效果,一个是听得清楚,二是强调数量多。"同学们都用敬佩的眼光看着这个同学,于老师又说:"刚才是谁提醒我们学到这个新知识的呢?"大家都把目光集中到第一个发问的同学身上,那个同学十分高兴,以后课堂敢于大胆提问了。

(杨芷英.教师职业道德[M].新编版.北京:高等教育出版社,2007:150.)

分析:于老师是一位观察细致的教师,她对学生的公正和爱护体现在课堂教学的细节上:对每位学生发言都一视同仁,不歧视嘲笑提简单问题的同学,循循善诱启发学生积极思考,鼓励提问;最后给提问的学生以有效肯定;同时无形中教育了学生什么是尊重。

3. 教师的人际行为规范

教师的人际行为规范要处理好以下几种关系:教师与学生、教师与家长、教师与同事、教师与学校管理者。教师人际交往规范的制定有助于以上交往过程沟通顺畅,减少摩擦,达成目标。

(1)教师与学生之间要做到:关爱学生,公平对待每个学生;尊重学生人格和个人意愿;公正奖惩评价每个学生;不以师生关系谋取私利;拒绝体罚。(2)教师与同事之间要做到:互相尊重,经常赞美;主动交往,合作探究;控制情绪,减少冲突。(3)教师与学校管理者之间要做到:彼此尊重,顾全大局,互谅互让;努力工作,作出成绩;主动沟通,争取支持。(4)教师与家长之间要做到:尊重家长,平等待人;加强联系,积极沟通;换位思考,密切配合,形成教育合力;不接受家长礼物,廉正执教。

加强师生关系秘诀

栏目 3-7

(1)不批评、不责备、不抱怨。
(2)给予真诚的赞赏与感谢。
(3)激发学生心中的渴望。
(4)真诚地关心学生。

（5）经常对学生微笑。

（6）对学生而言，全世界最好听的声音就是他的名字。

（7）做一个倾听者，鼓励学生多谈他自己的事情。

（8）谈论学生有兴趣的话题。

（9）让学生觉得他很重要。

4. 教师的仪表行为规范

教师的仪表形象和言行举止是教师群体公众形象的重要组成部分，得体优雅的仪表行为，既可以增添教师自身的人格魅力，同时也能为教师群体赢得更多的正面评价，有助于教育目标的实现。教师应做到：（1）衣着整洁，朴实大方，服饰符合职业特点，具有美感，体现教师为人师表的良好形象。（2）举止稳重大方、彬彬有礼，体现文明素养。（3）谈吐得体，待人真诚热情，展现人格魅力。

5. 教师的语言行为规范

语言在现代教学中是教师讲课的主要工具之一。研究表明教师职业成就与教师语言能力显著相关。所以语言的流畅、准确、正确、规范使用也是现代教师重要的职业行为规范。教师应做到：（1）在学校使用普通话教学，不得使用方言、土语。（2）课堂教学用语要规范，注意语句用词、语法的准确性。（3）语言简洁明了，表述流畅。了解学生熟悉的新词语，与时俱进。

为了更好地认真执行《教师法》和《中小学教师职业道德规范》，许多地区和学校特意颁布了教师职业行为指南或者条例，旨在从可操作性层面把规范具体化，更具有实践操作意义。同时针对个别教师收礼、有偿补课等行为严重损害教师整体形象的情况，2014 年 1 月 11 日，教育部为规范教师职业行为，保障教师、学生的合法权益，根据《教育法》、《未成年人保护法》、《教师法》、《教师资格条例》等法律法规，颁发了《中小学教师违反职业道德行为处理办法》，其中规定教师有下列行为之一的，视情节轻重分别给予相应处分：

（1）在教育教学活动中有违背党和国家方针政策言行的；

（2）在教育教学活动中遇突发事件时，不履行保护学生人身安全职责的；

（3）在教育教学活动和学生管理、评价中不公平公正对待学生，产生明显负面影响的；

（4）在招生、考试、考核评价、职务评审、教研科研中弄虚作假、营私舞弊的；

（5）体罚学生的和以侮辱、歧视等方式变相体罚学生，造成学生身心伤害的；

（6）对学生实施性骚扰或者与学生发生不正当关系的；

（7）索要或者违反规定收受家长、学生财物的；

（8）组织或者参与针对学生的经营性活动，或者强制学生订购教辅资料、报刊等谋取利益的；

（9）组织、要求学生参加校内外有偿补课，或者组织、参与校外培训机构对学生有偿补课的；

（10）其他严重违反职业道德的行为应当给予相应处分的。

从整体上看,这种较为具体的规范要求对教师职业行为有更强的引导性和约束性,具有可操作性。《中小学教师违反职业道德行为处理办法》的出台,在国家层面将有利于教师职业行为的进一步规范,建设一支德才兼备的师资队伍。同时,办法还规定:"作出处理决定前,应当听取教师的陈述和申辩,听取学生、其他教师、家长委员会或者家长代表意见,并告知教师有要求举行听证的权利。"对诸如惩罚和变相体罚等有争议的问题,可以请学生、其他教师同行、家长委员会一起讨论界定,共同监督评价,防止师德失范现象出现。

师德是一项软环境建设,需要制度建设和教师自身参与的统合,任重而道远!

第三节　教师心理

教师被喻为人类灵魂的工程师,意味着教师本身的心灵应该是美丽健康的,要促进学生身心健康,教师本人也应该是身心健康的示范者。认知教师的角色定位和心理特征,分析教师常见心理问题及其根源,掌握维护教师心理健康的基本方法,有助于教师以最佳状态投入工作生活。

一、教师的角色心理

角色(role)一词源于戏剧,原指舞台上演员所扮演的人物。社会角色种类繁多,不同职业、不同地位、不同行为特征都有与之相对应的角色,如医生、同事、父母、领导、朋友等。教师角色主要指教师所具有的与其社会地位、社会身份相联系的被期望行为。教师角色代表教师个体在社会团体中的地位和身份,同时包含许多社会期望、教师个体应表现的行为模式。

(一)教师角色的形成过程和条件

教师角色的形成分三个阶段:角色认知阶段(知道角色的行为规范,哪些合适,哪些不合适)、角色认同阶段(体验并接受角色所承担的社会职责,以之调控、反思自己的行为)和角色信念阶段(确信并以之为行为指南,毕生为之奉献)。教师角色意识的心理结构包括三个部分:角色认知、角色体验和角色期待。

角色认知是人们对其要求的工作职责的了解程度。作为一名教师,应该在教育教学过程中对教师这个角色的行为规范、权利与义务、态度与情感、相关知识与技能有所了解和掌握。尤其是新教师,碰到工作中的诸多矛盾困难会产生焦虑情绪,原因在于他们不能预料将发生的事,更不知道用何方法可以有效处理这些问题。通过对教师职业角色的了解和认同,可以减轻或消除教学情境中的不确定因素和预测难度,帮助教师消除或降低焦虑,调整心态,促进教师专业成长。

教师角色形成还可以通过榜样学习进行。教师在碰到问题时,可以向经验丰富的教师学习,或者与其他同行讨论寻求解决问题的方法,学会在不同情境中体验不同角色,并适当处理角色冲突。

(二)教师角色定位

第一,教师是传道者。教师担负着传递国家和社会赋予的传统道德、正统价值观念的使命,"道之所存,师之所存"是对教师传道者角色的最好诠释。在现代社会,虽然道德观、价值观呈现出多元化特点,但教师的道德观、价值观问题代表着居于社会主导地位的道德观、价值观,并用这种观念引导学生,因而教师的教育教学不具有随意性。

第二,教师是授业、解惑者(即知识的传授者)。教师要把人类社会实践活动过程中所积累的知识经验和技能,经过精心加工和整理,然后以特定的方式传授给学生,并帮助解除学习中的困惑,启迪智慧,最终成为对社会有用的建设者。

第三,教师是示范者。学生具有向师性的特点,教师的言行是学生模仿的榜样,教师的言论行为、为人处世的态度对学生具有耳濡目染、潜移默化的作用,对学生的发展具有强烈的外在示范性与内在的感染性,故教师对学生有着引导和示范的责任。

第四,教师是团体管理者和纪律维护者。教师是学校教育教学活动的组织者和管理者,需要担负起班级和课堂管理的职责,包括:确定目标,建立班集体,制订和贯彻规章制度,维持班级纪律,组织班级活动,协调人际关系等。

第五,教师是父母代理人。低年级的学生倾向于把教师看作是父母的化身,对教师的态度类似于对父母的态度。希望教师具有仁慈、耐心、亲切、平易近人等人格特征。

第六,教师是朋友与知己。随着学生年龄的增长,到初中阶段以后,学生则往往希望教师是朋友和知己。希望在学习和生活等多方面得到教师的帮助和指导,同时也希望教师像朋友一样可以与自己共享快乐,分担痛苦。

第七,教师是学习者与研究者。当今社会的教师需要不断学习,更新教育理念和知识结构,掌握新工具、新方法。此外,教师工作的对象是千差万别的鲜活的学生个体,这决定了教师要以研究的态度对待自己的工作对象、工作内容和工作过程,不断反思教学实践,使自己适应不断变化的形势,并且有所创新。

在现代全面推行素质教育的今天,教师的角色更应该从知识的垄断者变为学习的促进者,从课程的执行者变为课程的研究者和开发者,从学习的管教者变为学生的引路人和学生心理健康的维护者。

二、教师的心理特征

教师的心理特征是指教师在长期的教育教学实践活动中,由于扮演各种不同的角色而逐渐形成的教师职业特有的心理品质,是从事教师职业者所共有的、典型的特征。它包括认知特征、人格特征和行为特征。

(一) 教师的认知特征

教师的认知特征可分为三个方面:观察力特征、思维特征和注意力特征。

(1) 教师的观察力是了解学生个性特征、发挥教育机智、因材施教的前提。教师的观察力应具有以下三个特点:客观性、敏锐性以及精细性。

(2) 教师的思维特征具有以下两个特点:①逻辑性:教师在考查问题时要遵循严格的逻辑顺序,有充分的逻辑依据,得出科学的结论,并培养学生的逻辑思维能力。②创造性:要求教师在解决问题时,能将已有的知识和信息加以发散思考,从新的角度发现新知识。教师思维的创造性表现在对已有知识的再创造,对传统思维模式、手段方法的改变,有效解决问题和对教育教学进行反思。

(3) 教师的注意力特征集中表现在注意分配力上。注意分配力是指教师在同一时间内能够"一心二用",即把自己的注意力既集中在主要对象上,又能分散注意到其他对象的能力。教师可以通过熟练掌握教材、充分作好课前准备、保持良好情绪以及加强注意分配练习等方法来提高注意分配能力。

有效教师的认知特征一般包括有效的知识结构和较强教学能力两个方面。有效的知识结构主要包括专业学科内容知识,教育学、心理学、教学法知识和实践性、情景化的知识;有效教师的教学能力包括组织和运用教材的能力、言语表达能力、组织教学的能力、对学生学习困难的诊治能力以及教育机智等。研究表明这些能力与教师的职业成就显著相关。

(二) 教师的人格特征

人格指决定个体外显行为和内隐行为并使之与他人行为有稳定区别的综合心理特征。教师人格特征主要体现在情感特征、意志特征和领导方式等方面。

(1) 情感特征。教育过程是情感交流的过程,教师对学生的热爱不仅是进行教育工作的强大动力,也会直接感染学生的情绪,激起其学习的兴趣和活动的积极性、创造性,从而影响教育教学的效果。

(2) 意志特征。教师良好的意志品质是决定教育工作成败的重要的主观因素,是教师运用自己的全部力量克服工作困难的内部条件,也直接影响着学生意志品质的形成。教师良好的意志品质主要表现在以下几个方面:目标明确,执著追求;明辨是非,坚定果断;处事沉稳,自制力强;充沛的精力和顽强的毅力。

(3) 领导方式。教师的领导方式对班风的形成有决定性影响,此外还对课堂教学气氛,学生的社会学习、价值观、个性发展以及师生关系等有不同程度的影响。教师的领导方式可分为专断型、放任型和民主型。其中,民主型的领导方式对学生发展的促进作用最大,是比较理想的领导方式。

有关研究表明,在教师的人格特征中,有两个重要特征对教学效果有显著影响:一是教师的热心和同情心,二是教师富于激励和想象的倾向性。当学生们认为他们的老师是富有同情心的,课堂内学生之间更能彼此分享;当教师热情鼓励时,学生表现得更具有创造性。人格特征生动活泼、善于鼓励和富于想象、热爱自己专业的老师,其工作更为成功,其学生的行为也更富有建设性和创造性。

(三) 教师的行为特征

教师行为包括教学行为的明确性、启发性、参与性、多样性等基本特征,以及及时的教学效果评估及其对学生产生的期望效应。

教师在教学过程中对学生的期望会对学生行为产生影响,较经典的研究是美国哈佛大学的心理学家罗森塔尔(Rosenthal, R.)和雅各布森(Jacobson, L.)所进行的。他们对小学生做了一次所谓的学习潜力测试,随后在各班随机抽取少数学生名单交给老师,告诉老师他们是班级中最具发展潜力的学生,要求教师长期注意观察,但不能告诉学生本人。8个月后发现名单上的学生其学习成绩和能力发展真的好于班级其他学生。很明显,这是由于实验者提供的假信息引起教师对学生的期望而产生了自我应验的预期效应。即教师的期望或明或暗地被传送给学生,学生会按照教师所期望的方向来塑造自己的行为,这个效应称为罗森塔尔效应,借用古希腊神话的典故也称皮格马利翁效应。其作用过程见图 3-1。

图 3-1

教师期望与
学生行为变化①

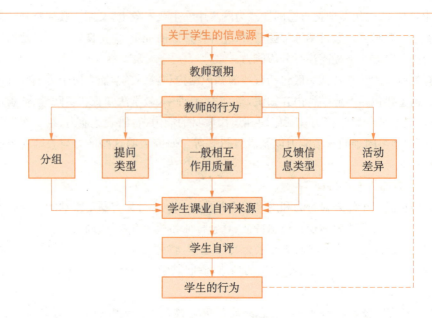

所以,教师要对学生应有适度的期望,尤其对低龄学生,这种期望效果更为明显。教师把自己对学生的期望和信任传递给学生,学生会据此调整和重塑自己的言行举止,达到期望的效果。

教师的教学行为与教师的教学效能感关系密切。所谓教师的教学效能感,是指教师对自己影响学生学习行为和学习成绩能力的主观判断。这种判断会影响教师对学生的期待、对学生的指导等行为,从而影响教师的工作效率。

在理论上,教师教学效能感的概念来源于美国心理学家班杜拉(Bandura,A.)的自我效能理论。

栏目 3-8

班杜拉简介

阿尔伯特·班杜拉(1925—   ),美国当代著名心理学家,现任斯坦福大学心理学系讲座教授。新行为主义的主要代表人物之一,社会学习理论的创始人。他所提出的社会学习理论独树一帜,认为来源于直接经验的一切学习现象都可以依赖观察学习而发生,其中替代强化是影响学习的一个重要因素。

---

① 皮连生.学与教的心理学[M].上海:华东师范大学出版社,2009:9.

教师教学效能感	自我效能感	
一般教育效能感：教师对教与学的关系、对教育在学生发展中的作用等问题的基本看法和判断	结果预期：指个体在特定情境中对特定行为的可能后果的判断（如这次得高分）	表3-5 教师教学效能感和自我效能感的比较
个人教学效能感：教师对自己的教学能力、水平及其效果的认识和评价	效能预期：指个体对自己有能力成就某种作业水平的信念（如我有能力考好）	

教师教学效能感是解释教师内在动机的关键因素，会在以下三个方面影响教师行为：影响教师在工作中的努力程度，影响教师在工作中的经验总结和进一步学习，影响教师在工作中的情绪。

阿什顿（Ashton, P.）等人的研究表明，效能感高的教师对学生寄予较高的期望，认为自己对学生成长负有责任，相信自己能教好所有学生；在课堂教学中，效能感高的教师注意对全班学生的具体指导，不断探索新的方式、方法；在对学生进行指导时，效能感高的教师比较民主，鼓励学生自由探索解决问题的方法。学生失败时，效能感高的教师更有耐心，会通过重复问题、给予提示等方法促进学生理解。

所以，教师应在教育实践中积极运用相关教育学、心理学知识，学习他人好的经验，对自己的教学进行反思总结，增强教学自信心，提升教学效能感；学校应该建立一套完整、合理的管理制度和规则，努力创立进修、培训等有利于教师发展实现其自身价值的条件；社会应树立尊师重教的良好风气，提高教师福利待遇也会对教师的教学效能感产生积极的影响。

三、教师心理健康

1948年，第三届国际心理卫生大会对心理健康的定义为"在身体、智能以及情感上与他人心理不相矛盾的范围内，将个人心境发展成最佳状态"。就心理结构而言，心理健康包括人的认知、情感、行为和人格等多方面健康。据此，教师心理健康指教师在教育教学过程中有意识完善人格、发挥心理潜能、维护和增强心理各方面的机能与社会适应能力，预防各种心理疾病，使个人心理机能发展到最佳状态。[①] 教师心理健康是教师专业成长的前提条件，也是学生心理健康发展的保证。

但是目前教师的心理健康状况却不容乐观。根据国家中小学心理健康教育课题组对辽宁省168所中小学的2 292名教师进行的抽样检测，有52.23%的教师存在心理问题。其中，32.18%的教师属于"轻度心理障碍"，16.56%的教师属于"中度心理障碍"，2.49%的教师已构成"心理疾病"。[②] 很多对教师群体的研究调查也得出类似结论，说明当今很多教师是在心理亚健康状态下进行工作的，这对教师自身健康和学生身心发展都是很不利的。所以促进教师心理健康刻不容缓。

（一）教师常见心理问题及其根源分析

在教育教学过程中，教师常见心理问题通常表现为：(1)生理—心理症状：如抑郁、

---

① 张大均，江琦. 教师心理素质与专业性发展[M]. 北京：人民教育出版社，2005：192.
② 北京青年报. 半成教师有心理问题，心理健康教育将成必修课[EB/OL]. (2005-02-28)[2015-12-03]. http://learning.sohu.com/20050228/n224466985.shtml.

焦虑、精神不振等心理症状和头晕、心动过速等生理症状;(2)人际关系症状:出现人际关系不适应,如没耐性听取他人建议、沉溺于倾诉不满情绪,出现攻击性行为如体罚学生等;(3)职业行为症状:这种症状在职业行为上表现为逐渐对学生失去爱心和耐性甚至疏远学生,对教学中出现问题反应过激,缺乏责任感等;(4)职业倦怠:年复一年的重复讲课批改作业,对工作不再有热情和兴趣,这是教师群体中常见的问题。

教师常见心理问题很大程度上源于压力过大。腾讯教育 2014 年进行了一次教师压力的调查,近 42 万份调查显示逾八成教师表示工作压力大,工作繁重,近三成教师表示处于疲劳状态。教师的压力主要来自于社会对教师职业的高标准严要求,言行举止要为人师表,教师职业的精神负担高于其他职业;工作上的超负荷运作,教师要承担来自学生家长、学校常规检查评比、同行竞争、上级领导检查、社会媒体监督等各方面的压力,工作时间的延伸和责任边界的模糊,让教师身心不堪重负;社会发展对教师的要求提高,教师必须不断面对新的学生行为问题、新的课程改革、新的教学手段运用等,挑战压力巨大。

压力会引起个体生理、心理、社会适应和心智各方面的反应,具体表现为:

表 3-6	类别	具体反应
	生理反应	食欲不振、肌肉关节疼痛、尿多、心悸、疲劳、失眠、体重改变、头晕、消化不良等
压力的不同反应	心理反应	注意力下降、组织能力变差、情绪调节能力变差、易怒、挫折忍受力降低、充满忧虑和无助感、自尊心降低、攻击性增高等
	社会反应	冷漠、退缩、逃避、易怒、唠叨、怪罪他人、缺少亲密性、离群索居、易与人发生冲突等
	心智反应	健忘、迷惑、厌倦、反应慢、注意力不集中、缺乏新概念等

除了压力之外,教师的不良个性比如意志薄弱、缺乏进取心以及自卑、抑郁、孤僻、敌对、多疑、焦虑等不良性格特征,也是教师心理问题产生的重要来源。个别教师甚至有人格障碍比如偏执型人格等,对教育工作会产生极大危害,需要及时治疗。

(二)教师心理健康标准

(1)能积极地悦纳自我——真正了解、正确评价、乐于接受并喜欢自己。承认人是有个体差异的,允许自己不如别人。

(2)有良好的教育认知水平——能面对现实并积极地去适应环境与教育工作要求。例如,具有敏锐的观察力及客观了解学生的能力。具有获取信息、适宜地传递信息和有效运用信息的能力,具有创造性地进行教育教学活动的能力。

(3)热爱教师职业,积极地爱学生——能从爱的教育中获得自我安慰与自我实现,从有成效的教育教学中得到成就感。

(4)具有稳定而积极的教育心境——教师的教育心理环境是否稳定、乐观、积极,将影响教师整个心理状态及行为,也关系到教育教学的工作效果。

(5)能自我控制各种情绪与情感——繁重艰巨的教育工作要求教师有良好的、坚强的意志品质,即教学工作中明确目的性和坚定性,处理问题时决策的果断性和坚持性,面对矛盾沉着冷静的自制力,以及给予爱和接受爱的能力。

(6) 和谐的教育人际关系——有健全的人格,在交往中能与他人和谐相处,积极态度(如尊重、真诚、羡慕、信任、赞美等)多于消极态度(如畏惧、多疑、嫉妒、憎恶等)。

(7) 能适应和改造教育环境——能适应当前发展、改革与创新的教育环境,为积极改造不良教育环境、提高教学质量献计献策。

教师作为教育工作者,应有良好的自我教育意识和能力,尽力调整好自己的心态,对照教师心理健康的标准,提升自己的心理健康水平。如果遇到严重心理问题,应该寻找专业人员的帮助,积极治疗。

(三) 教师心理健康的维护和促进

1. 从教师个人层面看,个体积极调适自我

(1) 调整认知方式。首先,教师要正确认识自我,认同自己的角色。教师每天要面对来自社会、学生、家长、同行、上级等各方面的评价,有理性评价也有冲动评价,对此很多教师会产生焦虑。只有树立正确而稳定的自我概念,认同自己所从事的职业价值和工作特点,明白自己追求的目标是什么,才能坦然面对他人的评价,客观评价自己的工作,给自己设定合适的发展目标。悦纳自我,悦纳他人。其次,要正确对待失败。人无完人,每个人都有犯错的经历,关键是如何认识和对待自己的失败,从中吸取经验教训。比如一个教学效能感良好的教师面对家长和社会对其课堂教学的批评会坦然处置,和同行一起探讨分析,听取专业意见,明确教学中应该坚持的和可以改进的部分,提升自己的专业发展水平。有缺陷的课堂并不会让教师失去尊严,反而是为掩饰自己错误的简单拒绝或者不加分析的自我否定会失去学生对教师的尊敬。

(2) 掌握科学方法,自我调节情绪。第一,情绪控制。情绪控制可以从两个方面入手:一是从认识上分析造成不良情绪的原因,看自己的反应是否合理、是否适度;二是从情绪本身角度控制可能发生的冲动行为,采用合理或间接手段适当疏导调适情绪。例如,防止把消极情绪带入教室,更不能把学生作为发泄对象;提醒自己在情绪激动时不要批评学生,等心平气和冷静下来时再批评学生,防止过激言行。第二,合理宣泄。教师应该选择合适的时候、合理的方式宣泄自己的情绪,而不是把消极情绪长期压抑在心底,积压成为冲动行为爆发的根源。如可以在适当的环境下放声大哭,对信任的朋友或亲人倾诉,写日记;或进行剧烈的体力劳动,休闲娱乐等。

教师如何缓解压力?

栏目 3-9

1. 压力调适的心理策略

压力调适的认知策略:正向自我对话法、自我暗示法、假设解决想象法等。

压力调适的情绪策略:说出来、写下来、唱出来、动起来、慢下来、助人去、参观去。

> 压力调适的行为策略:时间管理法(记录分析时间,排出工作重要目标)、正向习惯法、肌肉放松法。
>
> 2. 压力调适的社会支持策略
>
> 寻找自我社会支持路径(父母、家人、朋友、同事、专业人员)。
>
> 了解社会资源,善用资源(社会专业机构、专业人员)。

我们一直在强调抗压能力的培养,其实抗压能力不在于"每次能抗住多大压力的能力",而在于"遇到压力时,可以多快缓解压力,平复情绪的能力"。掌握科学方法舒缓压力,有助于更好地控制我们的行为。另外,营造一个幸福和谐的家庭,对教师舒缓工作压力也是非常重要有效的途径。

(3)学会交往,建立良好人际关系。教育中的人际关系,主要是指教师和学生、教师和同事、教师和家长、教师和领导之间的关系。在人际交往中,要有意识培养移情能力,即站在别人立场上,从别人角度考虑问题的能力;交往中采取宽容的态度去对待别人,多看别人的长处,求大同存小异,从好的一面去理解各种现象,是改善教育人际关系的有效途径;交往中教师需要掌握基本社交技巧,比如与人交谈的艺术、找到共鸣点、展示自己人格魅力、寻求帮助等,提高自己的社交能力,获得社会支持。

(4)改善性格缺陷,健全人格。人心不同,各如其面。每个人的性格、气质都是独特的。所以改变性格中的缺陷,健全人格对每个社会成员尤其是教师非常重要。从性格而言,A型性格的特点是易恼火、激动、发怒和急躁。这类人生活中表现为成就欲高,工作投入,时间紧迫感强,富有竞争意识,生活节奏快。同时缺乏耐心,性情急躁,办事匆忙,社会适应性差。D型性格的特点是孤僻、冷漠、悲观消极、独处、没有安全感。这两类性格特点对教师个体身心健康和人际和谐都是不利的。前者需要控制冲动,学会休息,少参与竞争性强的活动;后者需要多与人交往,多参加社会活动,学会向亲朋好友倾诉。教师需要在生活工作中克服个性缺陷,培养良好个性,树立教育信念,铸造坚强意志,健全人格。

另外心理学研究表明,身体健康者比体弱多病者更具有抵抗挫折能力,所以加强体育锻炼也有助于身心健全。

2. 从学校层面看,组织有效干预,维护教师权益

提高教师的心理健康水平关键在于两点:减少教师的压力源头和加强保健措施。主要方法有:一是推行以人为本的管理模式,创设良好的学校人际环境,减少教师的压力;二是树立教师心理教育观念,健全教师心理教育机制。

3. 从社会层面看,构建社会支持网络

在学校内部乃至整个社区和全社会,形成对教育事业和教师工作的社会支持系统,能有效促进教师的心理健康。主要方法有三:一是社会对教师角色期待有合理定位,尊师重教;二是切实提高教师的经济和社会地位;三是健全评估和培训制度,落实教师教学自主权,提高教师教育创新能力。

参考文献

[1] 袁振国. 当代教育学[M]. 第4版. 北京:教育科学出版社,2010.

[2] 叶澜. 教师角色与教师发展新探[M]. 北京:教育科学出版社,2001.

[3] 杨芷英. 教师职业道德[M]. 新编版. 北京:高等教育出版社,2007.

[4] 檀传宝. 走向新师德——师德现状与教师专业道德建设研究[M]. 北京:北京师范大学出版社,2009.

[5] 皮连生. 学与教的心理学[M]. 上海:华东师范大学出版社,2009.

[6] 国家教师资格考试培训系列教材编写组. 综合素质[M]. 上海:华东师范大学出版社,2013.

思考题

1. 你认为作为一名教师,在教学中应如何遵循运用教学行为规范?

2. 如何理解关爱学生是师德的灵魂? 在教育实际中,教师应该怎么做?

3. 新教师如何成长为专家型教师?

4. 如何维护教师心理健康?

5. 案例分析:

绿领巾事件

2011年10月17日,西安市某区第一实验小学门外,中午时分随着下课铃声响起,小学生们在老师引领下排队回家。最先走出校门的是一年级学生,队伍自然地被他们佩戴的领巾颜色分成了两类:一部分孩子戴着鲜艳的红领巾,另一部分孩子则戴着绿领巾。一些调皮、学习成绩不好的学生被老师发放了绿领巾区别于红领巾。绿领巾在人群中显得格外扎眼,不少孩子一出校门就赶紧把绿领巾摘下来放进书包。这引起了部分家长和孩子的不满,认为这是一种公开歧视。该校校长和老师在接受采访时称:"确实没想到,家长会对绿领巾有意见。设计绿领巾的初衷是对孩子加强教育培养,激励孩子,并非有意区分好学生和差学生。"但事实是红、绿领巾之分与设计初衷背道而驰。

此事件10月18日被媒体报道后在网络引发了大量的关注,网友在微博上发表大量看法,把话题的深度引申到教育公平、学校教育弊端等,使得该话题在人民微博、新浪微博、腾讯微博等平台上成为话题榜的热门话题。对此,相关教育部门及时作出了回复。18日,陕西省少工委在官方微博发布信息,表示这种做法严重违反《中国少年先锋队队章》相关规定,坚决反对,并要求西安市少工委等相关单位立即前往学校进行纠正。西安市该区少工委及区教育主管部门在得知情况后,立即叫停了该区第一实验小学的此项做法,要求学校全部收回"绿领巾"。第一实验小学也紧急召开了家长会,向家长解释说明情况并得到了学生家长的理解。

10月19日,著名央视节目主持人白岩松在节目《新闻1+1》播出《这个"绿色"不环保!》,戴绿领带声援学生,称"叔叔和你们都戴过'绿领巾',但不代表我们差"。《人民日报》发表相关评论《请摘掉功利教育的"绿领巾"》。主流媒体的评论引领了社会舆论的主要导向,以该事件作为"导火索"引爆的教育问题引发了教育部的关注。10月22日教育部有关负责人在接受记者采访时表示:坚决反对学校以任何方式对未成年学生进行所谓的"好"与"差"的区别。这位负责人强调,我们明确要求各级各类学校面向全体学

扫一扫二维码
直接获取答案
要点

生,以符合学生成长规律和教育规律的正确方式教育和引导学生,关心爱护所有的学生,促进学生全面发展、健康成长,坚决反对学校以任何方式对未成年学生进行所谓的"好"与"差"的区别。

　　(庞胡瑞. 陕西"绿领巾"事件舆情研究[EB/OL]. (2011 - 10 - 31)[2015 - 12 - 03]. http://yuqing. people. com. cn/GB/16083795. html.)

　　思考:

　　(1) 如果学校校长和教师让部分孩子戴绿领巾的行为动机是出于善意的,但事情结果和预期大相径庭,问题何在?

　　(2) 如何看待社会舆论在此次"绿领巾"事件中发挥的作用?

扫一扫二维码
轻松获取练习题

【学习目标】

1. 了解不同课程流派的基本观点,包括学科中心课程论、活动中心课程论、社会中心课程论等;理解课程开发的主要影响因素,包括儿童、社会以及学科特征等。

2. 掌握基本的课程类型及其特征,其中包括分科课程、综合课程、活动课程,必修课程、选修课程,国家课程、地方课程、校本课程,显性课程、隐性课程等。

3. 了解我国当前基础教育课程改革的理念、改革目标及其基本的实施状况。

【关键词】

课程:包括教学的科目、课业的结构及其进程。

分科课程:是一种单学科的课程组织模式,它强调不同学科门类之间的相对独立性,强调一门学科的逻辑体系的完整性。

活动课程:又称"经验课程",是围绕着学生的需要和兴趣、以活动为组织方式的课程形态,也即以学生的主体性活动经验为中心组织的课程。

综合课程:有意识地运用两种或两种以上学科的知识观和方法论去考察和探究一个中心主题或问题。

课程目标:是指课程本身要实现的具体目标和意图。它规定了某一教育阶段的学生通过课程学习以后,在发展品德、智力、体质等方面期望实现的程度,它是确定课程内容、教学目标和教学方法的基础。

【本章结构】

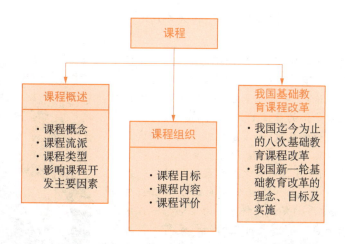

在学校教育中,我们最熟悉的便是各种不同的学习科目,如语文、数学、英语。通常情况下,我们会将课程理解为学校中设置的这些不同的学科。那么,课程到底是什么呢?它是单指不同的学科,还是另有其他内容?存在哪些不同的课程设置形式?在确定学校课程时,教师可以按照怎样的顺序进行?在当前的课程改革背景下,我们又面临着怎样的变化与挑战。本章将围绕课程理论与课程实践展开,以期展示课程领域中的重要问题。

本章介绍有关课程概念的不同理解,梳理不同课程理论流派及其基本观点,分析影响课程的不同因素。在此基础上,概述学校课程的不同类型及课程的组织过程。最后,将分析我国的课程改革及其发展趋势。

第一节　课程概述

在我国,"课程"一词始见于唐宋期间。唐朝孔颖达为《诗经·小雅·小弁》中"奕奕寝庙,君子作之"句作疏:"维护课程,必君子监之,乃依法制。"但他用这个词的含义与我们现在通常所说的课程的意思相去甚远。宋代朱熹在《朱子全书·论学》中多次提及课程，如"宽着期限，紧着课程"、"小立课程，大作工夫"等。虽说他只是提及课程，并没有明确界定，但意思还是清楚的，即指功课及其进程。这与我们现在许多人对课程的理解基本相似。

在英语世界，课程（curriculum）一词最早出现在英国教育家**斯宾塞**《什么知识最有价值》（*What Knowledge is of Most Worth*）（1859）一文中。它是从拉丁语"currere"一词派生出来的，意为"跑道"（race-course）。根据这个词源，最常见的课程定义是"学习的进程"（course of study），简称学程。这一解释在各种英文字典中很普遍，无论是英国牛津字典，还是美国韦伯字典，甚至一些教育专业字典，如《国际教育字典》（*International Dictionary of Education*），都是这样解释的。课程既可以指一门学程，又可以指学校提供的所有学程。这与我国一些教育辞书上对课程的狭义和广义的解释基本上是吻合的。①

栏目 4-1

斯宾塞与《什么知识最有价值》

斯宾塞（1820—1903）

赫伯特·斯宾塞是 19 世纪后半期至 20 世纪初英国著名社会学家、哲学家和教育家。他在《什么知识最有价值》一文中，在区分各项知识的相对价值或比较价值的基础上，确立了他所认为的一个衡量知识价值的尺度，如本书之前所述。在这五类人类活动的基础上相应地设置五类课程。对于这五类课程，斯宾塞说："什么知识最有价值？一致的答案就是科学。"为了直接保全自己或是维护生命和健康，最重要的知识是科学。为了那个叫作谋生的间接保全自己有最大价值的知识是科学。为了正当地完成父母的职责，正确指导的是科学。为了解释过去和现在国家生活，使每个公民能合理地调节他的行为所必需的不可或缺的钥匙是科学。同样，为了各种艺术的完美创作和最高欣赏所需要的准备也是科学。而为了智慧、道德、宗教训练的目的，最有效的学习还是科学。

（蒋建华.知识·权力·课程——政策视野中的课程研究[M].北京：教育科学出版社，2010：103—104.）

一、课程的概念

课程的定义随着社会的变化，其内涵和外延也在不断变化。概括起来，有关课程的定义可以归为三类：②

---

① 施良方.课程理论——课程的基础、原理与问题[M].北京：教育科学出版社，1996：2—3.
② 袁振国.当代教育学[M].2004 年修订版.北京：教育科学出版社，2004：131—132.

1. 课程作为学科

这是使用最普遍也是最常识化的课程定义。如《中国大百科全书·教育》中的课程是这样定义的:课程是指所有学科(教学科目)的总和,或学生在教师指导下各种活动的总和,这通常称为广义的课程;狭义的课程则是指一门学科或一类活动。

这种课程定义把课程内容与课程过程割裂开来,并片面强调内容,而且把课程内容仅限于源自文化遗产的学科知识,其最大缺陷是把课程视为外在于学习者的静态的东西,对学习者的经验重视不够。

2. 课程作为目标或计划

这种课程定义把课程视为教学过程要达到的目标、教学的预期结果或教学的预先计划。如课程理论专家塔巴(Taba,H.)认为课程是"学习的计划",约翰逊(Johnson,M.)认为课程是"一系列有组织的、有意识的学习结果"等。

这种课程定义把课程视为教学过程之前或教育情境之外的东西,把课程目标、计划与课程过程、手段割裂开来,并片面强调前者,其缺陷也是忽视了学习者的现实经验。

3. 课程作为学习者的经验或体验

这种课程定义把课程视为学生在教师指导下所获得的经验或体验,以及学生自发获得的经验或体验。杜威实际上把课程视为学生在教师指导下所获得的经验。受杜威的影响,许多人持同样的观点。如美国著名课程理论专家卡斯威尔(Caswell,H.L.)和坎贝尔(Canpbell,D.S.)认为,"课程是儿童在教师指导下所获得的一切经验"。

这种课程定义的突出特点是把学生的直接经验置于课程的中心位置,从而消除了课程中"见物不见人"的倾向,消除了内容与过程、目标与手段的二元对立。应当指出,有些持这种课程定义的学者有忽视系统知识在儿童发展中的意义的倾向。

20世纪60年代以后,课程的含义被扩展了,以学科为中心的课程观受到了挑战,学校生活中那些非学科的经验也受到了重视,研究者认为这些经验对学生的态度、动机、价值观的形成和发展也有明显的作用。当代课程观注重学习者在学校环境中的全部经验。另一方面,把课程主要看作是教程而不重视学程的静态课程观也受到了挑战,课程不再被看作是单向的传递过程,而是双向的流动实践过程。

当前,一般认为,课程包括教学的科目、课业的结构及其进程。

《简明国际教育百科全书·课程》中的九种课程定义　　栏目 4-2

在学校建立一系列具有潜力的经验,目的是训练儿童和青年以群体方式思考和行动,这类经验被称为"课程"。

课程是指学习者在学校的指导下学得的全部经验。

课程是指传授给学生的、意在使他们取得毕业证书或进入职业领域资格的教学内容和具体教材的总计划。

课程是一种对教师、学生、学科和环境等教材组成部分的范围的方法论的探究。

課程是学校的生活和计划,是一种指导学生的事业,是构成一代又一代人生活的生气勃勃的活动流。

課程是一种学习计划,通过有组织地重建知识和经验而得到系统阐述的有计划有指导的学习经验和预期的学习结果,在学校的帮助下,推动学习者个人的社会能力不断地、有目的地向前发展为课程。

課程由五种大范围的学科学习组成:a.掌握母语,系统地学习语法、文学和写作;b.数学;c.科学;d.历史;e.外国语。

課程被看作是人类的经验——而不是结论的可能思维模式不断扩大的范畴。

(刘家访,余文森,洪明.现代课程论基础教程[M].长春:东北师范大学出版社,2007:6.)

二、课程流派

课程理论可分为学科中心课程理论、儿童中心主义课程理论、社会改造主义课程理论、人本主义课程理论四大类。[①]

1. 学科中心课程理论

学科中心课程由来已久,我国古代的"六艺"(礼、乐、射、御、书、数)以及西方传统的"七艺"(文法、修辞、逻辑、算术、几何、天文、音乐)都是较早形态的学科中心课程。奠定现代学科中心课程基础的是夸美纽斯和赫尔巴特。夸美纽斯的"泛智论"课程主张"把一切事物交给一切人类",他为"母育学校"开设了涵盖物理、天文、地理、历史、语言、文学、音乐、政治、伦理等学科的 20 种科目。赫尔巴特根据人的"六种兴趣"开设了相应的学科课程体系:经验的兴趣对应课程为自然、物理、化学、地理;思辨的兴趣对应课程为数学、逻辑学、文法;审美的兴趣对应课程为图画、音乐、文学;同情的兴趣对应课程为母语、外国语;社会的兴趣对应课程为公民、历史、政治、法律;宗教的兴趣对应课程为神学。

学科中心课程的现代理论形态主要有要素主义课程、永恒主义课程、结构主义课程等。

要素主义课程认为,应当把文化遗产中那些核心的"共同要素"确定为课程,系统地传授给学生,通过教育来传递文化遗产,促进人类智力发展。要素主义课程推崇智力学科,主张学术性强的分科课程体系,认为智力学科在学校课程中应处于核心、基础的位置。强调严格的智能训练,重视英才教育,认为学生应该在教师的严格教导下,以掌握按照一定逻辑顺序编排的间接经验为主,并适当伴随着少量的直接经验活动。

永恒主义课程认为传统学科价值高于实用学科的价值,因为这些学科更具有理智训练的价值。为此要选择那些经久不衰的、具有永恒价值的名著作为课程和教材,来达到理智训练的教育目的。

---

① 赵鹤龄.教育学——问题与实践的新视角(下)[M].哈尔滨:黑龙江教育出版社,2012:254—258.

结构主义课程以美国的**布鲁纳**(Bruner，J. S.)为代表,他提出了著名的"三个任何"的论断,即"任何学科都能够用在智育上是正确的方式,有效地教给任何发展阶段的任何儿童"。为此他主张,课程的价值在于提供给学生每一学科特有的基本概念和基本结构,通过对这些基本概念和基本结构的掌握,达到知识掌握与智力发展目的,并以此培养学生的独立探索求知的本领。同时,他强调课程要符合学生的思维,做到既反映学科的基本结构,又符合学生的认知结构。在课程的组织上,他倡导螺旋式课程,即在不同学习阶段重复特定的学科内容,使学科逻辑与学生的心理逻辑相统一。在课程实施中,他倡导"发现法",在学习学科概念与原理时,学生根据教师提供的事例和问题,通过自己的阅读、实验、思考等探究活动,独立发现和掌握相应的学习内容。

31. 布鲁纳

(Jerome Seymour Bruner, 1915—)
美国心理学家、教育学家,结构主义教育思想的代表人物。其在皮亚杰儿童认知发展观点基础上,更加强调人在认知过程中的主观能动性、更重视后天习得的经验和文化教育的作用。在知识结构上,他认为知识是人对经验中规律性事物以意义和结构的组织模式。主张"发现学习","用自己的头脑亲自获得知识的一切形式"。主要教育著作:《教育过程》《论认知》《教学论探讨》《教育的适合性》等。

学科中心课程理论的基本主张可以归纳为以下几个方面:第一,把不同领域的知识组织成为相应的学科,每一学科按照知识的逻辑进行编排;第二,每一学科的逻辑体系是相对独立的,学科中的知识体系具有一定的稳定性;第三,每一学科固有的价值,每个学科的教育价值不能相互替代;第四,课程体系主要由各学科组成,要考虑知识的承接关系及学生的年龄阶段、学习任务,对不同类别的学科按照一定的顺序排列;第五,课程的学习以掌握学科知识为主要目的;第六,练习与考试对于学科的学习有较大帮助。

学科中心课程是迄今为止使用最为广泛的课程理论;该理论推崇的学科体系、知识逻辑以及严密的计划性,能够使学生在一段时间内牢固掌握系统的基础知识与基本技能,有助于人类文化的延续。正是这一点使得该理论有其特有的优越性,各种新的课程理论目前还无法取代它的地位。但是,在该理论的实践过程中,容易出现轻视儿童的需要、以成人生活世界代替儿童生活世界、对知识体系进行人为的学科划分从而割裂知识的整体性、学科知识内容脱离现实生活等问题,这些问题引发了人们对学科中心课程理论的质疑。

2. 儿童中心主义课程理论

儿童中心主义课程理论,又称活动中心课程论,主要以杜威为代表。杜威继承了卢梭等人的自然主义思想,以机能心理学与实用主义哲学为基础,在其实用主义教育理论体系中,表达了儿童中心主义课程思想,主要有六点主张:

第一,课程即经验,对学生经验的增长有教育意义的各种经历和体验就是课程;第二,课程的价值在于促进儿童本能的生长,使学生能够应对各种社会生活问题;第三,儿童的成长与发展的标志是其经验的状况,因此课程内容应该以儿童自身的生活活动为基本源泉;第四,以儿童的活动及其产生的经历和体验为课程安排的出发点,在"做"中学;第五,课程的目标在于通过"做"来培养学生的思维能力,实现学生经验改组或改造;第六,课程实施的方式为"主动作业",打破学科界限,以单元或主题为实施线路,由学生根据个人的兴趣与学习进度,自主选择和完成作业。

儿童中心主义课程理论的基本精神对于 20 世纪以来的课程理论、课程实践与改革产生了相当大的影响。该理论强调儿童的需要、经验,主张以儿童的经验来整合人类知识体系,关注现实社会生活,承认儿童的主体地位等思想对于我国课程改革具有重要的参考意义。需要指出的是,儿童中心主义课程理论也存在值得商榷的问题,如忽视系统知识的学习、容易导致"活动至上"而影响儿童智力发展、如何看待教师的作用等。

学科课程与活动课程的差异见表 4-1:

表 4-1

学科课程与
活动课程的
差异①

类别	学科课程	活动课程
认识论	知识本位	经验本位
方法论	分析	综合
教育观念	社会本位论 "教育为生活作准备"	个人本位论 "教育即生活"
知识的传递方式	间接经验	直接经验
知识的性质	学术性知识	现实有用的经验性知识
课程的排列	逻辑顺序	心理顺序
课程的实施	重学习结果	重学习过程
教学组织形式	班级授课制	灵活多样
学习的结果	掌握"双基"	培养社会生活能力、态度等

3. 社会改造主义课程理论

社会改造主义课程理论,又称社会中心课程论,既反对以学科知识为核心价值的课程观,也不赞同以儿童及其经验为核心的课程观,认为应当以社会问题为核心来考虑课程问题。这一流派的基本主张有以下几点:

第一,课程的目标必须与社会紧密相连,要避免让学生被动地适应社会,应该以培养学生对社会现实的批判精神与改造能力为课程设置的出发点;第二,课程内容以社会问题为中心,把各科内容统一于社会问题及其批判与解决上,战争、毒品、恐怖主义、生态不平衡、资源匮乏、环境污染等问题都可以是统合各科内容的中心;第三,学校应该时刻关注社会问题与现实生活,不断进行课程变革,引进新思路;第四,可以适当开设社会学、人类学、政治学、物理、化学等科目,其目的是为解决社会问题服务;第五,课程侧重以各种形式的活动单元为主要呈现方式,学生参与到社会生活中进行学习。

社会改造主义课程理论以现实社会问题为课程的核心,呼吁学校课程的社会责任,在人口、环境、资源、战争等问题日益尖锐的今天,无疑有着重要意义,所提倡的深入社会生活中进行学习、培养学生的社会批判意识与社会改造能力等建设性的观点,对于现今我国的课程建设应该有所启示。当然,该理论中的某些激进的主张是需要重新思考的。

---

① 郑金洲.教育通论[M].上海:华东师范大学出版社,2000:283.

4. 人本主义课程理论

人本主义课程理论在 20 世纪 70 年代以后开始兴盛起来，代表人物有马斯洛和**罗杰斯**（Rogers，C. R.）。马斯洛等人把"自我实现"、"人的潜能"等概念运用到课程理论中，强调"人性"的发展与"人的自我实现"。基本主张有四点：第一，课程以促进学习者的自我实现为目标，认为人的发展是人性的全面发展和人格的自我完善，是情感、理智、审美、道德的发展的统一；第二，课程内容选择要关注学习者的兴趣、需要与能力，特别是多方面的兴趣，并以学习者的日常生活与社会状况为重要的课程资源；第三，设置学术性课程、人际关系课程、自我实现课程，这三类课程并行，共同促进学习者潜能的发展；第四，课程实施中鼓励师生间的对话，创建尊重、理解、信任的氛围。

32. 罗杰斯

（Carl Ranson Rogers, 1902—1987）
美国心理学家、教育家，应用心理学的创始人之一，人本化教育思想的代表人物。他主张教育要创设安全、自由的环境，促进儿童进行"意义学习"，引导儿童逐步走向创造，实现培养知情合一的"完整的人"的教育目标。
主要著作：《问题儿童的临床处理》《人的形成》《学习的自由》等。

人本主义课程理论是人本精神在课程领域里的具体反映。它对"人的发展"赋予新的意义，强调促进学生认知与情感等方面的整体发展，倡导学习者的自我实现等主张，具有一定的特色。这一理论所遭到的攻击主要有两个方面：一是对人格、情感等非理性的过分推崇，容易导致学习者学识的空疏与学习能力的低下；二是该理论的种种美好设想缺乏具体详细的落实计划。

三、课程的类型

按照不同的划分标准，课程可以被区分为不同的类型。如按照课程的组织方式进行划分，可以分为分科课程、活动课程与综合课程；以对学生的学习要求为依据，可以将课程分为必修课程与选修课程；按课程设计、开发与管理的主体划分，可区分出国家课程、地方课程与校本课程；按课程的呈现方式划分，可分为显性课程与隐性课程。①

（一）分科课程、活动课程、综合课程

1. 分科课程

分科课程是一种单学科的课程组织模式，它强调不同学科门类之间的相对独立性，强调一门学科的逻辑体系的完整性。从课程开发来说，分科课程坚持以学科知识及其发展为基点，强调本学科知识的优先性；从课程组织来说，分科课程坚持以学科知识的逻辑体系为线索，强调本学科自成一体。分科课程剔除了与本学科无关的学习内容，有助于学生在较短的时间内快速、便捷地了解学科的基本内容；同时也便于组织教学与评价，有助于教学效率的提高。

分科课程的缺点是：第一，分科课程是以学科知识的逻辑体系为核心组织起来的，容易导致轻视学生的需要、经验和生活。第二，分科课程过于强调相对独立和稳定的学科逻辑系统，从而容易导致忽视当代社会生活的现实需要。分科课程对学生和社会的疏远，致使学校教育学究气、贵族气浓重，学校生活弥散着一层经院式色彩，内容僵化，

---

① 余文森，连榕，洪明. 课程与教学论[M]. 福州：福建教育出版社，2007：37—66.

缺乏吸引力。第三,分科课程以科学分类为基础,但随着现代科学技术的发展,科学研究的综合化已日渐明显,在原有学科的基础上又出现了大量的交叉学科,如果仍然固守学科课程的原有体系,必然会导致学科数量的无限膨胀,使课程设置疲于应付。同时,分科课程各自独立完整的内容体系又使得各学科之间界限分明,这无疑是将知识割裂得支离破碎,限制了学生的视野,束缚了学生思维的广度。

分科课程的优点,使其在古今中外的教育发展中一直居于首要位置,在将来恐怕也难有其他课程类型取代它。分科课程的缺点,却又使得我们不得不对其进行改革。基于此,新课程改革在改变课程结构过于强调学科本位、科目过多和缺乏整合的前提下,保留了一部分分科课程,同时根据新课程的理念,对分科课程进行了改革,使分科课程得到了改善。

2. 活动课程

"活动课程",又称"经验课程",是围绕着学生的需要和兴趣、以活动为组织方式的课程形态,也即以学生的主体性活动经验为中心组织的课程。活动课程以开发与培育主体内在的、内发的价值为目标,旨在培养具有丰富个性的主体。学生的兴趣、动机、经验是活动课程的基本内容。由于学生总是生活在特定的社会和文化之中,所以,为了提升学生的经验和价值,活动课程也把学生感兴趣的当代社会生活问题以及学科知识转化为学习的经验作为课程内容。活动课程的基本着眼点是学生的兴趣和动机,以动机为课程与教学组织的中心。活动课程的主导价值在于使学生获得关于现实世界的直接经验和真切体验。

活动课程的优点是显而易见的。第一,活动课程强调学习者当下的直接经验的价值,把学习者的经验及其生长需要作为课程目标的基本来源,充分满足学习者的需要、动机、兴趣,有助于使学习者成为真正的学习主体。第二,活动课程把人类文化遗产以学生的经验为核心整合起来,要求把学科知识转化为学生当下活生生的经验,强调教材的心理组织,有利于学生在与文化、学科知识交互作用的过程中实现个性的发展。第三,活动课程的主题和内容源自于现实生活,容易激发学生的学习兴趣,有助于发展学生的实践和创新能力。我国新课程改革设置的综合实践活动课程,就是典型的活动课程。

当然,活动课程也有其自身难以克服的局限性。首先,活动课程以学习者的经验为中心来组织,容易导致学科知识的支离破碎,学生难以掌握完整系统的学科知识的体系。其次,活动课程以学习者的活动为中心,但学习者的活动具有多种性质,并非所有的活动都有教育价值,也并非所有的活动都能带来同样的教育价值。活动课程在实施中容易导致"活动主义",为活动而活动,若把握不当,会极大地影响教学效率和教育质量。最后,活动课程在课程实施中对教师的教学组织能力以及相关教学设施提出了较高要求,它要求教师具有相当高的专业知识和教育艺术素养。在师资条件不具备的情况下,活动课程的实施具有一定的风险性。

3. 综合课程

综合课程有意识地运用两种或两种以上学科的知识观和方法论去考察和探究一个中心主题或问题。如果这个中心主题或问题源于学科知识,那么这种综合课程即是"学科本位综合课程"(或"综合学科课程");如果这个中心主题或问题源于社会生活现实,那么这种综合课程即是"社会本位综合课程";如果这个中心主题或问题源于学生自身的需要、动机、兴趣、经验,那么这种综合课程即是"经验本位综合课程"(或"综合经验课程"、"儿童本位综合课程")。这是综合课程的三种基本类型。因此,综合课程可以被看成是将源于两种或两种以上学科的课程要素以一定的方式与一个主题、问题或源于真实世界的情境联系起来的课程。

栏目 4-3

我国新一轮课程改革在义务教育阶段设置的综合课程

1.《历史与社会》(7—9 年级),该课程旨在对学生进行公民教育和人文素质教育,培养创新精神、社会实践能力和社会责任感,促进学生的社会性发展,为学生成为社会主义现代化国家的合格公民奠定基础。该课程将给予学生必要的人文社会科学基础知识和技能,在学习中引导学生体验探究的过程和方法,帮助学生树立正确的人生信念和社会理想,使他们能够正确面对人生和社会发展的各种问题,成为社会主义中国的合格公民。

2.《科学》(7—9 年级),课程以提高每个学生的科学素养为总目标。对本课程的学习,使学生保持对自然现象的好奇心和求知欲,养成与自然界和谐相处的生活态度;了解或理解基本的科学知识,初步形成对自然界的整体认识,学会或掌握一定的基本技能,并能用它们解释常见的自然现象,解决一些实际问题;增进对科学探究的理解,初步养成科学探究的习惯,培养创新意识和实践能力;形成崇尚科学、反对迷信、以科学的知识和态度解决个人问题的意识;理解科学技术是第一生产力,初步形成可持续发展的观念,并能关注科学、技术与社会的相互影响。

3.《艺术》(1—9 年级),课程的培养目标是:了解各艺术学科基本的艺术语言和表达方式,运用多种工具材料进行艺术表现和艺术创造;获得艺术感知、艺术欣赏和艺术评价的能力,体验视觉、听觉、动觉等活动带来的愉悦,丰富审美经验;通过艺术活动发展个人潜能,提高生活情趣,健全人格,使艺术能力与人文素养得到综合发展。

4.《体育与健康》(7—9 年级),课程以促进学生身体、心理和社会适应能力整体健康水平的提高为目标,构建了技能、认知、情感、行为等领域并行推进的课程结构,融合了体育、生理、心理、卫生保健、环境、社会、安全、营养等诸多学科领域的有关知识,真正关注学生的健康意识、锻炼习惯和卫生习惯的养成,将增进学生健康贯穿于课程实施的全过程,确保"健康第一"思想落到实处,使学生健康成长。

(余文森,连榕,洪明. 课程与教学论[M]. 福州:福建教育出版社,2007:50—52.)

综合课程具有以下几方面的优势:

第一,打破分科课程固有的界限,实现课程内容以及教育价值的有机整合。尽管学科知识的分化有其合理性,但这并不意味着学科课程要相互隔离与封闭,文化或学科知识的健康发展需要持续的交流,需要不同学科间相互开放、相互作用、彼此关联。综合课程体现了文化或学科知识间相互作用、彼此关联的发展需求。

第二,增进课程内容与现实生活的联系。学生的发展与当代社会生活息息相关。

过于强调分科课程易导致的一个流弊是使学生的学习与当代社会生活剥离。当学生的发展与当代社会生活的有机联系被学校人为地分离开来以后，必然导致学生对学习的不满、冷淡，最终导致学生学习的失败。解决这个问题的办法是鼓励学生在与真实世界的际遇中学习。这就需要将学校课程以问题和观点为核心组织起来，这就是综合课程。

第三，实现学生心理的整体发展。每一个学习者都是基于其知识和经验的背景而整体地建构知识的；学习者的先前知识和其建构"实在"的独特方式是相对独立于学科知识的，应成为课程组织的基础。学生心理发展的整体性必然要求学校课程具有综合性。而且，综合的、探究取向的课程能够为学习者提供更多潜在的机会，以使其发展和完善有意义的知识和技能，从而增强学习者的自我效能感和学习动机，提高学习者的兴趣。

综合课程的不足之处在于：难以向学生提供系统完整的专业理论知识，不利于高级专业化人才的培养；在课程内容的组织中，容易出现"挂一漏万"，课程内容组织的难度较大，容易形成"大拼盘"的现象；在课程实施中对教师自身的专业素养提出了较高的要求，课程实施的难度增大。

课程结构走向综合性主要基于以下几个方面的趋势：一是社会发展的需要。当代社会面临着各种各样的带有普遍性的问题，如环境问题、生态问题、医药伦理问题、科学危机、贫困问题、粮食问题、核弹威胁、文化冲突等等，都不是依靠单一学科所能解决的，而是依赖于多种学科的共同努力。二是个性发展的要求。个性发展的标志不是知识的积累和技能的熟练，而是在复杂的情境中作出明智选择和解决问题能力的提高，这需要突破传统的以分科为特点的"学科主义"课程的束缚。三是当代社会人类认识论和知识论嬗变的趋势。受各种新的哲学思潮，如哲学解释学、后现代主义哲学、后结构主义哲学等的影响，新的知识论认为知识并非固定不变的、放之四海而皆准的，而是情境关联的、社会建构的。因此，不必固守传统的学科疆域。四是脑科学研究的新进展。脑科学研究指出"脑是以整合的方式而非分散的方式对知识进行加工的"，知识整合得越好，就越易于学习。

表4-2	项目	综合课程取向	学科课程取向
综合课程与学科课程的比较①	课程目标	视学生为完整的个体，提供多元视点来考察事物的能力	强调学术智慧的发展，忽略个体在各方面的成长
	课程内容	强调学习的关联性、知识内容的连贯，以便获得完整学习经验	精熟学科知识内容，忽略学生生活经验和社会适应问题
	教师角色	课程与教材编选者，学习资源提供者	学科专业者，课程内容执行者
	学习形态	动态且多样化的学习方式，培养自主学习、合作沟通和协调的能力	同一时间，学习相同的知识精熟相同的教材，静态独立的学习
	评价方式	多元化，档案式，真实性评价	强调精熟的标准化测验

① 高强华.学校组织与课程革新[M].台北:台湾师范大学,2002:371.

(二) 必修课程、选修课程

1. 必修课程

必修课程是某一教育系统或教育机构规定学生必须学习的课程种类。在我国基础教育领域,主要是指同一年级的所有学生都必须修习的公共课程,是为保证所有学生的基本学力而开发的课程。

必修课程的根本特征是强制性,它是社会或机构权威在课程中的体现,具有多方面的功能:如选择传递主流文化;帮助学生掌握系统化知识,形成特定的技能、能力和态度;促进社会政治、经济、科技的发展;等等。

在各级各类学校教育中,受不同的目的目标的制约,存在着不同的必修课程。一般在高等教育中,必修课程分为公共必修课程和专业必修课程,专业必修课程又再分为基础课程、专业基础课程和专业课程;在基础教育中,必修课程可分为国定必修课程、地方规定必修课程和校定必修课程等。必修课程的优势主要有:能够全面反映课程目标的要求,是实现既定教育任务的主要途径;能够使学生形成作为未来社会公民和个体生活所必需的基本素养;有助于组织课程实施和课程管理与评价。

必修课程的不足之处在于:过分注重学生的共性发展,而忽视学生的个性发展;容易走向极端的社会本位倾向,淡化或放弃学生的个体发展。

2. 选修课程

选修课程是某一教育系统或教育机构中学生可以按照一定规则自由地选择学习的课程种类。它依据不同学生的特点与发展方向,允许个人选择,是为适应学生的个性差异而开发的课程。

选修课程一般分为限定选修课程与任意选修课程两类。限定选修课程是指在规定的范围内学生按一定的规则选择学习的课程,如学生必须在若干组课程中选修一定组数的课程,在若干门课程中选修一定门数的课程。任意选修课程则是不加限制,由学生自由选择学习的课程。选修课充分体现了课程结构的选择性特征。它具有以下三方面的优势:

第一,能适应地区间经济文化的差异,具有一定的变通性。我国幅员辽阔,从地理位置和经济发展看,可分为沿海发达地区、中原地区、西部欠发达地区三大区域,各区域的经济发展需要有着不同文化知识结构的人才,因此应当允许各地根据本地经济发展的现实需要选择相应的课程,以适应这种区域经济和社会差异。从文化角度看,我国是多民族国家,不同民族对本民族的文化有强烈的认同感和归属感。选修课有利于不同地区根据自身的需要作出选择,设置适合地区需要的课程。

第二,能适应不同学校的特点。课程改革取得成功的关键在于发挥学校和教师的主体性。学校的主体性集中体现在通过选择并设置能够创造和形成本校文化特色的课程上。不论国家课程还是地方课程,在课程门类及其关系方面都应适应每一所学校的学校文化特殊性,学校有必要也有能力根据本学校的教育宗旨对国家课程和地方课程进行选择和再开发,创造性地实施国家课程和地方课程,选修课无疑为之提供了可能。

第三,能适应学生的个性差异。教育面对的是一个个具有独特个性的学生,教育的根本目的和内在价值是促进每一个人的个性发展。衡量课程改革成败的基本标志是看它是否促进了学生的个性发展。选修课有助于适应学习者的差异性,包括文化背景差异、发展水平差异、兴趣爱好差异等等，满足学生个性发展的需要。

第四，能自由选择和组织教学内容。在人类进入知识爆炸时代，而学校学习时间又是相对有限的情况下，选修课程能够为教学内容的选择和组织提供一种较为灵活的方式。

(三) 国家课程、地方课程、校本课程

国家课程、地方课程与校本课程，是从课程设计、开发和管理主体来区分的三种类型。其中，国家课程的主导价值在于通过课程体现国家的教育意志，地方课程的主导价值在于通过课程满足地方社会发展的现实需要，校本课程的主导价值在于通过课程展示学校的办学宗旨和特色。

1. 国家课程

国家课程是指由国家统一组织开发并在全国范围内实施的课程。国家课程有广义和狭义之分。广义上指的是国家有关部门制定和颁布的各种课程政策，比如我国教育部制定和颁布的课程管理与开发政策、课程方案，各类课程的比例和范围，教材编写、审查和选用制度等；狭义上指的是国家委托有关部门或机构制定的基础教育的必修课程或称核心课程的课程标准或大纲。无论广义的国家课程还是狭义的国家课程，都集中体现了国家的意志，具有统一规定性和强制性的特征。

国家课程采用的是"自上而下"的课程开发机制，教育行政管理人员、教育理论工作者和学科专家是课程的规划和设计者，学校和教师是课程的实施者，且课程实施过程中应尽可能反映课程规划和设计者的意图，以便能达到预期的课程目标。不过，在国家课程实施过程中，也常常需要对课程作出必要的调整或修改，当然，这种改动只是在课程计划框架之内进行的微调，其最终的目的是更好地实现既定的课程目标。

国家课程是一个国家基础教育课程方案的主体部分，它面向全国，保证所有学生都享有在一定领域内的学习权利，都享有获得知识、发展智力的权利，从而获得一个积极的有责任感的公民实现自我价值和自身发展所必需的技能和态度。国家课程明确规定学生在接受学校教育期间应达到的标准，从总体上规定了不同学段的教育目标，体现了国家对学生发展的基本要求和共同的质量标准，是教育评价的重要依据，也是不同学校、不同地区甚至不同国家之间进行教育质量比较的重要依据。它是决定一个国家基础教育质量的主要因素，对于基础教育的发展，特别是人才培养的质量和规格具有决定性作用。

2. 地方课程

地方课程是指由地方组织开发并在本地实施的课程，也有广义和狭义之分。广义的地方课程既包括地方对本地的国家课程的管理和实施，也包括地方自主开发的只在本地实施的课程；而狭义的地方课程专指地方自主开发实施的课程，即由地方根据国家教育方针、课程管理政策和课程计划，在关注学生共同发展的同时，结合本地的优势和传统，充分利用本地的课程资源，直接反映地方社会、经济、文化发展的需求，自主开发并实施、管理的课程。在一般情况下，人们所谈的地方课程都是狭义的地方课程。地方课程的目的主要有以下几方面：

第一，地方课程开发以合理利用和开发地方丰富的课程资源为基础，强调因地制宜，具有鲜明的地域性特征，具有较强的针对性，可弥补国家课程所没有涵盖、不能满足

或无法考虑周全的内容空缺,促进国家课程的有效实施;第二,地方课程可调动地方参与课程改革与课程实施的积极性,使地方能紧密结合本地的社会、经济和文化发展现状,充分利用本地的课程资源,促进地方社会、经济和文化的发展;第三,地方课程也有利于培养地方的课程开发能力,从而促进课程改革的可持续发展。

3. 校本课程

校本课程是指由学校根据本校实际自主开发并在本校实施的课程,其主导价值在于创建学校办学特色,提升学校的办学水平,发展学生的个性。对校本课程可作三个层次的理解:一是广义的校本课程指的是学校所实施的全部课程,既包括学校所实施的国家课程、地方课程,也包括学校自己开发的课程。二是狭义的校本课程即学校设计开发的课程,指的是学校在对本校学生的需求进行科学的评估,并充分考虑当地社区和学校课程资源的基础上,以学校和教师为主体,开发旨在发展学生个性特长的、多样的、可供学生选择的课程。它是学校在实施好国家课程和地方课程的前提下,根据学校实际条件和需要开设的具有学校自身特点的课程。目前,人们习惯上将学校自己开发的课程称之为校本课程,以区别广义的学校课程。故狭义用法较为普遍。此外,校本课程也可指学校对国家课程或地方课程进行再加工与再创造而形成的课程。这种课程通过选择、改编、整合、补充、拓展等方式,对国家课程和地方课程进行再加工和再创造,使之更符合学生、学校和社区的特点和需要,体现学校的特点和个性。

校本课程的多样性和灵活性可以照顾学生的个别差异,满足学生多样化的需要。校本课程的开发要求教师成为课程与教学的领导者,在充分了解学生的发展特点和现实需要基础上参与课程改革,这对促进教师的专业发展具有十分重要的意义,是实现教师持续性的专业发展的有效途径。

项目	国家课程开发	校本课程开发
课程目标	以开发全国共同、统一的课程方案为目标	以开发符合学生、学校或地方等特殊需要的课程方案为目标
参与人员	课程开发是学者专家的权贵,只有校外的学者专家有权参与课程开发	所有的课程利害关系的人士均有参与课程开发的权责,因此学校成员与校外人士均可参与课程开发
课程观	课程即书面的课程文件,是计划好的课程方案	课程即教育情景与师生互动的过程与结果
学生观	学生无个别差异,是被动的学习个体,课程可以在事前做好详细、完善的计划	学生不但有个别差异,也有主动建构学习的能力,课程因学生需要进行调整
教师观	教师仅是课程的实施者,教师的职责就是依照设计好的课程方案加以忠实的呈现	教师是课程的研究者、开发者与实施者,教师有主动诠释课程、开发课程的能力

表 4-3

国家课程与校本课程开发模式比较[①]

---

① 崔允漷.校本课程开发:理论与实践[M].北京:教育科学出版社,2000:16.

(四) 显性课程、隐性课程

根据课程呈现的形态,具体地说,就是根据从教育是公开地还是隐蔽地影响学生的角度,可将课程分为显性课程和隐性课程两类。

1. 显性课程

显性课程(manifest curriculum),亦称"正式课程"(formal curriculum)或"正规课程"。显性课程是相对于"隐性课程"(hidden curriculum)而言的,是指在学校课程体系中为实现一定的教育目标而设计的具有实际形态并以外显方式出现的课程,是按照预先编订课程表实施的有目的、有计划、有组织的活动。其主导价值在于教育目标明确,对学生的发展能够产生直接的影响。显性课程一般要求学生必须学习并通过考核,达到明确规定的教育目标,在课程内容的选择和编排上,选择以数学、语文、外语、历史、地理、物理、化学等主要材料为主要的课程内容。课程内容的组织按一定的顺序并考虑学生的智力差异来组织。我国显性课程基本采用以学科本位为中心的设计。

2. 隐性课程

隐性课程,又称潜在课程、潜隐课程、隐蔽课程。隐性课程主要通过感染、暗示、同化、激励和心理调适等多种功能改变着学生的情绪与情感、行为规范和生活方式,对学生起着潜移默化的作用。

栏目 4-4

隐性课程概述

隐性课程(也称为潜在课程、隐蔽课程、无形课程、自发课程等)的概念产生于20世纪六七十年代。一说是杰克逊(Jackson, P.)1968年在其《课堂中的生活》(*Life in Classroom*)一书中提出的,另一说是1970年由奥弗利(Overly, N. V.)在其所编的《自发课程:对儿童的影响》(*The Unstudied Curriculum: Its Impact on Children*)一书中提出的。

其实,关于隐性课程研究的萌芽,在杜威所讲的"附带学习"(collateral learning)、克伯屈(Kilpatrick, W. H.)的"附学习"(concomitant learning)和"副学习"(associate learning)中就已有所提及,概指学习过程中自发的或自然而然产生的态度、情感、价值等。

(施良方.课程理论——课程的基础、原理与问题[M].北京:教育科学出版社,1996:265.)

隐性课程具有两种存在形态。一是非预设的隐性课程,在这种课程中对学生产生影响的因素是自发的,没有经过精心组织的。在这个意义上,隐性课程指的是课程计划中没有明确规定的、无形的,但在学校教育中对学生的发展起着重要作用的那些课程。二是预设的隐性课程。即影响学生的因素经过了有意图的设计和组织。在这个意义上,隐性课程是指精心设计的不具有实际形态但对学生的发展产生潜在影响的课程,其主导价值在于通过渗透的方式对学生的发展产生熏陶作用,以影响和改变学生的思想意识。

隐性课程在范围上主要体现在三个层面:一是学校物理环境构成的物质文化层面,

诸如学校建筑及其结构和内涵,校园人造自然环境及其结构和内涵,校园生活水平及其结构和内涵,等等;二是制度风气层面,诸如人际关系准则,包括教师、学生、职工、领导相互之间的关系准则,学术交往、朋友交往、伙伴交往准则以及校训、校风、班风、学风等等;三是学生在学校各种人际交往中所形成的心理文化,诸如师生特有的心态、行为方式和价值观念,包括师生关系、生生关系、师师关系等。

隐性课程具有以下若干特点:一是隐蔽性。隐性课程不像显性课程那样通过正式的教学来进行,而是潜伏在显性课程之后,通过间接的、内隐的、潜移默化的方式对学生产生影响。二是非预期性。隐性课程也不似显性课程那样,能通过学生的反应对教学全过程进行有效的控制、调节,从而达到最佳的教育效果,表现出事先难以预测和估计的一面。因为隐性课程中并不是任何一个要素、一个细节的教育影响事先都能估计到。不过,并非所有的隐性课程都不可预测。对教育者来说,隐性课程至少有一部分是可以有意识地加以组织和实施的,也就是说部分隐性课程也是可以具有目的性,因而是可以预期、可以事先设计的。三是两重性。隐性课程既能对学生施以积极的影响,促进学生良好品德的养成,又能对学生施以消极的影响,阻碍学生形成健全的人格。四是弥散性。所谓弥散性是指内隐性课程无所不在,只要存在教育,就必然存在隐性课程的影响。五是持久性。隐性课程通过心理的无意识层面对学生产生影响,如对情感态度、价值观念的影响,对性别角色的形成都是潜移默化的,一经确立,就会持久地影响学生的心理与行为,难以改变,甚至影响人的一生。

四、影响课程开发的主要因素

概括地说,影响课程的因素,是指那些对课程的形成、发展和变化产生制约作用的事物及其观念。把握影响课程的因素,需要注意两个不同性质的问题:一是对课程是否产生作用的问题,凡是对课程产生作用的事物,都是影响课程的因素;二是对课程产生作用的大小问题,对课程产生的作用比较大的事物,是影响课程的主要因素。所以,可以从影响课程因素的种类和影响课程的主要因素这两个层面进行分析把握。[①]

1. 影响课程因素的种类

课程来自于文化,是从文化中选取的精华部分,所以只要是对文化产生影响的因素,就是影响课程的因素。课程作为一种特殊形态的文化,实质上是作为特定社会角色的教育者和学生的生命存在与发展的活动方式及其结果。这样的活动,最直接的是在一定的课程传统之中进行的,但是课程总是一定教育条件下的课程,而课程和教育均是为学生而存在的,因而课程、教育和学生都是存在于一定社会条件和自然条件下的。所以,影响课程的因素十分广泛,可以归纳为有关课程自身、教育条件、学生发展、社会需要和自然环境等五种类型。

第一,课程自身因素。它主要包括课程传统、现行课程、课程材料和课程理论等。课程传统是课程的一种历史形态,是课程发展的历史禀赋或历史限定,它决定课程发展从哪儿来。现行课程是课程的一种现实形态,是课程发展的现实条件,它决定课程发展从哪儿开始。课程材料是课程的一种物化形态,是课程传统和现行课程的载体,包括课

---

① 扈中平.现代教育理论[M].第二版.北京:高等教育出版社,2005:184—187.

程原理、课程计划方案、课程标准、课本或教科书、教学指南、补充材料以及课程包等。其中教材，特别是课本或教科书，是课程传统的载体，表征着课程是怎么样的。课程理论是对课程传统和现行课程的系统认识成果，它源自过去和现在，但却指向于未来，建构着人们的课程理想，决定着课程发展可能和应该到哪儿去。

第二，教育条件因素。它主要包括教育意识形态、学制和个人知识等。

教育意识形态是人们对于教育的特殊认识结构，包括在一定社群中流行并反映该社群在政治、社会、道德和宗教上的偏好与兴趣的且相互依赖的有关教育的信念、观点、原理和玄想等。它对课程的影响表现在两个层面：一是"什么知识最有价值"，二是"什么使得人们相信某一知识选择是最有价值的"。它实质上是社会控制的工具，有两大作用：一是鼓动人们产生愿望去实施一定社会要求的活动，也就是社会照料儿童所喜好的一种特定方式；二是决定谁学习，以及学习什么和学习多少，这也是按照社会的需要来进行的。

学制是指一个国家各级各类学校的体系，它规定各级各类学校的性质、任务、入学条件、学习年限以及它们之间的衔接和关系。学制首先影响课程的宏观结构，决定课程在幼儿园、小学、初中、高中和大学分段与否及其相互关系；其次决定不同类型学校课程的性质；最后对课程内容会产生比较大的影响。

个人知识指的是课程情景中的教师和学生所具备的知识和经验。师生的认知结构，师生的新经验如何与一般生活经验整合，是个人知识领域的主要问题。个人知识一方面影响新课程的结构，另一方面决定师生是否愿意和能够接受新课程。

第三，学生自身因素。它包括发展心理、学习心理和性别研究等。发展心理对课程的宏观结构产生决定性的影响作用，学习心理对微观的课程内容结构和课程形式结构产生决定性的影响作用。性别研究被过去所忽视，近来开始为人们所关注。女性研究首先对大学课程设置和中学课程设置产生了影响，进而也开始对幼儿园和小学课程产生影响。

第四，社会性因素。它包括法律、政治、经济、社会、文化、宗教、课程政策和信息技术等因素。在当代条件下，法律特别是教育法、课程政策与信息技术的影响作用比较大，而文化价值观念左右人们制定法律、课程政策和使用信息技术的行为，是根本性的因素。

第五，自然性因素。它是人们过去长期忽视了的因素。在当代生态恶化和环境污染已经危及人类的生存与发展的严酷现实面前，人们被迫认识到了人和自然之间平等关系的重要性。自然环境可以分为原始自然和人工自然，这两种自然都是学校课程的重要资源，包括动物资源、植物资源和地理资源，它们一方面影响课程的现实内容，另一方面制约课程的现实形式。

2. 影响课程的主要因素

目前国内外关于影响课程的主要因素的问题，见解是比较一致的。人们普遍同意，存在三种影响课程的主要因素：知识、社会和儿童。三者无论在综合的意义上还是在分别的意义上，对课程发展变化产生的影响均是决定性的。

（1）知识。知识对课程的影响作用是多方面的，知识的根本作用是在来源上决定课程内容的发展变化。人们在各种实践活动中积累和发展起来的知识经验，是学校课程的重要来源,也是学校课程发展与变革的重要前提。一方面,信息的持续增长要求人们解决怎样组织、选择和沟通知识的问题;另一方面,民主社会的发展促使每个人都需要拥有基本的知识去解决自己面临的各种问题。

(2)社会。社会对课程的影响作用也是多方面的,不过其主要作用是在选择标准上决定课程内容的发展变化,在宏观上决定课程结构形式的发展变化。知识经验越来越丰富,不可能全部进入学校成为课程内容,人们不得不从中选择出一部分,分门别类作为学校的课程。选择的标准和分门别类的标准,最初是通过社会习俗,以后主要是通过法规的形式来制定的。这样,社会通过制定标准来决定课程内容、阶段和类别结构。

(3)学生。学生在微观上决定课程结构形式。课程效果主要是对学生的学习而言的,课程效果的实质是课程功能发挥问题,功能是由结构决定的。所以为了使课程效果实现最佳状态,学生的身心发展规律和学习规律,是课程内容组织的客观依据。这样,学生的身心发展需要和学习需要,就直接决定着课程内容中知识点与知识点的上下之间、作用之间的微观结构。

一定的课程是一定内容和一定形式的统一。特定的内容需要特定的宏观和微观结构形式相配合,而特定的形式也要求特定内容与之相恰切。知识、社会和学生总是综合地决定课程的发展变化。一方面,一旦知识发生变化,课程内容在已有的形式下也会产生变化,就会逐步导致已有形式的危机而引发形式的变化,最终引起课程在内容和形式上相统一的变化;一旦社会发生变化,选择内容的标准和分类的尺度就会变化,从而在内容和形式两个方面引发变化;而当学生需要产生变化,它就会在实践层面上导致内容微观结构的变化,逐步引发宏观结构的变化,最终导致内容的变化。另一方面,知识、社会和学生越来越相互关联,任何一个因素的发展变化,很快就会导致其他两个因素的发展变化,从而综合地导致课程内容与形式的整体发展变化。

第二节　课程组织

课程组织的内容主要包括课程目标、课程内容、课程评价等方面,它是一项复杂而关键的工作,直接关系到课程改革与课程实施的效果。[1]

一、课程目标

课程目标是指课程本身要实现的具体目标和意图。它规定了某一教育阶段的学生通过课程学习以后,在发展品德、智力、体质等方面期望实现的程度,它是确定课程内容、教学目标和教学方法的基础。从某种意义上说,所有教育目的都要以课程为中介才能实现。事实上,课程本身就可以被理解为是使学生达到教育目的的手段。所以说,课程目标是指导整个课程编制过程最为关键的准则。确定课程目标,首先要明确课程与教育目的和培养目标的衔接关系,以便确保这些要求在课程中得到体现;其次要在对学生的特点、社会的需求、学科的发展等各个方面进行深入研究的基础上,才有可能确定

[1]　全国十二所重点师范大学联合编写.教育学基础[M].第 2 版.北京:教育科学出版社,2008:161—164.

33. 布鲁姆

（Benjamin S. Bloom，1913—1999）

美国心理学家、教育家，"掌握学习"教育思想的代表人物。布卢姆认为，有效的教学始于准确地知道所期望达到的目标。他以人的行为为主要研究对象，根据"教育的——逻辑的——心理学的"分类框架，着手教育目标分类学的编制，将教育中应达到的全部目标划分为认知、情感和动作技能三大领域。他通过对学生学习的研究，提出"掌握学习"的思想，并将这一思想分解为课程计划、教学程序和评价三个层次的要素，形成要素结构。他还发展了教育评价理论，根据教育目标分类学的原理和"掌握学习"思想，将教育评价分为诊断性评价、形成性评价和终结性评价等三种类型。主要教育著作：《教育目标分类学：第一分册，认知领域》(1956)、《掌握学习》(1968)、《人类特征与学校学习》(1976)等。

行之有效的课程目标。课程目标有助于澄清课程编制者的意图，使各门课程不仅注意到学科的逻辑体系，而且还关注教师的教与学生的学以及课程内容与社会需求的关系。课程目标可以采取多种方式来陈述，但就一般而言，课程目标应该明确而又清晰。

(一) 课程目标的特征

（1）整体性。各级各类的课程目标是相互关联的，而不是彼此孤立的。

（2）阶段性。课程目标是一个多层次和全方位的系统，如小学课程目标、初中课程目标、高中课程目标。

（3）持续性。高年级课程目标是低年级课程目标的延续和深化。

（4）层次性。课程目标可以逐步分解为总目标和从属目标。

（5）递进性。低年级课程目标是高年级课程目标的基础，没有低年级课程目标的实现，就难以达到高年级的课程目标。

（6）时间性。随着时间的推移，课程目标会有相应的调整。

(二) 确定课程目标的方法

1. 筛选法

这是美国北加州大学课程开发中心研制的方法，多年来被许多教育机构模仿。其具体步骤如下：

（1）预定若干项课程目标，涉及课程的各个方面。如"培养阅读、写作、说、听的技能"、"培养吃苦耐劳的性格和自尊心"。

（2）书面征求有关人员对预定课程目标的意见，允许他们补充其他课程目标。

（3）把原先预定的课程目标和补充的其他课程目标汇总在一起。

（4）请有关人员根据汇总的课程目标，依次选出若干项最重要的课程目标。

（5）根据统计结果，确定名次靠前的若干项课程目标。

2. 参照法

在确定课程目标的过程中，参考过去的课程目标和其他国家的课程目标，并根据本国国情和教育状况，确定符合本国情况的课程目标。在某些国家，专业学术团体、教材出版商经常提出建设性的课程目标和教学目标。例如，位于美国洛杉矶的加州大学评价研究中心创办了课程目标和教学目标交换机构，专门收集和散发各种有关课程目标和教学目标的资料，供学校和教师索取和参考。依靠"剪刀加糨糊加复印"拼凑起来的课程目标和教学目标历来受到批评，但从比较、借鉴和参考现有资源与材料的角度看，也不失为一条便捷之路。

除了上述两种方法，还有其他多种多样确定课程目标的方法。确定课程目标从来没有固定划一的模式，如果一成不变地采用上述两种方法，未免过于教条和死板。

二、课程内容

课程的构成通常包括课程标准、教材、教师用书、练习册等。各构成要素之间既相互独立又相互依赖，其整体效应取决于各构成要素的协调与配合。以下简要介绍课程标准和教材的基本常识。

(一)课程标准

课程标准是各学科的纲领性指导文件，发挥着教学工作的"组织者"作用，可以确保不同的教师有效地、连贯地、目标一致地开展教学工作。编写课程标准是开发课程的重要步骤。

1. 课程标准的结构

(1)说明部分：扼要说明本学科开设的意义，规定教学的目的、任务和指导思想，提出教材选编的原则以及教学法的建议等。

(2)正文部分：即课程标准的中心部分或基本部分。系统地安排一门学科全部教材的主要课题、要目或章、节，规定每个课题教学的要点和时数，并编有练习、实习、实验、参观等实际作业的要求以及其他教学活动的时数。

(3)附录部分：有的课程标准还列出教师参考用书，学生课外活动，教学仪器、直观教具和视听教材等。

2. 课程标准的理解和执行

(1)研究本学科的发展水平和结构、体系，掌握本学科的基础知识和基本技能的结构以及与本学科有关的思想观念、价值、态度、情感、智力和能力因素，确定需要吸收的新知识、新技能。

(2)研究学生学习本学科的心理准备和心理特点，探寻本学科的逻辑顺序和学生学习的心理顺序之间的最佳结合方式。

普通高中《语文课程标准》(实验)(节选)　　栏目 4-5

前言

普通高中教育是面向大众的、与九年义务教育相衔接的基础教育。社会的发展对我国高中教育提出了新的要求。适应时代的需要，调整课程内容和目标，变革学习方式和评价方式，构建具有时代性、基础性和选择性的高中语文课程，是当前基础教育改革的一项重要任务。

高中语文课程的建设，应以马克思主义和教育科学理论为指导，在义务教育语文课程改革的基础上继续推进。高中语文课程要充分发挥其促进学生发展的独特功能，使全体高中学生获得应该具备的语文素养，并为学生的不同发展倾向提供更大的学习空间。要为造就时代所需要的多方面人才，弘扬和培育民族精神，增强民族创造力和凝聚力发挥应有的作用。

（二）教材

教材又称课本,它是依据课程标准编制的、系统反映学科内容的教学用书。教材是课程标准的具体化,它不同于一般的书籍,通常按学年或学期分册,划分单元或章节。它主要是由目录、课文、习题、实验、图表、注释和附录等部分构成,其中课文是教材的主体部分。随着科学技术的发展、教学手段的现代化,教学内容的载体也多样化了。除教材以外,还有各类指导书和补充读物,工具书、挂图、图表和其他教学辅助用具,教学程序软件包,幻灯片、电影片、音像磁盘等。此外,教材的编辑要妥善处理思想性与科学性、观点与材料、理论与实际、知识和技能的广度与深度、基础知识与当代科学新成就的关系。

1. 教材的编排

教材的编排形式要有利于学生的学习,符合卫生学、教育学、心理学和美学的要求。教材的内容阐述要层次分明,文字表述要简练、准确、生动、流畅,篇幅要详略得当。标题和结论要用不同的字体或符号标出,使之鲜明、醒目。封面、图表、插图等,要力求清晰、美观。字体大小要适宜,装订要坚固,规格大小、厚薄要合适,便于携带。

2. 教材的作用

（1）教材是学生在学校获得系统知识、进行学习的主要材料,它可以帮助学生掌握教师讲授的内容;同时,也便于学生预习、复习和做作业。教材是学生进一步扩大知识领域的基础,所以要教会学生如何有效地使用教材,发挥教材的最大作用。

（2）教材也是教师进行教学的主要依据,它为教师备课、上课、布置作业、评定学生学业成绩提供了基本材料。熟练地掌握教材内容是教师顺利完成教学任务的重要条件。

（3）根据课程计划对本学科的要求,分析本学科的教学目标、内容范围和教学任务。

（4）根据本学科在整个学校课程中的地位,研究本学科与其他学科的关系,是理论与实际相联系的基本途径和最佳方式。它有利于确定本学科的主要教学活动、课外活动、实验活动或其他社会实践活动,对各教学阶段的课堂教学和课外活动作出统筹安排。

三、课程评价

（一）课程评价的取向

课程评价是一项复杂的工作,不论评价者对评价对象作出何种决定,他们在评价时必然会反映出某种基本的取向。评价的取向支配或决定着评价的具体模式和操作取向。所以,评价的取向集中概括了评价的本质。比较典型的取向有:技术取向、实用取向和批判取向。[①]

1. 技术取向

该取向侧重于控制,把课程当作一种"产品",根据预先确定的准则或其他标准进行评价。技术取向的课程评价认为,评价者能够收集到可靠的资料,并使教育工作者对课

---

① 潘洪建,刘华,蔡澄.课程与教学论基础[M].镇江:江苏大学出版社,2012:325—326.

程计划、课程实施活动的效果作出良好的判断。技术取向的课程评价通常有三个基本要求：对课程目标形成一致的看法；明确、详尽地说明课程结果；广泛选择收集资料的方法，借此确定课程目标的达成度。技术取向的课程评价主要有：泰勒的目标达成模式、普罗沃斯（Provas，M. M.）的差距模式、斯泰克（Stake，R. E.）的外貌模式、斯塔弗尔比姆（Stufflebeam，D. L.）的 CIPP 模式等。

2. 实用取向

该取向侧重于自然性与适应性：自然性关注课程活动本身而不是课程目标达成，适应性即不受预先计划和设计的限制。实用取向的课程评价把课程视为一种过程和实践，评价的意义在于判断这种过程和实践如何使参与者达到臻善的程度。评价主要不是依靠外部人员的判断，而是有赖于参与者及其个人的知识。实用取向的课程评价通常有三个基本要求：描述特定情境下的创新活动，记录一系列现象、判断和反应，以适合评价委托人的方式报告评价结果。阐明性模式、应答模式、鉴赏模式都属于实用取向的课程评价模式。

3. 批判取向

该取向侧重于"解放"（emancipation）与公正，即将实践工作者从外来评价中解放出来。批判取向课程评价认为，评价不只是一项技术活动，也是一项政治批判活动。主张通过评价揭露课程中的不公正、不合理的现象，强调参与者的权利，倾听实施者的声音，谋求个人解放与精神自由。批判模式是典型的批判取向的课程评价模式。

（二）课程评价的模式

课程评价模式可分为目标评价模式、差距评价模式、目标游离评价模式、CIPP 评价模式、CSE 评价模式。[①]

1. 目标评价模式

（1）提出的背景

目标评价模式（objective-oriented evaluation model）源自"八年研究"。在 1933—1941 年间，为了确定进步主义教育的成效，美国著名教育家泰勒及其同事参与开展了一场规模浩大的"八年研究"。当时，泰勒等从 30 所进步主义中学中抽取学生，与传统中学的学生形成共计 1 475 对配对组，对这批学生的中学成绩、高校成绩或者工作表现，进行长期的追踪对比研究。该研究发现，进步主义学校的学生虽然在事实性、概念性知识上不占上风，但是在创新能力、动手能力、高层次思维、情意态度上却有着明显的优势。

八年研究以系统全面的数据，雄辩地证明了进步主义教育的成效，对于改变当时以卷面知识考试为唯一导向的社会风气起到了积极作用。同时，以八年研究为土壤，结出了丰硕的理论果实。早在 1934 年，泰勒就发表了《成绩测验的编制》（*Constructing Achievement Tests*）一文。此后，伴随着八年研究的进展，泰勒的评价思想得到了进一步发展。在这些著述中，泰勒系统地阐述了他的目标评价模式，开创了教育评价的先河，被后人尊称为教育评价的奠基人。事实上，泰勒还是首次提出和运用英文词汇教育评价（educational evaluation）的学者。

---

① 钟启泉. 课程论[M]. 北京：教育科学出版社，2007：308—317.

栏目 4－6

泰勒及其《课程与教学的基本原理》

泰勒，美国当代著名教育家、课程理论家。他于1949年出版了《课程与教学的基本原理》(*Basic Principles of Curriculum and Instruction*)。这本书被公认为是现代课程论的奠基石，是现代课程研究领域最有影响的理论构架，有"现代课程理论的圣经"之美誉，泰勒也因此被誉为"现代课程之父"。

泰勒（1902—1994）

泰勒在书中提出的四个基本问题构成了考察课程与教学问题的基本原理，既为课程开发提供了坚实的理论基础，又为现代课程研究开创了范式。这四个基本问题，即本章开篇中提到的四句话：

（1）学校应力求达到哪些教育目标？

（2）提供什么样的教育经验才能实现这些目标？

（3）怎样才能有效地组织这些教育经验？

（4）我们怎样才能确定这些目标正在得到实现？

（郑金洲.教育基础[M].上海：华东师范大学出版社，2012：134.）

（2）具体内涵

泰勒认为，所谓教育评价、课程评价，就是评价实际的课程方案在何种程度上达成了教育目标。在这个理论观点的指导下，泰勒提出了课程评价的步骤和方法：

一是建立广泛的目的和目标。第一是需求分析。通过系统的调查和研究，从学生的需要和兴趣、社会的发展和需要、学科的发展和需要这三大来源中，决定教育目标、课程目标。第二是价值分析和条件分析。泰勒认为，需求分析而得的目标，可能并不是理想的、有价值的，这时就需要从教育哲学的角度，对目标进行过滤和筛选；也可能是不现实的，学生的心理和发展还未能与课程目标相配合，这时就需要从教育心理学的角度，对目标进行过滤和筛选。

二是对目标进行分类。简而言之，目标有认知领域、动作技能领域、情意领域等的分类。在此基础上，还可以再作细分。

三是用行为术语界定目标。目标要行为化、操作化，而不是抽象模糊。泰勒主张从行为向度和内容向度两个方面界定目标。例如，在认知领域，记忆、理解、应用、分析、评论、创新等词汇就属于行为向度，而生物学中的进化理论、光合作用等就属于内容向度。又如，在动作技能领域，模仿、机械地操作、熟练地操作等就属于行为向度，而显微镜使用、小白鼠解剖等就属于内容向度。显然，对于同样的内容，行为向度的要求可能是不同的。只有从这两个方面同时界定教育目标，才能够起到具体化、操作化的效果，为随后的课程内容设计、教学方法设计、学业评价奠定基础。

四是寻找能够显示目标达成程度的情境，也即评价的情境和条件。例如，为了测量学生能否熟练地进行小白鼠解剖，我们必须明确和提供有关的设施、资源和条件。要评价学生的英语会话能力，我们需要设计和提供会话的情境。

五是发展或选择评价的方法。如卷面考试、问卷调查、有关情意态度的量表、对学生表现的观察、学生作品等。

六是收集学生表现的资料。经由上述方法，收集学生表现的资料，并进行汇总。

七是将学生的表现与目标作比较，确定达成程度。

上述步骤和方法，可以用图4－1表示。

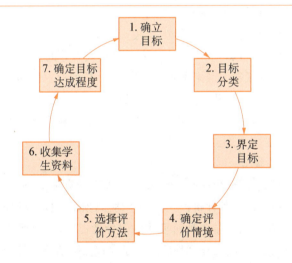

2. 差距评价模式

（1）提出的背景

针对泰勒模式评价范围狭隘、形成性功能不足的弊病，普罗沃斯运用系统管理科学理论，于1969年、1971年提出了差距评价（discrepancy evaluation）模式。[①]

（2）具体内涵

差距评价模式主要体现在"差距"上，即标准与实际的表现之间的差距，并以此作为改进课程计划的依据。该模式把评价内容划分为设计、配置、过程、成果和成本五个方面，每个方面的评价过程又划分为若干环节，由此对每个方面以及整个方案作出改善、维持或终止的决策（见表4－4）。

---

① 钟启泉.课程论[M].北京:教育科学出版社,2007:311.

表 4-4

普罗沃斯差距评价模式的总体框架

类别	调查实际表现	确定理想标准	对比标准和表现	发现标准与表现之间的差距	作出改善、维持或终止的决策
设计					
配置					
过程					
成果					
成本					

一是设计阶段。对本方案、本课程的设计作出评价,也要在对比类似方案和课程的设计之后,对本方案作出评价。

二是配置阶段。为了落实方案和课程设计,必然要求有相应的资源配置和前提条件,包括设施、设备、媒介、学生能力、教职员资格等。

三是过程阶段。也即课程落实、实施的过程。教师、学校、行政部门等是如何一步步地落实原先的设计和配置的。

四是成果阶段。课程方案、课程改革的成果,最典型的是学生的学业成绩,另外还包括教师、领导的能力提升和发展,学校、社区的改善和发展。

五是成本效益分析阶段。成本包括财力、物力、人力等的投入和花费,效益则有学生、教师、领导、学校、社区等的成果和收益。显然,一项课程方案和改革的成败,不仅取决于其成效,也与其成本息息相关。一方面,课程方案和改革必须追求合理的性价比,尽量控制和削减不必要、不重要的成本;另一方面,也必须树立正确的成本意识,提供充足的投入,保证方案的顺利落实。[①]

3. 目标游离评价模式

目标游离评价模式(goal-free evaluation model)是斯克里文(Scriven, M.)针对目标本位评价的缺陷而提出的一种评价模式,它要求脱离预定目标,重视课程与教学的所有结果,包括非预期结果。目标游离评价模式的倡导者提出,不应把课程的目的、目标事先告诉评价者,而应当让评价者全面地收集关于课程实际结果的各种信息,不管这些结果是预期的还是非预期的,积极的还是消极的,这样才能真正对课程作出正确的判断。他们认为目标本位评价容易受预设目标的限制,缩小了评价的范围,削弱了评价的意义,因而主张将评价重点由"计划想干什么"转变为"计划实际干了什么",这样,评价者就可以在没有偏见的情况下自由地肯定其优点。

但也有学者认为,在理论上目标游离评价似乎是可行的,但却不切实际。即使评价对象很明确,要了解评价的情境依然需要花费大量的时间。缺乏对目的的预知,目标游离评价者要么会陷入盲目,要么会形成一家之见。其理论自身的不完善,使之未能在实际评价中广泛应用。它仅仅提供了思路,有待完善。[②]

---

① 钟启泉.课程论[M].北京:教育科学出版社,2007:312.
② 潘洪建,刘华,蔡澄.课程与教学论基础[M].镇江:江苏大学出版社,2012:325—328.

4. CIPP 评价模式

（1）提出的背景

CIPP 是背景（context）、输入（input）、过程（process）和成果（product）这四种评价英文名称的第一个字母组成的缩略语，该模式由斯塔弗尔比姆及其同事于 20 世纪 60 年代末、70 年代初提出的。当时为了对美国政府资助的课程改革计划实施评价，他们先是采用了泰勒的目标模式，结果遇到了困难：学生的情况各不相同，评价者很难对课程目标作出一致的描述，而且目标模式只在课程实施结束时才提交评价报告，对于课程实施过程中遇到的问题无法解决。于是斯塔弗尔比姆与他的同事认识到，必须确立一种新的评价模式，为课程决策提供有用的信息。评价不是为了证明（prove），而是为了改进（improve）。

（2）具体内涵

在很长的时间内，CIPP 模式主要包括了四种评价即四个步骤。不过，从 21 世纪初开始，斯塔弗尔比姆重新反思自己的评价实践，认为四步骤的 CIPP 模式还不足以描述和评价长期的、真正成功的改革方案。为此，他作出了补充和完善，把成果评价分解为影响（impact）、成效（effectiveness）、可持续性（sustainability）和可应用性（transportability）评价四个阶段，由此构成了七个步骤的评价模式。斯塔弗尔比姆对每个阶段的含义及其具体活动，作出了更为明确的阐述。

其中，背景评价即对所在环境的需求、资源和问题的评价。输入评价，即对其他可供选择的方案、本方案的设计和工作计划、本方案的财政预算等进行评价。过程评价，即监督、记录和评价方案进展中的活动。影响评价，即对方案到达、影响目标受众（target audience）的程度作出评价。成效评价，即对结果的品质和重要性进行评价。可持续性评价，即在何种程度上，方案成功地制度化了，将长久地得以实施下去。可应用性评价，即在何种程度上，方案已经或将会成功地被调适和应用于别处。上述七个阶段的描述主要针对的是评价的内容，各阶段的方法见表 4-5。

方法	背景评价	输入评价	过程评价	影响评价	成效评价	可持续性评价	可应用性评价
调查法	×		×	×	×	×	
文献法	×	×					
文件法	×	×	×	×	×		
访问其他方案		×		×			×
对手法（辩护本方案，批评其他方案）		×					
德尔斐技术	×	×					
方案档案/数据库		×	×	×	×	×	
现场观察			×	×	×	×	
个案研究			×	×	×	×	
对比/实验设计研究		×			×	×	

表 4-5

CIPP 模式各阶段可能使用的方法

续表 方法	背景 评价	输入 评价	过程 评价	影响 评价	成效 评价	可持续 性评价	可应用 性评价
访问利益相关者	×		×	×	×	×	×
焦点团体法	×	×	×		×		
听证会	×	×			×		
费用分析		×			×	×	
二手资料分析	×				×		
目标游离评价			×	×		×	×
视像记录	×		×	×	×	×	×
任务报告/反馈会议	×	×	×	×	×	×	×
综合性、终结性报告	×	×	×	×	×	×	×

5. CSE 评价模式

CSE 是美国加利福尼亚大学洛杉矶分校评价研究中心（Cenetr for Study Evaluation）的简称。它是一种与 CIPP 模式较为接近，旨在为教育改革服务的综合性评价模式。CSE 评价模式包括四个阶段：（1）需要评估阶段，即调查人们有何种需要，核心问题是确定评价的目标。（2）选择计划阶段，即通过分析研究，在各种方案中选择方案。（3）形成性评价阶段，旨在发现课程方案实施的情况，以便根据情况修正方案。（4）总结性评价阶段，即对课程方案质量作出全面的调查和判断，作出终止、修订、保留和推广的决定。

CSE 模式在课程评价中运用得相当广泛，因为其目的是为课程计划改革服务，评价活动贯穿课程改革的全部过程，使评价的形成性职能与总结性职能得到了较好的统一。[①]

第三节　我国的基础教育课程改革

我国自新中国成立以来共开展了八次课程改革，当前的基础教育课程改革始于 2001 年，从课程理念、目标、内容等方面实现了课程的变革。

一、我国迄今为止的八次基础教育课程改革

新中国成立后，我国共进行了八次基础教育课程改革，具体情况如下：[②]

第一次：1949—1952 年。1950 年 8 月，教育部颁发了《中学暂行教学计划（草案）》，这是新中国第一份教学计划，它设置了政治、语文、数学、自然、生物、化学、物理、历史、地理、外语、体育、音乐、美术等门类较为齐全的学科课程。1952 年 3 月，教育部颁布了《中学教学计划（草案）》；1952 年 10 月，颁布了新中国成立以来的第一份五年一贯制小学的《小学教学计划》。

第二次：1953—1957 年。这期间，国家共颁布了五个教学计划，其中在 1953—1955

---

① 潘洪建，刘华，蔡澄.课程与教学论基础[M].镇江：江苏大学出版社，2012：325—328.
② 全国十二所重点师范大学联合编写.教育学基础[M].第 2 版.北京：教育科学出版社，2008：171.

年颁布的三个计划中,大幅削减了教学时数,首次在教学计划中设置劳动技术教育课。1956 年,国家正式发行新中国成立以来的第二套中小学教科书,这套教材理论性有所加强,特别注意了学生动手能力的培养。

第三次:1958—1965 年。这一时期是我国经济发展的重要时期,同时也是"左"倾思想影响萌芽的时期。1958 年,"大跃进"引发了"教育大革命",大量缩短学制、精简课程、增加劳动、注重思想教育。同时,还出现了多种学制的改革实验。

第四次:1966—1976 年。"文革"十年浩劫,学校课程与教学在十年动乱期间经历了一场灾难。

第五次:1977—1985 年。"文革"结束,拨乱反正。1978 年颁发了《全日制十年制中小学教学计划试行草案》,统一规定全日制中小学学制为十年,小学五年,中学五年。1980 年出版了新中国成立以来全国统编第五套中小学教材。

第六次:1986—1991 年。1986 年《义务教育法》出台。国家教委公布了义务教育教学计划初稿,突出了新型教育方针的具体要求,适当增加了基础学科的教学时数,在教学计划中给课外活动留出固定的、足够的空间。

第七次:1992—2000 年。1992 年国家教委第一次将以往的"教学计划"改为"课程计划"。1993 年秋,新的计划突出了以德育为首、德智体美劳五育并举的全面发展的教育方针,第一次将活动与学科并列为两类课程。后来又将"课程管理"作为课程计划中的一部分独立出来。1999 年,教育部的《面向 21 世纪教育振兴行动计划》中有专门关于课程管理的规范。这一次课程改革在我国教育界掀起了国家课程、地方课程、校本课程以及活动课程、研究性学习课程研究的热潮。

第八次:2001 年至今。我国开始了新一轮课程改革。除了 1966—1976 年间的课程改革,新中国前六次课程改革均有所成就,但依然存在教育观念滞后、课程内容偏难、课程结构单一、课程评价一元化等诸多弊端。因此,2001 年我国正式启动了新一轮基础教育课程改革——第八次基础教育课程改革。首先,新课程改革的宗旨在于改变教育教学观念,重点是转变课程的功能,具体目标和任务是改变课程结构过于强调学科本位、缺乏整合的现状,适应不同地区和学生发展的需求,体现课程结构的均衡性、综合性和选择性,适应社会发展的需要。其次,新课程倡导全人教育,倡导建构性学习,注重学生的经验与兴趣,强调主动参与、探究发现、交流合作的学习方式,改变课程实施过程中过分依赖课本、死记硬背的机械训练模式。再次,新课程注重知识与技能、过程与方法以及情感态度与价值观的"三位一体",强调学习评价的激励性和发展性,体现多元评价的功能。

二、我国新一轮基础教育课程改革的理念、目标及实施

2001 年 6 月,我国颁布《基础教育课程改革纲要(试行)》(以下简称《纲要》),作为新一轮课程改革的总纲,该《纲要》规划了 21 世纪前 10 年我国基础教育课程体系的奋斗目标和宏伟蓝图。

(一) 我国新一轮基础教育课程改革的理念

贯穿我国当前课程改革的核心理念是:为了中华民族的复兴,为了每位学生的发展。这一核心理念旗帜鲜明地表明,课程改革的大方向既要满足社会发展的需要,又要

满足学生发展的需要。在这一理念中,理解"为了每位学生的发展"的含义是难点所在。"为了每位学生的发展"的含义主要体现在以下三个方面:①

1. 关注学生作为"整体的人"的发展

"整体的人"(whole person)包括两层含义:人的完整性和生活的完整性。人的完整性意味着人是一个智力和人格和谐发展的有机整体,生活的完整性意味着学生的生活是学习生活和日常生活有机交融的整体世界。人的完整性根植于生活的完整性,并丰富和改善生活的完整性。据此,国家、地方和学校要为学生提供谋求其整体发展的课程。这样的课程要突破以往的分门别类的课程体系,杜绝简单地增删课程门类,而是以课程改革的核心理念为出发点,将自然、社会与自我作为课程开发的基本维度,据此形成富有学校特色又能符合学生发展需要的课程体系。

2. 统整学生的生活世界与科学世界

在科技高度发展的现代社会,人在日益科学化的世界里被异化为单向度的人,对此,德国现象学大师胡塞尔(Husserl, E.)早就深刻地指出,生活世界是自然科学的被遗忘了的意义的基础。在胡塞尔看来,生活世界是最值得重视的世界,是通过知觉可以直观体验的世界,是一个有人参与其中,保持着目的、意义和价值的世界;对学生的整体发展而言,生活世界至关重要。据此,除了对科学世界(指建立在数理、逻辑结构的基础上,由概念、原理和规则构成的世界)的学习外,对生活世界的探究和意义建构同样重要。回顾我国以往的学校课程体系,不难发现,科学世界主宰着学校的课程体系、课程内容,学生在被动地接受这样的课程内容的过程中,不仅迷失了发展的方向,更体会不到自身和他人的存在价值。为了统整学生的生活世界与科学世界,当前的课程改革提出了"增强课程的生活化、凸显课程的综合化"的理念。

3. 寻求学生在知识建构中的合法性

传统的课程体系和课程内容信奉客观主义知识观,视知识为普遍的、外在于人的、供人接受的真理,这意味着学生个体的建构在既定的课程知识面前毫无价值。诚如罗素(Russell, B)所言:"就整个社会所搜集的知识总量来说,社会的知识包括百科全书的全部内容和学术团体会报的全部文献,但是关于构成个人生活的特殊色调和纹理的那些温暖而亲切的事物,它却一无所知。"当前的基础教育课程改革构建了新的知识观,确保了学生在知识建构过程中的合法性。

(二) 我国新一轮基础教育课程改革的目标

基础教育课程改革要以邓小平同志关于"教育要面向现代化,面向世界,面向未来"和江泽民同志"三个代表"重要思想为指导,全面贯彻党的教育方针,全面推进素质教育。

新课程的培养目标应体现时代要求。要使学生具有爱国主义、集体主义精神,热爱社会主义,继承和发扬中华民族的优秀传统和革命传统;具有社会主义民主法制意识,遵守国家法律和社会公德;逐步形成正确的世界观、人生观、价值观;具有社会责任感,努力为人民服务;具有初步的创新精神、实践能力、科学和人文素养以及环境意识;具有适应终身学习的基础知识、基本技能和方法;具有健壮的体魄和良好的心理素质,养成健康的审美情趣和生活方式,成为有理想、有道德、有文化、有纪律的一代新人。

---

① 傅建明,李勇.教育学基础[M].北京:高等教育出版社,2011:306—308.

基础教育课程改革的具体目标是：

第一，改变课程过于注重知识传授的倾向，强调形成积极主动的学习态度，使获得基础知识与基本技能的过程同时成为学会学习和形成正确价值观的过程。

第二，改变课程结构过于强调学科本位、科目过多和缺乏整合的现状，整体设置九年一贯的课程门类和课时比例，并设置综合课程，以适应不同地区和学生发展的需求，体现课程结构的均衡性、综合性和选择性。

第三，改变课程内容"繁、难、偏、旧"和过于注重书本知识的现状，加强课程内容与学生生活以及现代社会和科技发展的联系，关注学生的学习兴趣和经验，精选终身学习必备的基础知识和技能。

第四，改变课程实施过于强调接受学习、死记硬背、机械训练的现状，倡导学生主动参与、乐于探究、勤于动手，培养学生搜集和处理信息的能力、获取新知识的能力、分析和解决问题的能力以及交流与合作的能力。

第五，改变课程评价过分强调评价的甄别与选拔的功能，发挥评价促进学生发展、教师提高和改进教学实践的功能。

第六，改变课程管理过于集中的状况，实行国家、地方、学校三级课程管理，增强课程对地方、学校及学生的适应性。①

栏目 4-7

我国普通高中的课程目标

初步形成正确的世界观、人生观、价值观；

热爱社会主义祖国，热爱中国共产党，自觉维护国家尊严和利益，继承中华民族的优秀传统，弘扬民族精神，有为民族振兴和社会进步作贡献的志向与愿望；

具有民主与法制意识，遵守国家法律和社会公德，维护社会正义，自觉行使公民的权利，履行公民的义务，对自己的行为负责，具有社会责任感；

具有终身学习的愿望和能力，掌握适应时代发展需要的基础知识和基本技能，学会搜集、判断和处理信息，具有初步的科学与人文素养、环境意识、创新精神与实践能力；

具有强健的体魄、顽强的意志，形成积极健康的生活方式和审美情趣，初步具有独立生活的能力、职业意识、创业精神和人生规划能力；

正确认识自己，尊重他人，学会交流与合作，具有团队精神，理解文化的多样性，初步具有面向世界的开放意识。

(教育部《普通高中课程方案(实验)》,2003.)

(三) 我国新一轮基础教育课程改革的实施

1. 课程结构的调整

《纲要》指出，基础教育课程结构改革的方向是："改变课程结构过于强调学科本位、

---

① 石鸥,刘丽群.课程改革中的若干问题[M].广州:广东教育出版社,2004:250—251.

科目过多和缺乏整合的现状……体现课程结构的均衡性、综合性和选择性。"在此思想指导下,我国基础教育阶段课程结构改革主要有四项内容:[①]

(1) 九年一贯设计思路

整体设计九年义务教育学程与课程,是新课程结构改革的总体思路,其具体设置要求为:一方面,课程结构的设计与学生年龄特征相一致,如在小学低年级开设品德与生活,在小学高年级开设品德与社会,课程形式以综合课为主,而在初中段则开设思想品德课,以此保证课程设计的循序性和科学性;另一方面,重视不同年级在核心课程,即语文、数学等课程内容上的纵向衔接性,以服务于学生螺旋式学习过程的展开。

(2) 增加综合课程的比重

综合课程是 20 世纪 80 年代中期以来在我国出现的一种新课程形态,它以符合时代精神、克服了旧课程弊端的优势逐步为人们所接受,成为基础教育课程类型改革的重要趋势之一。其主要优点有:通过各个相关学科间的有机整合,打破了学科间的壁垒,给学习者提供了一幅相对完整的生活世界图景;通过提供符合学生兴趣需要的课程内容,鼓励学生积极主动参与教学活动,实现学习者的智力因素与非智力因素的整合,使学习者的个性获得全面发展;通过灵活开放的课程组织形式,把日常生活以及当前的社会实际问题纳入到课程中来,达到学校教育与校外社会生活的整合。这些特点符合我国现今社会发展对于人才培养的要求,弥补了原有分科课程的缺陷,有利于学习者素质的全面发展。

本次改革中,综合课程在课程结构中占据着重要地位。《纲要》明确指出:"小学阶段以综合课程为主","初中阶段设置分科与综合相结合的课程"。显然,这是积极顺应课程改革综合化趋势的一项举措。

(3) 关注课程之间的整合性

课程统整是新世纪基础教育课程改革的重要趋势之一。围绕生活实际问题来整合各学科,促使它们之间形成有序自然的逻辑关系,积极服务于学生学会参与生活的需要,培养学生解决现实问题的能力,是本次基础教育课程改革的重要使命之一。在整合理念的指导下,我国基础教育课程改革主要开展两方面的课程整合工作:一个是学科领域的综合,即在一门学科中提倡综合的生活体验和经验、能力的发展,在不同学科之间倡导建立有机联系;另一个是新设综合学科,主要是一般综合课程与综合实践课程。按照《纲要》要求,我国将从小学三年级起开设"综合实践活动",其内容主要包括:信息技术教育、研究性学习、社区服务与社会实践和劳动与技术教育等。可见,设置综合实践课程的主要目的是要为课程统整提供一个平台和纽带。

(4) 注意课程结构的均衡性

长期以来,我国基础教育课程结构存在着传统课程比重偏大、其他课程比例不足的缺陷,尤其是语文、数学等传统科目占据了较大比重,学生所学内容单一,重人文轻科技、重理论轻实践的弊端日益暴露。在新课程结构中,我国分别将语文课程所占的比重由原来的 24% 降至 20%—22%,将数学由原来的 16% 降至 13%—15%,并对其他传统科目所占课时进行了适当下调。同时,将下调后省下来的课时量分配给综合实践活动

① 郝文武,龙宝新.教育学原理[M].北京:北京师范大学出版社,2012:105—113.

和地方课程,使综合实践活动获得6%—8%的课时,地方和学校课程由此也具有10%—12%的课时保证(参看下表4-6)。

年级	一	二	三	四	五	六	七	八	九
课程门类	语文								
	数学								
	外语								
	品德与生活			品德与社会			思想品德		
							历史与社会或		
							历史		
							地理		
				科学			科学或		
								物理	
							生物		化学
	综合实践活动								
	体育						体育与健康		
	艺术(或音乐、美术)								
	地方与学校编制的课程								

表4-6

义务教育课程设置表①

2. 课程内容的改进

近年来,由于应试教育的推波助澜,中小学课程内容偏难,学生课业负担偏重,国家屡次改革而见效不彰。为此,实施素质教育,体现社会、生活对人的基本知识需要,提高学生的社会适应能力,是新基础教育课程改革的使命之一。《纲要》明确指出:新基础教育课程必须"改变课程内容繁、难、偏、旧和过于注重书本知识的现状,加强课程内容与学生生活以及现代社会、科技发展的联系,关注学生的学习兴趣和经验,精选终身学习必备的基础知识和技能"。这是基础教育新课程改革的重要任务之一。

通过加强课程内容与学生生活、现代社会与科技发展间的联系,精选有利于学生终身发展、现实生活中必需必备的基础知识和技能,实现课程内容的现代化、生活化与适应性,是当代基础教育课程改革的明智之举。课程内容难、繁、偏、旧,致使它远离生活,学生难以理解,导致了中小学生课业负担过重的顽疾,成为全社会关注的热点问题。"什么知识最有价值"的问题随之凸显,按照什么样的原则与标准来选择知识,是一个值得教育工作者深思的问题。就义务教育而言,它是一种致力于提高公民普遍素质的教育,是一种为每个学生发展奠定基础的教育,是一种培养学生基本学习能力的教育,因此,基础教育课程内容必须体现出基础性、选择性和发展性的特点,以此为每一个学生终身学习与持续发展打下基础。

---

① 钟启泉,崔允漷.新课程的理念与创新——师范生读本[M].北京:高等教育出版社,2003:55.

3. 学习方式的转变

《纲要》明确要求：基础教育新课程设计中要"改变过于强调接受学习、死记硬背、机械训练的现状，倡导学生主动参与、乐于探究、勤于动手，培养学生搜集和处理信息的能力、获取新知识的能力、分析和解决问题的能力，以及交流与合作的能力"。这是新基础教育课程改革的关键点。学生学习方式的转变是本次课程改革的关键环节，强调研究性学习、发现学习、探究学习、合作学习是课程改革的重要方向。为使学生的学习方式发生根本性的转变，保证学生自主性、探索性的学习落到实处，本次基础教育课程改革主要做了四方面的努力：

其一，调整课程结构，为学生开展自主、探究、合作学习提供时间和空间上的保证，尤其是增加社会实践、研究性学习时间，以此为学生自主发展与个性化学习创造条件。

其二，改变学习内容的呈现方式，注重发挥学生的主体性，促使学生积极主动地学习。在教学中，强调学习过程的教育价值，鼓励学生不断提出问题、独立解决问题，探索问题答案，教会他们针对不同的学习内容，选择不同的学习方式进行学习，促使学生的学习过程变得丰富而有个性。

其三，创造开放的学习空间。新课程中设置的课程强化探究性和实践性的教学目标，倡导新的课程形式，努力为学生提供一个开放性的、面向实际的、主动探究的学习环境。

其四，关注学习方法的学习，把教会学生学会学习作为课程改革的重点之一。新课程要彻底改变那种一味关注学习结果而忽略学习方式和学习策略的传统学习观，对学生如何掌握和获得知识的过程和方法给予特别关注，意在彻底摒弃那种死记硬背、题海训练的陈腐学习方式，为学生通过自主探究、发现学习、同学互助来获取知识创造条件。

4. 评价手段的创新

课程与教学评价改革是确保课程改革顺利推进的重要一环。坚持以学定教理念，积极引入多种多样的评价方式，是新基础教育课程改革的又一重要内容。《纲要》要求："改变过分强调评价的甄别与选拔的功能，发挥评价促进学生发展、教师提高和改进教学实践的功能。"这句话表明了新课程改革所倡导的新评价观。多一把尺子，就多出一大批好学生。在未来课程与教学评价中，我国将致力于建立以教师自评为主，校长、教师、学生、家长共同参与的多元评价制度，必须倡导评价标准的多元化，努力实现量化评价与质性评价的融合与统一。

在过去，分数是课程与教学评价体系的金字塔塔尖，对分数的过度追捧导致了当前基础教育中应试教育猖獗的顽疾，直接阻碍了课程改革的进一步深化。教育改革的推进需要教育评价改革与之相适应，需要彻底改变唯分数主义评价观的负面影响。在对教师和学生的评价中应该注意以下两个方面：改变单纯注重知识掌握情况的评价，把知识和技能、过程与方法、情感态度和价值观这几方面的进步都纳入评价的范围与视野。在课程评价中，特别要注意把学生在探究活动、实验、制作、讨论等方面的表现纳入评价范围；逐步把评价的重点从期末考试、毕业考试等终结性评价转移到日常学习、学习表现记录等过程性评价、质性评价上。只有这样，教师才能对学生进行全面的评价，新课改的"以学生发展为本"、以学论教的新评价精神才能真正确立。

5. 管理体制的探索

"改变课程管理过于集中的状况,实行国家、地方、学校三级课程管理,增强课程对地方、学校及学生的适应性",是新基础教育课程改革中的又一大创举。在课程管理、教材编写与管理等方面,国家倡导制定有利于激发地方积极性的课程政策,积极推进课程管理权限的下放。同时,改革以"渐进性"作为重要策略,以保障和促进课程对不同地区、学校、学生的适应性,建立国家、地方、学校课程的三级管理模式,明确划分国家、地方、学校三级的课程管理职责;在妥善处理课程的统一性和多样性的关系基础上,更重视校本课程的研制与开发。

我国以往的课程设计采取的是集中统一的模式——课程以国家为主体进行设计,无论城市乡村,开设的是同样的课程,讲授的是同样的内容,课程结构上学科课程一统天下。这种课程管理格局忽视了我国不同地区之间存在较大差异的国情,忽视了不同学生之间客观存在的差异,容易造成学生片面的发展。这些都是在当前课程管理体制改革中亟待解决的问题。《纲要》明确要求建立新的基础教育课程体系,"试行国家课程、地方课程和校本课程"。在此管理格局下,除国家统一设置的课程之外,地方、学校也将获得一定的课程自主权。这一举措不仅有利于课程管理者能因地制宜、因校制宜地开发实施课程,满足不同地区、学校的需求,也有利于地区、学校办出自己的教育特色来,使我国的课程改革领域百花齐放、争奇斗艳。

从图4-2可知,三级课程在学校课程计划中所占的课时不等,但都是我国基础教育课程体系的有机组成部分,共同构成我国基础教育的学校课程整体。它们在功能上具有互补性,同时又都服从和服务于我国基础教育课程的总体目标,都要体现我们国家的教育方针或各个教育阶段的培养目标,不存在"高低贵贱"之分。需要明确的是,依据决定课程的主体,把国家基础教育课程计划框架划分为国家课程、地方课程和校本课程,既便于明确三级课程主体的权利和责任,也能克服过去把学校课程划分为必修课、选修课和活动课所带来的混乱。[①]

图4-2
学校课程框架

参考文献

[1] 施良方.课程理论——课程的基础、原理与问题[M].北京:教育科学出版社,1996.
[2] 袁振国.当代教育学[M].2004年修订版.北京:教育科学出版社,2004.
[3] 张华.课程与教学论[M].上海:上海教育出版社,2000.
[4] 钟启泉,崔允漷.新课程的理念与创新——师范生读本[M].北京:高等教育出版社,2003.

① 钟启泉,崔允漷.新课程的理念与创新——师范生读本[M].北京:高等教育出版社,2008:200.

［5］钟启泉.现代课程论［M］.新版.上海:上海教育出版社,2003.

思考题

1. 简述学科课程、活动课程与综合课程的优劣。

2. 阅读下列文字,并搜集相关资料,对新课程实施中教师的困惑加以分析。

我一直从事初中数学教学工作,新课程实施以来,我注意到学生更喜欢数学了。课堂呈现勃勃生机的景象,教学方式灵活多样,师生之间平等交流、共同学习的民主关系逐步形成。但我在新课程实验中也有一些困惑,比如,课堂变"集市",教学过于追求"情境化"。教学情境的创设是引发学生主动学习的启动环节,根据教学目标和教学内容有目的地创设教学环境,不仅可使学生掌握知识、技能,更能激活学生的问题意识,使生动形象的数学问题与认知结构中的经验发生联系。部分教师在教学中过于追求情境化,"上游乐场分组玩"、"上街买东西",单纯用"生活化"、"活动情趣化"冲淡了"数学味",忽略了数学本身具有的魅力。再比如,评价的多样化和呈现形式与中考指向"短路"。新课标指出:"评价的方式应多样化,可将考试、课题活动、撰写论文、小组活动、自我评价及日常观察等多种方法结合。"数学学习评价多样化,评价形式要求通过"评分加评语"形式呈现。而现实的升学压力和功利性,导致了教师忽视对学生基本素养的培养,"考什么,教什么","怎么考,怎么教","不考,不教"成为课堂主旋律,且更关注中考命题走向、题型分值。而对全新的中考命题新框架、新思路、新亮点,部分教师只能"摸着石头过河",缺乏细致深刻的专业化研究。(选自郑金洲.教育基础［M］.上海:华东师范大学出版社,2012:144.)

扫一扫二维码
直接获取答案
要点

扫一扫二维码
轻松获取练习题

【学习目标】

1. 理解教学的意义。
2. 了解有关教学过程的各种本质观。
3. 熟悉和运用教学过程的基本规律。
4. 掌握和运用中学常用的教学原则。
5. 掌握和运用中学常用的教学方法。
6. 了解教学组织形式的内容及要求。
7. 掌握教学评价的相关概念。
8. 了解我国当前教学改革的主要观点与趋势。
9. 分析和解决中学教学实际中的问题。

【关键词】

教学:"教师的教"与"学生的学"的统一活动。

教学过程:本质上是一种认识过程,其特殊之处在于学生在教师的引导下,将社会经验转变为个体的认识能力和精神财富,即通过教师的劳动,不仅使学生掌握了知识,也使其得以发展。

教学原则:根据一定的教学目的和对教学过程规律的认识,而制定的指导教学工作的基本准则和要求。

教学方法:为了达到教学目的,师生进行有序的相互联系的活动的种种方式。

教学组织形式:为实现一定的教学目标、完成特定的教学任务,教师和学生按照一定要求组合起来进行活动的结构。

教学评价:以教学目标为依据,运用可操作的科学手段,通过系统地收集有关教学的信息,对教学活动的过程和结果做出价值上的判断,并为被评价者的自我完善和有关部门的科学决策提供依据的过程。

【本章结构】

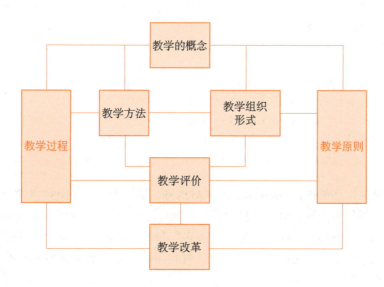

第一节　教学释义

教学是学校的中心工作,是学校进行全面发展教育的基本途径。学校坚持以教学为中心,是中华人民共和国建立以来教育方面的重要经验。学校若能坚持以教学为主,教育质量就能提高,反之,教育质量就必然下降。理解教学的意义、任务,掌握教学原则、方法及其运用,对将来从事教学具有重要的作用。

教学在学校全部工作的比重中,所占时间最多,涉及的面最广,对学生发展的影响最全面,与学校教育质量的关系最大,因而可以说教学是学校的中心工作。

那什么是"教学"呢?从字面上看,它包含了两件事情,一"教"一"学",即教师的

"教"和学生的"学",这也已成为今日的共识,所以通常给这个概念下定义时都会标出"共同"、"结合"或"统一"。如吴杰称"教学是教师的教和学生的学的共同活动。"[①]再如,王策三认为"所谓教学,乃是教师教、学生学的统一活动"。[②] 李秉德在给教学下定义时,还特别提出要注意"统一",其文为:"教学就是教的人指导学的人进行学习的活动。进一步说,指的是教和学相结合或相统一的活动。这里要注意的是'结合'或'统一'二字。就是说,只有教或只有学的片面活动,或者至少这两项活动的简单相加而没有什么'结合'或'统一',都不是我们所说的严格意义上的教学活动"。[③]

栏目 5-1

什么是教学?

李德琴:教学是教师的教和学生的学所组成的一种教育活动。(华中师范学院教育系《教育学》1980)

吴杰:教学是教师的教和学生的学的共同活动。(《中国大百科全书·教育》1985)

王策三:所谓教学,乃是教师教、学生学的统一活动。(《教学论稿》1985)

佚名:教师传授和学生学习的共同活动。(《辞海·教育学　心理学》1987)

佚名:以课程内容为中介的师生双方教和学的共同活动。(《教育大辞典》(增订版)1998)

郭文安:教学是在一定教育目的规范下的,教师的教与学生的学共同组成的一种教育活动。(王道俊、王汉澜《教育学》2009)

张天宝:根据一定的教育目的,以课程内容为中介的教师的教和学生的学共同构成的一种教育活动。(《中国教育大百科全书》2012)

如果将时间往前推,学界对此的理解却是另一幅场景,当时不称"教学",而称"教授",如中国的第一本教育学,王国维的《教育学》(初版 1905 年)中有一章专论"教授",主要论及"教授之目的"、"教材之选择"、"教案"、"教式"、"发问"[④]等问题,也就是说在教师的行为与学生的行为之中,更关注前者。对此,陶行知后来曾有激烈的批评,他说:

现在的人叫在学校里做先生的为教员,叫他所做的事体为教书,叫他所用的法子为教授法,好像先生是专门教学生些书本知识的人。他似乎除了教以外,便没有别的本领;除书之外,便没有别的事教。而在这种学校里的学生除了受教之外,也没有别的功课。先生只管教,学生只管受教,好像是学的事体,都被教的事体打消掉了。论起名字来,居然是学校;讲起实在来,却又像教校。这都是因为重教太过,

---

① 吴杰,唱印余.教学[M]//中国大百科全书总编辑委员会教育编辑委员会.中国大百科全书·教育.北京:中国大百科全书出版社,1985:150.

② 王策三.教学论稿[M].北京:人民教育出版社,1985:88—89.

③ 李秉德.教学论[M].北京:人民教育出版社,1991:2.

④ 王国维.教育学[M].福州:福建教育出版社,2008:37—49.

所以不知不觉的就将他和学分离了。①

陶行知认为"先生的责任不在教,而在教学,而在教学生学",另外"教的法子必须根据学的法子"②,故而提出将"教授法"改为"教学法",受其影响,学界也将"教授"更名为"教学"。

从"偏重于教"到"两者兼顾",是教学认识上一重转换,其实,还有另一重转换,即从"偏重于学"到"偏重于教"。

传统教育实行个别教授,教师与学生之间呈"一对一"的状况,故而对于形式上的技术与方法,没有迫切的需要。另外,教学的目的,在于让学生自己去学。如《学记》中所言:"虽有嘉肴,弗食,不知其旨也;虽有至道,弗学,不知其善也。"

儒家与墨家对待"教学"的不同态度,很能反映这一问题。儒家持"拱己以待"的态度,主张"问焉则言,不问焉则止;譬若钟然,叩则鸣,不叩则不鸣",而墨家则加以反对,主张"强说人","叩则鸣,不叩亦鸣,问则答,不问则讲"。③ 儒家占据了传统文化的主流,所以孔子的主张与思想,如"敏而好学,不耻下问","学而不思则罔,思而不学则殆","学而不厌"等,耳熟能详,影响千年,而这些无疑都是"偏重于学",全在学习者自己的体认;后世的儒者在这种逻辑之下更进一步,如王守仁"为学须有本原,须从本原上用力,渐渐盈科而进"。④ 朱熹在这方面贡献尤多,他将《中庸》中"博学之,审问之,慎思之,明辨之,笃行之"称之为"为学之序",并写入《白鹿洞书院揭示》,影响深远。弟子将他一生读书治学的经验概括为"朱子读书法"六条,即"循序渐进、熟读精思、虚心涵泳、切己体察、着紧用力、居敬持志",这都是针对"学"者而言的。

这样也就不难理解,传统文化中为何有那么多的"劝学"文、"劝学"诗、"劝学"歌,而"劝教"文、"劝教"诗、"劝教"歌甚少,这也就导致近代学者发出了"在中国载籍上,对于训育方法,尚多可稽;独于教学方法,缺焉不备"⑤的感慨。

34. 王守仁

王守仁(1472—1529)又名王阳明,浙江绍兴府余姚县(今属宁波余姚)人。明代著名的思想家、哲学家、教育家、中国古代心学的集大成者。提出"心即理"、"致良知"、"知行合一"等命题,创立了与程朱理学相径庭的"阳明学派"。主要著作:《王文成公全书》、《答顾东桥书》、《稽山书院尊经阁记》、《训蒙大意示教读刘伯颂等》、《教约》等。

劝学　　　　　栏目 5-2

荀况《劝学》:"君子曰:'学不可以已。'青,取之于蓝,而青于蓝;冰,水为之,而寒于水。……吾尝终日而思矣,不如须臾之所学也。"

---

① 陶行知.教学合一[M]//方明.陶行知全集(1).成都:四川教育出版社,2005:18.
② 同上书,18—19.
③ 孙诒让.墨子闲诂·公孟[M].孙启治,点校.北京:中华书局,2001.449—450.
④ 王守仁.传习录(上)[M]//吴光,钱明,等.王阳明全集(上).上海:上海古籍出版社,2011:16.
⑤ 雷通群.教学发达史大纲[M].上海:新亚书店,1934:1.

> 颜真卿《劝学》:"三更灯火五更鸡,正是男儿读书时。黑发不知勤学早,白首方悔读书迟。"
>
> 宋真宗《劝学诗》:"富家不用买良田,书中自有千钟粟。安房不用架高梁,书中自有黄金屋。娶妻莫恨无良媒,书中自有颜如玉。出门莫恨无随人,书中车马多如簇。男儿欲遂平生志,六经勤向窗前读。"
>
> 汪洙《神童诗》:"天子重英豪,文章教尔曹。万般皆下品,惟有读书高。""少小须勤学,文章可立身。满朝朱紫贵,尽是读书人。""学向勤中得,萤窗万卷书;三冬今足用,谁笑腹空虚?"
>
> 崇明民谣:"日落西山黄又黄,劝君年大上学堂,念得书来识得字,写信记账自便当。"

从"偏重于学"到"偏重于教",是"教学"的第一次转变,是在我国施行新式教育制度之后,即从个别教授转向班级授课之后不得不实行的一场改革;从"偏重于教"到"两者兼顾",是"教学"的第二次转变,主要是有识之士发现了新法产生了新问题,在发挥学生的主动性方面,甚至不如旧法,故而提醒教师需要注意学生的学。如果说第一次转变是事实上的变化,那么第二次转变则属于观念上的变化,其能否变为事实,仍需时日,更需努力。

第二节　教学过程

教学过程是教学理论研究中的一个重要问题,也是组织教学活动的理论依据。教学的基本规律正是存在于教学发生发展运动的过程中。要探寻教学基本规律就要认真分析教学过程。

一、教学过程的本质

人类社会的任何工作,如机器生产、农作物栽培等,都有各自的基本原理。教学作为学校的中心工作,也有它自己的基本原理,这就是教学过程的理论。

尽管教学过程是如此地重要,但人们对它的理解,却是歧义纷呈、众说纷纭。如从层次上理解,由简到繁,可以分为这样几层:一是某一节具体的课的过程,二是某门课程中的一章或一个单元的过程,三是某门课程的过程,四是从"入学校"到"出学校"的过程,如从小学到大学;再从类别上言,有语文、数学、外语、物理、化学、生物等具体学科的教学过程。

特殊领域的特殊问题,自有其价值之所在,这些问题本身仍有待进一步的研究,自然非本节所能穷尽,我们更关心的是教学过程的各个变式中所表现出来的共同的部分。上述的四个层次,有的只表现为45分钟,有的却要16年,时间的跨度差异极大,但都是作为一个过程而展现的。正如恩格斯所言"世界不是一成不变的事物的集合体,而是过程的集合体",①教学也是一个过程。教学任务的实现是一个过程,教学任务提出的内

---

① 恩格斯.路德维希·费尔巴哈和德国古典哲学的终结[M]//中共中央马克思恩格斯列宁斯大林著作编译局.马克思恩格斯选集(第4卷)(第三版).北京:人民出版社,2012:255.

部根据也深深存在于教学过程之中,要真正实现教学任务就必须真正理解教学过程。

其实,关于教学过程的研究所要回答或解释的问题,主要有两个:一个是教学过程与一般认识过程的区别与联系;另一个是教学过程的阶段、环节、规律等具体问题。

教学过程的主要矛盾是学生与其所学知识之间的矛盾,具体体现在教师提出的教学任务,同学生完成这些任务的需要、实际水平之间的矛盾。这一矛盾实际上是学生认识过程的矛盾,与人类的认识过程性质相似,故而本质上是一种认识过程。

但是教学过程与一般的认识过程相比具有特殊之处:学生在教师的引导下,将社会经验变为个体的认识能力和精神财富,通过教师的劳动,不仅使学生掌握了知识,也使其个体得以发展。这一过程的特性具体表现为:

第一,认识的间接性,学生认识的客体是教材,教材是对客观世界的间接反映,这就决定了学生学习的内容是间接经验。

第二,认识的交往性,教学活动是教师与学生组成的双边活动,在师生之间的交往中实现,故而属于一种特殊的交往活动。

第三,认识的教育性,教学过程中学生的认识得以丰富,同时他的精神、思想、意志、品德等方面也得到发展。

第四,有指导的认识,学生的认识是在教师指导之下完成的,非偶然的,非尝试错误的,与一般的认识过程有别。

经过上述的分析,我们可以这样界定教学过程:即教学的实施过程,是学生在教师有目的、有计划的指导下,积极主动地掌握系统的文化科学基础知识和基本技能,发展能力,增强体质,并形成一定的思想品德的过程。[①]

二、教学过程的阶段

事实上,对教学过程的阶段进行讨论,具有悠久的历史。各家教育理论观点的不同,导致对于教学过程阶段的划分各异。

(一) 古今中外教育家的见解

早在我国春秋时期,大教育家孔子关于教与学有过许多精辟的论述,如"学而时习之,不亦说乎"(《论语·学而》),"学而不思则罔、思而不学则殆"(《论语·为政》),"君子博学于文"(《论语·雍也》),"君子欲讷于言而敏于行"(《论语·里仁》),后人将其总结为"学、思、习、行"四个方面。孔子的嫡孙子思在《中庸》中进一步概括为"博学之、审问之、慎思之、明辨之、笃行之",宋代朱熹则称此为"为学之序",并将其写入《白鹿洞书院揭示》。先秦儒家集大成者荀子则主张"不闻不若闻之,闻之不若见之,见之不若知之,知之不若行之,学至于行、而止矣"(《荀子·儒效》),也就是一个"闻见知行"的过程。这一时期对教学过程的分析,仍属经验的总结,还缺乏科学的论证。但在两千多年前就能提出这样宝贵的思想,是我们民族对教学理论所做出的历史贡献。

西方对于教学过程阶段的研究主要始于捷克教育家夸美纽斯,他主张教育遵循自然的原则,"尽量以感官去施教",反对死记硬背,注重在理解的基础上牢固掌握知识,他

---

① 胡克英.教学过程[M]//中国大百科全书总编辑委员会教育编辑委员会.中国大百科全书·教育.北京:中国大百科全书出版社,1985:151.

对教学过程阶段的划分是"能使孩子们先去运用他们的感官（因为这最容易），然后运用记忆，随后再运用理解，最后才运用判断"，①即感觉、记忆、理解、判断。

到了18世纪末，德国教育家赫尔巴特，也是近代教育学的代表人物，他第一个试图按照心理活动的规律来分析教学过程，认为教师在传授新教材时能够在学生的心灵里唤起一系列已有的观念，并将教学过程进一步分为明了、联想、系统和方法四个阶段。此后，他的学生齐勒尔和莱因又加以补充修改，成为享誉世界的"赫尔巴特五阶段"，即预备、提示、联合、总结、应用。

作为现代教育学的代表人物，美国哲学家、教育家杜威亦主张"五个阶段"，他的主张更侧重于思维的训练，他说：

> 思维就是有教育意义的经验的方法。因此，教学方法的要素和思维的要素是相同的。这些要素是：
>
> 第一，学生要有一个真实的经验的情境，要有一个对活动本身感到兴趣的连续的活动；
>
> 第二，在这个情境内部产生一个真实的问题，作为思维的刺激；
>
> 第三，他要占有知识资料，从事必要的观察，对付这个问题；
>
> 第四，他必须负责一步一步地展开他所提出的解决问题的方法；
>
> 第五，他要有机会通过应用，来检验他的想法，使这些想法意义明确，并且让他自己发现它们是否有效。②

后人将这一过程概况为"思维五步法"，即暗示-问题-假设-推理-验证，其中"问题"是核心，问题的产生和解决的整个过程也就构成了教学过程。杜威的学生克伯屈依据

● 凯洛夫在上海作报告（1957年）
《上海教育》1957年第2期封二）

其思想，创立了设计教学法，其基本阶段，即创造情境、引起动机、确定目的、制定计划、实行计划、评价成果，成为实用主义教学过程的模式。

苏联教学过程的理论极为丰富，对我国教育亦曾产生重要的影响。第一本社会主义《教育学》的主编凯洛夫，在总结了国外历史经验的基础上，强调教学过程要发挥教师的主导作用，应以知识、技能和熟练技巧的体系去武装学生，在此基础上，他提出了感知、理解、巩固、运用四个教学阶段。③可见，基本上是师承赫尔巴特，但问题在于，他的理论仅注重从哲学认识论的角度去揭示，忽视了心理成分的研究；只强调掌握知识而不注意分析儿童的智力发展；只看到教师的主导作用，而忽视了儿童主体的作用。

---

① 夸美纽斯.大教学论[M].傅任敢，译.北京：教育科学出版社，1999：97.
② 杜威.民主主义与教育[M].王承绪，译.北京：人民教育出版社，2001：179.
③ 凯洛夫.教育学[M].陈侠，朱智贤，等，译.北京：人民教育出版社，1957：130.

以上是对教学过程阶段理论的简单回顾,从中可见对教学过程的探讨,具有悠久的历史,人们对其的认识经历了一个从经验到科学、从不完整到完整、从片面到全面的发展过程。所举人物及观点具有一定的代表性,各种说法都有各自的道理,在不同的历史时期发挥了相当的作用。但是有一些阶段理论只是某一流派的模式,所反映的仅仅是某一种教育思想指导的下教学过程,具有一定的特殊性。这些已有的研究成果,为我们继续研究教学过程,提供了宝贵的借鉴。

(二) 教学过程的基本阶段

目前,我国教育界对教学过程阶段的划分,看法基本上是一致的,大致分为五个阶段:

1. 激发学习动机

学习兴趣和求知欲望,是直接推动学生学习的动力。具有浓厚的学习兴趣和较好的学习愿望是进行学习的基本条件和心理起点。

激发学生的求知欲与兴趣,主要靠以下三个方面:

第一,所学的内容及知识本身,如事实、现象、特点、逻辑等,具有吸引力;

第二,要强调学生的活动;

第三,要依靠教师的引导,将所学内容与学生的生活实际有机地结合起来。

2. 领会知识

这是教学过程的中心环节。领会知识包括使学生感知和理解教材。

感知教材,教师要引导学生通过感知,形成清晰的表象和鲜明的观点,为理解抽象概念提供基础。感知的来源包括:学生已有的知识经验,直观教具的演示、参观或实验,教师形象而生动的语言描述和学生的再造想象以及社会生产、生活实践。

理解教材,形成科学概念。引导学生在感知基础上,通过分析、比较、抽象概括以及归纳演绎等思维方法的加工,形成概念、原理,真正认识事物的本质和规律。

理解教材可以有两种思维途径:一是从具体形象思维向抽象逻辑思维过渡;二是从已知到未知,不必都从感知具体事物开始。

3. 巩固知识

巩固所学的知识是教学过程的一个必要环节。其必要性在于:

第一,学生在课堂上所获得的知识是间接知识,容易遗忘,必须通过复习来加以巩固;

第二,只有掌握与记住知识,才能进行下一步的学习,所以,在教学的每一个环节上,都应重视教材的识记与巩固。教学中用一段时间专门复习,定期复习,是非常必要的。

4. 运用知识

掌握知识是为了运用知识。在教学中,运用知识,形成技能技巧,主要是通过教学实践来实现的,如完成各种书面或口头作业、实验等。

学生从掌握知识到形成技能,再从技能发展成为技巧,需要经过反复的练习才能达到。此外,运用知识还包括知识迁移的能力和创造能力等。

5. 检查知识

检查知识是指教师通过作业、提问、测验等方式,对学生的学习效果进行考查的过程。检查学习效果的目的在于，使教师及时获得关于教学效果的反馈信息，以调整教学进程与要求：帮助学生了解自己掌握知识技能的情况，发现学习上的问题，及时调节自己的学习方式，改进学习方法，提高学习效率。

三、教学过程的规律

什么是规律，列宁曾明确指出"规律就是关系……本质的关系或本质之间的联系"[①]，教学现象中客观存在的，对教学活动具有制约、指导作用，具有必然性、稳定性、普遍性的联系，便是教学过程的规律，简称为"教学规律"。

(一) 直接经验与间接经验相统一

人类能够认识客观事物，或得益于直接经验，或得益于间接经验，教学亦是如此，直接经验和间接经验的关系，是教学过程中的一对基本的矛盾关系。

所谓间接经验，即他人的认识成果，在学校教育中主要表现为教科书中的知识；所谓直接经验，即学生亲身获得的认识。直接经验的获得对于学生的学习很有作用，但学生的学习主要是以间接经验为主。在教学过程中，坚持以掌握间接经验为主，可以有效地减少认识过程的盲目性、曲折性，节省时间和精力，从而大大提高认识的效率；使学生在较短的时间内获得大量的科学文化知识，为在此基础上更加深入广泛地认识世界和改造世界创造有利条件。

但是需要注意，以间接经验为表征的书本知识，学生是没有亲身实践过的，在其学习的过程中，如果没有个人的直接经验的参与和帮助，是很难对间接经验进行接受、理解、消化和巩固的，所以直接经验有着不可替代的特殊价值。这就提醒我们，教学中必须注意间接经验以直接经验为基础，传授书本知识的过程中，还要利用学生已有的感性经验，以及组织学生进行初步的探究活动，引导学生亲身实践，只有在这个基础上，经过自己的独立思考，把间接经验与直接经验结合。

(二) 掌握知识与发展能力相统一

在教学过程中，学生通过学习书本知识，将间接经验转化为自己的精神财富，这种转变必须通过学生自己的认识能力，而人类的认识能力，又是在积累知识的进程中逐步发展起来的，所以掌握知识与发展能力是相辅相成的。

西方近代教育史上，对这一对矛盾有不同的关注点，因而形成形式教育论与实质教育论两派，双方相持不下，争论了很多年。形式教育论者认为：教学的主要任务在于训练学生的思维形式，所以特别倚重希腊文、拉丁文、逻辑、文法和数学等学科来发展学生的智力，至于学科内容的实用意义则是无关紧要的。这一派以官能心理学为其理论基础，形成于17世纪，洛克和裴斯泰洛齐为代表人物。实质教育论者认为：教学的主要任务在于传授给学生有用的知识，至于学生的智力则无须进行特别的培养和训练。这一派以联想主义心理学为理论基础，形成于18世纪末19世纪初，赫尔巴特、斯宾塞为代表人物。

这两派的思想和观念在教育实践中仍时有表现，部分教师只注重学生知识的积累，

[①] 列宁.黑格尔《逻辑学》一书摘要[M]//中共中央马克思恩格斯列宁斯大林著作编译局.列宁全集(38).北京：人民出版社，1986：161.

而忽视了其能力的培养;部分教师反其道而行之,刻意培养学生的能力,忘记了能力的发展需要相应的知识储备。事实上,教学过程既传授知识于学生,同时又发展其能力,因而是一个统一的过程。作为教师,应当把这两个方面很好地结合起来,使其互为因果、互相促进,以提高教学质量。

(三)传授知识与思想教育相统一

在教学过程中,教师在传授知识的同时,一定要注重对学生进行思想品德教育,并使二者有机结合起来,是学生在两方面都获得理想的发展与进步。关于此点,德国教育家赫尔巴特早就指出"想不到有任何无教学的教育",在相反的方面,他以表态"不承认有任何无教育的教学"。[①] 这便是"教育性教学"概念的由来。

在教学过程中,向学生传授知识以及对他们进行思想教育,两者是相辅相成的。具体体现在这样三个方面:

第一,知识是思想品德形成的基础,学生思想品德的提高有赖于其对科学文化知识的掌握。学习过程本身是非常艰苦的劳动,学生于其中可以养成优良的道德品质。

第二,思想品德的提高又为学生积极学习知识奠定了基础,掌握科学文化知识是一个能动的过程,学生的思想品德状况对学习起着重要的作用,教师要不断培养、提高学生的思想道德水平,引导他们将个人的学习与社会发展、国家建设联系起来,给学生的学习以巨大的推动力,充分调动他们的学习积极性,这非常有助于学生获取知识。

第三,传授知识与思想教育有机结合,在教学中,要防止两种倾向,一是只强调传授知识,而忽视思想品德的教育;另一是脱离知识单纯地进行思想品德的教育,使其成为无源之水。

在教学过程中,教师要启发学生的思想,组织他们的活动,引导他们自觉做出正确的结论,培养他们的道德情感和道德行为。

(四)教师主导与学生主体相统一

教学过程是教师和学生共同活动的过程,是教师引导下的学生的学习过程,当中既体现了教师的主导作用,又体现了学生的主体地位。

在教学过程中,教师是教育者,根据社会的需要和学生的实际,按照国家的相关规定向学生传授知识;学生是受教育者,根据教师的教导而学习。两者之中,教师受过专门的训练,拥有丰富的知识,学生想以最简捷有效的方法获得科学知识,只有依靠教师有目的、有计划地传授才有可能,所以在教学过程中,教师起着主导作用。这是无法否认的客观事实。

学生虽处于相对的弱势,但并不意味着学生就是容器,被动地、不断地接收知识,事实上教师也无法机械地就将知识填塞到学生的头脑中去,因为就人类而言,无论是知识的理解及掌握,还是能力的获得等,都需要发挥主观能动性,所以特地强调"学生主体",是希望教师的教,能够调动学生的学习主动性,惟其如此,教学才能取得较好的效果。

第三节　教学原则

教学原则贯穿于各项教学活动之中,既指导教师的教,也指导学生的学,故而它的

---

① 赫尔巴特.普通教育学・教授法讲授纲要[M].李其龙,译.北京:人民教育出版社,1989:12.

正确和灵活运用,有利于提高教学质量。

一、教学原则的定义

教学原则是根据一定的教学目的和通过对教学过程规律的认识,而制定的指导教学工作的基本准则和要求。

它反映了人民对教学活动本质性特点和内在规律性的认识,是指导教学工作有效进行的指导性原则和行为准则。①

二、古今中外的教学原则

古今中外的学者总结了诸多教学原则,可供教育工作者在实践中灵活运用,常用的主要有下列几种。

(一) 因材施教

宋代大儒河南二程曾总结孔子的教育,赞:"孔子教人,各因其材,有以政事入者,有以言语入者,有以德行入者。"②朱熹继承了他们的观点,故而在《论语集注》中也称"孔子教人,各因其材"。③ 此"因材施教"之出典也。

案例分析 5-1

孔子因材施教的故事

子路问:"闻斯行诸?"子曰:"有父兄在,如之何闻斯行之?"

冉有问:"闻斯行诸?"子曰:"闻斯行之。"

公西华曰:"由也问闻斯行诸,子曰:'有父兄在';求也问闻斯行诸,子曰:'闻斯行之';赤也惑,敢问。"

子曰:"求也退,故进之;由也兼人,故退之。"

分析:孔子教导弟子,最善于因材而施,《论语·先进》篇中有一情景可以为证,子路和冉有同样问"闻斯行诸",孔子却作出了截然不同的回答。子路性格果敢,做事有时不免轻率,所以孔子教导他最好向父兄请教以后再去做;而冉有性格柔弱,遇事往往裹足不前,因此孔子教导他合于义理的事应该立刻去做。孔子以一"进"一"退"来适性教育弟子,能使他们避免过与不及的毛病。

这一原则启示教师在教学中,要从课程计划、学科课程标准的统一要求出发,面向全体学生,同时又要根据学生的个别差异,有的放矢地进行教学,使每个学生都能扬长避短,获得最佳的发展。

(二) 启发诱导

此原则亦出于孔子的思想,《论语·述而》中记载孔子教导弟子时"不愤不启,不悱

① 王策三.教学论稿[M].北京:人民教育出版社,1985:147.
② 程颐,程颢,著.二程集(卷十九)[M].王孝鱼,点校.北京:中华书局,2004:252.
③ 朱熹.四书章句集注[M].北京:中华书局,1983:123.

不发。"宋代朱熹加以注解："愤者,心求通而未得之状也;悱者,口欲言而未能之貌也。启,谓开其意;发,谓达其辞。"①教师要设法使学生形成"愤"、"悱"的心理状态,即似通非通,想说又说不出,此时加以适当的引导,促使学生积极思考,这样教学会很有效果。《学记》中也有相似的论述,"君子之教,喻也","道而弗牵,强而弗抑,开而弗达"。教学贵在启发学生、指导学生,而不是强迫学生、代替学生。

启发的条件是要"有疑",正如朱熹所言:"读书无疑者须有疑",然后从"有疑"过渡到"无疑","到这里方是长进"。②古希腊的苏格拉底在教育及教学史上以"产婆术"而著称,这种方式要求教师启发引导学生,一步步地接近真理、掌握知识,不是将现成的知识直接呈现给学生。

这一原则启示我们:在教学中,教师要主动承认学生是学习的主体,注意调动他们的学习主动性,引导他们独立思考,积极探索,生动活泼的学习,自觉地掌握科学知识和提高分析问题、解决问题的能力。德国教育家第斯多惠(Dies terweg, F. A. W.)对此曾有极好的告诫,他说:"一个坏的教师奉送真理,一个好的教师则教人发现真理"。③

(三)循序渐进

中国传统寓言中有一则《拔苗助长》的故事,以农作物的生长不可违背特定的程序为例,说明要遵循自然的规律。这则"欲速则不达"的故事,对教育及教学具有相当的启示作用。先秦的儒家在《学记》中也提醒教学需要注意"学不躐等","不陵节而施","杂施而不孙,则坏乱而不修"。朱熹则明确提出"循序而渐进,熟读而精思",他告诫学者"未得乎前,则不敢求其后;未通乎此,则不敢志乎彼"。④

● 辛勤育苗人
(《江苏教育》1963年7期封面)

这一原则启示教师要严格按照科学知识的内在逻辑体系和学生认识能力发展的顺序进行教学,使学生系统掌握基础知识和基本技能,形成严密的逻辑思维能力。在教学过程中,需要注意教材前后的连贯、新旧知识的衔接,尽量使新教材与学生已有的知识能够联系起来,使新知识成为旧知识的合乎逻辑的发展,由浅入深、由易到难、由近及远、由简到繁,引导学生逐渐掌握;同时还要注意各门学科之间的联系,注意相关学科间的相互照应。

① 朱熹.四书章句集注[M].北京:中华书局,1983:95.
② 朱熹.朱子语类·卷十一·读书法(下).北京:中华书局,1986:186.
③ 第斯多惠.德国教师教育指南[M]//张焕庭.西方资产阶级教育论著选.北京:人民教育出版社,1979:367.
④ 朱熹.读书之要[M]//朱杰人,等.朱子全书(24).上海:上海古籍出版社,2002:3583.

贯彻这一原则,并不意味着教学需要面面俱到、平铺直叙,而是要区别主次、分清难易、有详有略地进行,才能收到条理清楚、层次分明、重点突出的效果。

(四)巩固性原则

孔子认为"温故"可"知新",故而主张"学而时习之";俄国教育家乌申斯基(Ушинский)明确提出"复习乃学习之母";他们的主张都是为了解决获取新知识与保持旧知识之间的矛盾而提出的,教学理论将此统称为巩固性原则。具体而言,是指教师在教学中,要引导学生在理解的基础上牢固地掌握知识和基本技能,长久地保持在记忆中,在需要的时候,能够准确无误地呈现出来。

贯彻这一原则,需要注意:

第一,在理解的基础上巩固,理解是巩固的基础,心理学的研究表明理解记忆比机械记忆更易保持且不易遗忘,在教学中,教师要引导学生把知识能够化为所有,将机械记忆变为理解记忆。

第二,重视组织各种复习,安排好复习的时间,注意方法的多样,如编排知识、撰写提纲、编排口诀等,指导学生掌握记忆方法。

第三,在运用中进一步巩固,在教学中,教师要引导学生通过努力学习新知识,扩大加深改组原有知识,并积极加以运用,不断巩固和加深。

(五)直观性原则

直观性原则是指在教学活动中,教师应尽量利用学生的多种感官和已有的经验,通过各种形式的感知,丰富学生的直接经验和感性认识,使学生获得生动的表现,从而比较全面、深刻地掌握知识。

直观的手段种类繁多,一般分为三大类:第一,实物直观,通过各种实物进行,包括观察各种实物、标本、实验、参观等;第二,模象直观,通过各种实物的模拟形象进行,包括图片、图表、模型、幻灯等;第三,语言直观,通过教师对学生作形象化的语言描述而起到直观的效果。

直观给予学生的是直接经验,而教学的任务在于让学生掌握抽象的间接经验,因此教师应当在运用直观时注意指导,启发学生分清主次轻重,引导学生积极思维,思考现象和本质及原因和结果等。

需要注意的是,直观是手段,而不是目的。一般而言,在学生对教材较为生疏,理解和掌握上会遇见困难或障碍,运用直观效果可能会较好。若为了直观而直观,极可能导致教学效率的低下。

(六)量力性原则

此原则又称可接受原则,是由捷克教育家夸美纽斯提出的重要教学原则之一。

夸美纽斯在《大教学论》中虽然没有明确提出"量力性原则"这一名词,但关于教学要量力的论述确是非常明确而具体的,他表示:"无论什么事情,除非不仅是青年人的年岁与心理的力量所许可,而且真是他们所要求的,便都不可教给他们。"[①]这与他个人的经历也有很大的关系,他回忆早年开始学习辩证法、修辞学和玄学之时,"一开始便被冗长的规划、评注和评注的小注,作家的比较和错综的问题累得吃不住了。……我们这些

---

① 夸美纽斯.大教学论[M].傅任敢,译.北京:教育科学出版社,1999:100.

可怜的人们真给弄得昏头昏脑,差不多弄不清它是讲的什么了"。① 基于这样的经历,他主张:"学生不应受到不适合他们的年龄、理解力与现状的材料的过分压迫,否则他们便会在和影子搏斗上耗掉他们的时间"。②

教学怎样才能适合儿童的年龄和心理特点呢,据学者的归纳,主要有这样几点③:

第一,教学内容必须适合儿童的生理和心理发展的水平,不可超过他们的理解能力;

第二,教学进度要适合儿童的接受能力,不可使他们负担过重;

第三,教学方法要适合儿童的年龄、心理特点,使教学来得"容易"、"轻快";

第四,教学科目要适应儿童的"天性"。

贯彻这一原则,须注意:第一,重视儿童的年龄特征,第二,了解学生发展的具体特点,第三,恰当地把握教学难度。

(七)理论联系实际原则

理论联系实际是中国共产党的优良作风之一,这一作风,对于教育及教学亦有极大的启示,可以作为教学原则之一。

教学的中心任务是向学生传授知识,知识对学生而言是抽象的间接经验,所以教学应特别注重与实际相联系。惟其如此,才能正确解决教学中的直接经验与间接经验、感性认识与理性认识、讲与练、学与用的几对矛盾关系,使学生深刻地理解知识,牢固地掌握知识,灵活地运用知识。

这就要求教师加强基础知识的传授,引导学生以学习基础知识为主,从理论与实际的联系上去理解知识,并加强基本技能的训练,引导学生运用所掌握的知识去分析问题和解决问题,学以致用。

(八)科学性与教育性相统一原则

此原则又称科学性与思想性相结合的原则,是指既要把现代新近科学的基础知识和基本技能传授给学生,同时要结合知识、技能中内在的德育因素,对学生进行政治、思想教育和道德品质教育。

在我国学校里,教学的科学性与教育性(思想性)是一致、统一的。教学的教育性既取决于教学的科学性,同时又是提高教学的科学性的重要保证。

科学性与教育性相统一的原则,是培养具有社会主义觉悟的有文化的劳动者的要求,体现了我国教学的根本方向和特点。贯彻这一原则,需要:

第一,确保教学的科学性;

第二,深入发掘教材和情境中蕴含的教育性因素,自觉地对学生进行思想品德教育;

第三,要将这些教育性因素贯穿于教学过程之中;

第四,教师要不断提高自己的业务素质和思想品德素质,以身作则,达到"其身正,不令而行"(《论语·子路》)。

---

① 夸美纽斯.大教学论[M].傅任敢,译.北京:教育科学出版社,1999:85.
② 同上书,152.
③ 方克明.重评夸美纽斯的教学量力性原则[J].杭州大学学报(哲学社会科学版),1980(4):118—124.

案例分析
5 - 2

英语课堂上的教学原则

我就英语《公鸡与时钟》(cock & clock)这篇材料进行了认真备课,对上好这节课充满了信心。当我给学生板书单词"cock"时,一个意想不到的事情发生了。班上一个男孩子突然站了起来,恶作剧式的怪声怪气地向我问道:"老师,有没有母鸡啊?"全班立刻哄然大笑。当时我窘迫极了,作为一个新教师,从未遇到这种情况,真想找个地缝钻进去。生气归生气,但我并未表现出来,经过短暂的思考,我有了主意:我沉静地看着这个学生,继而对全班同学清晰地说:"同学们,在英语中,既有 cock,也有 hen(母鸡),chicken(小鸡)。"一边说着,一边将母鸡和小鸡的单词板书下来。这种做法,同学们感到意外,但他们很安静。我接着说道:"这位提问的同学能发现问题,并敢于提出来,我要表扬你,但同时还要批评你,一是发言不举手,二是说话怪声怪气。同学们,你们知道说话的语气对表达词义的作用吗?"我又给同学们举出了几个同样的词语,因语气不同可能会表达不同词义的实例。接下来的讲课非常顺利,同学们屏神静气地听讲,连那位顽皮的男孩子也安静地坐着,不好意思地看着我,仿佛是在向我道歉。

案例中的教师贯彻了哪些教学原则?

第四节 教 学 方 法

教学方法对于实现教育及教学目的具有重要的意义,在确定好教学目的,选择好教学材料之后,就必须采用适当的教学方法。关于这一点,中国先儒早就指出:"事必有法,然后可成",并且是"师舍是、则无以教,弟子舍是、则无以学"。[①]

一、教学方法的定义

什么是教学方法呢?有研究者界定其为"教师为完成教学任务所采用的手段",[②]另有研究界定其为"完成教学任务所使用的工作方法,包括教师教的方法和学生学的方法。"[③]前者只注意到了"教者",而没有注意"学者",后者则双方都注意到了,但是用"教的方法和学的方法"来解释"教学方法",似乎有重复定义之嫌,而且没有注意到"教学方法一定要有师生的相互作用",[④]所以相较而言,"教学方法是为了达到教学目的,师生进行有序的相互联系的活动的种种方式"[⑤]较为贴切。

---

① 朱熹.四书章句集注[M].北京:中华书局,1983:337.
② 华中师范学院教育系,河南师范大学教育系,甘肃师范大学教育系,湖南师范学院教育系,武汉师范学院教育教研室合编.教育学[M].北京:人民教育出版社,1980:140.
③ 南京师范大学教育系.教育学[M].北京:人民教育出版社,1984:438.
④ 斯卡特金.中学教学论[M].赵维贤,丁酉成,等,译.北京:人民教育出版社,1985:221.
⑤ 吴立岗、夏慧贤.现代教学论基础[M].南宁:广西教育出版社,2001:313.

二、教学方法的历史

我们知道历史是逐渐进化的,前一个时代为后一代时代提供相应的物质和精神储备,后一个时代总是会继承前一个时代的某些特征,即所谓"推陈出新"之意,在教学方法上也能反映这一点。每一个时代都有自己的教学方法,后一代时代与前一个时代不会截然对立,总是会继承前一个时代中的行之而有效的教学方法。

奴隶社会时代,人类虽然已经开始使用文字,但经验积累和知识储备都有限,故而教的与学的都比较简单,这就为孔子"不愤不启、不悱不发"提供了前提,这样也就可以理解,为什么时过境迁之后,后世儒者很难做到像孔子那样教导弟子了。

封建社会时代,我国教育盛行记忆及背诵,并且是机械记忆和强行背诵,儒家的"四书五经"①是必读书,也是科举考试的出题所在,有志及被迫参与科举的儿童自入学始,教师就要求其熟读经书,甚至要"正背如流"(将一本经书从第一句一口气背诵至最后一句,不可错落、不可颠倒),这样参加科考就不会茫然无措;但是经书陈义过高,儿童不易理解,往往持逃避的态度,故而教师非常倚重体罚,明代王守仁曾批评他们"鞭挞绳缚,若待拘囚",导致学生"视学舍如囹狱而不肯入,视师长如寇仇而不欲见",②而私塾先生则以"一片无情竹、不打你不读、诸君若护短、莫要送来读"来自我安慰,十分相信"书读百遍、其义自现",故而很少注意到教材与学生心理及生活之间的联系。西方社会则需熟读圣经,教学方法与中国亦颇多类似,故而有教育家发出感慨"体罚是最有效的教学法"。

资本主义时代,教育制度方面有了很大的变化,课程方面也是如此,加入了自然科学和技术科学方面的内容,故而分量比之前要更重了,但是学生的学习时间依然有限,这在客观上就要去教学方法必须做出改变,以便教得更多、学得更快;同时,受时代精神的鼓舞,实践中开始重视感性经验的获得,从而对教学方法进行了不同程度的改造。如重视教的艺术,要求教师连贯而清楚地讲授,采用演示、观察、实验等。从历史意义上言,这无疑是进步。

当代,由于生产和科技的进一步变革,人类的知识总量急剧地增长,更新过程也日益加快,这对教学提出了新的要求,不再是教给学生一些现成的知识,而是要学会学习、并且是终身学习,这就要求教师需要探索如何指导学生自己去学习。

三、教学方法的分类

教学方法是如此地重要,导致从学校诞生的那一天开始,教育家就在不断地研究它,时至今日,对其的认识更越发丰富了。对它的分类,颇能体现这一点。

有的分类依据的是传递信息的来源和感知信息的特点,将其分为直观的方法(演示法、图示法、参观法)、语言的方法(教师生动的语言、谈话法、阅读书籍)、实践的方法(练习、创造性作业、实验室作业、图表作业)。

有的分类依据的是掌握教材时学生认识活动的独立性和创造性的程度,将其分为

---

① "四书"指《大学》、《中庸》、《论语》、《孟子》;"五经"指《诗》、《书》、《礼》、《易》、《春秋》。
② 王守仁.训蒙大意示教读刘伯颂等[M]//吴光,钱明,等.王阳明全集(上).上海:上海古籍出版社,2011:100.

讲解-演示法、复现法、问题性讲述法、局部探索法和研究法。这一种分类中,有的教育家非常推崇研究法,甚至认为其是"万能的教学法",[①]但是也有教育家旗帜鲜明地指出"把研究法当作独立的教学方法来应用时不正确的",因为单独采用此法,"教学进度就会很慢,结果也是不能令人满意的"。[②]

有的分类则依据的是掌握教材时学生思维形式的特点,将其分为归纳法和演绎法。

还有的分类依据的是"教法"与"学法"相结合的特点,将其分为信息概括-执行指示法、讲解-复现法、指导实习-生产实习法、讲解激励-部分探索法、激励-探索法。

亦有分类根据教学阶段所要实现的基本任务,将其分为获取知识的方法、形成技能技巧的方法、运用知识的方法、创造性活动的方法、巩固的方法和检查知识技能的方法。[③]

应当说,每一种分类方法都具有一定的科学依据,不能轻易地加以否定,但是另一方面,每一种分类方法都有其片面性和局限性,不可能尽善尽美的。

苏联教学论专家巴班斯基(Ьабанский)依据马克思主义哲学的指导,以教师与学生的相互作用为标准,将教学方法分为三大类:一是组织和进行学习认识活动的方法,二是激发和形成学习认识活动的方法,三是检查和自我检查学习认识活动的方法。在这三类之下还可以划分为几个小类,每个小类又都包含几种方法,如下所示。

36. 巴班斯基

(1927—1987),苏联著名教育家,他提出了"教学过程最优化"教育思想。
主要教育著作:《教学过程最优化——一般教学论方面》《教学过程最优化——方法论原理》等。

表 5-1

巴班斯基关于教学方法的分类[④]

组织和进行学习认识活动的方法	口述法、直观法和实践法(传递和感知知识信息方面)
	归纳法和演绎法(逻辑方面)
	复现法和问题探索法(思维方面)
	独立学习法和教师指导下的学习法
激发和形成学习动机的方法	激发和形成学习兴趣的方法
	激发和形成学习义务感和责任感的方法
教学中检查和自我检查的方法	口头检查和自我检查法
	书面检查和自我检查法
	实验实践检查和自我检查法

比较而言,巴班斯基的分类是比较科学、比较完整的。首先,考虑到了教学活动的

① 斯卡特金.中学教学论[M].赵维贤,丁酉成,等,译.北京:人民教育出版社,1985:241.
② 达尼洛夫,叶希波夫.教学论[M].孙祖复,译.北京:人民教育出版社,1961:294.
③ 吴立岗,夏慧贤.现代教学论基础[M].南宁:广西教育出版社,2001:313—314.
④ 巴班斯基.中学教学方法的选择[M].张定璋,高文,译.北京:教育科学出版社,2001:17.

各个基本结构成分,如活动的组织以及检查;其次,分类考虑到了教学方法的基本职能,没有加以硬性取舍;再次,分类不是将已知的方法机械地凑在一起,而是相互联系、统一地考虑,选择出最佳的优化方案;最后,分类可以将实践中产生的新方法融入其中,可见其标准较为科学。

四、常用的教学方法

苏联教育学者达尼洛夫和叶希波夫指出:"善于运用各种不同的有效的教学方法有很大的意义,学生所以能获得完整的知识,达到高度的水平,往往由于教师运用了许多学校工作时间中检验过的有效的教学方法。"[①]在我国,中学常用的教学方法,主要有以下几类:

(一) 语言传递为主

语言是交际的工具,在教学过程中是一个非常重要的媒体,教师与学生之间信息的传递,大量地依靠口头语言和书面语言来实现;语言又是思维的外壳,因此对学生而言,语言的发展和锻炼,也是培养思维品质的一个重要方面。

以语言传递为主的教学方法,是指通过教师和学生口头语言活动,以及学生独立阅读书面语言为主的教学方法。具体又可分为讲授法、谈话法、讨论法、读书指导法。

1. 讲授法[②]

讲授法是教师运用口头语言系统地向学生传授知识的一种方法,是历史上流传下来最主要的一种方法。其特点为所学内容都由教师以系统的形式加以呈现,学生则需将教师提供的材料加以整合,贮存到自己的知识体系中去。

讲授可以采取多种形式:

讲述:教师运用具体生动的语言,对教学内容作系统叙述和形象描绘的一种讲授方式。一般在人文学科教学中运用得比较多,又分为科学性讲述和艺术性讲述。

讲解:教师运用通俗易懂的语言,对教材内容进行解释、说明、论证的一种讲授方式。一般在自然学科教学中运用较多。

讲读:教师把讲述、讲解同阅读教材有机结合,讲、读、练、思相结合的一种讲授方式。一般用于语文、外语教学中,也可用数理化等学科的教学。

讲演:以教师的学说或报告的形式,在较长的时间里系统地讲授教材内容,条分缕析、广征博引、科学论证,从而得出科学结论的一种讲授方式。因为用时长、涉及广、难度大,主要运用于大学教学,中小学中较少运用。

讲授法的优点在于使学生在短时间内就能获得大量系统的科学知识,教师合乎逻辑的分析、论证,生动形象的描绘,以及善于设疑、解疑,都有利于发展学生的智力及思想品德。但这种方法的缺陷在于没有充分的机会,让学生对所学内容,及时作出反馈,学生学习的积极性、主动性不易发挥。

运用此法,有一些的基本要求:第一,讲授内容要有科学性、系统性、思想性,既要突出重点、难点,又要系统、全面,既要使学生获得可靠知识,又要在思想上有所提高;第

① 达尼洛夫,叶希波夫.教学论[M].孙祖复,译.北京:人民教育出版社,1961:280.
② 南京师范大学教育系编.教育学[M].北京:人民教育出版社,1984:445—446.

二,注重语言艺术,表达要清晰、准确、简练、形象、条理清楚、通俗易懂,音量、速度要适度,语调要能够抑扬顿挫等;第三,注意启发,在讲授中善于提问、并引导学生分析和思考问题,使他们的认识活动积极开展,自觉地领悟知识。

2. 谈话法

谈话法也叫问答法,它是教师按一定的教学要求,向学生提出问题,要求学生作答,通过问答的形式,来引导学生获取或巩固知识的方法。此法特别有助于激发学生的思维,调动学习的积极性,培养独立思考和语言表达的能力。

谈话法可分复习谈话和启发谈话两种,即"复现式"与"启发式"。前者是根据学生已学知识,向学生提出一系列问题,通过师生问答形式,帮助学生复习、深化、系统化已学的知识。后者则是通过向学生提出有思考性的问题,一步步引导其去深入思考和探索新知识。

运用谈话法,有一些基本的要求:第一,要准备好问题和谈话计划,教师要对谈话的中心和提问的内容,做好充足的准备,做到有的放矢,在备课时,教师要根据教材和学生已有的经验知识,准备好谈话的问题、顺序,以及问题之间的过渡等;第二,提出的问题要明确具体,能引起思维兴奋,即富有挑战性和启发性,问题的难易要因人而异,符合学生的已有知识水平和经验;第三,要善于启发诱导,当问题提出后,要善于启发学生利用他们已有的知识经验,或对直观教具观察获得的感性认识,进行分析、思考,研究问题或矛盾的所在,因势利导,让学生一步一步地去获取新知;第四,要做好归纳小结,这样使学生的知识系统化、科学化,并注意纠正一些不正确的认识,帮助他们准确地掌握知识。

3. 讨论法

讨论法是学生在教师指导下,以全班或小组的形式,为解决某个问题进行探讨、辩论,从而获取知识的一种方法。[1] 先秦儒家在《学记》中早就指出:"独学而无友,则孤陋而寡闻。"此法可以集思广益、互相启发、加深理解、提高认识,同时还可以激发学习热情,培养学生对问题的钻研精神,并能训练其语言表达的能力。

运用此法,需要学生具备一定的基础知识、一定的理解能力和独立思考的能力,因此一般在高年级运用较多。

运用讨论法,也有一些基本的要求:第一,讨论前要做好充分的准备,所拟问题要有吸引力和挑战性,这样才能激发学生的兴趣;第二,讨论中要对学生进行启发诱导,让其独立思考,并勇于发表看法,注意围绕中心议题发言;第三,讨论结束时要做好小结,教师要简要地概括讨论的情况,使学生获得正确的观点和系统的知识,纠正其错误、片面或模糊的认识。对疑难和争论的问题,教师应阐明自己的看法,同时允许学生保留意见。也可以提出一些需要进一步思考的问题,让学生主动地去思考和探究。

4. 读书指导法

读书指导法是教师指导学生通过阅读教科书和参考书,培养学生自学能力的一种方法。[2] 在教学过程中,学生主要是通过书本知识去简要地认识客观世界,因此培养其读书能力,掌握读书的方法,尤为重要。

① 南京师范大学教育系编. 教育学[M]. 北京:人民教育出版社,1984:447.
② 同上书,448.

根据学生独立的程度,读书指导法可分为:教师指导性阅读、学生半独立性阅读和独立性阅读。指导性阅读又可细分为预习和复习阅读指导、课堂阅读指导和课外阅读指导。

运用此法的基本要求,主要有:第一,提出明确的目的、要求和思考题;第二,教给学生读书的方法;第三,加强评价和辅导;第四,适当组织学生交流读书心得。

(二) 直接感知为主

以直接感知为主的教学方法主要是指教师通过对实物或直观教具的演示、组织教学性的参观等,使学生形成正确认识的方法。此法的特点是形象性、具体性、直接性和真实性,缺点在于只能提供形象,学生不易直接掌握概念。[①] 具体可分为演示法和参观法两种。

1. 演示法

教师在课堂上通过展示各种实物、直观教具或者进行示范性的实验,让学生通过实际观察,获得感性知识的教学方法。

演示的手段是多种多样的,大致可以分为三类:

(1) 实物或模型、标本、图片、挂图的演示;

(2) 用连续成套的模型、标本、挂图、图片或幻灯、电影等,进行序列性演示;

(3) 音乐、体育、劳动课上,教师的示范性动作或操作等。

演示法的基本要求是:第一,要明确演示的目的、要求与过程,使学生能够积极、主动、自觉地投入观察与思考,要让他们知道要看什么、怎么看以及需要考虑什么问题;第二,注意持续性和引导性,演示时,教师要结合讲授进行,引导学生注意观察,演示必须精确可靠、操作规范,演示结束后,教师要引导学生分析观察到的结果以及各种变化之间的关系,通过分析、对比、归纳、综合得出正确结论;第三,通过演示,使所有的学生都能清楚、准确地感知演示对象,并引导他们在感知过程中进行综合分析;第四,尽量排除次要因素或减小次要因素的影响,以使目的明确,现象明显。

2. 参观法

参观法是教师根据教学目的和要求,组织学生对实物进行实地观察、研究,从而在实际中获得新知识或巩固、验证已学知识的方法。此法能使教学和实际生活紧密地联系起来,扩大学生的视野,能使学生在接触社会中受到生动实际的教育,其不足在于费时较长。依其性质,可以分为三类:准备性参观,并行参观,总结性参观。

运用此法的基本要求有:第一,做好参观的准备;第二,参观时要及时对学生进行具体指导;第三,参观后及时总结。

(三) 实际训练为主

以实际训练为主的教学方法是以形成技能、行为习惯和发展能力(尤其是实际运用知识的能力)为主的一种教学方法。[②] 实际训练要求师生双方花费更多的时间和精力,而且也更需要强调科学的程序性,教师必须根据技能、行为习惯和体力、智力的结构及其形成规律,设计出一套使学生能进行有效活动的科学程序。

---

① 南京师范大学教育系编. 教育学[M]. 北京:人民教育出版社,1984:451.
② 同上书,452—453.

在教学过程中,实际训练的方法主要有练习法、实验法、实际作业法、实践活动法等具体的方法。

1. 练习法

练习法是学生在教师的指导下运用所学知识独立地进行实际操作,以巩固知识、形成技能的方法。练习的种类很多,按培养学生不同方面的能力分为:口头练习、书面练习、实际操作练习。按学生掌握技能、技巧的进程分为:模仿性练习、独立性练习、创造性练习。

练习法的基本步骤是:教师提出练习的任务,说明练习的意义、要求和注意事项,并做出示范;学生在练习时,教师要巡回辅导;练习之后,教师要进行系统的分析和总结。

运用此法的基本要求有:第一,使学生明确练习的目标与要求,掌握练习的原理和方法。这样能防止练习中可能产生的盲目性,从而提高练习的自觉性。第二,精选练习材料,适当分配分量、次数和时间,练习的方式要多样化,循序渐进,逐步提高。第三,严格要求。无论是口头练习、书面练习或操作练习,都要严肃认真。要求学生一丝不苟、刻苦训练、精益求精,达到最高的水平。

2. 实验法

实验法是指学生在教师的指导下,使用一定的仪器和设备,在一定条件下引起某些事物和现象产生变化,进行观察和分析,以获得知识和技能的方法。一般在物理、化学、生物等自然科学的教学中运用得较多。实验法不仅有利于学生掌握知识,而且有利于培养学生的动手能力和科学、严谨的学习态度。

运用此法的基本要求有:第一,明确目的,精选内容,制订详细的实验计划,提出具体的操作步骤和实验要求。第二,做好实验的组织和指导,重视语言指导,重视教师示范的作用。教师可以在实验前示范,也可以存学生实验后总结性示范。第三,做好实验小结。要求学生独立操作,要求所有学生都亲自操作,及时检查结果,要求学生按照规定完成实验报告。

3. 实习作业法

教师依据学科课程标准要求,指导学生运用所学的知识,从事一定的工作或操作,将书本知识运用于实践的教学方法。此法在自然科学各门学科和职业教育中占有重要地位,如数学课的测量练习、生物课的植物栽培等。

4. 实践活动法

此法是让学生参加社会实践活动,培养其解决实际问题的能力和多方面实践能力的教学方法。在实践活动中,学生是中心,教师是参谋或顾问,必须保证学生的主动参与。

(四) 情感陶冶为主

以情感陶冶为主的教学方法是指教师根据一定的教学要求,有计划地使学生处于一种类似真实的活动情境之中,利用其中的教育因素综合地对学生施加影响的一种方法。其特点为使学生在不知不觉中受到教育。[①] 可分为欣赏教学法和情境教学法。

---

① 南京师范大学教育系编.教育学[M].北京:人民教育出版社,1984:455.

1. 欣赏教学法

在教学过程中,指导学生体验客观事物的真善美的一种教学方法,一般包括对自然的欣赏、对人生的欣赏和对艺术的欣赏等。

2. 情景教学法

教师有目的地引入或创设以形象为主题,具有一定情绪色彩的生动具体场景,以引起学生的情感体验,从而帮助学生理解教材,并使学生的心理机能得到发展的教学方法。创设的情景一般包括生活展现的情境、图画在线的情境、实物演示的情境、音乐渲染的情境等。

(五) 探究发现为主

以探究为主的教育方法,是指教师组织和引导学生通过独立的探索和研究活动而掌握知识、培养能力、开发潜力、形成研究意识和探究精神的方法。这类方法的特点是学生的主体性得到充分彰显,独立性得到高度发挥,具有较大的活动自由,可以积极主动地研究问题、探索解决问题的方法。以探究为主的教学方法,最主要的就是发现法。

发现法又称探索法、研究法,是学生借助于教师提供的适宜于进行"再发现"的问题情境和学习内容,积极开展独立的探索、研究和尝试活动,以掌握知识和解决问题的方法和步骤,研究客观事物的属性,发现相应的原理或结论,培养创造能力的方法。它是由美国教育家布鲁纳所倡导的。

五、教学方法的选择与运用

教学方法是提高教学质量的重要要素,但是需要注意:在某一情境之下非常有效的方法,到了另一情境之中效果不良、甚至无效,也就是说,任何一种教学方法都不是万能的,每种方法都有它的适用范围与运用时机。作为教师,需要了解各种教学方法的适用范围、效果和条件,明确选择教学方法的标准,以便在恰当的时机、适当的范围内选择最优的教学方法。

选择的依据主要有:考虑教学方法本身的特点和功能,灵活选择,综合运用;依据学科特点和学习内容加以选择;依据教学目标加以选择;依据学生特点加以选择;依据现有的教学媒体的特点加以选择。

教学是一个复杂的矛盾的运动的过程,"教学有法,教无定法",任何好的教学方法都是相对的,每个教师在选用时,一定要充分发挥自己的特长和能动作用,进行创造性的实践。

第五节　教学组织形式

任何教学活动都是由教师和学生双方所组成,在一定的时间和空间之中进行。为完成教学任务,达成教学目标,必然要涉及教师、学生、时间和空间的组织和安排问题,即教学组织形式的问题。

一、教学组织形式的定义

教学组织形式所要解决的问题是教师以什么样的形式将学生组织起来,通过什么样的形式与学生发生联系,教学活动按照什么样的程序展开,教学时间如何分配和安排等问题。

所以可以这样界定:教学组织形式是指为实现一定的教学目标、完成特定的教学任务,教师和学生按照一定要求组合起来进行活动的结构。亦有简称为"教学形式"。①

二、教学组织形式的类型

教学组织形式随着社会生产力的发展,科学技术的进步,也会相应地产生改变。人类历史上出现过众多的教学组织形式,主要可分为个别教学、班级授课和分组教学三大类。

(一)个别教学

犹如古代经济以个体生产为主一样,古代的教育,无论是东方,还是西方,大抵以个别教学为主。

鲁迅曾回忆他在三味书屋中的学习生活,当寿镜吾先生大声道"读书"后,同窗们放开喉咙读了一阵,"真是人声鼎沸。有念'仁远乎哉?我欲仁,斯仁至矣!'的,有念'笑人齿缺曰:狗窦大开'的,有念'上九,潜龙勿用'的,有念'厥土下上上错厥贡苞茅橘柚'的。"②可见,在三味书屋这共同的空间之内,以及同一时间之内,学生所学的课程却各不一样,有念《论语》的、有念《幼学琼林》的、有念《易经》的,还有念《尚书》的。

● 浙江绍兴三味书屋,鲁迅在这里度过了童年求学的时光

山东阳谷的王震的经历,可以进一步丰富人们的认识。他念的第一本书是《百家姓》,即"赵钱孙李,周吴郑王。冯陈褚卫,蒋沈韩杨。朱秦尤许,何吕施张。孔曹严华,金魏陶姜"等,他的同窗也念《百家姓》,用的却是"十字版",如"红娘子,要嫁他,朱秦尤许","桌子上,摆几碟,金魏陶姜",③两相比较,前者虽用韵语,但全无文理,后者每句前另加六字,构成一简单的故事,便于理解及记忆。

从上可见,中国古代私塾"教"与"学"的情况为:同一空间之下、同一时间之内,不同

---

① 顾明远.教育大辞典(上)[Z].上海:上海教育出版社,1998:724.
② 鲁迅.从百草园到三味书屋[M]//鲁迅.鲁迅全集(2).北京:人民文学出版社,2005:290—291.
③ 王震.私塾札记[G]//政协阳谷县文史资料委员会编.阳谷文史资料(第31辑).2007:324—325.

学生的课业不尽一致;每个学生的学习进度也不相同;塾师对各个生徒分别进行指导;这也导致同一个私塾之内,每个学生的修业时间(始业、结业、年限等)不统一。

这种教学组织形式是传统教育的主要的、甚至是唯一的形式。其有所长,如就学方便,规模小,利于因材施教;当然局限也不小,如速度慢、效率低,认真负责的塾师劳动强度大。

(二) 班级授课

随着资本主义工商业的发展和科学技术的进步,教育对象范围的扩大和教学内容的增加,一种新的教学组织形式——班级授课便成为时代的需求。

16世纪,西欧部分国家的古典中学里出现了集体施教的尝试,如法国的居耶讷中学、德国特拉斯堡的文科中学等;17世纪捷克教育家夸美纽斯总结了前人和自己的经验,在其名著《大教学论》(1632年)中加以了论证,奠定了班级教学的理论基础;工业革命后,因义务教育的实施,这种教学组织形式在欧美逐步推广开来,后来影响到我国。同治元年(1862年),北京的京师同文馆率先采用这一组织形式,20世纪初,废科举、兴学堂后,班级授课逐渐成为主流。

班级授课制的要点为:(1)把学生按照年龄和知识水平分别编成固定的班级,即同一个教学班学生的年龄和程度大致相同,并且人数固定;(2)有统一和固定的教学内容,教师按规定的进度进行教学;(3)把教学内容以及实现这种内容的教学手段、教学方法展开的教学活动,按学科和学年分成许多小的部分,份量不大,大致平衡,彼此联系而有相对完整的"课",一课接着一课教学;(4)把每一"课"规定在统一而固定的单位时间里进行。

与个别教学相比,班级授课具有突出的优点:(1)有利于经济有效地大面积培养人才;(2)有利于教师发挥主导作用;(3)有利于发挥学生集体的作用;(4)有利于学生多方面的发展。

由于班级授课以不承认学生之间的差别为前提,故而其制带有天然的缺陷,如:(1)教学面向全班学生,强调的是统一,难以照顾学生的个别差异;(2)教学内容和教学方法的灵活性有限;(3)学生的学习主要是接受现成的知识,动手机会少,不利于培养探索精神、创造能力和实践能力;(4)教学活动多由教师直接做主,学生的主体地位或独立性受到一定的限制。

另外,班级授课还有特殊的表现形式,如单级教学、复式教学和二部制。主要是受学生数、教师数、教室数等因素的限制,而采用的变通的方式。在各国兴学的早期曾起过积极的作用,今日偏远地区的农村学校仍可加以借鉴。

(三) 分组教学

为解决班级授课难以照顾学生个别差异的弊端,19世纪末20世纪初在西方出现了分组教学。这一时期工业生产迅猛发展和资产阶级自由竞争,不仅要求教育培养大批人才,而且要求教育适应学生个别差异,于是出现了按能力、按成绩分组的教学形式。

分组教学制将学生按能力或学业成绩分为不同的班或组,通过定期测验决定学生升级(组)或降级(组)的教学组织形式。大致可以分成两类,一是外部分组,另一是内部分组。

外部分组是指打乱传统的按年龄编班的做法,而是按学生的能力和学习成绩编班。

又有学科能力分组和跨学科能力分组两种形式。

内部分组是指在传统的按年龄编班的做法内,按学生的能力或学习成绩分组。

这种形式往往导致人们对后进生的歧视,被认为不民主,在20世纪40年代开始受到尖锐批评。50年代后期,由于国际间科技竞争加剧和培养尖端人才的需要,分组教学在美、英、法等发达国家再度受到重视。

分组教学的优点在于它比班级授课更切合学生个人的水平和特点,便于教师组织教学,能够适应不同层次学生的学习准备和学习要求,有利于因材施教。其弊端表现为:不利于学生个性的健康发展,能力强的学生易滋生骄傲情绪,能力差的易产生自卑感;同时,缺乏不同水平学生间的相互交流。

三、教学组织形式的改革

从19世纪末,人们对班级授课制就不满意,而掀起种种改革的尝试,在新教育运动中达到高潮,其中比较有影响的有道尔顿制、设计教学法、文纳特卡制等,此后改革虽逐渐消退,但时至今日,仍有许多的设想及尝试。

(一)道尔顿制

由美国教育家 **帕克赫斯特**(Parkhurst, H.)于1920年在马萨诸塞州道尔顿中学所创,全称"道尔顿实验室制"。该制特殊之处在于打破了班级授课——"现今一般学校之教室前,常悬有课程表,规定某时至某时为某课,教师为某某,在道尔顿制之实验室中,是项课程表固已废除,即上课下课之铃声亦无所用。"① 那么,道尔顿制是如何做到的?

37. 帕克赫斯特

(Helen Parkhurst,
1887—1973)
美国教育家,道尔顿制创始人。她主张对美国书本学校的现状进行改革,实行道尔顿计划。
主要教育著作:《道尔顿制教育》等。

第一,每一门学科独自设置一个作业室(亦称"实验室"),室内备有参考用书及实验仪器,各科教师在各科作业室内指导与监督学生的学习;

第二,在教师指导下,学生与其约定学习任务,叫做"功课指定",又称"作业指定"(学年、学期、学月、学周);

第三,成绩记录,为了对全体学生学习情况能切实掌握,也为了防止产生"逃而遁之"的情况,帕克赫斯特还特地制定了一套表格,其中有教师用进度表、学生用进度表、每周作业成绩表、学生出席表、作业计算表等。

表 5-2

道尔顿制之教师用进度表

语文	学级	II	作业概要　I	教师	
		第一周	第二周	第三周	第四周
		1 2 3 4 5	6 7 8 9 10	11 12 13 14 15	16 17 18 19 20
1	A	— — —			
2	B	— — —			

① 唐钺,朱经农,高觉敷.教育大辞书[L].上海:商务印书馆,1930:1345.

续表

语文	学级	Ⅱ		作业概要　Ⅰ			教师												
		第一周					第二周					第三周					第四周		
		1	2	3	4	5	6	7	8	9	10	11	12	13	14	15	16	17	18	19	20
3	C	—	—	—																	
4	D	—																			
5	…																				
6	…																				
7	…																				
8	…																				
9	…																				

(说明：作业一月共分为 20 度，每周 5 度；上例表示第五日所记作业进程，即 A 君于第五日已经学到八度，B 君学到 3 度，C 君已学了 10 度，D 君只学了 1 度之作业。观此表，各学生之进度，可以一目了然，对于个人指导，集体教授上，均非常便利。学生知他生的进度，容易找出小团体共同研究的同学。）

此制有利于调查学生学习的主动性，培养他们的学习能力和创造才能；但是对教学设施和条件要求较高，普通学校难以满足；学生容易"逃而遁之"；且不利于系统知识的掌握。

（二）设计教学法

设计教学法是由克伯屈依据杜威问题教学法和桑代克行为主义心理学，而创造的一种教与学的组织。该法主张由学生自发地决定自己的学习目的和内容，在学生自己设计、自己实行的单元活动中获得有关的知识和形成解决实际问题的能力。

它主张从实际生活中获取学习材料，打破教学科目的界限，摒弃教科书；强调教师的责任在于利用环境去引发学生的学习动机，并帮助学生选择活动所需要的材料。

设计活动由于目的不同，划分为创作、欣赏、问题研究、技能练习等类型。其一般程序为：确定目的（包括引起动机）、制订计划、实施完成、检查评价。

该法重视学生学习的主动性和独立性，强调学生的学习动机与兴趣，注重教学与学生生活紧密联系，摒弃传统教学形式主义，深合国内教育界改革教学的强烈愿望，因而深受重视。1917 年输入中国后，就不断有学者予以介绍。

与传统的教学法相比，设计教学法确有独到之处。但是，在推行过程中，其缺陷逐渐暴露。设计教学法在试行中主要出现过两种形式：一是打破学科的"作业中心大单元教学"，因是学生自发的活动，造成各年级单元经常重复，学生的知识支离破碎；二是保

38. 桑代克

（Edward Lee Thorndike，1874—1949）美国心理学家，心理学行为主义的代表人物之一，教育心理学的奠基人。主张"学习即联结"，学习的实质在于形成刺激—反应联结。提出学习三个规律：准备律，练习律，效果律。主要著作：《教育心理学》、《双生子的测量》、《教育原理》、《教育心理学概论》、《智力测量》、《成人的学习》、《人类的学习》、《学习的基础》等。

持分科的"设计式的各科教学法",对前一种形式的不足有所补救。比如以研究"猪的生活"为主题,阅读时教"三只猪的故事",作文写"小猪快乐",算术计算"猪肉的卖价",美术就画"老猪和小猪",手工就做泥猪和用篾做猪圈,唱歌就唱"小猪争食"。

(三) 文纳特卡制

文纳特卡制(Winnetka, P.)是由沃什伯恩(Washburne,1889—1968,旧译"华虚朋"),于1919年在美国芝加哥郊外的密歇根湖畔文纳特卡镇公立小学校中首创的一种教与学的组织。这个方案主要是将课程按性质分为两部分:一部分是公共必修科目,是儿童将来生活必需的知识和技能,即日常必需或基础的知识和技能,如阅读、拼字、写字、协作、计算等;而另一部分是创造的与社会的活动,主要是图画、手工、音乐、体育、家政等科目,这类科目能使儿童个人的能力和社交意识得到发展,这类科目不规定学分,与升级也无关系。

表 5-3

施行文纳特卡制的某校三年级课程表①

时间 \ 星期	星期一	星期二	星期三	星期四	星期五
9:00—9:10	算术速度练习	算术速度练习	算术速度练习	算术速度练习	算术速度练习
9:10—9:40	算术	算术	算术	算术	算术
9:40—10:00	拼法	拼法	拼法	拼法	拼法
10:00—10:20	语文	语文	语文	语文	语文
10:20—10:40	舞蹈	体育馆内游戏	体育馆内游戏	体育馆内游戏	体育馆内游戏
10:40—11:00	开会	商店	开会	共同兴趣的组织	开会
11:10—11:45	社会科学	社会科学	社会科学		社会科学
1:00—1:30	共同兴趣的组织	读法	读法	读法	读法
1:30—1:50		写字	写字	写字	写字
1:50—2:00	操场上游戏	操场上游戏	操场上游戏	操场上游戏	操场上游戏
2:00—2:20	音乐欣赏	音乐	音乐	音乐	音乐
2:20—3:00	活动时间——美术、表演等等				
3:00—3:30	特别辅导时间(教师用于对因缺席等而现在愿意补足的学生加以辅导)				

初看起来,上表与实行班级授课制所用课程表差别不大。但此制与传统教育的区别在于,为了适应儿童的个性,对于基础性的学科,文纳特卡制进行个别化教学,并且尽量安排在上午;而活动类的学习则以集体的形式进行,用以发展学生的个人和社会意识,被安排在下午。

(四) 特朗普制

前节曾介绍过人类历史上出现了个别教学、班级授课和分组教学三种主要的教学组织形式,需注意,这三者各有千秋,并不是非此即彼的关系。

美国教育学者劳伊德·特朗普(Trump, L.)曾经提出一个设想,让"班级、分组、个

---

① 华虚朋,著.文纳特卡教学法[M].龚启昌,沈冠群,译.上海:中华书局,1936:227.

别"三者各占不同比例,此即"特朗普制",希望课程表有最大的灵活性和多样化。大班上课可以多达百人,约占总时间的 40％;小组讨论约占总时间的 20％,每个小组有 12—15 名学生,主要讨论大班上课有关内容;个人独立研究,也包括 2—3 人一起进行研究,约占总时间的 40％。其中分组并不固定,学生可以根据不同能力和兴趣,经常定期的重新分组。

四、基于班级授课制的改革

　　不可否认的是,尽管 20 世纪的改革轰轰烈烈,在世界范围内掀起巨大的波澜,但时至今日班级授课制仍是基础教育的主流制度,因为部分改革在克服了班级授课的缺点的同时,也舍弃了班级授课的优点,难免遭遇淘汰的命运。这并不意味着,班级授课可以一成不变,其实从空间和时间两个角度出发,亦有许多创新的可能。

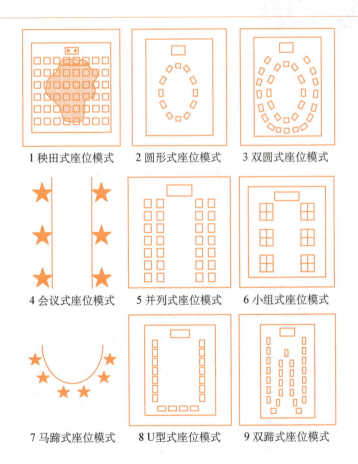

图 5-1

不同座位
编排模式

1 秧田式座位模式　　2 圆形式座位模式　　3 双圆式座位模式

4 会议式座位模式　　5 并列式座位模式　　6 小组式座位模式

7 马蹄式座位模式　　8 U型式座位模式　　9 双蹄式座位模式

(一) 空间的调整

　　这里的空间调整,主要针对班级内学生座位的编排而言。班级授课之下,一排排课桌都面向黑板,纵横整齐对立,学生端坐于其中,面向黑板聆听教师的讲授。这种坐位方式,俗称"秧田式",其原理由夸美纽斯提出,他以"太阳把光线照在万物身上"为由,认为教师"同时一次去教所有学生",[1]但到了 20 世纪 70 年代,学者的研究发现,学生参与

---

[1] 夸美纽斯.大教学论[M].傅任敢,译.北京:教育科学出版社,1999:125.

课堂教学的程度与他们的座位有很大的关系,师生之间的交流集中发生在教室前排和前排中间一带的区域(见"秧田式"阴影部分),处于这一"行动区"的学生在课堂上表现活跃,发言积极,与教师交流的机会和次数明显比其他区域的学生要多。研究者认为,这很大程度上是由座位的空间特点造成的,于是拉开了改革座位模式的尝试。

尝试中诞生了一些别出心裁的座位编排方式,如圆形式、双圆式、会议式、并列式、小组式、马蹄式、U型式、双蹄式等。研究认为,这些方式能使学生与学生之间、学生与教师之间产生更多的交流,是突出学生作为学习主体的较好环境。然而是否适用于本国教学实际情况,仍有待验证。

(二)时间的调整

现行班级授课制之下,课时是事先统一规定的,一般不论年级的高低、学科的差别,每节课都是同样的课时,过去都是45分钟。

这样的制度,对于低年级儿童来说,不太适合,如何处理?苏联合作教育学的代表人物之一阿莫纳什维利(Ш. А. А. монашвили)曾提出改造的方案,在他的实验学校里一年级上午排4节35分钟的课,这35分钟又细分为两节各15分钟的小课,中间5分钟用作室内休息,如下表所示。①

39. 阿莫纳什维利

(1930—)苏联教育家,合作教育学派主要代表人物之一。创造了一套以师生独特交往方式为基础,并体现他本人鲜明个性特点的合作教学模式,被称为"没有分数的教学体系"。主要教育著作:《教学·分数·评价》、《孩子们,你们好!》、《6岁入学》、《孩子们,你们生活得怎样?》、《孩子们,祝你们一路平安!》以及与他人合著《我们今天的教育学》等。

表5-4

阿莫什维利实验学校一年级上午用课程表示例

	每节课35分钟	方案一	方案二	方案三
第一节	前15分钟	语文	语文	语文
	5分钟休息	休息	休息	休息
	后15分钟	数学	音乐	数学
第二节	前15分钟	熟悉	图画	劳作
	5分钟休息	周围	—	—
	后15分钟	世界	—	—
第三节	前15分钟	数学	数学	语文
	5分钟休息	休息	休息	休息
	后15分钟	语文	音乐	音乐
第四节	前15分钟	音乐	体育	体育
	5分钟休息	—	—	—
	后15分钟	—	—	—

① 朱佩荣.阿莫纳什维利的教学法[J].外国教育资料,1991(1):54—55.

　　问题在于,这种方案是以牺牲国家规定的教学计划中的总课时数为代价的,而且都是"15-5-15"的安排,略显机械。

　　相较之下,德国基础教育界的做法,代价较小,且更合理一些。在未统一前的东部地区,针对一年级的儿童,实行了"灵活的分科",对于课时重新进行了安排。

	星期一	星期二	星期三	星期四	星期五	星期六
一	实物教学(20)	阅读(25)	实物教学(25)	实物教学(20)	阅读(30)	阅读(15)
	写字(25)	图画(20)	阅读(20)	阅读(25)	算术(15)	写字(30)
二	阅读(15)	算术(30)	算术(15)	写字(30)	算术(30)	算术(30)
	算术(30)	唱歌(15)	算术(30)	算术(15)	诗歌背诵(15)	体育(15)
三	算术(15)	实物教学(30)	写字(15)	算术(15)	图画(20)	
	体育(30)	体育(15)	诗歌(10)	诗歌背诵(10)	唱歌(10)	
			体育(20)	唱歌(20)	体育(10)	

表5-5

德国低年级"灵活的分科"课程表示例[①]

　　括号内的数字表示课时,相加依然为45分钟,这种方式不牺牲总课时数,虽然每节课的安排上不如前者"15-5-15"齐整,但由于要求在分科时需要根据统一的主题来进行,显得更高明一些。这种方式在英语国家也有体现,称之为"弹性课程表"或"课段式"。依据课程性质的不同,配以不同的教学时间,不强调整齐划一。表5-6为近年英国伦敦某小学所用。

时间＼星期	星期一	星期二	星期三	星期四	星期五
8:45—8:55	报到				
8:55—10:15	班会(5)	科学(80)	数学(65)	识字(65)	识字(65)
	识字(75)		班会(15)	班会(15)	班会(15)
10:15—10:35	小休				
	每日音乐(5)				
10:35—12:00	写字(10)	写字(10)	历史(35)	数学(50)	数学(50)
	体育(60)	数学(55)			
	默读(15)	说听新闻(20)	信息技术(50)	音乐(35)	宗教教育(35)
12:00—13:00	午餐				

表5-6

英国伦敦某小学课段式课程表示例

① 黑尔穆特·克拉因,卡尔汉斯·托马舍夫斯基著.教学论(内部资料)[M].柯新,译.北京:人民教育出版社,1962:308—309.

续表

星期 / 时间	星期一	星期二	星期三	星期四	星期五
13:00—14:00	数学(60)	班会(15) / 识字(55)	识字(60)	写字(15) / 体育(60)	美术(60)
	小组活动(15)		游戏(15)		默读(15)
14:00—15:00	游戏(15)	游戏(15)	游戏(30)	游戏(15)	游戏(15)
	故事歌曲(30)	故事歌曲(30)	故事歌曲(15)	音乐(15) / 小组活动(15)	故事歌曲(30)

如表 5-6 所示,数学的课时为 50 分钟、55 分钟和 60 分钟,并不一定相同,识字的课时也不尽相同,有 65 分钟和 75 分钟,即便游戏的安排也不相同,有 15 分钟和 30 分钟,从中可以看出,英国的小学学习日结束的时间也是比较早的,而且课程门类也比较少。只是这样的一种编排与每节课 45 分钟的经典式课时编排的效果,孰优孰劣,怕是不能轻易下结论。

这些尝试提醒人们,班级教学的空间及时间,事实上可以有一定变化的,但是万变不离其宗,都是为了追求单位时间内教学效果的最大化,若违背了这一点,变或许不如不变。

第六节　教　学　评　价

教学评价是教学活动的重要组成部分,明了教学评价的定义,考察教学评价的历史、了解教学评价的功能、掌握教学评价的类型,对于教师有效地开展教学活动是非常有益的。

一、教学评价的定义

有研究界定教学评价为"根据教学目的和教学原则,利用所有可行的评价方法及技术,对教学过程及预期的一切效果给予价值上的判断,以提供信息,改进教学和对被评价对象作出某种资格的证明"。[①] 这里以"可行的评价方法及技术"来界定"教学评价",有定义重复之嫌,但它指出了需做"价值上的判断"这一要点。

相较而言,"教学评价是以教学目标为依据,运用可操作的科学手段,通过系统地收集有关教学的信息,对教学活动的过程和结果做出价值上的判断,并为被评价者的自我完善和有关部门的科学决策提供依据的过程"[②]这样的定义似乎较为准确。

教学评价具有诊断、激励及调节的作用。

二、教学评价的历史及趋势

教学评价的确立是一个历史的过程,从总体上言,其主要经历了考试、测量、评价三

---

① 吴立岗,夏慧贤.现代教学论基础[M].南宁:广西教育出版社,2001:384.
② 施良方,崔允漷.教学理论[M].上海:华东师范大学出版社,1999:330.

个发展阶段。

（一）传统考试阶段

先秦儒家思孟学派的代表作——《学记》里面有这样几句话："比年入学,中年考校","一年视离经辨志,三年视敬业乐群,五年视博习亲师,七年视论学取友,谓之小成;九年知类通达,强立而不反,谓之大成。"学界一般将其视为"最早的教育评价思想",[①]但是先秦的教育机构是否就如此施行,还缺少足够的证据。倒是汉代的太学,有明确的记载,实行"设科射策","策"是主考所处的试题,"射"是以射箭的过程来形象描写学生对试题的理解和回答,正如王充所言"论说之出,犹弓矢之发也;论之应理,犹矢之中的",[②]"科"是教师(主考)用以评定学生成绩的等级标记。不过被世界公认为最早的一种教育评价形式,乃是中国实行了1 300余年(始于隋、终于清末)之久的科举考试。科举事实上是一种通过设科考试,并根据学科考试的成绩录用官吏的考试制度,不过它主要考核的是学生学力水平。

在西方,考试制度的设立要晚一些,大学考试运用口试是在1219年,中学采用笔试是在1599年,毕业考试论文的作业考试是在1787年,法国于1791年参照我国科举制度建立了文官考试制度。[③]

考试用于检查学生对知识的记忆与掌握,检验学生的口头和书面表达等方面的能力,是比较有效的,故而在很长的一段时间里,考试一直被作为一种鉴定和选拔人才的主要手段,起了一定的积极作用;但是这种方式存有严重的弊端,如考试内容大多是有关陈述性的知识,偏于记忆,命题缺乏科学性,评分标准不能统一,不够公正、客观及准确,为了克服这些缺陷,教育测验便应运而生。

（二）教育测验阶段

19世纪末20世纪初,随着实验心理学的进步、统计学的发展,教育理论工作者开始探讨将心理测量的方法应用于教学,实现学生学业成绩考核的客观化、标准化和数量化。

1905年美国教育心理学家桑代克在《精神与社会测量导论》(*Introduction to the Theory of Mental and Social Measurement*)中提出"凡存在的东西都有数量,凡是有数量的东西都可以测量"的重要主张,他本人又被尊称为"教育测验之父",曾于1909年发表了"书法量表",此后他的弟子斯通(Ston, W.)制定出了"算术标准学力测验",1923年又出版了可用于全部课程的"斯坦福标准成绩测验",受他的影响,此后的20年间,美国就有3 000多种测验问世。期间,对中国19世纪20—30年代的教育产生过重要影响。

教育测验在一定程度上克服了传统考试的主观、笼统和偏于事实性的知识以及死记硬背的缺陷,但也存有明显的不足,如企图用数字表示受教育者的全部特征,流于形式而且过于机械化,因为学生的态度、兴趣、创造力、鉴赏力等十分复杂,难以全部量化。

正是因为测验的种种不足,从20世纪30年代起,随着心理学及教育学的进一步发展,学界开始了对教育测验的批判运动,教育测验逐步向教育评价发展。

---

① 施良方,崔允漷.教学理论[M].上海:华东师范大学出版社,1999:330.
② 王充.论衡·超奇[M].北京:中华书局,1990:609.
③ 施良方,崔允漷.教学理论[M].上海:华东师范大学出版社,1999:330—331.

（三）教学评价阶段

最早倡导从"测验"转向"评价"的，乃是美国的教育评价与课程理论专家泰勒（Tyler，S.）。1942年的《史密斯-泰勒报告》中第一次系统地提出了评价的基本思想和方法，从而奠定了现代教育评价的基础。

泰勒认为，评价必须建立在清晰地陈述目标的基础上，根据目标来评价教育效果，促进目标的实现。从此，教育评价的思想和方法被逐渐推广至全世界。在此后的几十年中，教育评价的理论得到了很大的发展，新的评价模式不断涌现，教育评价的理论也得以不断完善。

教学评价是教育评价的重要组成部分，它在运用现代评价思想与方法的同时，也并不完全否定考试或测验。它以考试作为一种基础性的手段，来收集学生对知识的掌握程度方面的信息；同时以测验作为测量的手段，获得客观的数据，进行进一步的分析、综合，做出价值上的判断，属于一种更先进的教育思想。

三、教学评价的类型

教学评价依据不同的标准可具体分为不同的类型。

（一）诊断性评价、形成性评价、总结性评价

以教学评价的目的、作用及时间为标准，可以将教学评价分为诊断性评价、形成性评价和总结性评价。三者的关联及区别，可由表5-7得知。

表5-7 诊断性、形成性及总结性评价的比较[①]

	诊断性评价	形成性评价	总结性评价
作用	查明学习准备和不利因素	确定学习效果	评定学业成绩
主要目的	合理安置学生，考虑区别对待，采取补救措施	改进学习过程，调整教学方案	证明学习已达到的水平，语言在后继教程中成功的可能性
评价重点	素质、过程	过程	结果
手段	特殊编制的测验、学籍档案和观察记录分析	经常性检查、作业，日常观察	考试
测试内容	必要的预备性知识、技能的特定样本，与学生生理、心理、环境的样本	课题和单元目标样本	课程和教程目标的广泛样本
试题难度	较低	根据教学任务而定	中等
分数解释	常模参照、目标参照	目标参照	常模参照
实施时间	课程或学期、学年开始时，教学进程中需要时	课题或单元教学结束后，经常进行	课程或一段教程结束后，一般每学期1—2次
主要特点	"诊断式"	"前瞻式"	"回顾式"

---

① 施良方，崔允漷.教学理论[M].上海：华东师范大学出版社，1999：337—338.

诊断性评价又称准备性评价,是指在教学活动开始之前进行的评价,是对教学活动的准备。教师在新学期或一个单元教学开始之前,为了解学生的学习准备状况、以及探明影响学习的因素而进行评价,据此以进行教学设计。这种评价可以用来检查学生的学习准备程度,决定对学生的适当安置,以及辨别造成学生学习困难的原因。

形成性评价又称过程评价,是指在教学过程中为改进和完善教学而进行的对学生学习过程及结果的评价。这种评价可以发挥改进学生的学习,为学生的学习定步,强化学生的学习,给教师提供反馈等作用。

总结性评价又称终结性评价或结果评价,是指在某一相对完整的教学阶段结束后对整个教学目标实现的程度做出的结论性的评价,如一学期或一门课程结束时,对学生学习结果所作的评价。这种评价的范围较广,概括性水平较高,可以发挥多种作用,如评定学生的学习成绩;证明学生掌握知识、技能的程度和能力水平以及达到教学目标的程度;确定学生在后继教学活动中的学习起点;预测学生在后继教学活动中成功的可能性;为制定新的教学目标提供依据。

(二) 相对性评价、绝对性评价、个体内差异评价

依据运用的标准,教学评价又可以分为相对性评价、绝对性评价以及个体内差异评价。

相对性评价又称常模参照性评价,是指运用常模参照性测验对学生的学习成绩进行的评价。以常模为参照点,把学生个体的学习成绩与之相比,根据学生在该班中的相对位置和名次,确定他的学习成绩的等级。甄选性较强,可以作为选拔人才、分类排队的依据;缺点在于不能明确展示学生的真正水平。

绝对性评价又称目标参照性评价,是指运用目标参照性测验对学生的学习成绩进行的评价。依据教学目标和教材编制试题来测量学生的学业成绩,判断学生是否达到了教学目标的要求,而不以评定学生之间的差异为目的。可以衡量学生的实际水平,了解学生对知识、技能的掌握,适用于毕业考试和合格考试;缺点在于不能甄别人才。

个体内差异评价是指当试图判断或解释某个学生的某一方面的进步时,必须将其与该生的其他方面或前段时间的表现相比较,然后做出适当的评价。教师可以将一个学生的各科学习情况做横向比较,以此来了解学生的学习情况;也可以将他的成绩与智力水平相比较,来了解他的学习态度及努力程度;还可以将他的学习成绩和兴趣爱好相比较,来了解他的学习愿望和特长。这些做法既有利于调动学生的学习积极性,也为教师的因材施教提供了坚实的基础。

(三) 外部评价、内部评价

依据评价的主体,又可以将其分为外部评价和内部评价两类。

外部评价是指被评价者之外的专业人员对评价对象进行明显的(看得见的、众所周知的)统计分析或文字描述。

内部评价则是自我评价,是指由课程设计者或使用者自己实施的评价。

第七节　教 学 改 革

教育改革中,最重要莫过于教学改革了,而最难的也莫过于教学改革了。

一、教学改革的重要性

教育为社会各项建设事业之一种,社会在前进,生产在发展,科学知识的更新速度不断地加快,国家与国家的竞争日益严峻,对人才的要求也在不断地提高,所有的这一切都促使教育需要变革。

教育的改革,涉及教育的各个领域,如教育体制、教育结构、教育立法、教育投资、各级各类学校的设置和布局、基础教育、高等教育、教师教育、职业教育、教育考试、社会教育、终身教育等方面。

宏观的、大领域的改革,如果不落实到教学层面,极可能是落空的,因为教学是实现教育目的,完成教育任务的基本途径和根本手段。当然教学改革也不可能孤立地进行,它需要其他改革提供理论、指出方向、准备条件。

教学改革,尤其是基础教育领域的教学改革,触及以亿万计学生和教师的生活及利益,可谓牵一发而动全身,故而它的改革尤其困难。

二、新课程背景下的教学改革

新世纪以来,国务院公布了《基础教育课程改革纲要(试行)》(2001 年 6 月 8 日教育部印发,以下简称《纲要》),拉开了新一轮课程改革的大幕,调整和改革基础教育的课程体系、结构、内容,构建符合素质教育要求的新的基础教育课程体系。

这场改革想实现课程领域的“六大改变”,其中两点直面教学问题,一是“改变课程过于注重知识传授的倾向,强调形成积极主动的学习态度,使获得基础知识与基本技能的过程同时成为学会学习和形成正确价值观的过程”;二是“改变课程实施过于强调接受学习、死记硬背、机械训练的现状,倡导学生主动参与、乐于探究、勤于动手,培养学生搜集和处理信息的能力、获取新知识的能力、分析和解决问题的能力以及交流与合作的能力”。这就对教师的教学提出了相应的挑战。

为应对这一高难度的挑战,《纲要》指出,在教学过程中,教师应“与学生积极互动、共同发展,要处理好传授知识与培养能力的关系,注重培养学生的独立性和自主性,引导学生质疑、调查、探究,在实践中学习,促进学生在教师指导下主动地、富有个性地学习”。同时,教师还应“尊重学生的人格,关注个体差异,满足不同学生的学习需要,创设能引导学生主动参与的教育环境,激发学生的学习积极性,培养学生掌握和运用知识的态度和能力,使每个学生都能得到充分的发展”。

三、教学改革与教学研究

从上可见,教学改革的任务是相当艰巨的,为此理论界也有不少学者积极出主意、找办法,其中有一种声音主张“观念先行”,认为“观念是行动的灵魂,教学观念对教学起着指导和统率的作用”,如果“教学观念不转变”,那么“教学改革无从谈起”,所以“确立新的教学观念,是教学改革的首要任务”,就形势及需要而言,新课程背景下的教学改革要求教师“首先确立起与新课程相适应的、体现素质教育精神的教学观念”。[①]

---

① 余文森.论新课程背景下的教学观[J].福建师范大学学报(哲学社会科学版),2006(6):164.

　　这样的判断并不无道理，因为早先王阳明言"知是行之始"，①但全着力于此，极容易产生问题，只武装了教师的嘴巴，并没能丰富他的头脑，产生正如傅斯年所批评的"文章上黼黻经纶，事实上不得要领"的毛病，②这样也就陷入了唯心主义的窠臼。

　　须知"行是知之成"，③如果观念没有对实践产生影响，也没有经过教师的不断检验，那么极可能是幻影。教师的主要工作是教学，所以需要在这方面下功夫，如何不断地改进自己的教学，使其更有效率，也更合时代的要求，这就产生了教学研究的需求。

　　或许会有人指出，中小学教研组、备课组，讨论某篇课文或某个知识点这样教还是那样教，不正是教学研究吗？但这属于经验性质的"教研"，而不是问题研究的"科研"。后者直面当代的教学制度，期盼能够解决分科课程之下、班级授课之中教与学脱节、学与做脱节、个别指导的缺失等问题，进行构建现代教学制度，当然这将是一个漫长的过程。

四、中学教学的新课题

　　2013年11月，中共中央颁布了《关于全面深化改革若干重大问题的决定》，其中有一章直面教育领域的综合改革，与中学教育密切相关的便是"探索全国统考减少科目、不分文理科"这一规定。

　　如此，中学教育为应试而施行且行之多年的教学制度，如文理分科、快慢分班等，必须做出改变。有学者指出在今天来讨论如何进行文理不分科，必须坚持三个"有利于"原则，即是否"有利于学生知识结构的优化、有利于减轻学生课业负担、有利于扩大学生的课程自主选择权"，并认为"如果做不到这三个'有利于'，那么就是倒退"。④

　　这三条不乏真知灼见，但对一线的实践者而言，在文理不分科的情况下，如何教学呢？仍旧是个新课题。教师如何通过教学的改变，促使已经"偏科"的学生变成"通科"；而科科精通、门门五分者如何能更上一层楼等，都需要加以精心的探索，这就需要教师成为"反思的实践者"。当然在个体与集体之间，既要发挥个体的主观能动性，又要依靠集体的力量，避免个人主义的尝试及浪费，依靠集体的智慧，这精诚合作的结果也会促使集体产生质的变化。

参考文献

[1] 夸美纽斯.大教学论[M].傅任敢，译.北京：教育科学出版社，1999.
[2] 赞科夫.教学与发展[M].杜殿坤，张世臣，等，译.北京：人民教育出版社，1985.
[3] 巴班斯基.教学过程最优化[M].张定璋，高文，译.北京：人民教育出版社，2007.
[4] 佐藤正夫.教学论原理[M].钟启泉，译.北京：人民教育出版社，1996.

---

① 王守仁.传习录(上)[M]//吴光，钱明，等.王阳明全集(上).上海：上海古籍出版社，2011:5.
② 傅斯年.教育崩溃的一个责任问题：答邱椿先生[M]//欧阳哲生主编.傅斯年全集(5).长沙：湖南教育出版社，2003:17.
③ 同①.
④ 柯政，林海妃，等.不分科文理科，怎么做？基于备择政策利弊分析的政策建议[J].全球教育展望.2014(2)：28—30.

扫一扫二维码
直接获取答案
要点

思考题

1. 讲授法是注入式的,问答法是启发式的,这样的说法是否正确?

2. 如何理解"教学有法,教无定法"?

3. 传统座位模式有怎样的优点及缺点?

4. 教育改革就是教学改革?

扫一扫二维码
轻松获取练习题

【学习目标】

1. 了解品德结构,理解中学生品德发展的特点。

2. 理解皮亚杰和柯尔伯格的道德发展理论,理解影响品德发展的因素,掌握促进中学生形成良好品德的方法。

3. 熟悉德育的主要内容,包括爱国主义和国际主义教育、理想和传统教育、集体主义教育、劳动教育、纪律和法制教育、辩证唯物主义世界观和人生观教育等。

4. 熟悉和运用德育过程的基本规律,分析和解决中学德育实际中的问题。

5. 理解德育原则,掌握和运用德育方法,熟悉德育途径。

6. 了解生存教育、生活教育、生命教育、安全教育、升学就业指导等的意义及基本途径。

【关键词】

德育:教育者按照一定社会的要求,运用德育规律有目的、有计划地对受教育者的思想、政治、道德等方面的品格施加积极影响的教育活动。

德育目标:通过德育活动使受教育者在品德发展上所需要达到的总体规格要求,即德育活动所要达到的预期目的或结果的质量标准。

品德:个人依据一定的道德行为准则,在行动上所表现出来的某些稳固的特征。

德育过程:教育者根据一定社会要求和学生思想品德形成的规律,对受教育者施加教育影响,通过受教育者能动的认识、体验、实践,内化外部环境影响,从而形成教育者所期望的品德的过程。

德育模式:在德育实施过程中,道德理论与德育理论、德育内容、德育手段、德育方法、德育途径的综合组合方式。

【本章结构】

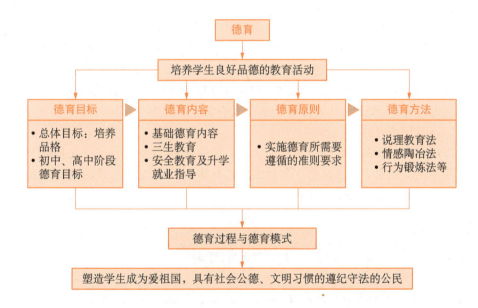

第一节　德育目标与内容

学校是培养人的社会机构,养成学生良好的思想品德是学校教育的重要任务。德育是教育的重要组成部分,对受教育者整体素质的提高起着促进和导向作用。

德育是教育者按照一定社会的要求,运用德育规律,有目的、有计划地对受教育者的思想、政治、道德等方面品格施加积极影响的教育活动。

一、德育概念

德育有广义和狭义之分。广义的德育又称思想品德教育,是指教育者根据一定社会的需要和受教育者思想品德形成和发展的规律,有目的、有计划、有组织地对受教育者施加系统的影响,通过受教育者积极地认识、体验和实践,把一定社会的政治思想和道德转化为学生的政治思想意识和道德品质的教育活动。德育包括政治教育、思想教育和道德教育,其中政治教育是指对受教育者政治观点、态度和行为的培养;思想教育是指对受教育者世界观和人生观的培养。狭义的德育是指道德教育,是指对受教育者道德认知、情感与行为的培养。

二、德育目标

(一) 德育目标的概念

德育目标是指通过德育活动使受教育者在品德形成发展上所要达到的总体规格要求,即德育活动所要达到的预期目的或结果的质量标准。

德育目标是德育工作的出发点和归宿,也是德育工作的评价依据。它不仅决定了德育的内容、形式和方法,也制约着德育工作的基本过程。正确认识和执行德育目标,是开展德育工作的基本前提。

(二) 确立德育目标的依据

要使德育目标具有科学性和可行性,就必须使德育目标建立在客观的、科学的基础上。一般而言,德育目标的确立主要依据三方面的因素:首先,德育目标的确立是根据一定社会对其公民在政治、思想、道德等方面的基本要求以及受教育者品德健全发展的需要;其次,德育目标的确立是根据教育对象自身发展的需要和心理发展水平;第三,德育目标的确立还会受到一定教育思想、哲学观点的影响。

(三) 我国德育目标

1995 年国家教委颁布了《中学德育大纲》,明确规定"中学德育工作的基本任务是把全体学生培养成为热爱社会主义祖国的具有社会公德、文明习惯的遵纪守法的公民"。这是我国中学总的德育目标。

栏目 6-1

中学德育目标

初中阶段德育目标:热爱祖国,具有民族自尊心、自信心、自豪感,立志为祖国的社会主义现代化努力学习;初步树立公民的国家观念、道德观念、法制观念;具有良好的道德品质、劳动习惯和文明行为习惯;遵纪守法,懂得用法律保护自己;讲科学,不迷信;具有自尊自爱、诚实正直、积极进取、不怕困难等心理品质和一定的分辨是非、抵制不良影响的能力。

高中阶段德育目标:热爱祖国,具有报效祖国的精神,拥护党在社会主义初级阶段的基本路线;初步树立为建设有中国特色的社会主义现代化事业奋斗的理想志向和正确的人生观,具有公民的社会责任感;自觉遵守社会公德和宪法、法律;养成良好的劳动习惯、健康文明的生活方式和科学的思想方法,具有自尊自爱、自立自强、开拓进取、坚毅勇敢等心理品质和一定的道德评价能力、自我教育能力。

三、德育内容

学校德育内容分为两部分来开展：一部分为基本的、相对稳定的内容；一部分为灵活安排的、可变性内容，是随着经济、政治形势发展进行形势任务和时事政策的教育。前者是根据教育目的、学校德育目标以及学生品德发展、年龄特征确定的学校德育内容，后者是根据一定时期的新形势、新任务和学生品德实际情况确定的学校德育内容。前者可以用纲要的形式规定下来，以保持德育内容的系统连贯性、相对完整性和稳定性，保证德育工作的科学性和实效性，防止主观随意性、低效性、甚至负效性；后者难以用大纲形式规定下来，由学校和教师根据当时形势、任务和学生具体品德情况因人制宜地加以确定，以便有针对性地进行德育，从而保证德育工作的实际效果。

根据教育部颁布的《中学德育大纲》对中学德育内容的规定，我国目前的中学德育内容主要集中在以下几方面：

(一) 初中阶段德育内容要点

1. 爱国主义教育

热爱国家的版图河山、语言文字、悠久历史、灿烂文化和民族英雄、爱国志士、革命先驱、文化名人的教育；中国近代、现代历史和社会主义新中国伟大成就的教育；初步的国家观念，尊重国家标志，维护国家尊严、荣誉的教育；完成祖国统一大业的教育；尊重兄弟民族，加强民族团结的教育；国防和国家安全及热爱和平、同各国人民友好交往的教育。

2. 集体主义教育

尊重、关心他人，集体成员之间团结友爱的教育；爱班级、爱学校、为集体服务、维护集体荣誉的教育；正确处理自我与他人、个人与集体、自由与纪律关系的教育。

3. 社会主义教育

初步的社会主义现代化建设常识和社会主义初级阶段党的基本路线的教育，初步的社会发展规律教育。

4. 理想教育

学习目的教育，初步的职业理想教育，社会主义共同理想教育。

5. 道德教育

中华民族优良道德传统的教育，社会公德教育和分辨是非能力的培养，初步职业道德、环境道德教育，中学生日常行为规范的教育与训练。

6. 劳动教育

劳动创造世界的观点教育；热爱劳动，尊重劳动人民的教育；勤劳俭朴，珍惜劳动成果的教育；以校内生产劳动和社会公益劳动为主的劳动实践和劳动习惯的培养。

7. 社会主义民主和遵纪守法教育

我国公民基本权利与义务的教育；宪法及有关法律常识和法规的教育；知法守法，运用法律武器自我保护的教育；遵守学校纪律和规章制度的教育。

8. 良好的个性心理品质教育

自尊自爱、诚实正直、积极进取的教育；青春期心理卫生、性道德和男女同学正常交往、真诚友爱的教育；健康的生活情趣和发展个性特长的教育；坚强的意志品格和自我约束能力的培养训练。

(二) 高中阶段德育内容要点

1. 爱国主义教育

中国人民斗争史、革命史、创业史和继承发扬爱国主义光荣传统的教育；社会主义现代化建设发展前景和报效祖国的教育；进一步的国家观念——国家利益高于一切，个人利益服从国家利益的教育；完成祖国统一大业的教育。加强民族团结，反对民族分裂的教育；正确认识中华民族优秀思想文化传统，汲取世界先进文明成果的教育；维护国家主权，反对霸权主义，发展国际友好合作关系的教育。

2. 集体主义教育

尊重、关心、理解他人，集体成员之间团结协作的教育；关心社会，为家乡、社区的公益事业贡献力量的教育；正确处理个人利益与集体利益、国家利益关系的教育；以集体主义为导向的人生价值观教育。

3. 马克思主义常识和社会主义教育

以建设有中国特色的社会主义理论为中心内容的经济常识、政治常识教育；初步的辩证唯物主义和历史唯物主义常识教育和科学思想方法的教育。

4. 理想教育

勤奋学习、立志成材，树立社会责任感的教育；职业理想教育和升学、就业指导；正确的人生理想教育；献身于有中国特色的社会主义的理想信念教育。

5. 道德教育

中华民族优良道德传统教育；自觉遵守社会公德的教育和道德评价能力的培养；进一步的职业道德教育和环境道德教育；《中学生日常行为规范》和现代交往礼仪的教育与训练。

6. 劳动和社会实践教育

勤俭建国、勤俭办一切事业的教育；勤劳致富、用诚实劳动争取美好生活的教育；质量、效益、服务观念的培养教育；以参加社会公益劳动，学工、学农、军训为主的劳动及社会实践锻炼和艰苦奋斗精神的培养教育。

7. 社会主义民主观念和遵纪守法的教育

我国社会主义民主政治制度和公民权利与义务的教育；遵守宪法，尊重人权，维护社会稳定的教育；知法守法，抵制违法乱纪行为的教育；自觉遵守学校纪律和规章制度的教育。

8. 良好个性心理品质的教育

自尊自爱、自强自立、开拓进取的教育；健康生活情趣和健全人格的培养教育；青春期心理健康、友谊、恋爱、家庭观的教育和行为指导；坚强意志品格和承受挫折能力的培养训练。

第二节 德 育 过 程

德育过程是教育者根据一定社会要求和学生思想品德形成的规律，对受教育者施加教育影响，通过受教育者能动地认识、体验、实践，内化外部环境影响，从而形成教育者所期望的品德的过程。研究德育过程在于揭示德育过程的规律，促进德育工作的科学性,提高德育工作实效。德育目标需要通过德育过程来实现。

一、德育过程是培养学生品格知、情、意、行的过程

德育过程是把社会要求和规范准则内化为受教育者品德的过程。品德,也称道德品质,是指个人依据一定的道德行为准则行动时所表现出来的某些稳固的特征。品德是学生内在的品质。品德与道德是不同的,道德是社会的规范和准则,是学生外在的社会要求。

(一)品德的基本要素

人的品德由相应的知、情、意、行四因素构成。

知,指道德认识,即道德观念、道德概念以及在此基础上形成的道德信念。道德认识是人们对人与人之间、人与社会事物之间关系的是非、善恶、荣辱的认识、判断和评价。当受教育者的道德认识上升为坚定的信念时,就会自觉地形成相应的道德行为。因此,培养受教育者的道德认识,还要以形成受教育者的道德信念为目标。

情,指道德情感,是人们运用社会道德观念,处理人与人以及人与社会关系时所产生的喜善厌恶的体验,具体指责任感、荣誉感、义务感、幸福感、良心、同情心等。道德情感是人类的高级情感,是产生道德行为的巨大动力。

意,指道德意志,是人们为实现一定的道德目的而产生的自觉能动性。它们是支配或调节道德行为的一种巨大的精神力量。

行,指道德行为,是人们在道德规范的调节下,对客观事物作出的行动反应。这种反应的特定表现方式是行动,所以叫行动方式或行为方式。道德行为是品德形成的具体体现,也是德育过程的目标。

(二)品德诸要素的相互关系

品德的诸因素是统一完整的结构,它们各自独立但又互相联系,彼此共同构成品德的整体。知是行的基础,情是调节行的动力,意是行的杠杆,行是知的源泉,又是知的归宿。

总之,品德是以知为基础,行为目标,情、意为内驱力的集合体。德育过程只有通过培养学生的知、情、意、行才能形成学生相应的品德。

(三)德育过程的多端性

德育过程是培养学生知、情、意、行的过程。培养学生的思想品德,就必须对学生进行知、情、意、行方面的教育,在德育过程中,缺乏或忽视任何一种因素,学生的品德都不可能真正形成。在一般情况下,德育过程是按照知、情、意、行的顺序而进行的,即知激发情,情引发意,意使之行。

学生在知、情、意、行方面的发展往往具有不平衡性,即知、情、意、行的发展不一定按照常规顺序。由于知、情、意、行诸因素之间具有相对独立性和相互渗透作用,学生生活背景不一,因此,学生在知、情、意、行方面的发展是不平衡的,有的快、有的慢,容易出现薄弱环节,导致各因素之间的不协调和严重脱节。德育过程可以根据学生的实际情况进行教育,知、情、意、行均可成为德育过程的开端。教育者应从学生知、情、意、行最为薄弱的部分入手,进行相应的教育。使学生品德的发展状况从不平衡趋向平衡。

二、德育过程是在活动和交往中统一多方面影响的过程
(一) 活动和交往是学生品德形成的基础

学生对客观世界的认识和把握,是通过实践而获得的。[①] 德育过程是把社会性规范内化为学生个性品质的过程。因此,学生必须通过一定的活动和交往,感知来自外界的德育影响,并通过活动和交往,认同和接受这一影响。

道德实践是学生品德的重要构成部分,也是德育的目标。看一个人是否具备某一品德,主要看他是否真正具备知、情、意、行四个要素,特别是看他的行,即道德实践。当学生的道德行为已成为习惯时,我们才能肯定他形成了某一方面的品德。人的行为习惯是需要通过不断的实践才能养成和巩固的,因此,活动和交往成为道德行为习惯养成的重要条件。

学生把外在的社会要求内化为个性品质的过程,是一个能动的过程。它需要学生的认同、共鸣和情感的体验,并由此形成信念。而学生的认同、共鸣和情感体验等只有在活动和交往中才能真正获得。没有活动和交往,学生就没法体会到道德需要,就不会真实地认同道德内容,也就不会产生共鸣和情绪体验。

(二) 德育过程中学生活动和交往的特点

青少年学生在社会生活中的活动和交往,具有如下的一些特点:从兴趣性向目的性过渡,从生活性向生产性过渡,从道德性向政治性过渡,从小范围、近距离向大范围、远距离过渡。因此,他们的活动和交往总是具有非成人化,但又越来越成人化的特色。青春期学生的活动与交往还往往具有集体性和群体性的特点。

在德育过程中,学生的活动和交往具有如下的特点:(1)德育过程中的活动和交往是在教育者的指导下开展的;(2)受教育者应该体现出明显的主观能动性;(3)德育的活动和交往应符合受教育者的身心发展规律;(4)德育活动应符合人类社会发展的需要。

(三) 教育性的交往和活动是德育的重要条件

教育性的交往活动是指德育过程中的交往活动。这种交往活动有着鲜明的教育性,比之德育计划外的一般活动和交往,具有较强的可控性。它是青少年学生品德形成的一个主导因素。青少年在社会生活中,会自觉不自觉地参与各种各样的活动和交往,这些活动和交往有可能给予学生好的影响,也可能给予学生坏的影响,学校教育应尽可能运用教育性的交往和活动,抵制非教育性活动可能带来的负面影响。

在教育实践中,要正确对待和合理地利用好教育性环境。影响学生思想品德形成发展的客观条件来自各个方面,有可控的,有不可控的。在德育过程中,教育者必须努力扩大可控面,处理好教育性的交往活动与其他的交往活动之间的关系,尤其要注意沟通学生集体的交往活动与自发的群体交往活动,努力促使学校的教育性交往活动成为主导,以此统一青少年学生的一般社交活动,使本来不受学校控制的社交活动,在不同程度上纳入学校控制的范围。

当前,由于公共传播媒体的不断发展,社会信息急剧增长,使当代青少年学生处于一个空前庞杂的社会信息环境之中。这一时代特点,要求我们重视改进和加强对社会

---

① 唐思群.德育团体活动与游戏设计[M].上海:生活·读书·新知三联书店,2000:3.

信息的调查与研究,为社会信息纳入学校德育信息创造条件,把封闭式的德育环境转变为开放式的德育环境。

三、德育过程是促进学生品德发展矛盾积极转化的过程

在接受德育影响的过程中,受教育者的心理发展存在着各种各样的矛盾,德育过程就是教育者引导受教育者心理存在的各种矛盾向有利于社会发展的方向转化。

(一)受教育者品德发展需要与已有品德发展水平之间的矛盾是品德发展的主要矛盾

德育的对象,即受教育者往往是指在社会生活中缺乏道德经验与修养,其观念、情感、意志、行为未能符合社会要求的青少年学生。因此,教育者向青少年学生提出德育要求,就是激化青少年学生已有品德发展水平与社会要求之间的矛盾,使之向积极的方向转化。

受教育者在品德发展中,并不是被动的,受教育者本身具有发展的需要。作为人,受教育者在成长过程中,具有向社会化方向发展的趋势,因此,为了自身发展,受教育者必然渴求了解社会规范和接受社会规范的需要。优秀的教育者往往会充分激发受教育者品德发展的内在需要以达到德育的目的。

德育过程的矛盾是多种多样的。最基本的矛盾是教师向学生提出的道德要求与学生已有品德水平之间的矛盾。其中包括认识性质的矛盾、能力性质矛盾和思想性质的矛盾。

(二)德育过程必须利用教育的外在条件促进内部矛盾向积极的方向转化

德育过程的矛盾转化是依靠一定的德育条件的。受教育者是思想品德形成过程的主体,因此,受教育者是德育矛盾转化的主要方面,是矛盾转化的主要原因,教育者以及所运用的教育媒介是矛盾转化的外在条件。由于社会环境的复杂多变、教育因素的不协调以及受教育者身心发展的不均衡性,德育过程的矛盾并不一定都向积极的方向转化的。

教育者在德育过程中必须运用各种教育条件,促进德育矛盾向积极的方向转化。外因是事物变化的条件,内因是事物变化的根本原因,内因是通过外因的变化而变化的。受教育者以外的各种因素,包括教育者及其运用的各种教育因素,是促进矛盾运动的外部条件。外部条件存在着积极因素,也存在着消极因素,一般来说,教育者及其运用的因素是积极因素,也称教育条件。德育过程就是教育者运用教育条件促进德育矛盾向积极方向转化的过程。

案例分析 6-1

　　某初中二年级一同学家长在教师节快来临之际,赠送某任课教师购物卡以表达对该教师的感激之情。家长把购物卡放进信封通过学生转交给老师。任课教师收到该礼物后,坚决制止家长这一做法,并要把购物卡原封退回。第二天任课教师进班级上课时,把这个装有购物卡的信封夹进这个学生的作业本里,与整个班级的作业本一起发放给学生,事后发现装有购物卡的信封并没

有落在该学生的手上,而是被班级其他同学在发作业本的过程中拿走了。班主任了解情况后,在班级里发动全班同学互查,鼓励检举。结果有一个同学被同桌检举。被检举的同学开始坚决不承认拿了此卡,但当被班主任告知:"只要承认错误就可以在班级被评优秀"之后,勉强地承认了,但问题是这个被检举的同学无法交出购物卡,举报的同学也没有明确的事实证据证明是这个同学拿了购物卡。最终真正拿走购物卡的学生也没有找到。

(案例来源:安徽某中学教师口述)

分析:根据德育过程遵循的规律分析,此案例中班主任的做法明显违背了"促进学生思想内部矛盾积极转化"的规律。德育过程既是社会道德内化为学生的思想品德的过程,又是学生品德外化为社会道德行为的过程。要实现矛盾向教育者期望的方向转化,教育者既要给受教育者创造良好的外部环境,又要了解受教育者的心理矛盾,促使其积极接受外界的教育影响,有效地形成新的道德品质。

案例中老师的做法有两个重要的错误:首先,不能发动全班同学互相举报,这是极其不尊重学生的做法;其次,让学生们互相举报,跟被举报同学的谈话动机和方法不符合积极、正面的德育过程原则,利用学生想在班级正面表现的急功近利心理,不是真正的德育工作,反而让学生产生羞愧、丢脸的心理感受,最终导致学生内部矛盾激发。教育者要提高受教育者自我教育能力的目标也没有实现。

依据"促进学生内部矛盾向积极的方向转化"的德育过程规律,针对此案例,科学的德育应该是利用矛盾积极地解决矛盾,以提高全班同学的品格。教师可以采取这样教育举措:首先,在班级告知学生,老师不会收取任何同学家长的礼物,但会一如既往地爱护和教育好全班同学,以此机会进一步树立教师在家长心目中的师德形象;其次,通过一系列案例循循善诱,启发同学们领悟拿走不属于自己东西,是一个人格的污点,会导致今后进入社会缺失做人的道德底线,是容易导致今后自己信用破产、人生破产的悲剧的黑洞。总之,要利用这个最佳的教育时机,激发同学们深刻理解、接受为什么要诚实、不要偷窃的道理,启发学生自己主动交出不该属于自己的购物卡。

(三) 德育过程必须提高受教育者自我教育的能力

受教育者是思想品德形成过程的主体,决定了德育过程必须重视受教育者的主观能动性,并把其作为德育的目标之一。提高受教育者自我教育能力是充分发挥受教育者主观能动性的体现。受教育者越具有自我教育能力,教育过程就越容易取得成效。

德育过程应该是受教育者自我教育能力逐步提高的过程。受教育者自我教育能力是随着受教育者身心的发展和教育者的培养而不断得到发展的。

四、德育过程是长期反复逐步提高的过程

受教育者思想品德的形成是在一定环境影响下不断地积累品德经验、产生心理内部矛盾,再通过活动和交往,产生新的心理内部矛盾的螺旋式发展的过程。德育过程的两大特点决定了德育过程是一个长期反复、逐步提高的过程。

（一）品德的形成是长期渐进的过程

品德的形成是以受教育者形成道德行为习惯为标志的，品德具有一定的稳定性。由道德认识到行为习惯的养成，需要一段较长的时间。在形成的过程中，受教育者会受到各种各样因素的影响，更会出现各种反复。

社会的道德要求随着受教育者的成长而越来越高。随着受教育者的不断成长，社会不但要求受教育者对同一道德问题有更深入的认识，而且要求受教育者接受更广泛的德育内容。这样，德育过程必然具有一定的时间性。

（二）德育过程是一个系统工程

德育过程是由三大系统构成的：（1）受教育者的思想品德系统，受教育者的思想品德是由多种元素构成的，体现在一个人完整的心理品质体系中；（2）德育内容本身也是一个庞大的社会规范系统；（3）德育环境系统，影响受教育者品德形成的因素也是多种多样的，且彼此构成一定的联系。德育过程就是动用这些系统的各种元素，重新组合一个新的品质体系的过程。这样的一个系统重构过程必然需要一定的时间量。

第三节　　学校德育模式

德育模式是指在德育实施过程中，道德理论与德育理论、德育内容、德育手段、德育方法、德育途径的综合组合方式。当代最具影响的德育模式有认知性道德发展模式、体谅模式、社会行动模式等，它们在提高学生道德认识、陶冶学生道德情操、培养学生道德行为习惯上各具特色和贡献。

一、认知性道德发展模式

认知性道德发展模式系由瑞士学者皮亚杰（Piaget，J.）和美国学者科尔伯格（Kohlberg，L.）两人创建。前者的贡献主要体现在理论建设上，而后者的贡献还体现在从实践角度提出了一种可以操作的德育模式。

（一）主要理论观点

1. 皮亚杰的道德发展阶段论

皮亚杰早在 20 世纪 30 年代，依据精神分析学派的投射原理，采用对偶故事对儿童的道德认知发展进行了系统研究。他设计了一些包含道德价值内容的道德两难故事，要求儿童判断是非对错，并说明理由，从儿童对行为责任的道德判断中来探明他们所依据的道德规则，以及由此产生的公平观念发展的水平。

40. 皮亚杰

（Jean Piaget，1896—1980）
瑞士著名的儿童心理学家，以研究儿童认知发展闻名。他以认知作为儿童发展阶段的分期标准，提出儿童认知发展的阶段理论。
主要著作：《儿童的语言和思维》《儿童关于世界的概念》《儿童的道德判断》《发生认识论原理》等。

41. 科尔伯格

（Lawrence Konhlberg，1927—1987）
美国儿童发展心理学家。他的成就集中在对儿童道德认知发展的研究，提出了"道德发展阶段"理论。
主要教育著作：《道德发展哲学》《道德判断的测评》等。

栏目 6-2

皮亚杰运用成对的故事,造成意图与效果之间的差异,看幼儿如何判断好坏。下面是皮亚杰采用的故事组之一。

A. 一个叫约翰的小男孩在他的房间里。家里人叫他去吃饭。他走进餐厅。但门背后有一把椅子,椅子上有一个放着十五个杯子的托盘。约翰并不知道门背后有这些东西。他推门进去,门撞倒了托盘,结果十五个杯子都撞碎了。B. 从前有一个叫亨利的小男孩。一天,他母亲外出了,他想从碗橱里拿出一些果酱。他爬到一把椅子上,并伸手去拿。由于放果酱的地方太高,他的手够不着。在试图取果酱时,他碰倒了一个杯子,结果杯子倒下来打碎了。

当被试听懂故事后,皮亚杰问被试两个问题:

1. 这两个孩子的过错是否相同?

2. 这两个孩子中,哪一个更坏一些?为什么?

研究发现,年幼儿童注重事情的结果,而不关注行为的动机。皮亚杰称这种现象为"道德实在论"。

通过大量的实证研究,皮亚杰发现儿童道德判断能力的发展与其认识能力的发展存在着互相对应、平衡发展的关系,这种认识能力是在与他人和社会的关系之中得到发展的。皮亚杰概括出一条儿童道德认知发展的总规律,认为儿童的道德发展大致分为两级道德认识水平:

第一,他律性道德认识水平。

在这一阶段,儿童对道德行为的思维判断主要是依据他人设定的外在标准,也称为他律道德。他们把规则看做由权威人士(神、父母和教师)传下来的,是不可改变的,需要去严格遵守的。

第二,自律性道德认识水平。

在这个阶段,儿童对道德行为的思维判断则多半能依据自己的内在标准,也称为自律道德。随着儿童的年龄增长和认知水平的提高,促使孩子的道德判断过渡到了自律性道德阶段,也就是按自身内在的标准进行道德判断。

皮亚杰认为,儿童的道德发展是一个由他律逐步向自律、由客观责任感逐步向主观责任感的转化过程。他把儿童道德认识发展具体划分为四个阶段。

(1)自我中心阶段(2—5岁)

这一阶段的儿童开始接受外界的准则,但不顾准则的规定,按照自己的想象在执行规则,他们还不能把自己和他人外界的环境区别开来,常把成人说的混同于自己想的,把外界环境看成是自身的延伸。规则对他们来说,还不具有约束力。他们的游戏活动只是个人独立活动的任意行为,与成人、同伴之间还没有形成合作关系。

(2)权威阶段(5—8岁)

又称他律阶段。这一阶段的儿童对外在权威表现出绝对尊敬和顺从的愿望。他们认为服从、听话就是好孩子,否则就是错的,是坏孩子。另一个表现则是对规则本身的尊敬和顺从,即把成人规定的准则,看成是固定不变的。这个阶段的儿童对行为的判断是根据客观的效果,而不是考虑主观动机,比如,听父母或大人的话就是好孩子。儿童会对无意中打碎15个杯子的人比无意中打碎一个杯子的人进行更严厉的批判。

(3) 可逆性阶段(8—10 岁)

又称自律阶段。这一阶段的儿童已经不把规则看成是不可改变的,而把它看做是同伴间的共同约定,是可以改变的。他们已经认识到同伴间的社会关系,认识到应尊重共同约定的规则。对他们来说,此时这种共同约定的规则具有相互取舍的可逆特征。同伴间可逆关系的出现表明儿童的思维已从自我中心解脱出来,认识到规则只是维护自己与他人的关系,倾向于自觉地遵守,因而导致一定程度的自律。这标志着儿童道德认识开始形成。

(4) 公正阶段(10—12 岁)

儿童的公正观念或正义感是在可逆的道德观念上发展起来的。10 岁以后,儿童在人与人的关系上,从权威性过渡到平等性。在这一阶段,儿童的道德观念倾向于主持公正、平等。在皮亚杰看来:从可逆性关系转变到公正关系的主要是利他主义因素增长的结果。只有当儿童的道德判断达到了自律水平时,才称得上是真正的道德。

皮亚杰认为,儿童品德发展阶段的顺序是固定不变的,这些阶段不是绝对孤立的,而是一个连续发展的统一体。在以他律到自律发展的过程中,学生的认知能力和社会关系是两个重要的影响因素。

皮亚杰认为道德教育的目标就是使儿童达到自律道德,使他们认识到道德规范是在相互尊重和合作的基础上制定的,而要达到这一教育目标就必须注意培养同伴之间的合作,注意成人与儿童的关系不应是权威和服从的关系;在儿童犯错误时,要使他了解为什么这样做不好,以发展儿童的道德认识。

皮亚杰在儿童道德发展规律的研究方面具有杰出贡献,体现在:①在认知发展与道德发展的关系方面,肯定了认知发展是道德发展的必要条件,认为道德情感的激发有赖于道德认识,价值判断有赖于事实判断。②关于儿童的道德发展的规律问题及道德发展过程中的质和量的问题,皮亚杰提出儿童的道德发展是一个连续的整体过程,在这个连续的过程中,由于心理结构的变化而表现出明显的阶段性特征。③关于教育在儿童道德发展中的作用,皮亚杰认为认知发展是道德发展的一个必要条件,可以通过教育的手段加以促进。

皮亚杰的道德发展阶段理论也有一定的局限性,主要包括:①随着儿童年龄的增长以及同伴间相互关系的不断发展,儿童道德判断的基础便从考虑后果转为考虑意图,在这个转变过程中,起重要作用的是同伴的协作,而不是成人的教育或榜样,从而否定了榜样的作用,这是不对的。②皮亚杰虽然揭示了道德认识在儿童道德发展中的作用,也注意了情感和意志的发展在儿童道德发展中的作用,却忽视了"行"的因素,也是错误的。③关于成人的强制或约束以及协作在儿童道德发展过程中的作用,皮亚杰绝对否定成人约束对儿童道德发展可能具有的积极作用,这是错误的。

2. 科尔伯格的道德发展阶段论

科尔伯格曾就道德教育的哲学和心理学基础作过专门探讨。我们可以从他关于道德发展和道德教育的基本观点出发,来把握认知性道德发展模式的理论假设。

科尔伯格的道德发展理论确切地说是道德判断发展理论,关于道德判断,他提出了如下重要假设:

(1) 道德判断形式反映学生道德判断水平

道德判断有内容与形式之别。所谓道德判断内容是对道德问题所作的"该"或"不该"、"对"或"错"的回答,道德判断形式是指判断的理由以及说明理由过程中所包含的推理方式。

案例分析 6-2

欧洲有个妇女身患一种特殊的癌症,生命垂危。医生认为,有一种药也许救得了她。这种药是本城一名药剂师最近发现的一种镭剂。该药造价昂贵,药剂师还以10倍于成本的价格出售。他花200美元买镭,而一小剂药却要价2 000美元。这位身患绝症的妇女的丈夫名叫海因兹,他向每个相识的人借钱,但他只能筹到大约1 000美元,只是药价的一半。海因兹告诉药剂师,他的妻子快要死了,并且请求药剂师便宜一点把药卖给他,或者允许他以后再付钱。可是,这位药剂师说:"不行,我发明这种药,我要靠它来赚钱"。海因兹绝望了,想闯进那人药店,为妻子偷药。海因兹该不该偷药?为什么该偷或不该偷?[①]

分析:这就是著名的"海因兹两难判断问题"。对此从小学到大学生都只有两种可能的回答——要么说"该偷",要么说"不该偷"。显然,根据"该偷"或"不该偷"的回答,并不能把学生的道德判断水平区分开来。体现学生道德判断水平的是他们说明"该偷"或"不该偷"的理由以及这种辩护中隐含的道德推理方式。

(2) 学生的道德判断水平处于不断发展之中

科尔伯格设计了九个类似"海因兹两难判断"的道德两难问题,对儿童的道德判断力进行跨文化的追踪研究。他们的研究表明学生的道德判断处于不断发展之中,经历性质不同但有相互关联的三种水平和六个阶段(如表6-1所示)。

表6-1 道德判断发展的阶段[②]

水平	阶段	道德推理的特点	关于"海因兹两难"的道德推理	
			不该偷的理由	该偷的理由
前习俗水平	1	以惩罚与服从为定向	偷东西会被警察抓起来,受到惩罚	他事先请求过,又不是偷大东西,他不会受重罚
	2	以工具主义的相对主义为定向	要是妻子一直对他不好,海因兹就没有必要自寻烦恼,冒险偷药	要是妻子一向对他好,海因兹就该关心妻子,为救她的命去偷药
习俗水平	3	以人与人之间和谐一致或"好男孩—好女孩"为定向	做贼会使自己的家庭名声扫地,给自己的家人(包括妻子)带来烦恼和耻辱	不管妻子过去对他好不好,他都得对妻子负责,为救妻子去偷药,这不过做了丈夫该做的事

① Hersh, R.H., Paolitto, D.P., Reimer, J. Promoting Moral Growth: From Piaget to Kohlberg [M]. New York: Longman, 1979:54-55.

② L. Kohlberg, Moral Development and Moral Education.

水平	阶段	道德推理的特点	关于"海因兹两难"的道德推理	
			不该偷的理由	该偷的理由
习俗水平	4	以法律与秩序为定向	采取非常措施救妻子的命合情合理,但偷别人的东西犯法	偷东西是不对,可不这么做的话,海因兹就没有尽到丈夫的义务
后习俗水平	5	以法定的社会契约为定向	丈夫没有偷药救妻子的义务,这不是正常的夫妻关系契约中的组成部分。海因兹已经为救妻子的命尽了全力,无论如何都不该采取偷的手段解决问题。但他还是去偷药了,这是一种超出职责之外的好行为	法律禁止人偷窃,却没有考虑到为救人性命而偷东西这种情况。海因兹不得不偷药救命,如果有什么不对的话,需要改正是现行的法律。稀有药品应当按照公平原则加以调控
	6	以普通的伦理原则为定向	海因兹设法救自己妻子的性命无可非议,但他没有考虑所有人的生命的价值,别人也可能急需这种药。他这么做,对别人是不公正的	为救人性命去偷是值得的。对于任何一个有道德理性的人来说,人的生命最可宝贵,生命的价值提供了唯一可能的无条件的道德义务的源泉

(二) 教育方法:围绕道德两难问题的小组讨论

根据以上理论假设,科尔伯格在学校教育实践中主要做了两项开拓性的工作:一是开发围绕道德两难问题组织小组讨论的策略;二是按照发展性原则重建学校的道德环境。

1. 道德两难问题及其设计

所谓道德两难,指的是同时涉及两种道德规范且两者不可兼顾的情境或问题。例如,"不许偷盗"和"救人性命"均为生活中应当遵守的道德规范,但在"海因兹两难"中这两条规范发生了不可避免的冲突,海因兹不得不在两者之间做出抉择,遵守"不许偷盗"的规则就意味着违背生命的原则,重视生命的原则,就意味着偷盗。任何行为决断都会违背其中的一条道德规范,所以叫做"道德两难"。

道德两难问题除可用于测量儿童的道德判断的发展水平,还具有非常特别的教育意义。

第一,如前所述,道德两难问题可以用于促进儿童的道德判断力的发展。

第二,道德两难问题可用于提高学生的道德敏感性,使他们更加自觉地意识到各种不同的道德规范在现实生活中可能存在的矛盾和冲突,意识到自己的道德价值取向与别人的道德价值取向的可能存在的矛盾和冲突。

第三,道德两难问题可用于提高学生在道德问题上的行动抉择能力。

第四,道德两难问题可用于深化学生对各种道德规范的理解,提高学生的道德认识。

2. 道德讨论中的引入性提问

不论道德两难问题来自何处,帮助学生围绕道德两难问题展开讨论,都要求教师讲究提问的技巧和策略,以引导学生探究自身主张的逻辑,并在一般的思维方式上,以挑战和质疑的方式与同学相互交流,激发学生的认知冲突和社会角色扮演。

围绕道德两难问题的小组讨论可分为起始阶段和深入阶段,与之相应,教师的提问也可以分为"引入性提问"和"深入性提问","引入性提问的策略把师生引进对道德争端的讨论,并不断地发展学生的道德意识;深入性提问的策略重在可能引起道德推理结构性变化的讨论因素。

（1）教师在讨论的引入阶段中的作用

第一,确保学生理解所要讨论的两难问题或难题;

第二,帮助学生正视难题所固有的道德成分;

第三,引导学生阐明自己所作判断的基本理由;

第四,鼓励学生相互交流各自不同的理由。

（2）引入提问的策略

在小组道德讨论的起始阶段,教师可以采取如下策略提问。

第一,突出道德争端。它们有助于学生把情境看成是需要解决的冲突,或者是需要做出选择的两难问题。它们经常暗含着一个"应当"、"应该"或"对错"的问题:海因兹该偷药吗? 偷一个人的药救另一个人的命错了吗? 在那种情况下偷盗的人该受惩罚吗? 这样的问题揭示出使两难问题成为道德两难问题的特定的情境要素。

第二,询问"为什么"的问题。如,你为什么认为自己解决这个难题的办法正确? 你决定这样解决难题的主要理由是什么? 诸如此类的问题要求学生解释支持他们在道德争端上采取某种立场的理由。这种思维方式上的差异可以激发学生的探讨的兴趣,并引起学生间的对话和交流。

第三,使情境复杂化。对于学生来说,通过道德争端来练习道德推理,往往感到生疏,而且有时会不知所措。教师的作用,就在于推动学生正视道德争端的进程,而不是"迫使"学生这样做。

3. 道德论中的深入性提问

当学生阐明自己对道德两难问题的立场和理由之后,小组讨论才有可能真正开始。为了使学生深入地进行讨论和思考,教师提问的策略应当做出相应的改变,促使学生努力对付各种相互竞争的主张和相互对立的理由。有四种深入提问的策略:升华性问题,突出相邻阶段的论点,澄清与总结,角色扮演问题与策略。

（1）升华性问题

这类问题有五种追问策略:

第一,澄清性追问,要求学生解释他们所用的语词。在陈述的意思含糊不清时,或者在陈述没有表达出内容背后的推理时,澄清性追问尤为必要。这样可以避免教师把自己意思强加在学生的话里。例如,有位学生说他不会揭发考试舞弊的同学,理由是"会惹麻烦",教师应该追问"什么麻烦?"

第二,特定争端的追问,要求学生探究与所讨论的难题有关的某种道德争端,如权威、义务和生命价值等。通过深入讨论某一特定的争端,学生就有机会充分地探究自身信念的根据。如教师问学生:你对陌生人有义务吗? 对家庭或对朋友的责任,同对陌生人的责任比较,有什么区别?

第三,争端间追问,促进解决两种道德争端之间冲突的追问。如问:忠于朋友,做诚实的人,哪个重要? 这类追问会激发学生对自己选择一种争端而不选择另一种争端的基本理由的充分性进行检验。

第四,角色转换追问,要求学生从冲突中对方的角度考虑问题。如问:被你揭发的朋友会认为你这样做对吗? 这类追问可以锻炼学生通过别人的眼睛观察同一情境的能力。

第五,普遍后果追问,要求学生思考,如果他们实施自己的推理,人人都照这样做的话,会造成什么结果。比如问:如果人人考试作弊,老师怎么管理课堂,帮助大家提高学习成绩? 这样追问,鼓励学生做出对大家一样公平的道德榜样,同时也帮助学生检验自己的判断在逻辑上的充分性。

(2) 突出相邻阶段的论点

正因为下一个更高阶段的道德推理能促进一个人的道德成长,所以教师有责任突出相邻阶段的道德推理的论点。

(3) 澄清与总结

这种策略指的是教师从向学生提问转向澄清和总结学生所说的内容,目的在于使学生意识到同学提出的各种各样的推理方式,促进认知冲突和角色扮演的进程。

(4) 角色扮演的问题与策略

角色扮演的问题,是为了促进学生接纳观点的能力而专门设计的问题。如问:"如果考试舞弊的是你的兄弟,你还会揭发吗? ……是什么使得兄弟和同学不一样?"这类问题使得学生有可能超越以自我为中心的思维方式,而把注意力集中在自己扮演的角色所使用的推理上,设身处地地体验别人的思想方式。

上述四种深入性提问策略的重要性,在于加剧学生的认知冲突,并扩展学生角色扮演的能力。但提问必须以讨论为背景,学生中的讨论最终会向他们展示水平各不相同的推理,并要求学生构想或构建一种理由充分的回答。这样的构建,不但受到回答老师的需要的驱策,也受到回答自己的需要的驱策,它有助于为道德发展创造条件。

(三) 简要的评论

认知性道德发展模式向世人提供了一种重视理性思维的德育模式,还向世人展示了一种从基础理论到开发应用的研究模式。在当代学校德育模式中,认知性道德发展模式可能是理论基础最为坚实的模式。

科尔伯格道德发展论的最大成就是道德判断发展阶段论。尽管这一理论是在跨文化研究的基础上构建的,但是,仍有一些研究表明,有些文化背景下的人根本没有出现阶段五和阶段六的道德发展特征。因此,科尔伯格对这两个阶段的定义很可能带有西方的文化偏见。

即使在西方文化背景下,调查显示,达到阶段五和阶段六的人当中,以男性居多。关于这两个阶段的定义更像是在描述男性的道德发展特征,而没有充分体现女性在阶段四之后的道德发展特征。事实上,科尔伯格的道德发展理论是对男性道德发展调查研究的结果,难免不带性别偏见。

皮亚杰和科尔伯格都强调道德判断力不断向更高水平和阶段发展,具有不可逆性。然而,对美国中学毕业生的调查显示,他们道德发展水平多数已经达到阶段四,但之后的调查又发现其中不少人回到了阶段二。这是对发展不可逆定理的挑战,科尔伯格的经典理论没有对此做出圆满的解释。

此外，还有不少人批评这个模式忽视道德发展中的情感因素。

尽管遭到上述批评乃至更多的非议，认知性道德发展模式对于我国学校的德育改革依然具有诸多可能的借鉴作用。

第一，科尔伯格对于道德判断发展六个阶段的界定未必合乎我们的国情，但研究方法和研究结果总的来说是可信的，值得进一步研究与发展。例如可根据本民族的文化传统，对科尔伯格的阶段界定进行修正。

第二，发展性原则在我国学校的知识教学中已经得到广泛认可和应用，但在德育上还没有更多的研究和展开。

第三，我国学校在系统地传授道德知识方面颇有心得，但在提高学生道德思维能力方面缺少行之有效的办法。认知性道德发展模式可以提供有益的借鉴。

二、体谅模式

该模式由英国学校德育专家麦克费尔（McPhail，P.）及其同事托马斯（Ungoed-Thomas，J.）、查普曼（Chapman，H.）首创。与认知性道德发展模式强调道德认知发展不同，体谅模式（the consideration model）把道德情感的培养置于中心地位。这种德育模式最初在英国一些学校使用，后来广泛流行于北美；原先是为中学德育设计的，但试用下来，也适合小学生。因此体谅模式在英语国家的小学中也颇为流行。此模式的一大特色是，它的理论假设是在对学生的广泛调查的基础上提出的，它的教材也取自对学生的调查。

（一）理论假设

1964 至 1971 年，麦克费尔等人以问卷和访谈的形式，对英国中学 13—18 岁的男女学生进行过三次大规模的调查，要求他们分别记述一件别人对自己好、对自己不好、对自己既谈不上好也谈不上不好的事件。通过对这些"好事"和"坏事"的分析，他们得出了关于学校德育的一些基本假设。

1. 满足学生与人友好相处的需要是教育的首要职责

调查显示，青少年对于"好事"的意见非常接近：对人好的事例，反映出体谅人、幽默和愿作让步的特性；共享关系为好，支配与被支配关系为坏。总之，对人好表现为体谅人的需要、情感和兴趣，对人坏则表现相反。可见，青少年学生对于人际关系中奉行坦率、互惠和关心等处世原则的反响相当积极。与人友好相处，爱和被爱，是人的基本需要，帮助学生满足这种需要是教育的首要职责。

另一方面，接受调查的学生普遍反映，学校过于强调信息的积累和处理，忽视帮助他们解决个人同一性（personal identity）和社会关系方面的问题。因此，麦克费尔在界定道德教育的目的时，极其相信学生们自己的观点和态度。在他看来，创设一种道德教育课程，最令人信服的理由，就是学生们感到需要这种课程。

2. 道德教育重在引导学生学会关心

麦克费尔在调查的基础上总结到：人与人之间，差异是表面的，相似性是深层的。这种相似性或共性，使人能够相互理解、相互体谅、相互关心。关心人和体谅人的品性，是道德的基础和核心。

他还进一步假定：以关心和体谅为核心的道德行为，是一种自我强化。就是说，关心和体谅他人，不仅使他人快乐和满意，也使自己快乐和满意；不仅是一种利他的行为，还是一种自利行为，即一种自我鼓励的行为。如麦克费尔所言："为别人而活，是回报性的和有动力的，而且在真正意义可以说是为自己而活。"①他论证到，人们"无需任何先在的价值判断或者提早使用'应当'一词，就会被促使或倾向于以体谅他人需要、情感和兴趣的方式对待别人。我们认为，之所以如此，是因为以体谅的方式对待别人，一般来说是快乐的，而且是回报性的。满足别人的需要会有回报，认识这一点，就无需进行伦理学或道德学的学习"。我们行事讲道德，因为这样做使我们觉得好。总之，关心人体谅人的美德，在体谅模式中本身就是一种回报。

因此，道德教育目的首先在于把学生从"那些打着个性幌子的破坏性和自我破坏性的冲动"中解救出来，从"在不幸与不健康的社会中养成的自我中心、自恋、自私和暴戾及其他特征"中解救出来，赋予学生爱与被爱的力量。道德教育的重点在于提高学生的人际意识和社会意识，培养自我与他人相互关联的一种个人的一般风格，一言以蔽之，重在引导学生学会关心，学会体谅，并在关心人、体谅人中获得快乐。

3. 角色尝试有助于青少年敏感而成熟的人际意识和的社会行为的发展

青少年需要成年人和同伴体谅和关心，也有体谅人和关心人的需要，但他们在面对实际的人际和社会问题时，所做出的反应依然不够成熟。麦克费尔根据学生所提出"好事"和"坏事"，设计了一些人际和社会情境问题，要求学生做出回答。如：一个跟你同岁而且要好的男孩子或女孩子，因为你不知道的原因显得十分心烦意乱，你怎么办？

4. 教育即学会关心

在麦克费尔等人的调查中，学生们表示：尽管他们想自由地作出选择和决定，但他们欢迎反应灵敏、善解人意的成年人的帮助；他们对树立好榜样并且践履自己认可的标准的成年人表示敬佩，即使自己并不认同那些标准；试图保持中立的学生，也喜欢表现自信而正直的家长和教师。总之，青少年愿意虚心向成年人学习，他们不满的是受成年人的支配。

基于以上结论，麦克费尔坚信，行为和态度是富有感染力的，品德是感染来的而非直接教来的。因此，学校在引导学生关心人、体谅人的人际意识中，他特别强调两点：

第一，营造相互关心、相互体谅的课堂气氛，使猜疑、谨小慎微、提心吊胆、敌意和忧虑在课堂生活中逐渐销声匿迹。麦克费尔对于认知性道德发展模式似乎不以为然。在他看来，道德与其说包含推理方式，不如说包含个性风格；与其说是平衡各种相互冲突的权利，不如说是实现学生与他人的自然和谐；与其说是判断，不如说是关心。培养体谅人的生活风格的教育，并不试图"说服"学生理智地接受"体谅待人"是对的，"有效的教育本身就是学会关心，因为它在行动上体现了体谅人的生活风格，这样会促使学生接受体谅人的生活风格，因为人们感到这种生活风格是一种有回报和吸引力的生活方式，是一种与他人关联的方式"。体谅模式旨在向学生表明，关心他人是一种使自己快乐的方式。

第二，教师在关心人、体谅人上起道德表率作用。学生通过观察在自己生活中有重

---

① Hersh, B., Miller, J., Feildin, J. Models of Moral Education: An Appraisal [M]. New York: Longman, 1980:51.

要意义的人物怎样对待自己和他人,习得各种道德价值观;通过接近体谅人的人,习得体谅人的品德。学生从教师所作所为中学到的东西,多于从教师所教所说中学到的东西。向榜样学习,是学生自然发展的基础;观察学习和社会模仿,是年轻人获得关心人和体谅人的品质的重要方式。因此,榜样是教育的一种形式,甚至是教育的最高形式。教师引导学生学会关心的最佳办法,就是教师自己去学会关心。

(二) 实践应用

围绕人际—社会情境问题的道德教育,麦克费尔强调学校要重视营造和谐的人际关系和社会关系,他和同事们根据学生记述的"好事"和"坏事",提炼出许多典型的人际—社会情境问题,并在此基础上编制出《生命线》(Lifeline)丛书,作为专门实施体谅模式的教材。

通过在英国课堂的两万多名学生中进行现场检验,这套独具特色的德育教材深受中学教师、特别是中学生的喜爱。该教材本来是为中学生准备的,但是,即便是其中程度最深的部分,许多五六年级的学生也能读懂,因而在小学也颇受欢迎。

栏目 6-3

麦克费尔的《生命线》

《生命线》丛书是实施体谅模式的支柱,它由三部分组成:

第一部分:《设身处地》。含《敏感性》、《后果》、《观点》三个单元,其中的所有情境都是围绕人们在家庭、学校或邻里中经历的各种共同的人际问题设计的。

第二部分:《证明规则》。含《规则与学生》、《你期望什么?》、《你认为我是谁?》、《为了谁的利益?》、《我为什么该?》五个单元,情境所涉及的均为比较复杂的群体利益冲突及权威问题。

第三部分:《你会怎么办?》,含《生日》、《禁闭》、《逮捕!》、《街景》、《悲剧》、《盖尔住院》六本小册子,向学生展示以历史事实或现实为基础的道德困境。

这三个部分循序渐进地向学生呈现越来越复杂的人际与社会情境。设计和使用这些情境教材,目的在于:(1)提高学生对他人需要、兴趣、态度和情感设身处境的感知能力;(2)鼓励基本技能特别是非言语沟通技能的发展;(3)为更完善的私人关系打基础;(4)通过发展联想体谅行为的各种变通方式的能力提高学生作道德决定的自由;(5)通过探究创造性活动中沟通风格与表达手段之间的关系,促进人际沟通。

(三) 简要的评论

体谅模式是一种从情感入手的德育模式,麦克费尔对侧重自觉理性的道德教育模式(如科尔伯格的模式),也确实公开表示过蔑视。然而,体谅模式所使用的大量人际和社会情境,对学生的理智提出了相当高的要求。体谅模式对理性的重视程度,并不亚于认知性道德发展模式。仔细检查一下麦克费尔为《生命线》设定的目标,以及他对道德发展总的看法,就会发现,这些目标与科尔伯格的德育模式相当一致。《生命线》是为"鼓励对一切表明人的需要、利益及情感的言语信号和非言语信号的观察和理解"而设计的。这套教材,除了力图使学生获得与理解行为后果相关的科学知识,还力图增强学生推测和预测行为后果的能力。最后《生命线》意在发挥"全面的影响,也就是说,它特别注重把与感人的决定有关的种种事实、理想、技能、经验聚集在一起。在作出决定时,能够打破学科界线,并且把最完满的知识联系和结合起来,是至关重要的。"理性和知识因而在体谅模式中起着根本性作用,即便麦克费尔在理论上对它也有所贬抑。

1. 体谅模式与认知性道德发展模式之比较

体谅模式与认知性道德发展模式,都是价值多元化的相对论压力下的产物。这两个模式以及其他一些新模式的涌现,使得学校德育有可能顺应现时代的社会精神。两者都没有偏废品德的知、情、行方面的发展,但很显然,认知性道德发展模式重知,体谅模式重情。它们各自为培养学生道德判断力和道德敏感性提供了一种新思路。[1]

认知性道德发展模式和体谅模式,分别以道德两难问题和人际社会情境问题为基本教材。道德两难问题实际上就是人际或社会情境问题,体谅模式中的人际—社会情境问题却未必具有两难性质。体谅模式也运用过冲突情境,其目的在于引导学生设身处地,学会关心,学会体谅,以理解和消除冲突。而在认知性道德发展模式中,设置和运用道德两难问题,意在加剧学生之间的道德冲突,造成学生认知失衡,在此基础上促进学生道德判断力的发展。

认知性道德发展模式虽然鼓励学生进行角色扮演,但以小组讨论为主;体谅模式也可以组织学生围绕情境问题进行小组讨论,但常用的方法是角色扮演和模拟表演等。

2. 体谅模式在理论上的缺陷

如果说认知性发展模式拥有雄厚的理论基础,那么,体谅模式给人印象深刻的是它在实践上的创新和突破。尽管体谅模式的理论与实践都建立在大规模的实证研究的基础上,但是教育界只对其实践部分(围绕《生命线丛书》的教材、教法和教育目标)给予了充分肯定,而对其理论假设非议颇多。

第一,麦克费尔对于青少年学生的需要和特点的描述带有鲜明的人本主义色彩,可他关于道德感染、道德表率、观察学习和社会模仿的观点又有明显的行为主义倾向。怎能用如此不同甚至对立的理论作为同一德育模式的理论基础,西方评论家对此表示非常疑惑。

第二,正如科尔伯格的道德认知发展理论把道德判断发展划分为三种水平六个阶段,揭示道德判断的年龄特征。但是,他的分类只建立在对 12—18 岁的青少年的问卷调查基础上,缺乏对 12 岁以前儿童的实证研究,因此,麦克费尔对自己概括出来的 11 种典型的社会反应都未作严格的界定,显得不清晰,他的分类因而难以把握。例如,据报道,使用《生命线》教材的教师在实际操作中,很难把学生"依赖成人的反应"与"成熟的习俗性的反应"区别开来。此外,麦克费尔设计的问卷展示的是西方文化背景下的人际冲突情境,以此为据的社会反应分类系统,未必适用于其他文化背景。而且,由于他评判社会反应成熟度的标准,依据的是来自中产阶级的成年人的典型反应,他的分类系统的普遍适用性甚至在西方也遭到怀疑。

---

① 袁振国. 当代教育学[M]. 修订版. 北京:教育科学出版社,1999:265.

42. 费希特

(Johann Gottlieb Fichte，1762—1814)
德国哲学家、教育家。受到康德、卢梭、裴斯泰洛奇等人思想的影响。1807—1808 年集中阐发了他的国家主义的教育主张。他认为国民教育的目的是使整个人类都成为完全的人。学校要把学生培养成尽善尽美的人，道德教育至关重要，其中爱国心的培养是第一要务。他强调国家对教育的领导权，认为在教育中国家的利益高于一切，任何教育首先应当是国民教育。他认为在国民教育中培养人的"德行"和"理性"最为重要，有了"德行"和"理性"的国民教育，才是全民的教育，同时也是个人的全面教育。主要著作有：《告德意志国民》(1808)等。

第三，麦克费尔关于青少年期是人生"社会试验期"的假设，暗示《生命线》丛书只适用于中学德育，这套教材本来也是为中学设计的。但实践证明，这套教材同样十分适合于小学德育。这一方面表明《生命线》丛书生命力强，适用范围广，另一方面表明麦克费尔的理论假设不可靠，也许人生的"社会试验期"早在少年期来临之前就已经开始了。

3. 体谅模式的特色及对我国学校德育改革的启示

麦克费尔的社会反应分类系统尽管在理论上存在不足，在实践中还是有一定的功用的。它有助于教师较全面地认识学生对特定人际—社会问题的各种可能反应；有助于教师较全面地认识学生在解决特定的人际—社会问题时可能遇到的种种困难，以便更好地帮助学生学会关心；它提供了一系列可能的反应，教师能够根据它们指导学生围绕大家提出的行动方针进行讨论或角色扮演。

然而，体谅模式真正的特色与贡献，在于它提供了一整套提高学生人际意识和社会意识的开放性情境教材，并且为教师理解和使用这套教材提供了一系列的教师指南，如《学会关心》(Learning to Care)等。这类指南详细阐述了《生命线》丛书各部分各个单元的教育目的和意图，还提出了与教材配套的教学方法、策略和程序方面的建议，使体谅模式具有非常强的可操作性。更可贵的是，指南向教师全面展示了《生命线》丛书的编制思想和方法，使得教师有可能根据它的思路开发出有当地文化特色的人际—社会情境问题教材。

围绕《生命线》丛书组织起来的是一种较为复杂的德育模式。所有的情境教材(从简单的和当前面对面的互动，到复杂的历史难题)，既可以在群体基础上使用，也可以在学生基础上使用，并且适宜于从写小品到社会戏剧等多种形式的创造性活动。根据英国使用过《生命线》丛书的教师报告，这种情境教材成功地激发了学生的兴趣，培养了他们的人际意识和社会意识，引导着学生关心他人、关心社会。尽管理论界对体谅模式非议颇多，教师和学生却对它欢迎备至，说它既有趣，又有效。

"学会关心"在我国中小学已经成为一句时髦的口号。为了将这一口号化为行动，一些学校正在开展这方面的试验和研究。体谅模式对于我国学校德育的改革不无启发。

三、社会行动模式

纽曼(Newmann，F.)开发的道德教育社会行动模式(the social action model of moral education)，整合了道德认知、情感和行动等多个方面，并且将它们同公民投身社会变革联系起来。它探讨了小组讨论技能的重要性，信任和承诺等情感性问题，以及道德推理技能的必要性。该模式旨在教学生如何影响公共政策，有鲜明的行动取向。

纽曼认为，以往的公民教育并没有涉及有效的行动，而把注意力集中在公民权利的其他方面。例如：有的模式重点放在学术性科目上，学生学到的是历史和社会科学的知识;有的模式重点放在政府的法律—政治结构上,学生在公民和法律课上学到的是社会制度方面的正规知识;有的模式重点放在战争、犯罪和贫困之类的社会问题上;有的模式重点放在取得健全结论的智力过程上,学生学到的是逻辑推理、经验断定的有效性、论证的一致性——以为学生学了这些分析技能,就会迁移到民主参与中来。

上述模式共同的缺陷,就是强化了公民的被动性。为了避免这种被动性,纽曼的模式并不强调活动本身,其基本目标反而指向对环境施加影响的能力。

纽曼把影响环境的能力称作"环境能力"(environmental competence),这是理解和把握社会行动模式的一个核心概念。[①]

(一) 道德教育重在培养学生的社会行动能力

环境能力是指对环境造成特定后果的行动能力,包括物质能力、人际能力和公民能力。具体而言,物质能力是影响物体的能力,其中又包括审美能力(如绘画)和功能性能力(如造房子);人际能力指对人的影响能力,包括培育关系的能力(如照看婴儿或关心朋友)和经济关系的能力(如购买小汽车);公民能力指在公共事务中的影响能力,包括公共选举过程中的能力(如帮助候选人选举获胜)和在利益团体中能力(如改变优惠消费者保护本团体的政策)。

道德行为产生的前提是有采取行动的能力。道德教育的关键在于培养和提高学生的行动能力。正是基于这样的考虑,纽曼强调社会行动模式重点在于培养学生的环境能力,特别是培养他们的公民行动能力。

1. 环境能力感是道德敏感性不可或缺的部分

纽曼指出,对环境施加影响的能力,直接关系到人们是否以及在多大程度上视自己为道德行为人(moral agents)。所谓"道德行为人",指的是"在自己与他人的利益发生冲突的情况下,或者,在政党的利益发生冲突的情况下,审慎地考虑自己该做什么的人"。不幸的是,许多年轻人觉得自己不能影响环境,因而对道德问题没有兴趣。

学生们可能觉察到环境、公民权利及经济剥削等方面的不公正,但由于觉得自己对这些事情无能为力,所以认为它们与自己的生活不相干。道德问题若要有意义,学生就必须感受到自己能够以某种方式影响该问题。因此环境能力感是道德敏感性发展一个不可或缺的部分。

2. 人的自我力量和自信心有赖于环境能力感

一个人要成为道德行为人,不但要有影响环境的能力,健全心理的发展也不可少。人类许多行为可以用感到胜任的需要来解释。获得胜任感的能力,于自我力量发展必不可少,它使人相信自己能够对环境采取行动,而不成为环境的牺牲品,从而能够克服各种危险或威胁引起的焦虑。

3. 社会行动能力是被管理者知情同意的重要保证

被管理者知情同意(consent of the governed)是民主生活的基本原则。它使每个公民拥有同等的机会影响权利的使用,并要求通过定期选举领导人及直接参与来影响特定问题的结果。该原则旨在保证平等权利免遭侵犯,使各种观念和政策经受公众检验。

---

① Hersh, B., Miller, J., Feildin, J. Models of Moral Education: An Appraisal [M]. New York: Longman, 1980: 165.

它的执行，有赖于公民参与公共事务。公民参与水平低的话，特殊利益集团就会控制或操纵政治的进程，从而危及这条原则。培养和发展社会行动技能（social action skills），可以提高公民参与公共事务的水平，从而确保被管理者知情同意，促进民主进程。

基于以上理由，纽曼把环境能力与道德教育有机地联系起来，据此构建社会行动计划。

(二) 社会行动是直接影响公共事务的自觉行为

"社会行动"是指一般意义上的对社会的建构行为，包括所有直接影响公共事务的行为，如电话交谈、写信、参加会议、探究与研究、当着公共团体的面作证、挨家挨户游说、交涉与谈判等。社会行动可以发生在学校，也可以发生在校外；既可以发生在街道，也可以发生在家庭、办公室和工作场所；可以涉及数个场所间的运动，也可以集中在一个场所。

(三) 学科教学与社区参与计划相结合的社区问题课程

纽曼把社会行动模式的设想，首先贯彻于美国威斯康辛州麦迪逊一所中学的"社区问题课程"（the community issues program）中。该课程渗透在学校的学科教学和学生的"社区参与计划"（community involvement projects）之中，展示出一种颇具特色的公民教育模式。

1. 与学科教学一体化的社区问题课程

社区问题课程其实并不是一门独立课程，相反它与学校正式开设的课程融为一体。在谈到其他学校实施社会行动时，纽曼特别提到了社会行动各组成部分与学校正规课程的关系。

社区问题课程安排在一个学年里，并按照一定的顺序展开：第一学期先后开设"政治—法律程序课程"、"交际课程"、"社区服务实习"；第二学期先后实施"公民行动计划"、"文学行动计划"、"公共交流"。

2. 社区参与计划

社区问题课程中包含三项为学生设计的社区参与计划：

(1)"政治—法律程序课"包含"社区调查计划"，引导学生通过实地旅行、访谈、在社区机构中进行非正式观察以及其他手段，收集社区的各种信息。

(2)"社区服务实习"其实是一项"社区志愿者服务计划"。学生们到孤寡老人家里帮老人干活，在日托中心工作，辅导功课，参加街区大扫除，这些社区服务活动，使学生处于直接帮助别人的关系之中。

(3)"公民行动计划"很大一部分就是"社区行动计划"，它要求学生采取支持的立场，并且努力促进符合这一立场的变革。

纽曼指出，这三项社区参与计划可能存在一种发展关系。当学生深入社区收集有关信息时，探索性研究更具有自我定向的性质。当学生可以帮助或关心他人时，志愿者服务会包含更多的参与。最后，在担当辩护角色时，学生们以自主的行为人的面目出现，从事与较为广泛的社会背景相关的事务。

3. 课程评价

社区问题课程的评价，主要集中在四个方面：(1)熟练程度，即掌握公民行动的有关知识和技能；(2)成效，强调完成计划的重要性；(3)持之以恒，即认真对待计划，并全身心投入到活动之中;(4)愉快性,即学生从课程中得到的乐趣的总和。

教师和学生不必期望所有的标准适用于每时每刻,而应当在优先考虑何种标准上达成共识。这四个方面的评价,其实是非常困难的。纽曼建议教师不要死盯着学生掌握公民行动知识和技能的熟练程度,把它看成是唯一的标准,而应当努力对整个计划保持一种全局观。纽曼反对评分,但他认为,对于学生工作的评价,应当包括完成一定水平的工作,给予私下的反馈以促进学习,充分证明学生的活动能力。

4. 教师的角色

教师参与学生的公民行动计划,要求是多方面的。总的来说,教师在社会行动课程中,可以充当四种角色:

(1)信息员:作为一般资源,向学生提供社区内人员、处所、资源方面的信息,以及程序和策略方面的信息。

(2)顾问:对参与社会行动计划的所有学生的需要作出反应。这个角色处理的是情感或心理哲学上的两难问题,而不是社区契约或行动策略方面的信息。

(3)专家:在某特殊的社会行动领域(如环境保护或种族自决)充当专家时,教师比前两种角色更多地参与到某种特殊的计划之中。

(4)活动分子:教师主动参与到计划的执行之中,目的在于影响公共政策。

毋庸置疑,每一种角色都会碰到与之相关的难题。重要的是,教师对于自己充当的任何角色,都应当让学生感到舒服和可信。

(四) 简要的评论

社会行动模式旨在提高学生揭露、研究和解决社会问题的效力。纽曼像科尔伯格一样,注重发展学生的道德推理能力,但比科尔伯格更注意培养维持社会行动的环境能力。纽曼的观点是,如果没有教会学生把自己的道德理想付诸实践,他们的道德反思和道德讨论将永远是空中楼阁。如果学生感到自己无力在实践中贯彻自己的决定,他们对该怎么改变社会这个问题就不会有多大的兴趣。学习如何在公共事务上施加影响是一件复杂的事情,纽曼设计的社区问题课程是长期的学科间课程(interdisciplinary program)。该模式既要求学生完成一定的课业,又促进他们主动介入社区生活。但纽曼又十分小心地把自己的模式与"现场研究"或类似的放羊式社会实践课区别开来。

1. 社会行动模式的困难和缺陷

在提出社会行动模式时,纽曼还对模式的各组成部分展开了全面的讨论,并没有回避与之有关的一些问题。他承认与社会行动模式有关的心理问题的管理问题,这正是模式的真正障碍所在。例如,社区问题课程的实施,需要宽敞而装备精良的公民实验室。这在目前,对大多数学校来说,是难以做到的。这种昂贵的德育模式,即使在美国,推行起来也相当困难。特别是"在入学人数不断下降、费用增加的时代,一些校董会是不可能批准这笔支出的"。

社会行动模式另一个潜在的问题是,可能出现课程中断的情况。一些学校的学生甚至可能难以取得会场入场证,让学生在校外活动从事社会行动计划,会给课堂管理带来困难,从而妨碍新课程的实施。

这个模式不但对外部条件要求高,对内部环境的要求也很高。例如,社区问题课程的成功实施,有赖于民主参与的校风。如果学校不提供师生民主参与的背景,或者,师生本身就没有民主参与的意识和习惯,那么,鼓励学生参与到更加广泛的社会背景之中,就有些不协调了。

此外,纽曼对课程和课堂程序的讨论,也显得有些大而化之。同认知性道德发展模式及体谅模式相比,社会行动模式几乎没有提供课程操作的具体教例。尽管纽曼详尽地勾勒出了社会行动模式整个格局(如课程),课堂活动的例子(如讨论程序)却很少,这会妨碍课程的实施,以及社会行动模式的推广。

2. 社会行动模式对我国学校德育改革的启发

尽管存在上述问题,社会行动模式的课程计划,还是给学生提供了一种主动参与民主过程的途径,而其他模式都没有给这种参与提供如此丰富的机会。据报道,纽曼等人编写的《公民行动技能:中学英语—社会研究课程》(*Skills in Citizen Action：An English Social Studies Program for Secondary Schools*)作为全国性教材,在美国学校道德教育中产生了较大影响。

道德品质是在参与社会生活的行动中形成起来的,所以,我国学校相当注重组织学生开展社会调查、社会实践、社区服务活动。但由于缺乏一以贯之的教育理念,这些活动基本上处于半自发和零碎、分散的状态。学生能否从中受到锻炼和教益,是一个问题。因此,作为学校德育一种途径的社会调查和实践,需要在一定教育理念的基础上,加以改组、重构和系统化。社会行动模式在这方面为我们提供了可资借鉴的经验。

我国学校为学生设计和组织的社会调查、社会实践及社区服务活动,重在引导学生认识社会,形成参与社会活动的兴趣和报效社会的动力,这固然重要。与此同等重要的,是提高学生理性干预社会公共事务的行动能力。这种行动能力,不但是学生将服务社会、报效社会的理想付诸行动的基础,而且是这种理想形成的基础。正如纽曼所言,一个人如果对某种社会现象无能为力,他对这种现象本身就不会有兴趣,更不必说产生影响它的动机。不能说我国学校不重视学生社会实践能力的培养,但可以说我们在这方面缺少办法。社会行动模式展现的是西方的民主制度下社会行动能力培养模式,我们虽然不能生搬硬套它的具体课程内容,但它的方法是值得借鉴的。

四、结论与启示
(一) 社会行动模式与认知性道德发展模式、体谅模式的比较

社会行动模式并不像它名称所显示的那样,只培养学生的社会行为习惯,它对道德认知和道德情感的发展同样给予了很大的关注。但它确实是一种重行的模式,它不同于重知的认知性道德发展模式,也不同于重情的体谅模式。如果说,认知性道德发展模式不是一般地促进道德认知的发展,而是把重点放在道德判断力的发展上;如果说,体谅模式不是一般地培养道德情感,而是集中在道德敏感性的培养上;那么,社会行动模式同样不是一般地重视道德行为习惯的养成,而着重于环境能力或道德行为能力的培养。

这三种模式有一个共同的特点,那就是,它们都不主张、不提倡甚至反对脱离学科教学来进行道德教育。它们都力图把学校德育渗透在学科教学中,并且都照顾各自的理论假设,对学科教学的内容进行了调查、梳理和重构,以适应间接德育的要求。

所不同的是,认知性道德发展模式以道德两难情景为教材,社会行为模式却没有十

分有特点的教材或活动素材。正因为如此,它不如另外两个模式那么具有专业性和可操作性。

它们在方法上也各不相同,认知性道德发展模式重视道德讨论,体谅模式偏爱角色扮演、模拟表演、社会剧创作,社会行动模式则强调社会调查、社区服务和直接干预公共事务的社会行动。

(二) 学校德育发展趋势

虽然认知性道德发展模式、体谅模式、社会行动模式各自在理论假设、侧重点、教材和教法上有所不同,但从这三个模式中,我们可以看出当代学校德育发展的若干趋势。

第一,学校德育的重点从道德知识系统授受和良好行为习惯的训练,转向培养适应当代价值多元特点的道德判断力、道德敏感性、道德行为能力。

第二,从重视直接的道德教育转向强调间接的道德教育。学校德育"课程化"或"科目化"不是出路,只有在其他课程或学科教学中渗透道德影响,学校德育才更有前途。

第三,从封闭的学科性教材转向开发的情境性教材,为吸纳教育过程当事人(教师和学生)的个人经验和体会留有余地。

第四,从以教师的教导、说服、劝诫为主转向以学生的小组讨论、角色扮演、创作、社会调查、社会实践、社区服务为主,从方法上保证学生主动参与学校德育。

总之,作为当前和未来发展趋势的学校德育,是"培养道德判断力、道德敏感性、道德行为能力"的德育,是"非课程化"的德育,是"情境性"德育,是"诉诸学生生活体验和主动参与"的德育。

第四节　德 育 原 则

德育原则是教育者进行德育时必须遵循的准则和要求。它是根据教育目的、德育目标和德育过程规律提出的,是长期德育实践经验的概括和总结。

正确理解和贯彻德育原则,对于提高德育工作者自觉性,使德育工作科学化,取得最佳效果,具有重要意义。它是组织各项德育活动,选择运用德育途径和方法的依据。要使德育取得预期的效果就要正确处理德育过程中普遍存在的教育者与受教育者、德育要求与受教育者以及受教育者思想品德形成过程中存在的一些矛盾和关系,这都需要德育原则。教育者只有掌握了德育原则,才能使自己真正成为主导者。

一、理想与现实相结合的原则

这一原则是指在德育过程中,既要符合对未来的希望要求,又要从实际出发,与客观现实紧密结合,提出适当的德育要求,选择合适的德育内容,运用科学的德育方法,提高德育的实效。

(一) 提出的依据

学生正处于品德发展的关键时期,他们缺乏社会经验与识别能力,容易受外界社会的影响,学校德育要坚持理想与现实相结合的原则,才能使学生产生真情实感,把社会的思想道德准则内化为个人的品德,才能使学生学会关心社会重点和热点问题,并努力参与社会问题的讨论和解决,逐步形成时代感、责任感和社会使命感。

（二）贯彻要求

贯彻这一原则的具体要求是：

（1）明确中学德育的基本任务，在德育目标上解决好普遍性要求和先进性要求的关系；在德育内容上解决好基础性内容和超前性内容的关系；在理想教育上解决好共同理想和远大理想的关系。要克服要求过高、不分层次，过于理想化而和现实社会脱节的弊端。

（2）学校德育置于社会大背景之中。面对社会各种价值观，不应回避或单纯地净化，而是帮助学生学会全方位、多侧面、科学地观察社会，这样既能适应时代潮流，又能脚踏实地正确认识和处理发生在自己身边的事，承担个人的责任。

（3）认真研究在市场经济环境中，学生主体意识发展的特点和发展过程中的内在要求，坚持社会主义集体主义的价值导向。有调查表明：学生的主体意识随着市场经济的发展日益增强，学生对个人利益的关注也日益突出。学校德育如果完全无视学生合理的个人需要和个人利益，只是片面地灌输一些空洞的道理，是难以被学生接受，也会脱离现实生活的。因此，学校德育要认同市场经济下形成的重视个人利益的现实，同时又必须以先国家、集体，后个人的观念来引导学生，逐步提高学生的道德境界。

二、知行统一原则

这一原则是指学生进行思想品德教育，既要重视对学生进行系统的理论知识教育，又要重视对学生进行实际锻炼，把提高学生的思想认识和培养学生的道德行为结合起来，使他们成为言行一致的人。

（一）提出依据

在知、情、意、行的品德心理要素中，知是行的先导，行是知的目的。没有正确的认知，就不会有正确的行动。学生的品德是在活动和交往的基础上形成和发展起来的。因此，德育可以提高学生的品德认识水平，以指导学生的正确品德行动，防止盲目行动的产生和错误行动的出现，同时加强实际品德行为的锻炼和训练，以便学生在活动和交往中使品格认知不断巩固、加深和发展，防止其变成空洞的教条，促使其品德的知、情、意、行全面和谐地发展。

（二）贯彻要求

贯彻这一原则的具体要求是：

（1）联系实际，讲清理论。帮助学生掌握明辨是非、善恶、荣辱、美丑的标准，并用以分析、评价、解决社会现实生活中及自己思想行为中的问题。进行这种教育的中心环节是要搞好政治课、思想品德课的教学，同时要注意通过其他学科的教学来进行。

（2）组织学生参加各种社会实践活动。德育要以实践为基础。学生的主要实践活动是学习活动和各种集体活动。同时也要组织学生参加一些工农业生产劳动、公益劳动和社会政治活动。通过组织学生参加这些活动，对学生进行实践教育，在实践活动中提高认识，陶冶情感，锻炼意志，坚定信念，培养良好的行为习惯。

（3）教师榜样示范。教师言传身教的榜样作用对学生影响非常大，教师本身以身作则，言行一致，并以自己的模范行动去影响教育学生，能比言教发挥更大的作用。

三、说理疏导和纪律约束结合原则

这一原则要求德育工作中,教育者要坚持说理启迪,疏通引导,启发自觉,调动学生接受教育的内在积极性,同时辅之以必要的纪律约束,以使学生品德健康发展。

(一)提出依据

青少年学生知识经验少,辨别是非的能力差,因此,德育工作中要注意正面教育,说理服人,提高他们的认识。受教育者将形成什么样的品德,不单取决于教育影响,而且还取决于他们如何接受这些影响和自我教育的结果。只有讲清道理,疏通引导,启发自觉,调动其积极性才能使德育要求内化为学生自己的需要。同时,青少年学生的自我控制能力还未得到很好的发展,需要从外部给予一定的制约。

(二)贯彻要求

(1)要正面说理,疏通引导,启发自觉。通过摆事实,讲道理,启发学生自觉地分清是非、真假、善恶、美丑,能够知理、明理、讲理,形成正确的观念,杜绝不良行为的发生。应用不讲道理、压服学生的办法,最多只能使学生口服,但不能使学生心服,不能真正解决品德培养和矫正上的任何问题,因此必须避免。学生即使一时失足犯了严重的错误,也要坚持说服教育,启发他们认识和改正错误。

四块糖的故事

案例分析 6-3

陶行知任育才中学的校长时,有一天他看到一位男生欲用砖头砸同学,就将其制止,并责令其到校长室。等陶行知回到办公室,见这个同学已在办公室等他。陶行知掏出一块糖给他:"这是奖励给你的,因你比我按时来了。"接着又掏出一块糖给这个同学:"这也是奖励给你的,我不让你打人,你立刻住手了,说明很尊重我。"同学将信将疑地接过糖果。陶行知又说:"据了解,你打同学是因为他欺负女生,说明你有正义感。"陶行知遂掏出第三块糖给他。这时这个同学哭了:"校长,我错了,同学再不对,我也不能采取这种方式。"陶行知又拿出第四块糖说:"你已认错,再奖你一块,我的糖分完了,我们的谈话也该结束了。"

(案例来源:陶行知思想录:经典案例)

分析:陶行知先生对这个同学没有一味地批评教育,而出乎意料地找出该同学的优点,并以糖果加以奖励,正是正面教育为主原则的体现。这一原则要求教育者在德育过程中要给学生讲明道理,疏通思想,以表扬鼓励为主,批评处分放在辅助的地位。

---

(2)树立先进典型,用正面榜样教育引导学生前进。树立榜样,表彰先进,容易使学生较具体地认识到哪些是对的,哪些是错的。我们不但要向学生宣传各条战线上的英雄模范人物,而且要特别注意宣传学生中的先进典型,要树立各种类型的学生先进典型,以激励学生的上进心。

(3)建立必要的规章制度,把耐心细微的说理疏导和必要的严格的纪律约束结合起来。规章制度是思想道德规范的具体化,它不仅带有正面引导的性质,而且具有一定的强制性。说理疏导与用规章制度约束学生是相辅相成的。如果只有说理疏导，没有必要的规章制度，学生行为就无章可循，说理疏导就会变成空洞说教。如果只颁布规章制度，不进行说理疏导，启发自觉，那么这种规章制度也不能起到良好的作用。

四、尊重热爱学生与严格要求学生相结合原则

这一原则是指在德育工作中既要热爱、尊重和信任学生，又要向学生提出合理的、严格的要求，把两者很好地统一起来。

(一) 提出依据

热爱、尊重学生就必然对他们提出严格要求，否则就会变成放任自流；严格要求又必须以热爱、尊重学生为前提，严格要求出于爱心，否则就会严得无理、无度。热爱、尊重学生，才能激起学生的自尊心、上进心，乐于接受教师提出的德育要求。教育家马卡连柯说："要尽量多地要求一个人，也要尽可能地尊重一个人。"

(二) 贯彻要求

(1) 热爱、尊重和信任学生。爱护、尊重和信赖学生是一个优秀教师的基本品德。特级教师于漪说得好："热爱学生是教师的天赋，是做好教师工作的基础和前提。没有这个基础，师生就缺少共同的语言，感情就不能融洽，教育就难有成效。"教师热爱学生要面向全体学生，不仅要爱护优秀生，更要厚爱后进生。教师要尊重学生的人格，善于发现每个学生身上的优点，这就能激发学生的自尊心、自信心。教育家苏霍姆林斯基说过："要让每一个学生都抬起头来走路。"

(2) 教师要善于向学生提出正确、合理、明确、具体、有序的要求，做到宽而适度，严而有格。在这里要求正确是指所提德育要求是科学的，符合教育目标和人民利益的。要求合理是指所提德育要求符合学生身心特点和品德实际水平，既不太高，也不太低，是学生经过努力能够做到的。要求明确是指所提德育要求有确定的意义和内容，能使学生明确地感知和理解，而不是含糊不清，模棱两可。要求具体是指所提德育要求具体、可操作，而不是抽象的、空洞的要求。要求有序是指所提德育要求是有计划有步骤提出的，是先易后难逐步提高的。德育要求提出后就要坚决贯彻执行，抓出成效。如果所提要求朝令夕改，有始无终，那么德育要求就失去严肃性，起不到应有的作用。

五、集体教育与个别教育相结合原则

这一原则是指在德育过程中，教师既要教育集体，培养集体，并通过集体的活动、舆论、优良风气和传统教育个人，又要通过教育个人影响集体的形成和发展，把教育集体和教育个人辩证统一起来。

(一) 提出依据

学生的活动、交往大部分时间是在班集体影响下进行的。学生有参加集体生活、与他人交往的内在愿望，也十分重视集体的活动、舆论和要求。学生集体不仅是德育的客体，同时也是德育的主体。健全的集体具有巨大的教育力量，它以有形、无形的力量影响着集体中的每个成员。集体还为青少年的智慧、才能、兴趣、个性、特长的发展提供有利的条件。集体中每个学生的气质、性格、思想基础不同，因此，教育者在抓好集体教育的同时必须针对各个学生的特点搞好个别教育，把集体教育和个别教育结合起来。

（二）贯彻要求

（1）努力培养和形成良好的学生集体。实践证明，一个良好的集体可以培养学生各种优良的个性品性，改变不良的行为习惯；一个不好的集体则会使学生沾染各种恶习。因此，要发挥学生集体的作用，首先要把学生群体培养成为具有共同的奋斗目标、严密的组织、坚强的领导核心和健康的集体舆论的良好的学生集体。集体是通过活动来培养的，因此，教师要通过主题班会、文艺体育活动、生产劳动等活动来培养学生集体，密切集体成员间的关系，锻炼和培养学生骨干。培养学生集体的过程也是一个教育学生的过程，促进学生品德发展的过程。

（2）充分发挥学生集体的教育作用。发挥学生集体的教育作用，最重要的是指导和支持学生干部做好工作，发挥他们的积极性和组织才能，并通过干部把教师的教育意图变成学生集体的要求。同时还要为每个学生提供参与管理和服务的机会，以增强学生对集体的责任感。要发挥学生集体的教育作用，重要的是教师要把集体当作教育的主体，先向集体提出要求，然后让集体去要求、教育和帮助它的成员。集体的活动和舆论是教育学生的重要手段，教师应有计划地开展生动活泼的集体活动，引导舆论的方向，以利于发挥集体的教育作用。

案例分析 6-4

犯错误时，寻找内心的辩护律师

学生们免不了要犯错误，犯了错误要想办法帮学生纠正。魏书生老师常用的办法是让学生写说明书，要求学生在说明书中基本使用心理描写的表达方法，描绘出心理活动的三张照片，每张照片都有两种思想和争论。第一张照片，犯错误前，两种思想怎么争论；第二张照片，正犯错误，两种思想怎么交战；第三张照片，犯错误后，两种思想作何感想。魏书生说："写说明书一定要深入自己内心深处，观察自我，分析自我，发现两个不同的自我。写说明书不一定非要说自己有错误，如果认为自己做得有理，做得正确，那就完全可以向自己的内心深处寻找辩护律师，说明自己这样做的根据对己对人的益处。"

例子：说明书

今天自习课，我做物理习题时，遇到一道难题，怎么也想不出来解法，便想向同桌请教吧！这时好思想提醒我："不行，自习课不让说话，不让出声！"坏思想说："不要紧，老师不在，干部又没注意，小点声不就行了吗？"好思想干着急也管不住坏毛病。坏毛病果然指挥我张开嘴巴，悄悄打听同桌这道题怎么做。同桌开始不愿理我，好思想趁机说："停止吧！别问了。"坏毛病不甘心，缠着同桌，弄得人家不好意思，只好用笔给我写怎样解，我又看不懂，就又问。这时好思想说："算了吧，别问了，下课再说吧，再不停止，老师来了，班长该注意咱了。"可坏毛病正在劲头上，哪里听得进，说："不要紧，再问一问，问题就解决了。"正在这时，我的行为被班长发现了，他走过来，向我伸出5个手指头，好思想一看就明白了，这是让我写500字的说明书，便说："看看，上课说话，干扰同学自习，你问的那位同学学习计划被打乱了，自己还受到了惩罚。"坏毛病说："有什么办法，这次挨罚就挨罚吧，下次不再问就是了。"

（案例来源：李建阁，王海军，于守魁．魏书生教育管理思想理论与实践［M］．上海：华东师范大学出版社，2006：41．）

　　分析：魏老师将对学生个人的教育与集体教育结合在了一起。既发挥了集体舆论的作用，也在不伤害学生个人自尊的情况下，教育与启发了学生，并使得该学生能够及时反思与改正错误，对其他同学也起到了一个警告和教育的作用。这正是德育中集体教育与个别教育相结合的原则的体现。

　　（3）加强个别教育，把集体教育和个别教育结合起来。集体是由集体中的各个成员组成的，各个成员不仅有共性，同时又各具个性。个别教育与集体教育是相辅相成的。如果只抓集体教育，忽视了个别教育，则个别学生的问题就会影响整个集体。而做好了个别教育工作，就可以用典型带动全面，对集体起到推动作用。反之，只抓个别教育，不抓集体教育，就不能发挥学生集体的教育作用，使工作处于被动。因此，既要进行集体教育，又要进行个别教育，使两者有机结合起来。

六、因材施教原则

　　这一原则是指在德育过程中要从学生的年龄特征、个性特点和实际品德状况出发，有针对性地进行教育。

（一）提出依据

　　学生思想品德的发展要以其生理、心理的发展为基础。不同年龄阶段的学生由于生理、心理发展的水平不同，他们的思维、自我意识、情感、意志、行为以及个性的发展具有不同的年龄特征。同一年龄阶段的学生由于个人所处的环境、教育条件和主观努力程度的不同也具有不同的特点。因此，对学生进行德育必须根据这些方面的实际因材施教，才能有针对性地促进他们品德的发展。

（二）贯彻要求

　　（1）德育的要求、内容、形式和方法要适合学生的年龄特征。各个阶段学生的身心发展都各有特点，教育者要研究这些特点，从而使德育要求、内容具有针对性。例如，少年期抽象思维得到发展，自我意识正在迅速发展，独立性不断增强，因此对他们要说理，启发自觉，尊重其独立性、自尊心，使之深刻理解道德规范的社会意义，以形成道德信念。在青年初期学生思维具有更高的抽象性、概括性，自我意识发展到相当水平，因此，要多引导他们进行自我教育，加强科学人生观和世界观教育。

　　（2）针对学生的个性特点和思想特点进行教育。同一年龄阶段的学生由于各人的遗传、环境和教育条件的不同，也由于个人经历的不同，会形成各不相同的个性特点。因此，教师在德育工作中就要区别对待，针对学生的个性特点，提出要求，运用恰当的方法，做好德育工作。

　　全面深入地了解学生是因材施教的基础。教师只有了解学生，对学生的情况做到心中有数，才能因材施教，否则工作中就会产生主观主义的倾向。老师必须全面地了解学生，也就是说对学生的德、智、体特别是品德、个性特点要有全面的了解，不能只见其一，不见其二，以偏概全。教师必须深入了解、研究学生，也就是说要深入到学生的内心世界中，不停留在对表面现象的把握上。这样教师就必须关心学生，经常接触学生，做学生的知心朋友。教师了解、研究学生可通过观察、谈话、分析材料、调查研究等方法进行。

七、教育影响的一致性和连贯性原则

这一原则是指学校、家庭、社会各方面都要按照德育目标、要求统一认识，统一步调，系统连贯地教育影响学生，以发挥整体影响的教育作用。

(一) 提出依据

学生的品德是在学校、家庭、社会等方面的长期教育影响下发展的。这些影响比较复杂，不仅相互之间存在着矛盾，而且往往前后不太连贯，如果不加以组织必将削弱学校教育对学生的影响。尤其是在现代社会，科技的进步使学生活动和交往的范围扩大，接受的信息量大大增加。在这种情况下要有效地控制和调节，以便形成强大的教育合力。

(二) 贯彻要求

(1) 校内各方面教育影响一致。要使全校的教育者对学生的影响一致就必须在学校校长的领导下，按照培养目标及德育要求、内容和计划，分工合作，共同对学生进行教育。因此，教师之间要及时互通学生的情况，定期研究学生中的德育问题，制定教育方案。在一个班上，班主任、各科教师和团队组织对学生的德育影响必须一致。特别是班主任要积极主动地联系科任教师，争取各科教师的配合。各科教师也要自觉承担起教书育人的责任，积极配合班主任做好品德教育工作。

(2) 学校要密切联系家庭和社会，统一、协调对学生的教育影响。家庭是学生思想品德成长的重要环境。家长的文化水平、思想修养、教育态度与方法，都是影响学生思想品德的重要因素。因此，学校要主动联系家庭，共同分析研究学生的表现，协调一致地做好学生的德育工作。

学校对社会的影响要加强引导和调节，把社会中的积极因素组织到德育中来，并采取有力措施抵制社会消极因素的影响。学校要与校外教育机关及社会各部门、各团体加强联系，充分发挥校外教育机关的作用，指导学生的校外活动，安排好学生的假期生活，使学生不但在校内而且在校外都受到良好环境的影响和熏陶。

案例分析 6-5

李××涉嫌轮奸案件

李××自幼热爱音乐、喜欢唱歌，热爱体育运动。4岁选入中国幼儿申奥形象大使；4岁学习钢琴，师从于中央音乐学院著名钢琴教授韩剑明先生；8岁开始学习书法至今，师从清华大学方志文先生；10岁加入中国少年冰球队，多次参加国内外少儿冰球比赛。连续两届荣获全国希望杯青少年儿童钢琴比赛二等奖、中国作品演奏奖。全国少儿钢琴比赛金奖，第八届北京钢琴艺术节优秀演奏奖。连续三届荣获"爱我中华"全国青少年书法大赛铜、银、金奖。并入选"2009激情奥运，爱我中华"青少年书画双年展。2009年入选为最年少的海淀区书法协会会员。2011年8月，李××与好友在中央民族乐团音乐厅举办

"爱在北京"——天·亿假日歌友会，两位90后北京小孩儿以歌会友。李双江、梦鸽夫妇，郁钧剑、魏金栋、吕薇等音乐名家都有出席。乍一看，真的是很优秀的一个孩子。可是，表面的荣光下面，他的行为——李××就读过的某小学的多位同学证实，其在三年级时，曾将一名二年级同学推下楼，但后来这事儿"秘密解决，不了了之"。有同学还回忆，李××还抢过他的游戏机，而当时的班主任竟以李××家中没有游戏机而批评了该同学。另有同学称，在李××小学时，很多学生并不知道李双江是谁，只是每次李××犯了错误，总能平安无事，同学们才揣测"他很有背景"。2011年9月，时年15岁的李××，无证驾驶一辆宝马车，和同伴苏楠在北京海淀西山华府小区门前殴打一对夫妇，并损毁他人车辆。2013年2月，李××因涉嫌轮奸被刑拘。

（案例来源：网络）

分析：从这个孩子的成长片段不难看出，孩子从小就受到了太多的纵容，本应从每一次错误中加以教育，但家庭、学校却因为他的特殊身份一次次错失了教育良机，以至于他的错误越来越大，最终导致犯罪。类似的"星二代"、"官二代"、"富二代"等特殊家庭的社会资源和地位，如果没有家庭教育和学校教育的科学一致性，上一代父母的名誉、财富、地位反而是下一代成长的魔咒。

（3）要加强德育的计划性和连贯性。如果对学生的教育影响不连贯、不一致，就不可能取得良好的德育效果，因此德育工作一定要有计划性和连贯性。要根据学生身心发展的特点和水平，对学生提出由易到难、由低级到高级的德育内容和要求。小学、中学、大学之间以及各年级之间，在德育要求、内容、方法上，既要有所区别，又要加强联系，相互衔接。

以上各原则是相互制约、相互配合的。不可单一地运用某一原则，而忽视其他原则。应当把它们组成一个完整的德育原则体系，根据实际情况，综合地运用。

第五节　德育途径与方法

一、德育的途径

实施德育，不仅要有正确的内容，还要有恰当的途径和方法。为了有效地完成德育任务，学校和教师有必要了解德育的主要途径和方法，以便在德育过程中能够正确而机智地加以选择与运用。

德育开展的途径包括学校、家庭与社会。学校德育的开展包括课内外、校内外等各实施途径。它们发挥各自的功能，互相配合，形成合力，共同完成德育任务。

学校德育的具体途径包括以下几个方面。

（一）思想政治课教学和时事课

思想政治课是向学生较系统地进行思想品德教育教育的一门课程，在各途径中居特殊重要地位，对帮助学生树立正确的政治方向、正确的人生观和思想方法，培养良好品德起着导向作用。时事课是国情教育的一条重要途径。

（二）其他各学科教学

各学科教学是教师在向学生传授知识的同时进行德育的最通常的途径，对提高学生的政治思想道德素质具有重要的作用。各科教师要教书育人，为人师表，认真落实本学科的德育任务要求，结合各学科特点，寓德育于各科教学内容和教学过程之中。各学科的教材、教学大纲和教学评估标准，要坚持正确的思想导向；教学主管部门和教研人员要深入教学领域，指导教学工作同德育有机结合。各科教师及学校全体教职工都应在政治、思想、道德方面做学生的表率。

43. 董仲舒

（三）班主任工作

班级是学校进行德育的基层单位。班主任工作是培养良好思想品德和指导学生健康成长的重要途径。班主任是班级德育的直接实施者，结合本班学生的实际情况，有计划地开展教育活动；组织和建设好班级集体，做好个别教育工作，加强班级管理，形成良好的班风。要注意发挥学生的主观能动性，培养他们的自我教育和自我管理的能力。班主任要协调本班、本年级各科教师的教育工作，密切联系家长，积极争取家长与社会力量的支持配合。

（四）共青团、少先队、学生会工作

团、队、学生会是学生自我教育的重要组织形式，是学校德育工作中一支最有生气的力量。团、队、学生会可以根据各自任务和工作特点，充分发挥组织作用，通过健康有益、生动、活泼的活动，引导学生树立远大的理想和良好的道德风尚，学会自我教育、自我管理。

（五）劳动与社会实践

在生产劳动和社会实践活动，指导学生学会自我服务性劳动和必要的家务劳动，组织学生参加一定的生产劳动和公益劳动，在劳动中可以切实培养学生热爱劳动、热爱劳动人民、珍惜劳动成果的思想感情、行为习惯和艰苦奋斗的作风。可以组织学生参观、访问、远足，进行社会调查，参加社会服务和军训等实践活动，使学生开阔眼界，认识国情，了解社会，增长才干，把理论和实践结合起来，增强辨别是非的能力。

（六）活动课程与课外活动

各种科技、文娱、体育及班团队活动能够促进学生身心健康发展，是培养学生良好道德情操的重要途径。学校和班级应保证列入课程计划的各类活动的时间，并通过多种形式指导学生开展丰富多彩的科技、文娱、体育活动（包括课外兴趣小组和各种社团活动），发展学生的个性特长，培养学生的良好道德情操、意志品质和生活情趣，提高他们的审美能力。

（七）校外教育

校外教育是对学生进行政治思想道德教育，培养学生健康文明生活方式的一个重要阵地。学校要主动与少年宫（家）、少年儿童活动中心、图书馆、文化馆、博物馆、纪念馆、科技馆等校外的文化教育单位建立联系，充分利用这些专门场所和社会文化教育设施，并积极开拓和建设校外教育的场点、营地，有计划地组织学生参加各种活动，在活动中进行教育。

(八) 心理咨询和职业指导

心理咨询是培养学生健康心理品质的有效途径;职业指导是发展学生个性、进行理想教育的有效途径。中学生处于青春发育期,又面临对未来职业的选择。要通过谈心、咨询、讲座、热线电话等多种形式对不同层次学生进行心理健康教育和职业指导,帮助学生正确处理好学习、生活、择业、人际关系等方面遇到的心理矛盾和问题,提高他们的心理素质,培养承受挫折、适应环境的能力。

(九) 校园环境建设

整洁、优美、富有教育意义的校园环境是形成整体性教育氛围的不可缺少的条件。学校通过校园环境建设与管理,使学生受到良好的熏陶和影响。同时,学校可以充分发挥校歌、校训和校风对学生的激励和约束作用;利用黑板报、壁报、橱窗、广播、影视、图书馆(室)、劳动室、荣誉室、少先队室等多种形式专用场所,创造良好的教育环境。

(十) 家庭

家庭对学生行为习惯的培养、品德的形成、个性的发展有着极其重要的影响。家庭教育主要是通过亲子之情的感化激励、家庭生活的渗透熏陶及家长的言传身教而起作用。学校可以通过家访、家长会、家长接待日、举办家长学校、开展家庭教育咨询、建立家长委员会等多种方式,密切与家长的联系,指导家庭教育,使家长了解并配合学校贯彻实施德育目标,改进家庭教育的方法。

(十一) 社会

根据国家有关法律和中央有关文件的规定,各级政府和社会各部门都有履行关心、促进和保护青少年健康成长的义务。各级教育行政部门要主动协调政府并会同有关部门,积极开发利用社会的德育资源;开辟青少年教育的社会教育舆论阵地;加强社会文化市场及娱乐场所的管理;提供青少年需要的丰富多彩、健康有益的精神食粮;充分发挥各级领导干部,革命前辈,各行各业先进模范人物,优秀科学家、作家、艺术家、企业家的榜样教育作用;组织好青少年教育的社会志愿者队伍,为青少年健康成长创造良好的舆论环境、文化环境、治安环境和社区环境。教育行政部门和学校应采取有效措施,充分依靠关心下一代协会、社区教育委员会和街道委员会、村民委员会以及各种社会团体,并同所在地的机关、部队、工厂、商店等单位建立固定联系,发动、协调社会力量支持和参与德育工作,逐步建立学校与社全相互协作的社会教育网络,共同营造关心下一代健康成长的良好社会教育环境。

二、德育方法

德育方法是为达到德育目标,教育者、受教育者参与德育活动所采取的各种方式的总和。它既包括教育者传道施教的方式,也包括受教育者自我教育、自我修养的方式。总之,它是在教师的德育影响下师生共同活动的方法。有的方法如说服、奖惩,主要是教师用来影响学生的方法,一般以教师活动为主;有的方法如锻炼、修养,主要是在教师引导下学生自我教育的方法,则以学生的活动为主。

德育方法受德育目标和内容的制约,德育目标和内容不同,德育方法也不同。

我国学校德育的基本方法主要有下列几种。

(一) 说理教育法

说理教育法是教育者通过摆事实、讲道理，以影响受教育者的思想意识，提高其思想认识的方法。要求学生遵守道德规范，养成道德行为，首先要提高其认识，启发自觉，这就需要运用说理教育法来讲道理。学生认识提高了就会自觉履行道德规范。

说理教育的方式大致有下列几种。

1. 讲解和报告

是教育者通过口头语言系统地阐述思想政治准则和道德规范，提高学生认识水平和思想觉悟的方法。这种方法多用于显性的德育性质的课程、时事政策报告或有关思想道德问题的专题讲座。讲解者和报告人一般是学校教师和领导人，也可请革命前辈、英雄模范人物和科学家等来担任。

这一方法的特点是教师讲，学生听。在讲、听的过程中，教师是主动者，学生是受动者。它的优点是可以充分发挥教师的主导作用，便于教师控制德育过程，启发学生思考，使之在短时间内获得大量的、系统的有关思想道德方面的知识，提高分辨是非、真假、善恶、美丑的能力。但若运用不当，则不能很好地发挥学生品德修养的自觉性、主动性和积极性。

运用这种方式必须做到：(1)目的明确，有的放矢。讲解人或报告人要明确讲解或报告主要要解决的问题。(2)观点鲜明，主题突出。整个报告要围绕中心。(3)运用充分的论据和正反两方面典型事例，进行科学的论证。(4)内容系统，具有科学性和思想性。在内容的广度和深度上要符合学生的年龄特点，认识水平和接受能力。一般来说采用报告团的方式需要用较长的时间来阐述较深刻的道理，适宜于高年级的学生。(5)讲解要联系实际，深入浅出，生动活泼。(6)语言要通俗易懂，具有启发性和说服力。

2. 谈话法

谈话法是教师就某一思想道德问题与学生交谈讨论，以使学生明白某一道理的方法。

谈话法的特点是学生直接参与交流思想感情，激发学生思考，调动学生解决品德问题的积极性、主动性。这种方式不受时间、地点和人数的限制，简便易行。

谈话法的具体方式多种多样，如讲解、讨论思想道德问题时的启发性谈话；考查品德行为时的表扬性和批评性谈话；参观、访问或讨论品德问题时的指导性和总结性谈话；面对学生集体或个人的集体谈话或个别谈话。

运用谈话法，必须做到：(1)事前要有准备。要在了解谈话对象的思想状况、个性特点和所受社会各方面影响的基础上，确定谈话内容和方式。(2)要尊重事实，态度诚恳，要使谈话具有民主、平等、和谐的氛围。(3)谈话过程要有情感交流，说理与陶冶情感相结合，使学生感到亲切，力戒简单粗暴，成人化地训斥。(4)不要在学生有错误时才谈话，无错就不谈话，避免学生误解个别谈话的意义。(5)谈话时要有启发性，启发学生积极思考问题，通过自己的认真思索明辨是非，得出结论。

案例分析 6-6

有效的案例说理

　　某个班主任颇为烦恼,因为该班的学生习惯乱丢纸屑,屡次教育都无效。有一次,班主任进教室,见地上有几团纸屑。当时还有三位同学未进教室。老师突然想到这是进行教育的好时机,于是,指着地上对大家说:"这儿有几团纸屑,进来的同学都没有捡起来,现在还有三位同学未进来,我们看看他们会不会发现"。

　　经老师一说,全班同学都瞪大了眼睛等着看。结果,第一位同学看也不看就冲进了教室;第二位看了看地面却无动于衷,上座位去了;第三位,一看地上有纸屑,就弯下腰去把它全拾起来。全班同学报以热烈的掌声。老师的脸上掠过一丝微笑,郑重宣布班会开始了。第一个受到表扬的就是这位拾纸屑的同学。从此,教室地上看不到纸屑了。

　　　　　　　　　　　　　　　　(案例来源:中国人民大学附属中学王老师口述)

　　分析:该班主任通过现场案例解读,对学生进行了集体教育,让大家感受到捡拾纸屑、保证教室环境整洁是每个人都应该承担的责任。短短几分钟的谈话,说理与陶冶情感相结合,让学生们深有感触;谈话具有启发性,启发了大家积极思考并得出了自己今后的行动方向。

3. 讨论和辩论

　　这是在教师的指导下,学生就某一个或某些思想问题各抒己见,经过讨论和争辩,得出结论以提高思想认识和能力的方法。这是学生自我教育的一种方式。讨论法的优点是可以活跃学生思想,调动学生探讨思想道德问题的积极性,培养学生运用思想道德规范分析、解决思想道德问题的能力。因此,这种方法常常在中学高年级及其以上学生中使用,并且常常结合讲解和报告、阅读指导、参观访问等方法进行。

　　要达到组织讨论和辩论的目的,必须做到:(1)要提出学生最关心、最迫切需要解决的问题,指导学生搜集材料,做好发言准备。(2)要启发和鼓励学生敞开心扉,勇于发表自己的意见,培养学生的道德判断能力。(3)讨论过程中教师要循循善诱,使讨论由浅入深,围绕主题进行,最后得出正确结论。(4)讨论结束后,教师要做好总结,并允许学生保留意见。

　　科尔伯格等人提出的"道德两难故事或问题讨论法"和"苏格拉底法"对于我们今天有效运用讨论或辩论法具有重要启示。

4. 指导阅读

　　这是教师指导学生阅读有关书籍、报纸、杂志和文件,以领会和掌握有关思想道德规范方面的知识,提高学生品德认识水平和能力的方法。

　　阅读指导的具体方式多种多样,例如,结合政治课和品德课的讲读,半独立性阅读和独立性阅读等。这种方法的特点是,学生在教师的指导下自己阅读,进行自我品德教育。这种方法有利于发挥学生的主体作用,培养学生认真读书,独立思考品德问题的良好习惯和进行自我品德教育的能力。同时它可以弥补教师口头讲解的不足,扩大学生文化科学知识和思想道德方面知识的兴趣和爱好。

指导学生阅读,首先要教会学生阅读德育性质课程的课本。其次要课内外结合,指导学生课外阅读。教师要根据德育计划,结合讲解、谈话、讨论的重点和提出的问题,帮助学生有目的地阅读有关书报文章、英雄传记、革命回忆录、文学艺术作品等,制定阅读计划,指导学生阅读方法,使学生学会作摘记、提纲、概要和读书笔记。教师可以通过组织读书座谈会、报告会、写心得体会、开展书评等形式,对学生进行阅读指导,培养学生辨别是非的能力,提高学生品德评价水平,巩固阅读的收获和效果。

(二) 情感陶冶法

这是教师自觉地利用环境和自身的教育因素,对学生进行潜移默化的熏陶和感染,使其在耳濡目染中受到感化的方法。

情感是思想品德形成的重要因素。陶冶法的特点是直观具体,生动形象,系统典型,情景交融,易为学生理解,也易于激起学生情感上的共鸣,产生强烈的感化、熏陶、激励作用。我国古代教育家孔子就提倡用诗歌和音乐陶冶学生的性情。

情感陶冶包括以下几种方式。

1. 教师人格感染

这是指教师利用自身的人格魅力及其对学生的真诚热爱来对学生进行陶冶。在这里,教师以自己的高尚品德、人格和对学生真诚的爱去感化学生,促进学生思想转变。

教师的以身作则,他的优良品德,是陶冶的重要因素。让学生处于教师健全人格、高尚情操和爱的活动情景中,是进行陶冶的重要方式。教师热爱学生要真诚,对不同个性的学生都要满腔热情,耐心教育。让学生直接体会到老师人格的力量、沐浴在爱的阳光中,从而敬慕、效仿老师的言行,提升自己的思想境界。

案例分析 6-7

如何帮助倒数第一的学生成长为优秀毕业生

我有一个山东老乡,孩子在人大附中读高三。寒假考试结束后,一家人就上我办公室来了,希望我能帮帮这孩子。我自然就问了:"这次,你的期末考试考得怎么样?"孩子还没有讲,家长就气呼呼地拍着沙发,说:"简直是一塌糊涂!"

家长大发雷霆,吓得孩子都不敢开口了。我就跟家长说:"你能不能先出去一下,我跟孩子单独聊一会儿?"家长就气冲斗牛地出去了。我问孩子:"你这一回到底考得怎么样?"他说:"和上次相比,我这次考试提高了两个名次。"据我了解,这个学生在班里长年倒数,前进两名的进步是很可贵的。于是,我说:"孩子,你太不容易了。我们人大附中每年600多个学生,考上清华、北大的有200多个,每一个学生都挺厉害。在两个月的时间里,你超越了两个名次,照这样的幅度往下走,高二、高三还有一年半的时间,在你身上什么样的奇迹都可能出现啊!"这样一说,孩子立马挺直了腰板,不再唯唯诺诺了。我接着跟他讲:"现在对自己有信心了吧?"孩子郑重地点点头。"要想不断地超越自己,这个寒假你应该从哪些具体的事做起呢?"孩子就滔滔不绝地说开了:"我想打牢基础知识,把所有学过的内容重温一遍,查漏补缺。早上再训练1个小时的英语听力。主攻化学,多做题,把这一门的优势扩大化。"我接着夸他:"孩子,你真是了不起啊,已经胸有成竹了!"家长往往指责孩子成天只想着玩,学习被动挨打。其实,每一个孩子都有完美自己的向上之心,只是缺乏毅力和执行力。所以,我俩又回过头,他说我写,逐条对这个寒假计划进行了论证和调整,落实成文。毕竟寒假时间短,计划项目不能太多。最后,孩子拿着这个计划,自信满满地走了。果然,前不久老乡打来电话说:"这孩子从你那里回来以后,进步很快!学习自觉性也大大提高啦!"孩子已经提高了两个名次,在家长眼里仍然一无是处。做家长和当学生一样,心理要有目标:一个长远,一个近期。长远目标放在自己心里,不需要天天拿出来,向孩子抖露:"你距离'一本'还有十万八千里呢?""爸爸妈妈指望你上清华、北大,这么点进步就值得你沾沾自喜吗?"短期目标就要抓住孩子每一次的微小进步,一点点往上加任务。什么叫考好了?什么叫考得不好?人家提高了就应该及时给以表扬和鼓励,而不是必须超过某某,那才叫好。越是问题比较多的孩子,越需要老师和家长拿着放大镜,去寻找他的优点,抓住他的每一点进步,有针对性地把表扬送达他的跟前。简言之,这个过程就是:用放大镜找优点,清理负面情绪——降低难度,体验成功——加大难度,再次成功。

通常表扬三次了,这个学生就彻底、长久地走向优秀。所以,我称之为"三步优秀法"。

媒体津津乐道我帮"倒数第一考上北大"的教学案例。这个学生优秀的第一步从哪里开始的?第一次考试,他考了倒数第一,第二次考试还是倒数第一。但是,他这次和倒数第二的考分差距从100分缩小到了70分。这缩小了30分的差距,就是成绩的亮点、进步的关键点!我只字不提学生这次还是倒数第一,而是大张旗鼓地表扬:"你看,他与前一名的差距缩小了30分!这是多么显著的进步啊!"一直要把这个学生表扬得心潮澎湃、斗志昂扬了才行。这要是换成有些家长,就会说:"你看你看,弄了半天,你这次怎么还是倒数第一啊?"学生一想:"我这么拼命,还是倒数第一,有什么可努力的?"刚刚鼓起来的一点斗志又熄灭了,接下来又要破罐子破摔了。

(案例来源:网络)

分析:一个班上,后进生往往是被"歧视"的对象,同学们瞧不起他们,家长又对他们叹气。但越对后进生,越需要老师用人格魅力和爱心去帮助他们。教师带着爱去鼓励他们,为他们树立自尊形象,多发现他们的优点,时常表扬、鼓励他们,他们就会顺利成长。这个学生在成长过程中,是教师的爱起了巨大的催化作用。

2. 环境陶冶

这是教师利用环境中的教育因素对学生的品德情感进行潜移默化的陶冶。学生主要是生活在学校、班级、家庭中。因此美化这些环境,使学生在良好的环境中受到熏陶是非常重要的。环境陶冶的主要方式有:

(1)美化的校容。它可以陶冶学生的美感。校园环境优美,清静整洁,师生就能以愉快的心情去学习、工作。美化的校园还有利于培养学生爱校、爱集体的情感。应当组织学生自己动手,净化、绿化、美化校园,保持环境卫生,爱护花草树木,创造一个优美、舒适、整洁、安静的学习、生活和工作环境。

（2）优良的校风和班风。校风和班风是通过长期培养教育在集体中形成的情绪上、言论上和行动上的共同倾向。优良的校风、班风是无声的命令,学生长期受熏陶就能逐渐养成良好的思想情操。优良的校风和班风是通过教育、培养、继承等环节逐步形成的,是全校全班成员精神面貌的反映。它既是影响人的教育因素,也是集体教育、培养的结果。

（3）美化的家庭环境和良好的家风也是环境陶冶不可缺少的因素。美化的家庭环境对学生情操的陶冶作用很大,家长要和孩子一起搞好家庭环境卫生,并按美的要求搞好室内布置,以创造一个清洁、舒适、雅静的家庭学习、生活环境。同时要形成良好的家规家风,使家庭生活民主平等,团结互助,友爱和谐,文明上进。良好的家风是环境陶冶不可缺少的重要因素。

3. 文艺陶冶

运用健康的文艺作品进行熏陶是陶冶的重要形式。文艺包括文学、诗歌、音乐、美术、舞蹈、雕塑、影视等。它们源于生活,又高于生活,形象概括,感人至深。文艺作品中的先进人物的高大形象,具有生动性和感染性。这些道德形象一旦在学生的脑海中留下深刻的印象,就会成为鼓舞他们前进的动力。因此,教师应当重视组织学生阅读有教育意义的文学作品,观看内容健康的电影、电视和戏剧,激发他们的道德情感,使他们从中受到陶冶与教育。

（三）榜样示范法

这是用榜样人物的优秀品行影响学生的思想、情感和行为的方法。榜样的力量是无穷的。

青少年学生可塑性大,模仿能力强,有上进心,他们愿意学习榜样人物的行为。榜样人物具有具体形象性,用这种具体生动的形象教育学生,容易为学生所接受。

作为青少年学生学习的榜样,大致有下列几种。

1. 革命领袖和英雄模范人物

这类榜样也称典范,他们是青少年学习的好榜样,他们的伟大业绩、崇高的品德,容易激起学生对他们的敬仰之情。所以教师应介绍学生阅读革命领袖的传记,大力宣传历史上和现实生活中英雄模范人物的先进事迹,引导学生向他们学习。

2. 家长和教师

家长是学生最先模仿的对象,家长的思想作风、言谈举止经常影响着孩子。马克思的三个女儿都是社会活动家,这是受到马克思的影响。老师也是学生最直接的模仿对象。因此,家长和教师一定要加强品德修养,严格要求自己,处处以自己良好的思想和模范行为来作孩子的表率。

3. 优秀学生

同龄人中的优秀分子是学生最熟悉的榜样,这些榜样与学生年龄相近,经历基本相同。他们的好思想、好行为是学生比较熟悉的,容易为他们所信服和模仿。因此,教师应大力表扬学生中的先进榜样,发挥优秀学生的影响作用。

4. 文艺作品中的典型形象

文艺作品的典型形象对学生的思想也有深刻影响,教师和家长应善于利用文艺作品中的典型形象教育学生。

运用榜样法教育学生时,首先要选好学习的榜样,使学生了解榜样的先进思想和事迹,使其知道应当学习什么和从什么地方做起,调动他们学习榜样的积极性。其次要激起学生对榜样的敬慕之情。再次要引导学生用榜样来调节行为,提高修养。学校应当抓住时机,及时把学生的情感、愿望引导到行动上来。这样对榜样产生的情感才能巩固和深化。

(四) 行为锻炼法

这是教师指导学生参加实际活动,在实践中进行锻炼,以提高品德认识和实际活动能力,形成良好品德行为习惯的方法。实际锻炼的主要功能在于培养学生的优良行为,使其养成良好的道德习惯,增强道德意志,培养品德践行能力。这种方法对于培养学生言行一致的优良品德有特殊的意义。

行为锻炼法有下列几种方式。

1. 委托任务

教师或学生集体委托学生个人完成一定的工作任务,这是一种实际锻炼。例如学生在完成学习任务的过程中能够培养尊敬老师,遵守纪律,热爱科学,刻苦、认真工作的优良品德。学生完成团队、班集体交给他们的任务,如出黑板报、担任科代表等就会培养工作责任感和集体主义精神。

2. 组织活动

这些活动包括学习、课外活动、劳动以及一定的社会实践活动等。

学生参加一定的社会活动,有助于他们接触实际,关心社会,提高实际工作能力。让学生参加力所能及的劳动,可以培养学生的劳动观点和劳动习惯。学生参加文体科技活动能够培养学生学科学、爱科学、用科学,团结合作,刻苦、顽强等优秀品德。

案例分析 6-8

不偷摘他人的水果

某农村学校所在地盛产水果,当地老百姓经常向学校反映,说学生在上学的途中有偷盗水果的现象。学校德育老师对此非常重视,专门对个别学生进行批评教育,指出偷盗的恶劣性,并进行了严厉的处罚,但是收效甚微,学生偷盗行为还是屡禁不止,于是德育老师决定改变教育方式,分班级进行了一项比赛活动。

活动内容与要求如下:参与者分成几个小组,向当地的老百姓家里要水果。在规定时间里,得到水果数量最多者为胜。由于活动设计新颖,学生参与的积极性非常高。活动结束后,给获得优胜的小组颁发奖品。并要求各小组代表发言,谈谈对此次活动的感受和想法,总结本小组获胜或失败的原因。

其中有的小组在总结失败的原因时,提到了由于平时养成了随意摘水果的习惯,导致老百姓不给自己水果,声称以后将改正这一行为,老师对各组进行了简要的评价后,就各组的总结提出了改进建议,帮助他们制定了切实可行的措施,此次活动以后,学校很少再听到关于偷盗水果的反映。

　　分析:在说理效果甚微的情况下,该案例的老师通过实践活动的开展,帮助学生亲身体会了偷摘别人的水果给自己带来的坏影响,并启迪了大家不能偷摘他人水果。通过组织大家接触实际,培养了正确的品德和行为习惯,效果不错。

3. 执行规章制度

学校的规章制度是学生进行正常学习和活动的保证,包括学生的学习、生活制度、课堂作息制度、劳动制度和校内的各种规则等。学生经常按照这些规章制度去行动,有利于形成他们的组织纪律性和良好的学习、生活、劳动习惯。

学生按照一定的规章制度进行锻炼,对于培养学生的自我控制能力,形成良好的行为习惯有重要意义。这里重要的是执行规章制度必须严格,才会达到好的效果。

运用实际锻炼法有下列要求:活动要有明确的目的和必要的思想教育,要严格要求和督促检查,要注意激发学生参加活动的主动性、积极性,活动要有总结,肯定成绩,指出不足。

(五) 学生自我修养法

这种方法是指在教师引导下,学生自己教育自己,进行自觉的思想转化和行为控制的方法。学生品德能否提高同学生个人能力能否自觉主动地进行道德修养紧密相关。教育家苏霍姆林斯基指出,真正的教育是自我教育。

指导学生自我修养要注意遵循以下要求。

1. 培养学生自我修养的兴趣

引导学生自我修养,首先要培养学生对自我修养的兴趣。如向学生介绍一些杰出人物如何从青少年时代起就注意修养的范例,让学生向往,产生修养的需要。

2. 指导学生掌握修养的标准

以什么作为修养的标准,决定着修养的方向性质,因此应当指导学生掌握正确的修养标准。教师应当指导学生学习社会主义道德准则要求并用于检查、对照自己的言行,使他们懂得什么是对的,什么是错的,提高分辨是非的能力,从而坚持正确的修养标准,克服错误的思想。

3. 指导学生参加社会实践

我国古人所谓的修养,大多是脱离社会实践的。我们指导学生修养决不可脱离社会实践,闭门思过,而要让学生接触社会主义现代化建设实际,联系工农群众,从中吸收思想营养,培养提高个人修养的能力和良好习惯。

(六) 品德评价法

这是根据一定的要求和标准,对学生的思想言行做出肯定或否定的评价,促进其品德积极发展,帮助他们改正缺点与错误的方法。

品德评价法的主要方式有:

1. 表扬与奖励

表扬与奖励是对学生良好的思想品德行为做出肯定的评价,用以巩固和发扬学生的优良行为。其具体办法有赞许、表扬和奖赏三种。赞许是对学生一般的好思想、好行为的赞同或称赞，多以点头或微笑等动作表情表示。表扬是对学生良好品德的好评，比较正式。奖赏是对学生较为突出的优良品德的奖励，一般是召开隆重大会，在会上发给奖状、奖品，或授予光荣称号。

2. 批评和惩罚

这是对学生不好的思想品德行为做出否定的评价，用以克服和改正他们的不良品德行为的方法。批评可个别或当众进行，可采用口头和书面两种方式。惩罚是对学生严重的不良行为的否定。根据学生错误的性质和认错的态度，一般可以分为警告、严重警告、记过、留校察看、开除学籍等。

3. 操行评定

这是在一定时期内对学生品德做出全面评价，以使学生发扬优点，克服缺点，不断上进的方法。运用品德评价法的要求是：要公正、合理，符合实际；要发扬民主，得到大多数学生的支持，并让学生积极参与评价活动。

三、小结

以上几种德育方法各有其特点和作用，每一种德育方法都是进行德育所不可缺少的，各种德育方法是相互补充的，构成德育方法的完整体系。因此，教师应根据实际情况，考虑各种德育方法的相互配合，灵活地、创造性地加以运用。选择德育方法一般要考虑以下几点：

第一，依据德育总目标。选择的德育方法既要有利于学生正确理解和掌握品德内容，又要有利于发展品德能力，并促进其品德心理的健康发展。德育方法的选择还要考虑德育的具体目标。比如要使学生"晓理"，就要选择讲解、讨论、谈话等方法；要使学生"践行"，就要选择实践锻炼法。

第二，依据德育内容。不同性质的德育内容必须采用不同的德育方法。思想政治性质的内容主要是采用讲解、谈话、讨论等方法，伦理道德性质的内容主要采用榜样示范和实际锻炼的方法。

第三，依据德育对象的年龄特征和个性差异。德育方法的选择必须符合学生的年龄特点和个性差异。比如运用奖惩法，犯有同样过失，年龄小的应从轻处罚，或不予处罚，年龄大的则应予较重的处罚。对骄傲自满的学生在表扬时要适当指出他的不足，对缺乏自信心的学生则应当多给予表扬、鼓励。对学生干部，做了好事，不必常表扬，而表现差的学生，做了一点好事，就要及时表扬。

第六节　"三生教育"、安全教育及升学就业指导

对学生开展"生命教育、生活教育、生存教育"，简称"三生教育"，主要目的是引导学生珍爱生命、享受生活、学会生存，是学校素质教育的重要内容。生命教育是前提是根本，生存教育是基础是关键，生活教育是方向是目标。生命教育、生存教育、生活教育三者之间互为基础，相辅相成。

安全教育的主要目的是培养学生的安全意识、知识和救护技能，提高学生面临突发

安全事件的自救自护的应变能力。

升学和就业指导是指导学生树立正确的职业观,帮助他们了解社会职业,引导他们按照社会需要和自己的特点为将来升学选择专业与就业选择职业,在思想上、学习上和心理上做好准备。

一、生存教育

生存教育是为了帮助学生学习生存知识,掌握生存技能,保护生存环境,强化生存意志,把握生存规律,提高生存的适应能力和创造能力,树立正确生存观念的教育。

生存教育的目的是保证学生不仅在学习、生活中能做到独立、自主、自理,也能在以后的工作中自强、自立、创造,特别是在险峻的环境下也能生存和发展,成为生存好、发展好的社会人。

(一) 生存教育的内容

生存教育主要包括生存意识、生存知识、生存能力、生存价值观等方面的教育。生存意识教育实际上是珍惜生命教育,包括生命安全教育、生活态度教育;生存知识教育包括自救的知识、与人相处的知识、健康知识教育;生存能力教育包括动手能力教育、适应环境的能力教育、抗挫折能力教育、安全防范能力教育和自救能力教育;生存价值观教育包括生存意义教育。

(二) 生存教育的意义

生存教育对学生身体和精神发展来说有着重要的意义,具体表现在以下几个方面。

1. 珍爱生命的意义

人最宝贵的是生命,生命对于每个人来说只有一次。因此,教育学生珍惜生命,理解生命的意义,建立积极向上的人生观。通过教育受教育者学会生存,化解生存危机,提升生存动力。

2. 获取知识的意义

人们获取知识的途径主要有两种:直接经验和间接经验。所谓直接经验指的是人们亲自参加实践所获得的经验;所谓间接经验是指人们从前人那里得来的知识,其中最主要的是从书本那里得来的知识。生存教育既强调直接经验,也强调通过对受教育者获取知识和信息的能力的培养来获得间接经验。生存教育所传授的知识大都与受教育者的现实生活联系密切,容易唤起受教育者的学习兴趣,变"要我学"为"我要学",使受教育者产生强烈的求知欲望,保持学习的主动性、积极性、自觉性,从而培养受教育者获取知识和信息的能力。

3. 强健体魄的意义

人的身体健康是人的生命活力的物质基础,没有健康的身体什么都谈不上。由于沉重的课业负担、睡眠少、运动量不足等原因,近些年来我国青少年的体质状况呈现明显的下降趋势,对中学生进行生存教育可以给其提供参与生活、参与集体、锻炼身体的机会,让他们去解决活动中遇到的困难,在活动中提高受教育者抵御风寒暑热和病毒侵袭的能力,使他们逐步意识到要生存就必须有强健的身体,必须适应外界环境。

4. 磨练意志的意义

每个学生都会离开学校走向社会、独立生活。社会与生活迎接我们的很少是鲜花和掌声，更多的是困难和挫折，没有人能一帆风顺。只有经得起挫折和失败甚至是打击的人，才能做到荣辱不惊、成败安然。作为一种实践活动形式，生存教育在磨练意志的过程中占有十分重要的作用，它可以给学生以强大的动力；可以让他们克服学习、生活、工作中的困难，经历磨砺，形成不屈的毅力和坚韧的性格。

(三) 生存教育的基本途径

1. 开设生存教育课

课堂教学是生存教育实施的基本途径，但由于生存教育的研究在国内起步较晚，有关学生生存教育的课程目前尚无一个统一的标准，因此，学校要开设生存教育课，必须组织专门的课题组，编写生存教育校本课程，并将此课程纳入学校日常教学，同时建立与此课程相应的评价机制。

2. 将生存教育渗透到学校其他学科的教育教学中

当前，学校的各门学科中都渗透着一些生存教育的思想，教育者在实际教学的过程中应灵活运用各种教学手段，挖掘本学科中的生存教育知识，适时对学生进行生存教育。

3. 结合实践活动对学生进行生存教育

具体而言，学校可通过以下两种途径将生存教育渗透到实践活动中。第一种途径是学校有目的地组织一些相关的实践活动对学生进行生存教育，这种相关的实践活动主要包括以下三种形式：

第一，专门的劳动教育。即要求学生积极参加家务劳动和学校组织的各种义务劳动。通过专门的劳动教育可使学生养成良好的劳动习惯，增强其实际动手能力。

第二，军训。学校通过组织中学生参加军训，可以增强学生的体质，培养他们的坚强意志，提高他们的耐挫能力。

第三，相关的课外活动。如生存教育参观活动、生存教育宣传活动、生存知识竞赛活动等。通过有目的地组织中学生参加一些与生存教育相关的课外活动，有助于他们增长生存知识。

学校还可以有针对性地组织一些专门的生存训练对学生进行生存教育，这种专门的生存训练主要包括以下两种形式：第一，生存夏令营、野外生存训练等。在确保学生生命安全的基础上，通过让中学生置身于真实的生存环境下，可以使他们有机会亲身获得生存知识，提高生存能力。第二，教育者现场模拟各种生存环境。

4. 家庭、学校、社会三者密切联系，共同开展学生存教育

要实现生存教育的预定目的，单单依靠学校一方的力量是不够的，学校应加强和家庭、社会之间的联系，三者形成一个教育的合力，才能搞好生存教育。除上述四种主要的实施途径外，学校也可通过组织班会、团日活动，利用板报、宣传栏，召开生存教育先进事迹报告会等来实施中学生存教育。

二、生活教育

生活教育是帮助学生了解生活常识，掌握生活技能，实践生活过程，获得生活体验，

树立积极生活观念,确立正确的生活目标,养成良好的生活习惯,追求个人、家庭、团体、民族和人类幸福生活的教育。

(一) 生活教育的内容

生活教育的基本内容包括生活行为教育、生活规范教育和生活情感教育三个部分。生活行为教育主要是帮助学生形成良好的生活所必需的各种行为习惯、生活方式及生活观念,能较好地适应社会生活;生活规范教育主要从道德规范、社会规范等方面,形成良好的道德品质以及自我约束能力和调节能力;生活情感教育主要是帮助学生形成体验生活、热爱生活、幸福生活、追求高尚生活的良好情感。

(二) 生活教育的意义

生活教育是我国现代杰出人民教育家陶行知先生教育思想的核心,陶行知的生活教育理论包含"生活即教育"、"社会即学校"、"教学做合一"这三大基本内容。引用陶行知先生的话,生活教育就是"生活所原有,生活所自营,生活所必需的教育",教育的根本意义取决于生活的变化。

1. 生活教育可以培养学生的创新能力

生活教育重视发散创新思维,能有效培养学生的创新能力。生活教育是从实际生活出发,能够结合学生的兴趣爱好,使学生深入生活、了解生活的内涵,潜移默化地激发学生的好奇心和求新求异欲望,强化自主创新意识,学习自然就成为一种兴趣盎然、探索发现的活动,引发其产生新灵感,增强其创新意识和动机,从而在生活教育中激发学生的创新意识和动机。

2. 生活教育可以提高学生的社会适应能力

生活是教育的核心,生活即教育的源泉。生活教育注重培养学生的生活技能。生活教育以独立生活技能为切入点,结合学生未来生存发展的实际需要,教学课程贴近生活。从学生的个人生活、学校生活、家庭生活以及社会生活入手,在充分考虑学生的智力层次和学生差异的基础上,有机整合各学科的教学内容及方式,通过开设实用化、针对化、生活化的生活技能指导课,教导学生正确处理各种生活事务,提高生活自理能力和专业技能储备,进而培养其社会生存能力和职业适应能力;同时,重视社会交往能力的培养,鼓励学生参与集体活动,在与人交往中学会相互尊重、关心与理解,从而获得社会支持和归属感,更好地融入社会集体。

3. 生活教育还可以培养学生的心理适应能力

生活教育借助生活这个展示平台,通过开展综合性宣传献技活动,为学生提供展示才能才艺的舞台,坚定学生"我能行,我最棒"的信念,增强自信和主流意识。同时,将心理教育贯穿于生活教育中,有意识地让学生经历些磨难和困惑,给他们独立解决问题的机会,从应对挫折中培养较强的心理承受能力,帮助学生树立正确的耐挫观。

(三) 生活教育的基本途径

对中学生开展生活教育的主要途径有:

1. 贴近生活,开展生活化主题教育

生活教育要求变革创新教学内容,从实现人和社会的协调发展来实施教育,始终把教育教学与社会生活紧密联系起来,创设学生喜闻乐见的生活化学习情景,导向展示生活意义和价值的学习活动,把课堂教学由校内向校外延伸,实现小课堂与大社会的相互

融通,开展生活化主题教育,使课堂教学内容更加贴近生活,为学生的发展打下基础。因此,教学内容要生活化,以激发学生自主参与生活主题教育活动的积极性,摒弃轻效果而重形式的表象教育方式,实现学习与生活沟通、课堂与社会交融。

2. 教学活动重于"做",启发学生的灵感及创造性

生活教育强调教学过程中学生的主体地位,教导学生发明生活工具,创造生活用具,运用生活工具,以学生生活所必要,以学生智力程度所必需,改进教育教学方法,强化生活教育的启发性。

三、生命教育

生命教育帮助学生认识生命、尊重生命、珍爱生命,促进学生主动、积极、健康地发展生命,是帮助学生提升生命质量,实现生命的意义和价值的教育。

学生生命教育包括七个方面的内容:认识生命、敬畏生命、理解生命、热爱生命、保护生命、开发生命以及死亡教育。生命教育的这些内容之间既相对独立,又有一定的联系。

(一) 生命教育的内涵

生命教育是指关于生命常识及体验生命活动的教育,是教育者通过有目的、有计划的教育活动,引导学生认识生命的意义,追求生命的价值,实现生命的辉煌。生命教育从长度来说,研究的是生命从出生到死亡的整个过程如何提高质量;从宽度来说,研究的是生命的质量,即一个人一生为他人为社会做了些什么的意义感教育。

(二) 生命教育的意义

1. 帮助学生树立正确的生命价值观

通过帮助学生接受生命的一切必然和偶然,学会理解生命,善待生命,发掘生命的意义并珍惜生命,树立生命价值观。在生命教育的过程中,要避免和纠正这两种容易阻碍和限制学生对生命价值意义探索的不良倾向:第一,工具理性主义倾向。这种倾向表现为大量职业技术学校过度重视学生技巧技能的掌握及从业证书的获取,单纯视学生为工具,以满足技术产业需要,而忽视了人本身才是产业的目的,人并非生产工具的一部分。第二,功利主义倾向。这种表现为教与学都被限制在答题技巧的掌握以及标准答案的寻求上,错误理解青少年有了高超的考试能力、解题速度,考取了名牌大学,就能拥有光明灿烂的人生,忽略同步引导学生去经历与体验多彩的生命,忽略对生命意义与价值的学习与思考。

2. 帮助学生身心整体健全地发展

生命具有自发的不断向上发展的驱动力,生命不是被决定而是不断创造的过程。生命教育正是借助这种驱动力来帮助学生通过学习、劳动与实践体会到生命的美与力量,产生实现自我、超越生命的感受。有了这种美好的生命体验,学生会发现创造是生命的应有之义,更积极探索生命的意义,成为一个身心健全、有价值感的人。

(三) 生命教育的基本途径

加强学生生命教育的实施途径主要有:

1. 开设生命教育课程

首先,开设独立的生命教育课。生命教育可以设置专门的科目和课时,使学习内容

更加系统和集中,降低实施的难度。其次,设立生命教育综合课程以整合学校生命教育资源,形成合力。第三,在中学实施生命教育渗透课程,充分利用现有的课程资源,将生命教育渗透到所有的课程之中,教师要深入研究挖掘各科课程中生命教育的因子,以调动学校教师积极参与和关注生命教育,增强教育效果。

2. 组织各种学生活动,丰富学生的生命体验经历

生命需要体验。只有用心体验,才能感受到生命的真实与活力,只有体验过的情感与思考才能化为生命的一部分。可以通过情景模拟、角色体验、实地训练、小品表演等形式,使学生在体验的过程中,对他人和自己的生命产生敬畏,更加热爱自己和他人的生命。通过引导学生对生命的感悟与体验,帮助学生透彻理解生命教育。

3. 提升教师自身的生命情怀

实施生命教育,必须培养教师的生命情怀。首先,教师要尊重学生,学生无论年龄大小、知识多寡,作为一个人,他都有自己完整的生命、独特的人格和自己的生活。教师和学生交往的前提是建立民主、和谐、平等的关系,尊重学生的人格,尊重学生的情感,保护学生的自尊心。其次,对待学生,教师要宽容和仁爱。面对学生的过失,教师不应过多地责备,应因势利导,让他们的心灵受到震撼和启迪。第三,教师应给学生更多的激励。激励是生命的翅膀,教师要善于激发和激励学生生命中的内在力量,给学生更多的赏识,即使是批评也要讲求艺术,给学生自信和勇气。

4. 整合学校、家庭、社会的教育力量

家庭、学校、社会等以不同的形式占据着中学生成长的整个时间和空间,学校教育、家庭教育、社会教育相互依存、相互渗透、相互影响、相互制约。加强学生生命教育,必须整合这三者的力量,创建学校主导,家庭和社区主动参与的新型协作机制。家庭教育资源应为学校开展生命教育创造不可或缺的条件,社区的各种教育资源可以向社区内的学校开放,学校的教育资源也可以向社区开放,形成互动互补效应。只有三种教育协调一致,才能保证整个生命教育在方向上的一致性,才能实现各种教育资源的互补,进而保证生命教育的质量。

四、安全教育
(一) 安全教育的内涵

安全教育是对学生开展安全意识、安全措施以及防范意外安全事故的教育。安全教育是学校安全管理的一项基础性工作。[①]

学生安全教育主要内容是根据学生动作发展、认知发展以及已有生活经验等方面特点,加强学生对周围环境中潜在危险的认识,同时加强防范与处理事故的能力以及自我保护的意识和能力,提高其预见性和保护技能,减少意外伤害发生,提高生命教育的质量。

(二) 安全教育的意义

学生是祖国的未来和希望,学生的安全问题关系到他们的健康成长。学校开展安全教育工作具有重大意义,具体包括:

---

① 教育部:中小学公共安全教育指导纲要[Z].2007.

1. 有利于青少年的健康成长

安全教育可以培养学生做合格、守法的公民；可以教导学生学会用法律武器保护自己和他人；也可以通过安全教育，学习更多的安全防范知识，学会自我救助。

2. 有利于社会环境的净化

青少年学生一方面要自我约束，遵纪守法，另一方面，其学习和生活又要有必要的外部条件和稳定的治安秩序作保障，而学生安全教育恰恰在这两方面得到了全面体现。

3. 有利于增强各级各类学校的责任感

青少年学生是祖国的未来，而他们正在成长之中，相当一部分学生还不具备足够的安全意识和自我保护能力，需要学校、政府和全社会的精心爱护、保护。学校的根本任务是培养人才，学校的一切任务是为了学生的健康成长。

(三) 安全教育的基本途径

安全教育形式包括安全课程、学科教学、讲座、专栏专刊、知识竞赛等等，其内容包含自然灾害、消防、交通、饮食饮水、集体活动、网络、心理安全等。

学生安全教育的基本途径主要包括：

1. 以案说法，有针对地教育

在对学生进行安全教育时，要善于利用发生在学生身边的案(事)件或事故，这样更具有说服力和影响力。教育时可采用召开现场会、举办讲座、办黑板报(宣传橱窗)、张贴宣传画、播放音像制品、树立宣传牌、开设模拟法庭、组织学生旁听法院审判、参加宣判大会、编写安全教育教材等形式，以案说教，有针对性地对学生进行教育，以让学生更好地学习、掌握安全知识，增强安全意识，提高安全防范与保护的能力。

2. 突出重点，有区别地教育

在开展安全教育时，要突出重点，有区别地进行。首先，教育的内容以防人身伤害、防财物受损、防心理失常、防违法犯罪、保学业完成等为重点。第二，针对不同的教育对象开展不同内容的教育。如对有不良行为的"后进生"要以防违法犯罪为主要内容，帮助、教育、引导他们健康成长，成为一个遵纪守法的好学生；对喜爱运动，行为又过于冒险的学生，要加强防运动损伤教育，教育他们做好人身安全防护工作；对女生要加强防性侵害教育，教育她们做好性安全保护工作；对有心理失常表现的学生要加强心理健康教育，帮助他们消除心理障碍。

3. 抓住时机，有选择地教育

开展安全教育，要善于抓住一些时机进行教育。新生入校，针对学生对学校情况不明、环境不熟悉等特点，重点介绍社会治安形势和校园安全状况，提醒学生在校园内应做好哪些方面的安全防范工作。同时可在每周一举行升旗仪式或召开全校性会议时，通报校园安全情况，并针对近期学校及社会治安中出现的问题进行教育。在季节变换时，可根据季节性案件发生规律进行教育。如春夏季要重点做好防流氓滋扰、防性侵害等工作，有效预防强奸、打架斗殴等案(事)件的发生；秋冬季要做好防火等工作，有效预防火灾事故的发生。

4. 开展社会实践，提高教育效果

学生在安全教育中处于主体地位，他们不是被动的教育对象，而是教育活动的重要参与者。学校要积极开展群防群治工作，让学生们在形式多样的社会实践活动中巩固

所学的安全知识,增强安全意识,提高防范能力。如组建学生护校队,组织学生参加重大活动保卫、要害部位守护、节假日值班、校园治安巡逻等活动,提高学生自防自治能力;组织学生参加法纪、安全宣传教育活动,让学生边学习、边宣传、边提高;抓好学生治保组织建设,让学生在实践中掌握开展安全管理的工作方法,以不断提高他们自我教育的能力;组织学生开展社会调查活动,让学生更全面、客观地了解学校及社会治安形势,以培养他们的社会责任感。

5. 加强自护训练,提高防护能力

自我防护在学生安全保护中所起的作用会随着学生社会活动范围的扩大而日趋重要。在其年龄偏低、独立生活能力偏差时,父母、其他家庭成员或者监护人和其他社会力量所起的保护作用会较大,而自我防护的作用不太明显。随着青少年学生社会活动范围的不断扩大,许多事情需要由其本人亲自处理应对时,最能发挥作用的防护力量是青少年学生本人。许多情境之中,需要青少年学生发挥自身的主观能动性,积极、主动地进行自我防护。因此,学校、家庭和社会应根据青少年学生的身心特点,进行有针对性的防护训练,来提高其防护能力。

五、学生升学就业指导
(一) 学生升学就业指导内容

学生升学和就业指导是指教师根据社会的需要,指导学生树立正确的职业观,帮助他们了解社会职业,引导他们按照社会需要和自己的特点为将来升学选择专业与就业选择职业,在思想上、学习上和心理上做好准备。

(二) 学生升学就业指导的意义

无论是初中毕业生还是高中毕业生,都面临着多条升学途径。他们考入什么学校,学习什么专业,对大多数人来说,这就决定了他们将来的职业范围和生活出路。从这个意义上说,升学就是间接的职业选择。而对这种人生的第一次选择,相当多的中学生处于盲目被动状态。正因为这样,在学校心理教育工作中,开展升学和就业指导,不仅是必要的,也是十分迫切的,升学和就业指导对于学生具有重要的意义。

1. 最大限度发挥学生学业和职业发展潜能

按照多元智能理论,人的智能至少可分为语言智能、数学逻辑智能、空间智能、身体运动智能、音乐智能、人际关系智能、自我认识智能、自然探索智能等八种智能。人们在这八种智能方面所拥有的量各不相同,且八种智能在个人身上的组合结构各不相同,这就构成了各种具有独特特征的能力类型,从而形成了人与人之间的能力差异。而工作世界也相对应地分成几种类型,不同能力类型的人在与自己相适应的工作世界中发展,则会发挥所长、事半功倍,反之亦然。因此,对学生进行升学就业指导,能帮助他们找准自己的位置,找到自己的发展方向,有效指导学生的升学就业选择,既有利于学生个人发展,使其能最大限度地发挥自己的作用,又能有效避免教育资源的浪费,做到人尽其才,才尽其用。

2. 促进学生的全面发展和人格完善

每个学生的生理与心理特点都不相同,都具有各种不利和有利条件。随着社会的进步,人们文化素质的提高,就业不再是维护生存的手段,而是人自我价值的实现。从

事适宜自己性格的、得心应手的工作,可以从中得到乐趣,提高事业的成功率,增强自信心,激发向上进取的精神,最终实现人格的完善。

(三) 学生升学就业指导的基本途径

1. 升学指导途径

就升学指导而言,指导途径主要从以下三个方面进行:

(1) 学业价值观指导

毕业生报考什么学校、攻读什么专业,其选择过程与个人的价值观念直接相关。为此,教师要帮助学生树立正确的价值观和人生观,帮助学生了解在存在多种经济结构的社会环境中,国家需要多层次、多方面的建设人才,解除片面追求升学率对学生造成的心理压力。

(2) 学习方法指导

第一,指导学生制订切实可行的复习计划。临近毕业会考和升学考试,许多学生因情绪紧张、焦虑,或因学习上自理能力较差,常出现厚此薄彼、顾此失彼,或眉毛胡子一把抓等现象。为此,应根据学生的知识、智力、性格等方面的差异,将一般指导与个别指导相结合,长计划与短安排相结合,既具体落实,又留有余地。要指导学生制订并不断调整复习计划,根据复习备考的不同阶段,有计划、有步骤地进行全面复习、归类复习和重点复习。

第二,做好各任课教师的联络协调工作。一方面要指导学生以教学大纲(或考试大纲)为"纲",以统编课本为"本"进行复习。另一方面要注意对"题海战术",教师之间"争时间、抢地盘"的情况进行调控,为学生创造一个既紧张又和谐的复习心理环境。

第三,指导学生进行解题技能训练。随着试题标准化工作的开展,教师要指导学生熟悉解题要求,并进行必要的解题技能训练。

第四,指导学生合理安排作息时间。越是临近考试,学生群体心理气氛越加紧张,要指导学生合理安排作息时间,注意劳逸结合。

(3) 学习心理指导

在考生中有一些常见的不良心理状态,如焦虑、恐惧等,它们严重影响了学生的正常复习和临场发挥。教师要指导学生进行自我心理调控,要能取得任课教师和家长的配合,改善环境条件和生活方式,不要对学生频繁地使用鞭策激励性话语,同时严格控制有关考试的流言,以免造成学生的情绪骚动。教师同时要指导学生适应考场。学生面对陌生的考场,往往倍感紧张而影响考试,为此,可指导学生采用心理认同、置换、超脱等方法,迅速适应考场。

2. 就业指导途径

就业指导途径分为就业意识指导、就业准备指导和就业具体指导三个方面。

(1) 就业观指导

就业意识指导是指帮助学生逐步树立远大的理想,形成正确的世界观,了解社会、职业、自己,树立正确的劳动观、职业观、择业观,处理好国家、集体和个人的关系。

就业意识指导的具体任务为:首先,要帮助学生初步了解社会分工、当地经济特点、相关的职业群在建设中的地位和作用,以及这些职业对劳动者素质包括心理素质的要求;第二,对学生进行正确的职业观和劳动观教育,培养其为社会作贡献的精神;第三,帮助学生了解个人的智能水平和个性心理特征,指导他们选择今后就业的大致方向,以提高知识学习和个性锻炼的针对性和主动性。

（2）就业技能指导

就业指导包括这些内容:首先,督促学生扎实地抓好对基础知识与基本技能的学习和一般职业技能训练;其次,重视对学生的职业道德教育;第三,加强对学生的职业心理素质训练,培养学生的创业意识和刻苦精神,克服只靠国家安置和父母奔走的依赖心理,以及听天由命消极等待的被动心理;针对学生的心理特征,加强责任心、理智感、自制力的培养训练,帮助他们正确认识现实社会的种种矛盾,提高耐挫折能力,培养坚定的职业信念、意志和创造能力。

参考文献

［1］鲁洁. 当代德育基本理论探讨［M］. 江苏教育出版社,2003.

［2］班华. 现代德育论［M］. 安徽人民出版社,2004.

［3］罗崇敏. 三生教育论［M］. 人民出版社出版,2013.

［4］罗家忠,杨兴虎. 中学生安全教育读本［M］. 华中师范大学出版社,2009.

思考题

1. 由于学校放学早于家长下班时间,某校初二年级学生放学后处于放任自流状态,于是打架斗殴、破坏公物及环境的事情屡有发生。为此班主任张老师对学生进行了"学雷锋、爱集体"的宣传教育,并建议同学们放学后到校外找砖头为学校砌花台,美化校园环境,谁找的砖头越多,张老师就给予表扬。没多久,花台砌成了,在此期间,学生打架斗殴及破坏公物情况没有再发生,但外单位却告状,原来是有的学生到人家工地上偷了砖头。请问上例中的张老师贯彻或违背了什么德育原则?

2. "桃李不言,下自成蹊"的意思是:桃子李子虽不会说话,但是它们果实甜美,惹人喜爱,人们在它们下面走来走去,走成了一条小路。比喻一个人做了好事,不用张扬,人们就会记住他。这句话体现了哪个德育方法?

3. 语文课上,有个学生总是喜欢跟周围同学讲小话,交头接耳。语文老师多次提醒、制止,但还是无济于事。时间长了,语文老师开始责骂、讥讽、奚落他,有时候也惩罚他。渐渐地,这个学生越来越不喜欢上语文课,对语文老师产生了极度的厌恶感,最后出现了厌学情绪。家长找语文老师询问原因,语文老师说:"我严格要求有什么错?"请你根据德育原则分析,语文老师的做法有错吗? 如果有错,他违反了什么德育原则?

扫一扫二维码
直接获取答案
要点

扫一扫二维码
轻松获取练习题

【学习目标】

1. 班级集体发展与建设

熟悉班级集体的发展阶段,掌握培养班级集体的方法。

2. 课堂管理

了解课堂管理的原则,理解影响课堂管理的因素。

了解课堂气氛的类型及其影响因素,掌握创设良好课堂气氛的条件。

了解课堂纪律的类型,理解课堂结构和有效的管理方法。了解课堂问题行为的性质、类型及其产生原因,掌握处置与矫正课堂问题行为的方法。

3. 课外活动的组织与管理

了解课外活动组织和管理的有关知识,包括课外活动的教育意义、主要内容、特点、组织形式以及课外活动设计与组织管理的要求。

4. 班主任工作的特殊性

了解班主任工作的内容和方法,包括:班级层面的班集体建设、课堂管理;学校层面的课外活动组织;校内外"家校社"合作育人等。

理解协调学校与家庭联系的基本内容和方式,了解协调学校与社会教育机构联系的方式等。

【关键词】

班级:是按照班级授课制的培养目标和教育规范组织起来的、以共同学习活动和直接人际交往为特征的社会心理共同体,是学生学习、生活和成长的重要场所。

课堂管理:是指教师为了有效利用时间、创设良好学习环境、减少不良行为,通过协调课堂内各种人际关系、控制课堂中各种因素及其关系,使之形成一个有序整体,吸引全体学生积极参与课堂活动,营造和谐融洽的人际心理环境,使课堂环境达到最优状态,从而实现预定教学目标的过程。

课堂纪律:是为了保证课堂教学正常进行、培养学生良好的个性品质、促进学生社会化,规范、协调学生行为,保证课堂目标实现而制定的要求全体成员共同遵守的行为规范。课堂纪律有一个从他律到自律、由外而内的变化过程,学生的自觉自律是课堂纪律的最终目的。

课外活动:是指在课程教学计划和教学大纲之外,由学校组织指导或由校外教育机关组织、指导、发动学生开展的,发挥和培养学生的兴趣、爱好、特长,培养学生的创新精神、动手能力和合作能力的,各种各样有目的、有计划的教育活动。

教师角色:是指由教师的社会地位决定、并为社会所期望的行为模式。教师角色代表教师个体在社会团体中的地位和身份,同时包含许多社会期望,教师个体应表现的行为模式。

班主任:是对学生多方面发展有深远影响力的特殊教师。他全面负责班级学生的思想、学习、健康与生活等各方面工作,是学生健康人格的全面影响者,是学生精神生活的引领者;是班级集体学习与生活的组织者、领导者和教育者;是一个班全体任课教师的协调者;是家、校、社立体育人的"枢纽"。

【本章结构】

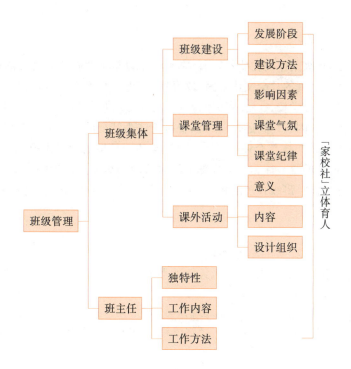

"学校日常教育实践有着丰富的层次和种类。其中,最日常、最为基础性的实践是以班级为单位开展的学校教育活动,它主要由课堂教学和班级生活构成。"[1]班级是学生在校学习、生活的"家",班级集体的建设与管理,需要全体教师和全班同学共同努力,其中,班主任以其工作之独特而具有重要作用。

第一节　班级集体的发展与建设

班级集体是按照班级授课制的培养目标和教育规范组织起来的、以共同学习活动和直接人际交往为特征的社会心理共同体,是学生学习、生活和成长的重要场所。在当代中国学校变革中,班级的育人价值日益突显,"班级是学校机体的细胞,学生在校生活的'家'。从教育的角度看,它是学生实现成长和社会化的重要基地,提高学生班级生活的质量和建设班集体历来是学校工作的重要任务"。[2]"'班级'是一个行政单位,是学校的细胞性组织,更是学生生活与发展的空间。"[3]

栏目 7-1	在教育史上,早在欧洲宗教改革时期,在耶稣会派和路德派等教派学校的教学实践中,已出现了分班、分级教学制度,并且按年、月、周安排教学进度。夸美纽斯(1592—1670)是最早从理论上系统阐述了班级授课制的第一人。 　　夸美纽斯以太阳的"光亮和温暖给予万物"而"不单独对付任何单个事物、动物或树木"为依据,论证了班级授课制的必要性和可行性。他认为班级授课制是对教师产生激励作用,提高教学效率的有力手段。他指出班级授课制的具体方法是:根据儿童年龄特点和知识水平,将儿童分成不同的班级;每个班级拥有一个专用教室;每个班级有一位老师,他面对全班所有学生进行教学。夸美纽斯以其在教育理论和学校变革上的卓越贡献,对世界范围内的教育发展产生深远影响。

概而言之,班级集体的主要特征有:它是一个以学生亚文化为特征的社会群体,传导和积淀着班级制度的社会文化基因(教育目标、规范和组织模式)。它又是一个以课堂教学为中介,整合学校、社会、家庭的教育影响,社会化的共同学习活动是班集体形成和发展的主要整合因素。它还是一个以直接交往为特征的人际关系系统,交往和人际关系动态地反映了集体与个体、个体与个体、集体与环境的相互作用,呈现出集体的形成过程,集体心理的统一性和社会成熟度综合反映了集体主体性的水平。逐步建设培养良好的班级集体是班级管理的核心工作,对学生的社会化与个性化发展具有多方面教育影响。

一、班级集体发展的基本阶段

班级集体不是自然形成的,班级集体的形成一般要经历组建、形核、发展和成熟等

---

① 叶澜."新基础教育"论[M].北京:教育科学出版社,2006:239.
② 叶澜."新基础教育"探索性研究报告集[R].上海:生活・读书・新知三联书店,1999:42—43.
③ 李家成.班级日常生活重建中的学生发展[M].福州:福建教育出版社,2015:2.

几个阶段过程,这也是教育培养、社会化、心理共同体形成的过程。从其初步形成到巩固成熟是一个连续的动态的过程,一个优秀学生班集体的形成,一般要经过如下过程:

(一)组建阶段

刚成立的新班级均属初级阶段,此时班级成员多数彼此之间还不熟悉,学生在形式上同属一个班级,但实际上都是一个个孤立的个体,缺乏班级认同感,行动缺乏组织协调。因此,班主任要根据教育要求和学生发展情况,确定班级集体的发展目标,通过组织指挥,靠行政手段组织班级。班级活动的目标主要靠教师拟定,干部主要靠教师指定和培养。总之,组织管理工作主要靠班主任来抓。班级集体的学生群体核心力尚待形成。

(二)形核阶段

班级集体积极组织形式多样的教育活动,通过丰富的教育活动与教学交往,学生之间开始相互了解,班级成员的地位作用产生分化,在班主任的引导培养下,在集体活动中涌现出一批积极分子,班级集体有了得力的核心人物,开始协助班主任开展各项工作,集体舆论也逐渐形成。通过这一阶段,集体有了自我教育和自我管理的能力。但是,班级里正确的舆论与良好班风尚未形成。

(三)巩固阶段

班级集体的正常秩序建立起来而且良性运转,此时班级集体已成为教育主体。不仅学生干部,而且大多数学生都能自我严格要求,互相严格要求。教育要求已转化为集体成员的自觉需要,无需太多的外在监督,已能自己管理和教育自己。同学之间团结友爱,形成了正确的班级舆论与良好的班级学风。学生勤奋学习,各项活动表现良好。总之,巩固发展阶段的班集体,集体成员具有强烈的集体意识,能自觉维护集体荣誉和利益。同时,集体也不断为每个成员的多方面发展和自我实现创造各种条件。

(四)成熟阶段

这一阶段是班级集体趋向成熟的时期,集体的特征得到充分的体现,并为集体成员所内化,全班已成为一个组织制度健全的有机整体,整个班级洋溢着平等、和谐、上进的心理氛围,学生积极参与班级活动,并使自己的个性特长得到发展。

班级集体成熟的主要标志:(1)班委会逐渐成熟。班委会的干部能各司其职、各负其责,主动积极开展各种活动,成为坚强有力,既能团结合作又能独立开展工作的领导核心。(2)班级组织坚强有力。全班成为一个组织制度开明、健全的有机体,班级集体目标与每个学生的奋斗目标整合一致,集体观念基本树立,班级集体的正确舆论与荣誉感基本形成,集体成为教育主体。(3)班级活动丰富多彩。学生愿意积极承担集体工作,认真参加班级各项活动,争当积极分子的人越来越多,优良班风已逐步形成。

二、班级集体培养的步骤与方法

班级集体的发展是需要培养的,班主任有意识、有效的班级集体培养可以促进班级集体发展。班级集体培养的基本前提是全面了解和研究学生成长需要。基于此:

(一)制定、实施班级管理目标

班级管理目标可以激励学生不断奋发进取。在班主任引导下,通过全班协商制定班级奋斗目标,可以引导学生积极努力,促进集体协同发展,不仅能培养班主任的管理能力和民主意识,还能调动学生的积极性与创造性。在班级管理目标的制定过程中,班主任应根据班级实际情况,引导学生积极参与。班级管理目标要明确、具体、可行,符合学生的年龄特点、思想觉悟、生活经验和集体发展水平,考虑学生的需要、兴趣和愿望。目标要有针对性,根据班级学生的关键问题,提出切实可行的目标。目标要有阶段性和层次性。

班级管理目标要通过具体实施来落实教育价值。为此,首先要让班级目标深入人心。班级奋斗目标在刚形成时往往是由教师提出的,大多数学生只是表面服从。只有符合学生内心要求的目标才能产生强烈的吸引力,如何让班级目标深入人心,提高目标认同度?常用方法有:召开班会、组织同学讨论、与个别学生谈话,根据学生的意见和期望对目标进行必要的修改。一旦认同,学生们会朝着共同的目标奋斗。其次,对班级目标进行分割,把大目标分解细化为阶段步骤,通过"大目标、小步子"的办法,把学生逐步引向更高的目标,从而保持学生的积极性。最后,目标具体落实到个体,班级目标制定以后,引导各小组根据班级以及本组的实际情况及时制定小组目标,以便使班级目标分解到组。每一个学生也应当根据班级总目标和小组具体目标以及自身的实际情况,拟订切实可行的个人目标。从而使每一位学生对自己的基本任务一目了然,对自己要达到的要求心中有数。

(二)建立、健全班级组织机构,建立班级集体的领导核心

学生干部是班主任开展各项工作的得力助手,也是班集体的核心力量。在班级建立之初,通过查阅学生的档案材料或开学表现来了解学生,班主任指定班干部,进行具体考察。然后,组织各类班级活动,让全班学生都有发挥特长、为班级服务、互相了解的机会。一个月左右,全班同学经过活动交往,彼此互相了解,心目中也有了自己满意的干部人选,这时可以采取民主选举的方式进行班干部的选拔。在班委会职务和职责设置上,要坚持明确、独特、具体、全面和恰当的原则。明确即避免设空职,独特即避免职责重复设置,具体即防止职责过于笼统,由此,保证每一个班干部都明确知道自己做什么。全面即覆盖整个班级事物,恰当即防止职责过宽或过窄。

(三)建立、完善班级组织制度,建立和谐的班级人际关系

国有国法,班有班规。班规是班级集体为实现共同奋斗目标而制定的规则,从正面告诉集体中的每个成员应该怎样、不应该怎样。班级规章制度主要有:考勤制度、文体活动制度、思想政治学习制度、卫生制度、值日生制度、课外活动制度、班级财务制度等。制定班级规章制度应注意:合理可行;正面教育为主,强化人文关怀;防止体罚;条文尽量简明,便于学生理解和记忆;要经过全班学生的民主讨论,要有全员参与性、公正性和透明度。制定班级管理制度,不只是班主任的需要,更是班级工作和学生发展的需要,制度的实施不是班主任和少数班干部的事情,而是涉及每一个同学的发展利益。所以,班规的制定,要走群众路线,可以在班委会、学生班会的基础上,形成初稿,经全体同学充分讨论、修订。只有通过民主讨论制定的制度,才能成为大家的公约,才能使强制和自觉较好结合起来,从他律走向自律,培养学生的自我教育能力。

(四)协调好班内外各种关系

争取学校教育工作者、家长和社会教育力量的支持和配合,形成家、校、社教育合力,促进学生成长。首先,协调班主任与任课教师的关系。定期组织班级教师进行教育

会诊，帮助任科教师认识班级和学生，分析班级学生的知识程度、学习能力以及学习习惯等具体实际，寻找切合学生实际的教学方法。指导学生了解各科学习的特点，掌握正确的学习方法，提高学习的效率，并且要沟通班级学生和任科教师的关系，增进师生的感情。其次，协调学生与学生的关系。班级例会、榜样学习、小组互助、友谊竞赛、情境教育、座谈对话等。此外，协调家校教育工作。班主任要经常与家长联系，争取家长对学校教育的配合，一起做好学生的教育工作。主要方式有：家长会、家访、家校联合主题活动、成立班级家长委员会。最后，协调社会教育工作，为学生多方面发展、多类活动的开展提供平台、基地和支持。

（五）建设、形成良好班级文化

班级文化是班级的灵魂，是班级独特性的综合表达，涉及与班级有关的各类人群，既包括学生与学生之间的关系、师生之间的关系，也包括教师之间以及教师与家长之间的关系。班级文化可分为"硬文化"和"软文化"。硬文化是"显性文化"，是可以摸得着、看得见的环境文化、物质文化，如教室墙壁上的图文字画、师生作品；桌椅、长廊、班训、班风等醒目图案和标语等。班级环境硬文化建设的原则是：有序、丰富、活泼、整洁，为了学生、来自学生，体现班级特点，具有教育价值。软文化是"隐性文化"，包括制度文化、精神文化和行为文化等，具体体现为班旗、班徽、班歌、班报、班级公约、班风等。以各种班级规约为载体的制度文化，构成制度化的法制文化环境；精神文化则是关于班级、学生、社会、人生、世界、价值的信念，弥漫在班级的各个角落，潜移默化地影响着学生；制度和精神等在学生身上具体表现出来的言谈举止和精神面貌，则是行为文化。

第二节　课堂管理与问题处理

班级管理是以班级集体的发展与建设为基础展开的。其中，课堂管理是指教师为了有效利用时间、创设良好学习环境、减少不良行为，通过协调课堂内各种人际关系、控制课堂中各种因素及其关系，使之形成一个有序整体，吸引全体学生积极参与课堂活动，营造和谐融洽的人际心理环境，使课堂环境达到最优状态，从而实现预定教学目标的过程。课堂管理的基本原则有：（1）了解具体学生的发展需要；（2）建立积极的师生关系和同伴关系，创造课堂的良好气氛；（3）实施有效的教学措施，促进最佳学习；（4）建立班级、课堂常规；（5）关注对全班同学的教育影响，发挥集体的教育作用；（6）预防为主，敏锐体察，利索应对。

44. 晏阳初

（1890—1990）四川省巴中县人。20世纪20—40年代，在中国致力于平民教育与乡村建设实验，50年代起在亚洲、非洲、拉丁美洲一些国家推行平民教育。他是第一个在中国本土创建平民教育理论与乡村教育制度，并传播到国外的中国教育家。与爱因斯坦、杜威等同获"现代世界最具革命性贡献十大伟人"称号，被国际社会尊称为"世界平民教育之父"。他认为旧中国民众患有贫、愚、弱、私"四大病"，主张通过平民教育，培养具有知识力、生产力、强健力和团结力的"新民"。1928年，晏阳初在河北定县开展平民教育实验，开展以文艺教育、生计教育、卫生教育、公民教育四大教育方式为核心的平民教育实践活动。他还非常重视小学教育，也非常重视家长教育。他认为欧美教育注重儿童，中国教育应当注重家长。

主要教育著作：《平民教育的真义》《农村运动的使命》等。

栏目 7-2

名师课堂管理经典举隅

1. 用心记住每一个学生的名字

直呼其名相对于不指名道姓课堂效果会更好，要尽快地了解每个学生。（于永正）

2. 课前要"胸有成竹"

没有备课时的全面考虑与周密设计，哪有课堂上的动态生成；没有上课前的胸有成竹，哪有课堂中的游刃有余。（徐斌）

3. 提前三分钟进教室

老师提前进教室，便于作好课前准备，了解学生情况，稳定学生情绪，联络师生情感……

4. 上课要充满激情

没有对教育的热爱，对孩子的热爱，任你教师用再先进的现代教学手段，也只是徒具其形，任你教师用再华美的语言，也不会打动学生的心灵，震撼学生的灵魂。（窦桂梅）

5. 学会倾听孩子们的心声

课堂上，没有比倾听孩子们心灵的声音更幸福的了。（李镇西）

6. 做一个真实的人

真实的遗憾比虚假的完美更加动人，更加具有生命力。（张化万）

7. 要了解你的学生

你了解了学生，就会体谅学生的苦衷；你更善良了，就会被学生从心底里接受，你就握着一把钥匙，一把让学生学业成功，也让你自己事业成功的钥匙。（郑杰）

8. 尽量多给学生思考的机会

教师要善于调动每一个学生的积极性，多给学生思考、表达的机会。（程翔）

9. 身教重于言教

教师对学生不仅仅是授业解惑，而且时时刻刻在以其人格魅力、工作态度、眼神举止等影响着学生。对学生而言，教师的人格力量是无声的教育，学生会以自己的心眼，随时观察着老师，不但听老师怎么说，更看老师怎么做、怎么想……

一、课堂管理与课堂氛围的影响因素及开展

课堂管理和课堂氛围是师生班级建设和班主任工作的重要方面，也是学生班级学习和生活的重要保障与构成。根据不同的分类维度，课堂管理可分为：课堂人际关系管理、课堂环境管理、课堂纪律管理等。课堂人际关系管理指对课堂中的师生关系、同伴关系的管理，包括建立良好的师生关系、确立群体规范、营造和谐的同伴关系、组建合作小组、学习同伴等；课堂环境管理指对课堂中物理环境的安排、社会心理环境的营造等；课堂纪律管理主要包括制订与实施课堂行为规范、准则，应对问题行为等。课堂管理还可分为：常规管理和问题行为管理。常规管理，如上下课、举手发言等；问题行为管理包

括学生的违规行为和教师的违规行为。作为教育工作者,教师自身也要防止出现问题甚至违规行为,有时教师对课堂问题的不当处理可能就有问题或违规,如,为"控制"课堂秩序、维护教师尊严,不顾问题行为的性质和种类,动辄中断正常教育教学,或对学生有关行为,进行冗长、频繁的训斥,为个体学生的问题,浪费全体学生过多的课堂时间,进行"思想教育",过度唠叨导致厌烦、逆反,未解决老问题,反增加新问题。

(一) 课堂管理的影响因素与开展

课堂处于学校之中,由师生互动情境构成,所以课堂管理受到多因素的影响,良好的课堂管理要从多方面考虑。首先是学校管理的水平。班级是学校的内部组成部分,学校管理的水平、质量极大影响课堂管理的水平和质量。其次,教师自身的管理能力。教师是课堂管理的重要主体,教师的教育水平、个人素质、组织管理经验、工作能力和态度都直接影响课堂管理水平。再次,学生的学习行为。学生既是课堂管理的对象,又是课堂管理的多元互动主体。学生学风优良,目的明确,态度端正,知识扎实,学习能力强,则行为习惯容易规范,主体的自我管理能力强,课堂管理就容易。反之,容易带来课堂管理问题,甚至导致课堂管理混乱。最后,班级规模也会影响班级管理。班级集体的规模不同,课堂管理的方式也需要相应的不同。班级集体的大小会影响学生之间的情感联系。超过一定规模,集体越大,情感纽带的力量越弱。学生越多,学生差异越大,越容易发生争论,产生冲突。学生间的交往频率越小,师生间关系相对冷淡,相互间的了解就越少。班级集体越大,由于受交往时空的限制,学生往往容易形成各种非正式小群体。

有效的课堂管理首先要建立平等、和谐的师生关系。师生关系是反映教师课堂管理状况的一个重要方面,也是影响教学效果的关键。平等、和谐的师生关系能使师生和睦相处,有效地进行沟通有助于减少和防止课堂问题行为的发生,有助于营造使学生感到愉悦快乐的学习环境,为学生的持久发展创造条件。其次,师生共同制定并实施课堂纪律。课堂纪律是班级全体成员所共同拥有的认知、态度、行为的持续的参照标准。最后,妥当安排教室的学习环境。教学活动大多数在教室里进行,教室环境可能直接影响学生学习,也可能通过对教师行为的影响而间接作用于学生。良好的教室管理对学习效果有一定的影响,学生在一个管理完善的教室里学习,更能激发学习动机,提高接收能力,同样也有助于教师树立教学的信心。

课堂管理常用方法:①规范预防法,②有意忽视法,③突然沉默法,④接近安慰法,⑤直接提醒法,⑥及时转换法,⑦语调变换法,⑧幽默调节法。

(二) 课堂氛围的影响因素与创设

影响课堂气氛的因素主要有:教师素养与教学能力、学生基础与学习兴趣、教学内容的难易、教学过程的组织性、教学方式的适切性、校风、班风和学风等。其中,起首要、决定作用的因素是教师自身。教师有责任和学生们共同营造安全、互动、富有生命成长气息的课堂氛围,为学生的主动、健康发展创设良好的课堂气氛。

首先,教师要认真备课。备课是教师根据课程标准和教材特点,结合学生具体情况,多方面挖掘学科育人价值,确立教学目标,设计教学环节过程,选择适切的教学方法,促进学生有效学习、主动健康发展的教育基本功,是上好课的基础。无论是个人备课还是集体备课,都要备学生、备内容、备教学设计,只有在充分备课的基础上,教师才能从容、自信去上课,大胆创设积极互动的课堂气氛。

其次,教学过程要互动。创设良好的课堂气氛,教师在钻研教材,收集资料外,充分了解学生的身心状态、已有的学习基础和可能的发展区间,备好课时就要认真考虑安排学生参与课堂活动的环节,基于此,在课堂上,要从预习交流、聚焦讨论到答疑推理等,都尽量基于学生个体独立,通过学生群体互动完成,教师不是重复答案,而是引导推进、提炼生成,这样,学生体验到课堂学习的乐趣与主动合作探究的成就,也体验到同学之间、师生之间的互动生成,生命活力的相互激发,有利于营造积极向上的课堂气氛。课堂过程要特别注意尊重学生的"插话"。学生插话是一种特殊的提问或发现,当学生不由自主地插话,正是其主体意识觉醒,主动能力焕发,积极发现新问题,获得新能力的表现。教师要鼓励学生敢于插话,善于质疑问难,勇于相互启发。学生的问题意识、提问能力和解题能力,都是发现、创新素养的萌芽,而且让学生提出自己独特的见解,激活全班思考,课堂气氛会在学生的提问、思考、交流、碰撞中得到活跃。

再次,教师语言要幽默。中学生兴趣广泛、思维活跃、情感敏锐,学生间千差万别,教学过程中意想不到的资源很多,需要教师的现场捕捉与回应生成,幽默的课堂语言是教师睿智思想、广博学识的诙谐含蓄、形象生动之体现。恰当使用幽默语言,不仅可以创设出风趣动人的情境,驱除学习疲劳,引发学习兴趣,强化知识记忆,而且可以化解冲突、尴尬,达到令人忍俊不禁、余韵隽永的教育效果。为此,教师要注意提高自身的文化修养,丰富活化自己的沟通语言,焕发出积极开放、睿智乐观的魅力,把课堂变成师生共同成长的文化强磁场,教育、感染、激活学生的理智与情感。此外,教师语言要具有激励性,多鼓励、多表扬,鼓励、表扬会让学生感到温暖、自信,容易合作,愿意努力实现自我,进而形成努力学习的课堂气氛。教师要注意体态语言的课堂氛围效果,体态是人类无声的语言,负载着大量信息,是书面语言和口头语言的重要补充。教师鼓励的眼神、期待的表情、一举手、一投足、一笑一蹙,都会产生教育效应,让学生感受到爱、支持、信任和要求,让课堂氛围焕发出积极的育人价值。

二、课堂纪律与问题行为处理

课堂纪律是为了保证课堂教学正常进行、培养学生良好的个性品质、促进学生社会化,规范、协调学生行为,保证课堂目标实现而制定的要求全体成员共同遵守的行为规范。就个体而言,课堂纪律最初是对学生课堂行为施加的外部准则与控制,当其逐渐被学生所接受或内化时,就变成为自律,学生能自觉地自我指导、自我监督、自我教育,而自律是课堂纪律的最终目的。

(一)课堂纪律的类型

根据课堂纪律形成的原因,可将课堂纪律分为以下四种类型。

1. 教师促成的纪律

教师促成的纪律,是指在教师的操纵、组织、安排、规定和维护的标准下,所形成的纪律。它的实现不仅要求教师的指导、监督以及奖惩,还必须要有教师对学生的体贴,如同情、理解、调解、协助、支持和容纳学生的意见相配合。教师促成的纪律一般适用于低年级。随着年龄的增长和自我意识的增强,学生对教师促成的纪律开始有不同的认识,反对教师过多的限制。

2. 集体促成的纪律

集体促成的纪律,即同辈人集体形成的行为规范与准则要求。学生从上学开始,同辈人的集体就在他们社会化方面起着越来越大的作用。随着年龄的增长,学生开始以同伴群体的集体要求和价值判断来作为自己的行为准则,以"同学也是这样做的"为理由来做某件事。在一个好的班集体中,学生为了不损害集体或与同学的关系,即使自己有困难,也会自觉遵守集体的纪律。

3. 任务促成的纪律

任务促成的纪律,是指由于某一特定任务的需要而提出的纪律要求。任务促成的纪律,是以学生对活动任务的充分理解为前提的,他们对任务理解得越深刻,就越能自觉地遵守纪律,即使遇到困难和挫折也不会放弃。

4. 自我促成的纪律

自我促成的纪律也就是自律。学生把教师促成的纪律、集体促成的纪律或者任务促成的纪律内化为自己的行为准则,自觉地遵守,并把维护纪律作为自己的职责。自我促成的纪律是课堂纪律管理的最终目标,也是学生成熟水平向前迈进的标志。

(二) 课堂结构与课堂纪律

课堂结构是指学生、学习过程和学习情境这三大课堂要素相对稳定的组合模式,主要包括课堂情境结构和课堂教学结构,它们对课堂纪律有重要影响。

1. 课堂情境结构

课堂情境结构对课堂纪律的影响主要表现在班级规模的控制、课堂常规的建立以及学生座位的分配方面。其中:过大的班级规模限制了师生交往和学生参加课堂活动的机会,阻碍了课堂教学的个别化,从而有可能导致较多的纪律问题。课堂常规,也就是教室常规,是每个学生必须遵守的最基本的日常课堂行为标准,对学生有约束和指导作用。对于课堂常规的设定,应由全班同学共同讨论形成,以提高遵守的自觉性。学生座位的分配一方面要考虑课堂行为的有效控制,预防违纪行为的发生;另一方面还要考虑对人际关系的影响,应有助于学生之间和师生之间的正常交往。

2. 课堂教学结构

课堂教学结构对课堂纪律的影响主要表现在教学时间的利用、课程表的编制、教学过程的规划等。合理的课堂教学结构能使教师满怀信心进行教学,教师的良好教学心态能感染学生,增强其安全感和自信心,减少背离性,避免课堂发生混乱。

(三) 常见问题行为与产生原因

课堂问题行为是在课堂上发生的违反课堂规则,妨碍或干扰课堂活动正常进行,或影响教学效率的行为,是班级生活中经常遇到又非常敏感的问题。其中,学生的课堂问题行为主要有:不能遵守公认的行为规范和道德标准,不能正常与人交往和参与学习等行为,这些行为不仅影响学生的身心健康,而且容易带来课堂纪律问题。课堂纪律有时候很微妙,处理不好,会损害师生关系和破坏课堂气氛,影响教学效率。防患于未然最好,如果教师懂得预防、监督,在不当行为处于潜伏期时,能及时巧妙处理,将事端化解在萌芽状态,这也是课堂管理的一个重要部分。

美国学者威克曼(Wickman, E. K.)把课堂问题行为分为:扰乱性问题行为和心理问题行为。奎伊(Quay, H. C.)则把课堂问题行为分成人格型、行为型和情绪型三种类型。可将课堂问题行为归纳为:外向的行为问题和内攻的人格问题等。行为方面的问题指直接指向环境和他人的不良行为,如对抗、攻击、破坏、不服从等;人格方面的问题行为是与学生的个性关联在一起的不良行为,如孤僻、焦虑、抑郁、退缩、多变等。我国有学者将课堂问题行为分为三类:行为不足、行为过度和行为不适。其中,行为不足主要是指人们期望的行为很少发生和从不发生,如沉默寡言等;行为过度主要是某一类行为发生太多,如经常侵犯他人;行为不适是指人们期望的行为在不适宜的情境下发生,但在适宜的情境下却不发生,如上课时放声大笑等。

中学生课堂问题行为产生的主要原因有:学生自身、教师和外界环境因素等内外两个维度三方面原因。

1. 内在因素

中学生正处在不成熟向成熟发展的过程中,学生发展中的个体尚未成熟和群体千差万别是导致课堂问题行为的一个内在因素。若从中学生的性格类型、认知水平、基本需要、情绪情感四个方面进行分析:(1)性格类型有差异。外向型性格的学生往往喜欢人际交往活动繁多的环境,能够忍受强烈的噪音和捣乱行为,而且不会因为这些干扰影响学习。如果身在一堂秩序井然、结构清晰的课上,教师坚持要求教学时保持绝对安静,他们在持续一定时间之后必然会感到厌倦无聊。内向型性格的学生正好与之相反,干扰不断、充满全新体验的课堂学习环境虽然显得十分有生气,但性格内向的学生在这样的环境中会被扰乱思维,降低学习效果,他们往往倾心于能够保证个人学习,以及能够让他们全神贯注地思考自己事情的课堂。(2)认知能力发展不平衡。问题行为的产生和学生的学习密切联系在一起,学生学习状况的优劣与其认知发展水平密切相关,学生的认知能力发展问题是课堂问题行为产生的原因之一。另外,课堂上学生们的认知水平参差不齐,往往会让教师在教学中顾此失彼,处在认识发展水平的两个极端水平的学生最容易成为问题行为的源头。(3)基本需要未满足。需要是人行为的内在驱动力。大量的课堂问题行为的产生是由于学生试图满足自己的需要的结果。有研究者认为,无论学生自己是否意识到,他们做出的不良行为是为了满足四个基本需要:想引起他人注意、想显示自己的力量、寻求报复和想要逃避失败。中学生的心理发展是课堂问题行为产生的重要因素。(4)情绪情感有冲突。青少年情绪情感最突出的特点是冲动、强烈的两极化表现,中学生容易产生消极的情绪波动,而他们对自己情绪情感的调节、控制能力相对还不成熟,波动性会特别明显,往往还不善于使自己的情感受时间、地点场合等条件的支配,难以克制自己的情感表现,以至于失去理智,产生课堂问题行为。

2. 外在因素

中学生课堂问题行为的产生原因非常复杂,既有上述提及的内在因素,也有外在因素。外在因素主要来自教师教育教学能力、师生关系、课堂规则、课堂环境和父母的教养方式等。

课堂上的问题行为不仅仅是学生为了满足自己的需要,事实上,教师作为课堂活动中的重要成员,也要负相当一部分的责任。如:

(1)教师教学不能引起学生兴趣。有的教师不认真备课或根本不备课,只顾讲解教学内容,不讲究教学方法和教学艺术,教学方法单一、枯燥,表达能力差,缺乏活力。不善于激发学生的积极性对学生缺乏了解,教学内容过难或过易,讲课速度过快或过慢,表达能力较差,语言和要求含糊不清,教师缺乏活力,枯燥无味,这样的课堂很容易导致教师在学生心目中的威信降低,引发一系列课堂问题行为。其次,教师的教育观、学生观偏差也会导致学生课堂问题行为。如教师把分数作为唯一目标,重智轻德,搞题海战术,歧视差生等,都容易引起学生厌倦情绪,产生逆反行为,甚至对抗行为。最后,如果学生感到教师对问题行为的解决方式不公平,这种行为也会继续发生。

(2) 师生关系紧张。"亲其师,信其道",绝大多数学生会把对教师的喜好厌恶等情感反映在教师所教学科的学习中。因此,如果师生关系不良,学生会对教师的言行举止表示反感,不听教导,有的还会产生逆反心理,进而产生厌学情绪。学习动机和学习目的会淡化、忘记,学生缺乏学习上的积极性和主动性,在课堂上就会难以投入学习,课堂问题行为随之产生,导致学习成绩下降。一旦学习成绩下降,教师可能批评、训导学生,学生就会进一步加深对教师的反感、对课堂的厌恶感。长此以往,就会形成恶性循环,成绩越差,对学习和老师的教育就越反感,课堂问题行为难以消除。

(3) 课堂规则缺乏合理性。教师往往是课堂规则的主导制定者,但是只是由教师来制定课堂规则,即使规则制定不会很随意,也可能与学生的发展需要不一致,甚至相背离。而且,作为课堂活动的重要成员之一,应该有相应的课堂规则在约束学生的同时约束教师。教师可提出基本规则,然后教师和学生共同制订具体规则,包括学生规则和教师规则在内,教师向学生承诺遵守哪些规则,可以为学生做出遵守课堂规则的榜样。

(4) 有待改进的课堂环境。研究表明,课堂内部环境中的温度、色彩、课堂座位的编排方式和课堂心理气氛等都会对学生的课堂行为产生十分明显的影响。课堂中温度适宜、色彩明亮、气氛融洽,学生就可能产生一种愉悦的感受和积极的情绪,从而减少课堂问题行为。相反,如果课堂环境恶劣、气氛紧张,学生就可能会产生昏昏沉沉、懒懒散散的消极情绪,从而增加问题行为发生的可能性。此外,课堂座位的编排方式也与学生的问题行为有关。在课堂观察中发现,坐在前排座位的学生,其座位距离教师较近,通常能够积极思考、回答问题、参与课堂活动;但坐在后排座位的学生,其座位距离教师较远,通常有捣乱、睡觉、看课外书等问题行为。

此外,课堂问题行为的产生,除了受学生和教师方面的因素影响,还与外界环境有关,包括家庭、学校、大众传媒和课堂内部环境等影响因素。主要有:

(1) 不良的家庭教养方式。在诸多影响儿童社会化发展的家庭因素中,父母教养方式是最重要的一个。正是通过父母对子女的教养行为,才把社会的价值观念、行为方式、态度体系及社会道德规范传递给儿童。有研究表明,单亲家庭的孩子、父母不和家庭的孩子以及专制型、放纵型家庭的孩子往往更容易产生各种各样的课堂问题行为。

(2) 泛滥的社会媒体。大众传媒传播的信息对学生来说,并非都是积极、正向的。一些暴力、色情、凶杀、追求感官刺激等内容充斥在学生日常生活的周围,部分学生受相关内容影响,盲目模仿、尝试,并把这类行为延伸到课堂。

(四) 课堂问题行为处理

课堂问题行为是内外多方面因素交互作用的复杂结果,能否对课堂问题行为进行恰当的处理,取决于教师对行为引导和矫正策略的有效运用。

1. 正确认识课堂问题行为

正确认识课堂问题行为是进行有效矫正的前提条件,没有正确的认识,就不可能进行有效的矫正。教师不要过分夸大问题行为的严重性,不宜把个体行为与全班矫正等同起来,不宜把有问题行为与品德败坏等同起来。其实,课堂问题行为普遍存在,即使是优秀学生也偶尔会产生问题行为,问题是成长中的正常现象,不宜夸大、矫枉过正。作为教师对课堂问题行为不宜持消极态度,更不能对有问题行为的学生的未来做出草率的结论和悲观的预言。教师的正确态度是热爱、尊重、信任、宽容、体谅和帮助,不是忙着判断、责难、批评。为此,教师要区分对待三种课堂行为。

课堂上存在着积极、中性和消极的三种行为,其中中性和消极行为都属于问题行为之列,但要区别对待。所谓中性行为是指影响学生本人学习,但未干扰其他同学学习的行为,教师不宜在课堂里停止教学去公开指责学生,以免因个体延误全体,也免得个体成为全班注意中心,可采用给予信号、邻近控制、向其发问、排除诱因、暗示制止、合理安排和课后谈话等措施,把中性行为转变为积极行为。消极的课堂行为很难直接转变为中性行为,适当的制止或惩罚是必要的,但不可采用讽刺挖苦、威胁、隔离、剥夺、体罚等负能量手段。

2. 课堂问题行为处理的策略

问题行为的处理,需要策略,主要有:

(1)人际沟通。人际沟通旨在通过师生真诚地理解彼此行为的真实理由,消除师生之间因交流障碍带来的、对彼此行为的误读,从而达成对彼此行为的理解与共识。课堂管理的人际沟通策略主要包括:倾听和诉说、信任和责任等。人际沟通的关键在于:积极地倾听,了解课堂问题行为发生的真实原因;信任学生有改进自己行为的能力,并让其承担起行为改进的真实责任。在沟通过程中建立良好的师生关系,发挥师生关系的问题解决作用。师生之间平等、友好、融洽、和谐的关系,能激发学生的学习兴趣,提高课堂教学效率,减少课堂问题行为,有助于学生良好品德和良好性格的形成。课堂问题行为的处理,是影响师生关系的关键因素,教师如果注意运用恰当的批评艺术,就能赢得学生的信任,使师生关系更加密切。因此,批评时先要考虑学生的合理愿望,维护他们的自我尊严。或迂回地指出学生的错误,或批评前先赞扬学生,鼓励学生,使学生自己意识到问题所在,自己努力解决问题,在解决问题的过程中更加自觉、自信。师生关系也会更加融洽。

(2)强化策略(或行为矫正策略)。课堂行为的维持或矫正,可以通过适当的强化来实现,包括正强化和负强化及其相互转化。正强化是指良好的行为得到鼓励或赞扬,并因得到强化而逐步巩固下来。负强化是指通过鼓励和强化良好行为,有意忽视课堂问题行为,从而抑制或终止其他问题行为。通过正强化与负强化的相互转化,可以实现对课堂问题行为的管理。强化的方法很多,如:当学生产生良好行为时,教师可通过口头表扬、身体接触(如拍拍肩膀等)、提供较好条件或更多机会等,鼓励和强化学生;当学生出现问题行为时,教师可采用转移学生注意、移除媒介、有意忽视、信号暗示、使用幽默等及时终止问题行为。对于一些较严重而又难以制止的问题行为,可适当惩罚。行为矫正是用条件反射的原理来强化学生良好的行为,以取代或消除其不良行为的一种方法。行为矫正必须以师生密切合作为前提。同时与其他方法结合,效果才显著。

(3)心理辅导。心理辅导主要是通过改变学生的认知、信念、价值观念和道德观念来改变学生外部行为的一种方法。不少课堂问题行为的产生是由于学生自我发展受到阻碍和压抑,个人对自我缺乏正确认识所导致的。而心理辅导可以调整学生的自我意识,排除和转移阻碍个人发挥自我潜能的种种障碍,帮助学生正确认识和评价自己,实现自我认同和接纳,从而真正转变课堂问题行为。尤其是比较复杂的课堂问题行为,更需要进行心理辅导。良好的心理辅导取决于师生间的认知距离和情感距离的缩短,因此教师在进行心理辅导时要尊重学生的认知和情感体验,信任和鼓励学生改正课堂问题行为。心理辅导要关注学生个性差异,同一班级的学生整体发展水平虽然大致相同,但他们的性格类型、气质、能力和知识基础都存在明显的差异,这要求教室在教学时要充分考虑这一点,做到"一把钥匙开一把锁"。比如,在学习目标确定上,不必整齐划一,要"因人定量";在教学管理方式上,采取不同的态度,对动作迟缓的要经常给予帮助,不要挫伤他们参与活动的积极性;对内向的学生,不要使他们处于压力之下,给他们以安静和独处的机会,逐步帮助他们摆脱孤独、融于集体;对于过分激动、难以自控的学生,要注意意志力的培养训练在教学形式上,可以适当调整班级原有结构,多采取小组学习的方式,使感到学习太难或太容易的学生都不会觉得被排斥在外,从而减少乃至避免产生厌烦、不安、急躁、发怒等课堂问题行为。

(4) 学生参与制订课堂规则。明确的课堂规则,是一种有效的先入为主法,学生事先明确意识到教师和同学们对课堂行为的期望,每一个学生都能明确判断标准,知道什么行为是好的,什么行为是不好的;哪些行为是大家认同的,哪些行为大家不认同。教师可在学期或学年初期阶段,通过与学生讨论的方式,对课堂行为提出明确的而具体的要求和规范,并以此作为共同遵守的准绳。

(5) 创建良好课堂环境。良好课堂环境的建设主要涉及良好班风、学风的培养和教室环境的布置与管理。班风是通过班集体建设而形成的,是班级中各个成员的精神风貌、学习态度及人际关系的总和。它的重要内容是学风。学风是指每个学生对学习意义的认识与主动参与学习的态度。良好的班风一旦形成,其作用表现为它会对班级的每一个成员具有教育作用,它能引导学生形成正确的是非观念,它会潜移默化地影响每一个学生,使个别行为偏差的学生在良好班风的感染下向着好的方面转化,遵守由集体促成的纪律,还对学生具有约束作用,一旦有人想破坏,会受到集体其他成员的谴责。教室是教师和学生共同活动的主要场所,教学实践和心理学研究表明,整齐、清洁、幽雅、宁静的教室,使人心情舒畅,精神振奋,而肮脏、呆板、杂乱的教室使人倦怠、厌烦。富于变化和切合学生特点的教室布置和座位安排,有助于陶冶性情,更好开展教学工作,提高课堂教学效率。要科学、合理地安排或调整学生的座次,打破按高矮次序或学习成绩排位的简单方式,综合考虑学生的生理特点、个性特长、学习习惯、行为特征、同伴关系等多种因素,做到优劣搭配、合理组织,以取长补短、以优补劣,互相促进,根据学生和学习目标的不同而选择适当的座位排列形式。

(6) 家庭、社区和社会积极承担自己的教育责任,有意识地净化、美化和丰富生活环境与媒体信息,与学校教育工作者共同承担起促进学习型社会建设,促进每个人终身发展的社会教育责任。

总之,对于课堂问题行为,教育工作者应根据具体行为,分析其产生的原因及后果,在尊重、理解的基础上,采取具体方式,或单独解决,或发动全体,适宜的策略和方法需要在实践中形成,并在具体运用中创新。

　　一位青年教师监考。走进考场,把卷子按行发放。刚发两行,出问题了。有一行最后一位同学没拿到卷子,嚷起来:"我没卷子!"老师说:"你嚷什么?谁看见他的卷子了?"没人接茬。老师走下讲台,一个个学生查问。刚查三个学生,其他四行没拿到卷子的学生急了:"老师,怎么不发卷子呀?"老师回过头来批评:"捣什么乱!没看见这儿丢卷子了吗?"被批评者不服,开始嘟囔:"谁捣乱了?考试不发卷子!""一会儿我答不完怎么办?""老师,怎么还不发呀?""这叫什么事!"有的声小,有的声大,班级开始乱起来……

　　其实,教师可以怎样做呢?有许多做法可以避免班级混乱,如:

　　首先,当发现缺一张卷子时,可以问一问谁多拿了一张。如果没人回答,就不要再追问了,立刻对没领到卷子的同学说:"对不起,请你等一下"。

　　然后,根据平时了解,如果他比较安静,可以先发完全班卷子,然后从容地补发卷子,回收多拿的卷子。如果没领到卷子的学生比较"爱闹",可以先给他一张,继续发卷子,找一位通情达理的学生,和他沟通先不发他卷子,他不会闹。等全班同学进入答卷状态后,再给他补卷子。所有补发试卷的同学,最后都会补给相应的考试时间。

　　事后,可以在全班表扬先不领卷子的同学顾大局、识大体,这样的表扬,对被表扬者是合情合理的行为强化,对爱闹者则是明确的矫正策略,对全班同学也是教育。

　　……

　　课堂管理的一条基本原则是先稳面,后抓点。课堂上无论出什么问题,教师都要首先注意绝大多数同学,把他们稳定下来。有了"根据地",什么事情都好办。课堂管理,一要干净利落,速战速决;二要防止顶牛;三要使大部分同学切实受到教育:这才是教育型的管理和领导。若不注意大多数同学的情绪,只顾和个别学生你来我往地争辩,班上非乱不可。许多青年教师容易犯这个毛病。

　　可见,管理学生并不简单,这的确是一门学问。认为管理就是紧盯不放,就是让学生怕老师,或者就是哄着学生听话,都是误解。管理与教育的关系问题很复杂,班主任在这个问题上常见的毛病是,他的角色不像个教育者,而像单纯管理者,但从管理角度看,他也不像个掌握全局的管理者,而像一个办事员,一个上级管理决策的具体执行者,他把管理缩小为管束,像一个保安,一个警察,一个管理员。

　　处理课堂上的偶发事件,首先要正确认识课堂行为。正确认识是正确处理的前提。教师要明确意识到:班级管理的目的不是为了使学生"就范",而是要使其得到"教育"、提高觉悟,逐渐学会自我管理、自我教育,学生自律是课堂纪律的目的,学生自我教育是班级管理和建设的目的。

　　教师不要过分夸大课堂管理中意外事件的严重性,切忌把个体行为变成全班矫正,

① 王晓春.做一个专业的班主任[M].上海:华东师范大学出版社,2008.

不要把偶发问题定性为品德问题。班级管理需要尊重、关注学生的成长需要，才能预防问题行为的发生。一旦意外行为发生，教师要注意师生人际关系的非对立化。如前所述，课堂管理要注意基本原则，如：了解学生的需要，不要武断；建立积极的师生关系和同伴关系，不要情绪对立；关注对全体同学的教育影响；不要把个别意外扩大为全班的问题；要敏锐体察，利索应对，不宜拖泥带水，浪费宝贵的课堂时间。明确班级管理的目的，教师才能学会把管理权"还"给学生，提升学生和班级的自我管理意识与能力；了解具体学生的发展需要，教师才能及时作出判断，果断采取措施，具体解决各种意外或问题。教师需要具有学生立场、理解能力、沟通能力、组织能力等综合教育素养，而不只是学科素养。

第三节　课外活动的组织与管理

我国古代先贤已意识到课外活动的教育价值。"大学之教也，时教必有正业，退息必有居学"，[①]所谓"正业"主要指课程教学，"居学"则是课程教学之外的课外活动，受教育者在课程学习之外，还要进行与课程学习有关的课外活动，如此才能"安学亲师""乐友信道"，从而达到"虽离师辅而不反"的"大成"[②]目的。随科学技术迅猛发展，社会知识急剧增加，仅有课程教学已远远满足不了儿童身心成长和社会化发展的需要。课外

活动日益显示出其多方面丰富的教育价值。课外活动是指在课程教学计划和教学大纲之外，由学校组织指导或由校外教育机关组织、指导、发动学生开展的各种各样有计划的教育活动。它是整个教育体系中重要的组成部分，是用以补充课程教学，实现教育目的、要求的一种教育活动。它有利于因材施教，发挥和培养学生的兴趣、爱好、特长，培养学生的创新精神、动手能力和合作能力。

一、课外活动的类型与特征

课外活动是学生课余生活的良好形式，与课内活动相对，是课程教学的补充。这里的课程教学包括课程计划中计入总课时的必修课和选修课，所以选修课不是课外活动，自习课也不是课外活动。课外活动与课程教学构成了完整的教育体系，二者相互作用，相辅相成，才能实现促进学生全面发展、个性发展的教育任务，实现促进个体发展与社会发展的教育目的。它对解决受教育者的全面发展与因材施教、一般发展与特殊发展、间接经验与直接经验习得等矛盾具有重要作用。

---

① 礼记·学记. 或参阅：孟宪承选编、孙培青注释. 中国古代教育文选[C]. 北京：人民教育出版社，1985：98.
② 孟宪承选编、孙培青注释. 中国古代教育文选[M]. 北京：人民教育出版社，1985：98.

（一）课外活动的主要类型

课外活动可以分为校内活动和校外活动，二者的区别在于组织指导者的不同。校内活动主要由学校领导、教师组织指导；校外活动主要由校外教育机构组织指导。校内活动并不仅仅限于学校范围之内，也可以是在校外组织的活动，它与校外活动的区别只是在组织和领导者的不同。校内活动和校外活动统称为课外活动。

校内活动又可分为校级活动、年级活动、跨年级活动和班级活动等，如升旗仪式、团队会、校园读书节、文化科技节、阳光体育活动、社团活动、班会等。校外活动是由校外教育机构或社会团体组织指导、在学校教育教学计划范围之外，对学生进行的多样化的教育活动，它是社会各界承担教育责任的体现，也是学习型社会建设的标志之一。校外活动的内容大致包括：政治教育活动、科学技术活动、文学艺术活动、文娱体育活动和公益劳动等。我国校外教育机构可分综合与专门两类。综合的校外教育机构包括多种工作任务和活动内容，如青少年活动中心、少年宫和主题夏令营等。专门的校外教育机构专为开展某项活动而设。如青少年图书馆、阅览室、儿童影剧院、少年科技站、少年业余体育学校、少年儿童广播站等。

（二）课外活动的主要特征

课外活动与课程教学都是实现教育目的和教学目标的重要途径，但课外活动在活动内容、组织方式和活动方式上不同于课程教学，具有独特的特征：

1. 课外活动具有很高的自主性

课外活动是在课堂教学以外进行的活动，组织者根据教育教学的实际需要，可随时随地的经常组织形式多种多样、内容丰富多彩的活动，课外活动有时是学校或校外教育机关统一组织的活动，还有很多时候是在学校或校外教育机关的指导下，受教育者根据自己的兴趣、爱好、特长以及实际的需要，自愿地组织、选择和参加的活动。这样，不仅能发挥受教育者的积极性和主动性，而且能使受教育者的才能、个性得到充分发展，有利于受教育者的优良个性品质的培养。学生参加课外活动的自愿选择空间比较大。课外活动是学生自愿选择、自愿参加的活动。它能比较充分地照顾学生的兴趣和爱好，有利于发展学生的爱好、特长，符合学生的需要和特点，使学生具有参加活动的积极性。

2. 课外活动方式具有很大的灵活性

课外活动的开展，可以根据学校的实际情况和受教育者的身心发展状况等来确定。活动规模的大小、活动时间的长短、活动内容的选择等都可以灵活掌握，没有固定模式，生动活泼，灵活多样。课外活动不受课程计划、课程标准的限制，以学生的愿望、爱好、特长和接受水平来灵活确定，所以，课外活动的组织方式不受班级教学等组织形式的限制，形式十分活泼，讲究实效。

3. 课外活动内容具有很强的伸缩性

进行课外活动可以根据本地区、本学校的实际情况，或受教育者的不同愿望，开展内容丰富多彩的活动。不像课堂教学那样，要按照统一的教学大纲、教学计划和教科书的要求去做。活动内容可由学校或校外教育机关根据实际需要自行决定，内容可深可浅，可多可少，还可以不断变动，具有很强的伸缩性。课外活动与课堂教学相比，具有很强的实践性。课堂教学中，受教育者可以获得知识，培养思想品德，提高审美能力等。

在课外活动中,受教育者有直接动手的机会,在其亲自参与、组织、设计的各项实践中,获得了实际知识,提高了思想品德和身体素质,各方面的能力都在实践活动中获得了发展。

4. 学生在课外活动中具有极大的自主性

与课堂教学相比,学生在课外活动中具有更大的自主性。富有成效的课外活动,大多是学生在教师和有关方面的指导和帮助下独立自主开展的。活动由学生自己组织、自己设计、自己动手。

二、课外活动的意义与组织开展

课外活动具有区别于课堂教学的独特教育价值,在整个教育活动中,它的影响全面而深刻,丰富多样的课外活动有利于促进学生多方面素质提高;有利于推动学生良好个性发展;有利于充实学生的课余文化生活;有利于加强学校与社会的联系,加速学生个体的社会化进程。课外活动是实现教育目的的重要途径,教育工作者要根据学生的特点组织和指导学生的课余生活,积极促进学生全面发展,培养学生的独创性。

(一) 课外活动的意义

1. 促进学生个性化发展

课外活动可以使教育者能从中及早地发现人才,促进人才的早期培养。课外活动内容丰富,形式多样,受教育者个人的志趣、爱好、特长以及各种才能都可以在活动中得到充分的发挥和表现。因此,教育者可以从中发现在某一方面有特殊才能的人,并及时培养和训练,防止人才的埋没。

课外活动有利于受教育者个性的形成和培养,并防止受教育者走上歧途课外活动是受教育者个性得以充分施展的最好途径。通过课外活动,不仅使受教育者的业余时间得以利用,而且使他们获得了知识,发展了能力,并且防止了他们从事不利于身心健康发展的活动,使其愉快而有意义地度过课余生活,同时,还是锻炼他们独立自主生活能力的一个极好机会。

2. 促进学生多方面发展

课外活动可以培养教育者的良好的思想品德,丰富和活跃受教育者的精神生活。在课外活动中,通过进行多种形式的政治教育、革命传统教育活动,提高受教育者的思想政治觉悟,培养受教育者热爱祖国、热爱人民的情感;通过参观访问,学习现实生活中的先进人物,先进事迹等,使受教育者对照自己,找到差距,不断提高;参加社会公益劳动,争做好人好事,可以提高受教育者的良好道德品质;课外阅读、参观、访问、讲演、竞赛等活动,还可以不断地丰富受教育者的精神生活,使其健康活泼地发展。受教育者参加一些社会主义物质文明和精神文明的建设活动,可以得到多方面的锻炼,更加有利于自身的发展。

课外活动可以发展受教育者的体力、审美能力、劳动能力通过课外体育活动,可以发展受教育者的体力。受教育者通过创造美、鉴赏美、感受美等活动,可以发展其审美能力。通过参加有益的公益劳动等,可以发展受教育者的劳动能力,并掌握基本的生产技能。受教育者多方面能力的发展,使他们能愉快地生活,健康地成长,成为合格的社会主义建设者。

3. 促进学生社会化发展

课外活动可以训练教育者社会交往能力,受教育者生活在一个关系丰富而复杂的社会环境里,每一个人都应该学会如何去认识他人,评价他人,都应该学会与人交往。社会交往能力的学习与训练,能为受教育者在未来的工作、家庭、社会生活中,接触各种人,应付各种环境做好准备,为受教育者走向社会、适应社会和认识社会打好基础。课外活动也是训练受教育者善于利用闲暇时间的一种有效方式,通过多种多样、丰富多彩的课外活动,使受教育者能够合理地安排闲暇时间,发挥自己的爱好、特长、聪明才智,发展自己,锻炼自己,完善自己。这种好的习惯一旦形成,将来走上社会,步入工作岗位时,也仍然会坚持下去,受益终身。

课外活动是培养良好公民的一种手段。课外活动应从开始就培养受教育者做一名良好的社会公民。培养他们热爱祖国遵纪守法,热情赞助公共事业,爱护名誉,诚实、公正等品质。在对其进行公民训练时,受教育者还可以从中获得许多公民的道德知识以及良好公民的知识等。

4. 促进"家校社"教育合力的形成

课外活动能沟通直接知识与间接知识的融通,提升学习者的教育生活品质,提升整个社会的教育责任意识与担当。对个体而言,课外活动不仅能加深、巩固和扩大课堂上所学到的间接知识,而且能把在课堂上获得的知识运用于实际,或在已获知识的基础上,进行实际操作,加深对知识的理解,培养新思维、新能力。内容丰富多彩、形式多种多样的课外活动,还可以激发学习者的学习动机,推动其用心学习,不断探求新知识,培养和发展受其创造才能以及手脑并用等多种能力。对社会而言,社会各界都成为有担当的教育工作者,有利于提升整个社会的文化风尚,促进学习型城市、学习型社会的建设。

(二) 课外活动的主要内容

课外活动能扩大、加深和巩固学生课堂教学中所学知识,开阔眼界,密切学生与社会的联系,发展其在各种知识领域中的兴趣和精神需要,在把知识用于实际的过程中,使其在课内获得的技能得到锻炼和提高。还可发展学生在各种知识领域里的创造才能和爱好,在活动中发现特长和禀赋,培养其自学能力,把知识运用于实际的能力和发明创造的能力,并激发刻苦钻研、献身科学的精神。所以,组织开展有益于学生身心健康的各种课外活动,教育学生文明、恰当地安排课余时间,参加丰富多彩的体育和娱乐活动,格外重要。开展好课外活动的基本要求是:有明确的目的性和计划性;活动内容丰富多彩,富有吸引力;活动过程充分发挥学生的积极主动性和创造精神。可以组织开展如下课外活动:

1. 学校层面的课外活动

结合国内外大事、节日和纪念日组织学生开展各种全校活动。

校级课外活动内容很丰富,如在各种纪念日、节日里组织学生与老共产党员、老革命干部举行座谈会、报告会、联欢会;请各级领导、各行各业的先进人物介绍国内外基本形势和建设祖国的理想抱负与努力作为,吸引学生参加社会生活;及时了解社会现实,关注社会热点,了解自己祖国的悠久历史,人类的优秀文化传统;了解时事政策,受到思想品德教育,明确自己的使命和任务,学会自我教育。

组织开展科学技术、文艺体育类活动。活动方式有参观、学校社团、兴趣小组等,通过各种科学实验活动、科技小组活动、学科小组活动、科技阅读活动科学游艺活动以及科技讲座、展览、参观访问等活动,促进学生把所学的基础知识运用于实践,培养学生对科学技术的兴趣和爱好,养成良好的学习和工作习惯,扩大知识面,发展智力和才能,养成动脑筋、搞创造的习惯,提高创新精神和实践能力。

通过各种文化小组活动和艺术欣赏、讲座等,培养正确的审美观和感受美、鉴赏美、创造美的能力,陶冶性情,发挥自己的艺术才能和创造力。通过各种运动小组的活动和比赛及群众性的体育保健活动,促进学生身体机能的健康发展,增强体质,养成健康习惯,习得多种运动技能、技巧和知识,养成自觉锻炼的习惯,发挥各种体育才能。

组织开展劳技公益类活动。组织学生参加工农业生产劳动和其他公益活动,掌握工农业生产基础知识和技能,培养尊重劳动、热爱劳动、热爱劳动人民的思想感情,养成良好的劳动习惯。

2. 班级层面的课外活动

班级课外活动内容非常丰富,具体包括:班会、科技活动、文体活动、节日纪念日活动、社会公益活动、课外阅读活动及其他活动。

(1)班会:班会是比较固定的班级活动形式。一般都在课程表中,每周一次。由班主任、班委会成员或者其他同学来主持。班会依据是否有明确教育主题分为主题班会和常规班会两种形式。主题班会是班主任依据教育目标,指导学生围绕一定主题,由学生自己主持、组织进行的班会活动,它是班级活动的主要形式,通常进行主题教育;常规班会,又称为"班务会",是班主任按照固定的日程组织安排的班会活动,主要是布置班级计划,讨论集体建设情况。

(2)科技活动:班级的科技活动可以通过科技班(队)会,科技参观,科技兴趣小组三种形式来进行。

(3)文体活动:联欢会是经常采用的文艺活动形式,其他还有生日会,朗诵或辩论赛,班级才艺展示或大赛等。班主任还可以组织各种文体小组利用课余实践开展小型体育竞赛,来达到锻炼身体,陶冶情操的教育目的。

(4)节日纪念日活动:利用中秋节、国庆节、父亲节、母亲节等中外传统节日或纪念日开展歌咏比赛,感恩记念等活动,进行爱国、感恩等相关主题教育。

(5)课外阅读活动:与各科教师相互配合,推荐阅读科目,建立班级图书室或图书角,定期或不定期召开读书心得交流会,开展好书推荐等活动。扩展学生的知识面,培养学生的阅读习惯。

(6)其他班级活动包括学习经验交流会,知识或智力竞赛,自我服务性劳动,社会公益劳动,社会调查或参观等等。

活动形式从参加活动的规模看,主要分为三类:集体活动、小组活动和个人活动。

3. 课外活动的主要方式

课外活动主要有以下几种方式:①报告和讲座。如时事报告、科普讲座、各行各业的先进人物的事迹介绍等。②庆祝会。如在儿童节、青年节、教师节、校庆日、国庆节、新年组织庆祝会。可用报告会、晚会、游园会等形式。把庆祝会和平时课外小组活动结合起来,作为平时活动成绩的汇报,要使学生了解活动的意义,发挥活动准备过程的教育价值,形成班级、学校的育人活动系列和传统。③学科活动。可以组织各种文艺晚会、体育比赛、智力竞赛和科学技术表演等,充分发挥学生各方面的特长、兴趣和爱好,激发热爱科学、热爱生活的热情,提高创造力、创新精神和生活品味。④参观、访问和旅行。这是一种实地学习的活动,如参观现代工业和新农村,游览祖国名山大川,采集动植物、矿石标本,访问各界英雄模范等。参加这类活动可以使学生受到多方面教育,广泛接触社会和自然,丰富知识,扩大眼界,发展能力,促进身心健康发展。⑤公益劳动和社区服务。学校除根据教学计划组织学生参加生产劳动之外,还要在课外和校外组织学生参加力所能及的公益劳动、社区服务,如植树造林活动、支农、帮助烈军属及孤寡老人做家务、宣传"五讲四美"等,让学生体验生活、体验助人的快乐与充实,培养为他人、为集体服务的精神,提高社会责任心和工作责任感,培养劳动观念、劳动习惯和基本能力。学会亲近自然、走进社会、关爱他人、完善自我。⑥墙报和黑板报。举办墙报和黑板报是课外活动的重要形式之一,是学校的一个重要的宣传工具,也是学生练习写作、汇报课内外生活的园地。办好墙报和黑板报,可以巩固集体组织,树立正确的公共舆论,促进学生努力学习,健康生活,发挥创造才能。

(三) 课外活动的设计与组织实施

1. 课外活动设计的原则

为保证课外活动的组织开展,需遵循以下三个原则:

(1)目的明确,自愿自主

课外活动要有具体明确的目的,避免形式主义。所以课外活动要有整体计划,过程生成,周密安排,结合学生成长需要,发挥学生自愿策划、自主设计的能力。

(2)内容丰富多彩,形式灵活多样

活动内容与形式可根据实际情况与多数学生的兴趣灵活确定,无须严格框定。活动时间灵活,活动的效果评定可以采取多种方式综合进行,包括展览会、报告、研讨交流、会演等。尤其是,学生在参与活动中,不仅能获得综合运用各学科知识技能解决问题的机会,而且,还可以接受其他多方面的综合影响。

(3)学生的主动性与教师的指导相结合

活动过程具有开放性、实践性,在活动中,学生具有将动脑与动手相结合的更多机会,有利于学生将课堂书本知识学以致用,不断提升实践能力。同时,注意发挥教师的指导作用,学生遇到困难时,教师及时鼓励、启发,师生共同推进活动的开展。

2. 课外活动设计与实施的步骤

班级层面的课外活动,其设计与组织实施也主要有三个步骤:

(1)确定选题

活动选题依据:一是班集体的奋斗目标和发展计划,以及建设过程中对活动内容的需要;二是班集体的现实情况,是否有需要解决的"热点"、"节点"问题;三是学校教育计划和活动安排。选题大致确定后,应广泛征求各学科老师、学生们的具体意见和建议,共同商议、充分讨论。

(2)制订活动计划

活动计划主要包括:活动的目的和内容、活动的基本方式和程序、活动时间地点安排、具体准备工作及组织管理等。根据需要,活动计划由班主任、班委会或全体同学共同制订。在制订活动计划中,注意:一是尽可能发动和安排全体学生积极参与,力求使每个学生都能在活动中发挥自己的作用,发现自己和团队的成长;二是适当借助家、校、社等外力,根据活动主题与目的,争取学校领导、科任教师、家长、社区和社会有关力量共同参与。

（3）实施与总结

活动实施是课外活动的中心环节。活动开始前,利用集体舆论营造活动氛围,调整好全班同学的心理状态,将各种可能的干扰降到最低。活动时,要做好充分准备,应对活动中可能的偶发事件,保障活动顺利进行。活动结束后,要及时做好总结,可以开展小范围座谈会,也可广泛征求意见,形成书面总结。同时,考虑后续活动及其与下一活动的系列化衔接。

总之,为了充分发挥课外活动潜在的育人价值,课外活动的组织管理要做到如下基本要求:有明确的目的;活动内容要丰富多彩,形式要多样化,要富有吸引力;发挥学生的积极性、主动性,与教师的指导相结合。

第四节　班主任工作的特殊性

班主任是学校里承担独特工作,对学生多方面发展产生深远影响的特殊教师。他是全面负责一个班的学生思想、学习、健康与生活等多方面工作的教师,是学生健康人格的全面影响者,是学生精神生活的引领者;是班级集体学习与生活的组织者、领导者和教育者;是一个班全体任课教师教育教学工作的协调者,是全员育人中的"首席";是家、校、社立体育人的"枢纽"。

一、班主任角色的特殊性

1904 年 1 月 13 日颁布的《奏定学堂章程》（时值旧历癸卯年,故该章程常被称为"癸卯学制"）规定:小学"各学级置本科正教员一人","通教各科目","任教授学生之功课,且掌所属之职务",负责一个"学级"全部或主要学科教学工作和组织管理工作的教师称为级任教师。中华民国时,1938 年把中学的级任制改称导师制,负责班级组织教育工作的教师称级任导师。中华人民共和国成立后,学习苏联教育经验,在中小学一律设置班主任。时至今日,班主任一直是一个重要且独特的教师角色。

（一）班主任是班级集体的组织者、领导者

班主任是班级集体的组织者和领导者。班主任是在教育活动中行使管理和育人职责的,他不是一般的管理者,而是"教育型的管理者"。[1] 班主任首先要用自己的学识、人品、工作态度、教学方法等因素去影响和感染学生,从而树立自己的威信,充分发挥班主任在班级中的影响力。其次,班主任要善于发动全体学生,组织开展各种班级活动、课外活动,在活动中既加强师生之间的沟通,增进学生之间的友谊,而且发现和发展学生的个性特长,养成学生的社会合作能力等,形成良好的班级人际关系、氛围。同时,班

---

① 王晓春.做一个专业的班主任[M].上海:华东师范大学出版社,2008.

主任有意识"放手"，让全体学生主动参与班级建设，还能培养学生的参与意识和分工合作能力。

（二）班主任是学生成长的研究者和教育者

班主任的本职工作是对本班学生进行全面发展的教育，对学生的全面发展肩负重要责任。班主任教育学生学会做人、学会做事；要善于研究、发现学生的个性特点、兴趣爱好，挖掘他们的潜能；要启动学生的积极意识和进取心，引发他们产生求知的欲望和需求，形成自我教育的要求和能力；要利用和创造条件为学生的发展打下坚实的基础，使学生在德、智、体、美各方面健康和谐地发展。

（三）班主任是联系各学科教师的纽带

组织、协调任课教师的教育力量是班主任的重要工作。班主任应该成为本班任课教师集体的组织者、协调者，成为教师集体的带头人。班主任要经常与任课教师沟通学生在学习中的各种表现，及时反馈学生对该门课程的学习情况，共同探讨有针对性的指导策略。班主任要信任与支持任课教师的工作。

（四）班主任是沟通学校与家长、社区、社会的桥梁

学校与家长、社区、社会的联系主要是通过班主任沟通的。学生的家庭状况、社区、社会环境会给学校教育带来一定的影响，班主任要经常保持与家长的沟通，赢得家长的信任，共同探讨教育学生的措施和方法，使学校教育与家庭教育密切配合，取得更好的教育效果。同时，要注意和社区协调、沟通，积极争取社会教育力量，为学生发展营造良好环境。

目前，班主任引起工作之特殊、复杂与重要，有学者提出班主任工作具有专业性。班主任工作专业性的内涵主要包括："一是研究学生，成就学生。……二是实践研究，形成系统。……三是研究自我，生命自觉。"[①]新世纪以来，各地相继举行班主任专业化论坛，[②]成立班主任工作专业委员会等，班主任工作的独特性、专业性尚待深入研究。

二、班主任工作的特殊内容

为发挥班主任独特而重要的作用，保障班主任合法权益，我国在国家层面相继颁发关于"班主任工作"的规定，如：1988 年 8 月 20 日，国家教委颁发《中学班主任工作暂行规定》，2009 年 8 月 12 日，教育部颁发《中小学班主任工作规定》，先后对班主任工作作出明确规定，日益重视和加强主任工作。根据国家规定和学校实践，班主任工作的基本任务是：按照德、智、体、美全面发展的要求，开展班级集体的建设工作，全面了解、教育、管理、指导学生，培养有理想、有道德、有文化、有纪律、身心健康的公民。班主任主要工作有：全面了解和研究学生，建设班集体，教育引导学生，班级日常管理工作。具体包括：指导学生学好功课；组织、指导班委会和团队活动；组织课外活动、校外活动和指导课余生活；组织学生劳动；建设和培养班集体；通过家访等建立家校联系，争取家庭和社会的合力支持，形成家校社立体育人网络；评定学生操行；协调各方面对学生的要求，做好班主任工作的计划与总结。

---

① 李家成.班级日常生活重建中的学生发展[M].福州：福建教育出版社，2015：259—260.
② 详见：班华、魏书生、任小艾等在有关班主任专业化论坛上的发言。

2009年教育部印发了关于《中小学班主任工作规定》的通知,选摘见栏目7-4:

中小学班主任工作规定(节选)

第一章　总则

第一条　为进一步推进未成年人思想道德建设,加强中小学班主任工作,充分发挥班主任在教育学生中的重要作用,制定本规定。

第二条　班主任是中小学日常思想道德教育和学生管理工作的主要实施者,是中小学生健康成长的引领者,班主任要努力成为中小学生的人生导师。

班主任是中小学的重要岗位,从事班主任工作是中小学教师的重要职责。教师担任班主任期间应将班主任工作作为主业。

第三条　加强班主任队伍建设是坚持育人为本、德育为先的重要体现。政府有关部门和学校应为班主任开展工作创造有利条件,保障其享有的待遇与权利。

第二章　配备与选聘(略)

第三章　职责与任务

第八条　全面了解班级内每一个学生,深入分析学生思想、心理、学习、生活状况。关心爱护全体学生,平等对待每一个学生,尊重学生人格。采取多种方式与学生沟通,有针对性地进行思想道德教育,促进学生德智体美全面发展。

第九条　认真做好班级的日常管理工作,维护班级良好秩序,培养学生的规则意识、责任意识和集体荣誉感,营造民主和谐、团结互助、健康向上的集体氛围。指导班委会和团队工作。

第十条　组织、指导开展班会、团队会(日)、文体娱乐、社会实践、春(秋)游等形式多样的班级活动,注重调动学生的积极性和主动性,并做好安全防护工作。

第十一条　组织做好学生的综合素质评价工作,指导学生认真记载成长记录,实事求是地评定学生操行,向学校提出奖惩建议。

第十二条　经常与任课教师和其他教职员工沟通,主动与学生家长、学生所在社区联系,努力形成教育合力。

第四章　待遇与权利

第十三条　学校在教育管理工作中应充分发挥班主任的骨干作用,注重听取班主任意见。

第十四条　班主任工作量按当地教师标准课时工作量的一半计入教师基本工作量。各地要合理安排班主任的课时工作量,确保班主任做好班级管理工作。

第十五条　班主任津贴纳入绩效工资管理。在绩效工资分配中要向班主任倾斜。对于班主任承担超课时工作量的,以超课时补贴发放班主任津贴。

第十六条　班主任在日常教育教学管理中,有采取适当方式对学生进行批评教育的权利。

(一) 尊重和研究每个学生

了解和研究每个学生的思想品质、学业成绩、才能特长、性格特征、成长经历以及家庭情况、社会生活环境等，发现学生的个性特点、兴趣爱好，挖掘他们的潜能；启动学生的积极意识和进取心，引发他们的求知欲望和需求，形成自我教育的要求和能力。掌握学生集体的发展情况、干部情况、班风、思想主流与倾向等，利用和创造条件为学生的发展打下坚实的基础，使学生在德、智、体、美各方面健康和谐地发展，同时为自己和其他教师开展教育、教学工作提供依据。

(二) 组织和培养班级集体

在全面了解学生的基础上，创造性地设计、制定班级管理目标，合理确定班级组织角色，健全班级组织机构，完善班级组织制度，有计划地组织好班委会活动形成班级管理核心力量，充分发挥全体学生的主动性、积极性和创造性，营造良好的班级风气，协调好班内外各种关系。通过课堂教学与课外活动等，建设和培养良好的班集体，锻炼和培养学生的自治、民主意识与能力。建立以学生为本的班级组织管理新机制，以满足学生多方面发展为出发点和目的，确立学生在班级中主体地位，尊重学生人格和主体性，充分发挥学生的聪明才智，发扬学生在班级自我管理中的主人翁精神。有意识地培养学生进行班级管理、自我管理的主动能力。

(三) 指导开展班委会、共青团、少先队工作和课外活动

协调好班内外各种关系，充分发挥全体学生的主动性、积极性和创造性，有计划地组织好班委会活动。依靠并指导共青团、少先队做好工作，既尊重团队组织的独立性，又要充分发挥它们的组织作用，使团队组织成为班集体的核心。建构"多维、开放、有序"的班级活动体系，营造健康向上、丰富活跃的班级文化环境。组织学生参加课外、校外活动，指导学生丰富课余生活。

(四) 争取家庭教育和社会教育的合作

协调好家、校、社各种关系。作好家长工作。通过家庭访问、书面联系、家长座谈会、电话短信、网络渠道等，使家长对子女的教育与学校的要求协调一致，提炼、放大良好的家庭教育经验，同时对不适当的家庭教育，提出意见和建议。争取社会校外教育资源，克服来自社会的负面影响与干扰，放大社会教育的正能量资源，通过家、校、社协同教育，提高教育的综合效果。

(五) 评定学生操行

经常深入了解、认真分析学生表现，对学生在思想品德方面的重要表现随时做出记录，这是班主任做好操行评定的重要条件。在评定时，要广泛听取任课教师、学生组织和同学的意见。评定的基本步骤：学生自评、小组评议、班主任评价、信息反馈。评定要求：评语实事求是，简明扼要；肯定进步，指出缺点，并提出具体改进意见；文字简洁明了，一目了然，切忌空洞；严防用词不当，伤害学生，误导家长。评定的目的：帮助学生正确认识自己在思想品德方面的进步和不足，鼓励他们发扬优点，改正缺点；帮助家长了解子女的情况，以便更好地配合学校进行教育。评定还可帮助继任班主任了解学生思想品德的表现，作为进一步教育的依据；作为高一级学校录取新生的依据之一。

三、班主任工作的常用方法

班主任工作方法是指班主任为了完成班级的教育管理任务,采用的各种方式和手段。青少年身心发展的阶段性和个别差异性、班主任工作的复杂性和影响班主任工作因素的多样性,决定了班主任工作方法是多样性和多变性的统一。班主任工作方法需要根据具体任务和学生实际情况,灵活、综合运用多样方法,甚至创造新方式,使班主任工作从方法上升为艺术,从教育艺术转化为学生成长。班主任工作方法主要有以下几种:

(一) 说服教育法

说服教育法是指通过摆事实,讲道理,启发学生积极思考,从而提高思想认识的一种工作方法。说服教育运用语言进行,在语言上要防止枯燥、乏味、单调、唠叨,要深入浅出、生动活泼,贴近学生,才有感染力。

说服教育要有针对性,从学生的思想实际出发,有的放矢进行教育。说服教育要有真实性。班主任所阐述的道理要符合客观真理,所举的事例要符合实际,实事求是,对事物的真相不得掩盖和歪曲,引导学生进行科学的分析,形成正确的思想观念。说服教育要有感染性。班主任要善于激发学生内在的积极情感,从爱护和关心学生出发,师生之间坦诚相见,推心置腹,在情理交融中使学生接纳教师的观点,自觉地按照教育要求去做。

(二) 心理咨询法

心理咨询法是运用心理科学知识和方法,通过询问、解答、劝告等方式,在心理方面给学生以辅导、帮助和教育,解决他们在学习、生活及人际关系等方面的心理问题,保障其心理健康,以促进他们在德、智、体等方面获得全面发展。具体方式有个别或团体咨询、面询、书信咨询、电话咨询、宣传咨询等。

(三) 陶冶教育法

陶冶教育法是指班主任自觉地利用环境和自身的教育因素,对学生进行潜移默化的熏陶和感染,使其心灵在耳濡目染中受到感化,进而促进其身心发展的方法。

常用的陶冶方式有:师爱陶冶,班主任自身的人格魅力和威望,班主任对学生的真诚热爱和期待,都对学生具有强烈的陶冶作用。环境陶冶,指学生主要学习和生活的场所,即学校、班级和家庭,它们各自的环境、氛围对学生产生的陶冶作用。艺术陶冶,主要指音乐、美术、舞蹈、雕塑、诗歌、文学、影视等对学生性情的潜移默化。

(四) 榜样示范法

榜样示范法是以他人的优良品德和模范言行影响学生的思想、情感和行为的一种教育法。青少年学生学习的榜样很多,对他们影响较大的主要有:

(1) 革命领袖和英雄模范人物。革命领袖、革命先烈、历史伟人、民族英雄、思想家、科学家和其他各方面杰出模范人物,他们情操高尚,形象、思想和事迹典型性强,是学生心目中最敬仰、热爱的榜样。

(2) 家长和教师。家长和教师对学生的影响最经常、最直接。家长是学生最先模仿的对象,加之与学生长期生活在一起,其言谈举止无疑具有潜移默化的作用。教师是学生的师表,他们与学生学习、活动在一起,其思想言行对学生具有示范、身教的作用。

(3) 优秀同学或同龄人。如各类明星学生、优秀学生干部、优秀集体等,这些榜样和学生年龄相近,经历相似,环境影响也差不多,甚至与学生们生活在一起,他们的好思想、好行为是学生们熟悉的,容易理解、激发,也易于模仿学习。

此外,优秀影视、戏剧、文学作品中的英雄模范人物,也会给学生深刻的激励和影响,成为学习的好榜样。

(五) 实践锻炼法

实践锻炼法是班主任指导学生参加实际活动,在实践中进行修养锻炼,以提高思想认识和实际工作能力,形成良好的行为习惯的方法。实际锻炼法的方式很多,概括起来,可以分为两种:一种是让学生按照一定的规章制度进行锻炼,这实质上就是进行经常性的常规行为训练。由班主任按照《中学生守则》、《中学生日常行为规范》及学校制定的各项规章制度向中学生提出相应的行为要求,经过反复训练和练习,使之形成良好的行为习惯。另一种是让学生参加各种实际活动进行锻炼。这种方式的特点在于可以充分发挥学生的主体作用,调动学生参加思想锻炼的积极性,培养学生知行结合、言行一致的良好品质以及独立工作的能力和自我教育的能力。实际锻炼的形式主要有:学习活动、社会劳动、生产劳动、课外文体科技活动等。

(六) 指导自我教育法

指导自我教育法是班主任指导学生在自我认识的基础上,自觉进行思想转化和行为控制的方法。指导自我教育的方式可分两类:指导集体自我教育和指导个体自我教育。指导集体自我教育的方式主要有集体讨论、参观调查、民主生活会、向先进典型学习、开展竞赛等。指导个体自我教育的方式主要有读书、写日记、自我总结、自我鉴定、自我批评等。多种方式相互联系、相互辅助,根据具体需要,灵活、综合运用。

(七) 品德评价法

品德评价法是班主任通过对学生品德进行肯定或否定的评价,以促进良好品德的形成和巩固,预防和克服不良品德,从而促进学生的全面发展的方法。品德评价法的方式很多,主要有奖励与惩罚、评比、操行评定等。

四、为孩子健康成长形成"家校社"教育合力

为了孩子的健康成长,学校教育系统需要和家庭与社会各界开放、合作,共建立体教育网络,形成教育合力。作为教育立体网络的枢纽,全体教师,特别是班主任需要掌握学校与家庭、社会联系的主要内容与方式。

(一) 学校和家庭联系的主要内容与方式

学校和家庭联系的主要内容有:(1)了解孩子所在的学校、班级和家庭的基本情况;(2)互相通报学校、家庭近来发生的重要变化,以及孩子在学校、家庭中的主要活动、表现和进步状况;(3)共同协商和制定今后教育孩子的步骤和方法,做到互相协调、互相合作,形成教育合力,防止不一致甚至背离现象给孩子带来困扰。

学校和家庭联系的主要方式有:(1)面对面访问。注意:关注孩子的心理变化;坚持经常联系;双方都要采取实事求是的态度。如果条件和内容允许,可请孩子参与谈话,以增进融洽气氛。(2)通信联系。如:书信、联系卡、电话、短信、微信(群)或班级网络等传统与当代新方式。(3)召开家长会。主要有全校家长会、年级家长会和班级家长会三种。最常采用的是班级家长会。家长会可以使学校方面在较短时间内与绝大多数家长

取得广泛联系,效率高。(4)家长委员会。通过家委会,家长参与学校、班级教育工作,既有利于提高家长对学生教育的责任感,也有利于争取社会多方面共同支持学校工作,形成教育合力,共同为教育大业保驾护航。(5)家长学校。从教育理论方面给家长以指导,从而为今后学校教育与家庭教育的协调一致打好基础。可以请校长、教导主任、教师和有关专家,讲解有关心理学和教育学方面的知识,也可以请家长们互相交流子女教育的经验、体会。

(二)学校与社会教育机构联系的主要内容和方式

当代社会文明进步的特征之一是:日益自觉承担起应尽的教育责任,设立多元丰富的社会教育机构,与学校教育构成终身教育的实施保障。学校与社会教育机构联系的主要内容和方式有:

(1)建立学校、家庭、社会三结合的校外教育组织,使学校与学生主要居住区间形成稳定的联系。

(2)学校系统与宣传部门等建立联系,共同开展对学生有益的活动。

(3)学校与社会公共文化机构建立和保持经常性的联系。

(4)学校与社会上专门的社会教育机构建立稳定的联系。

(5)学校有选择地与有关企业、街道社区(村镇)和部队等建立联系。

总之,教育事关千家万户,是社会千秋大业,教育不只是学校教育之事,社会各界都应树立自觉意识并主动承担自己的教育责任。

参考文献

[1] 瞿葆奎主编. 教育学文集·课外校外活动[M]. 北京:人民教育出版社,1991.

[2] 叶澜. 教师角色与教师发展新探[M]. 北京:教育科学出版社,2001.

[3] 袁振国. 当代教育学[M]. 北京:教育科学出版社,2004.

[4] 班华,等. 今天,我们怎样做班主任(中学卷)[M]. 上海:华东师范大学出版社,2006.

[5] 苏·考利. 学生课堂行为管理(第三版)[M]. 范玮,译. 上海:华东师范大学出版社,2009.

[6] 李家成,等. "新基础教育"学生发展与教育指导纲要[M]. 桂林:广西师范大学出版社,2009.

[7] 郑金洲. 教育基础[M]. 上海:华东师范大学出版社,2012.

[8] 魏书生. 班主任工作漫谈[M]. 桂林:漓江出版社,2014.

思考题

一、材料分析:阅读材料,回答问题

初二男生小华,顽皮、好动,经常上课不遵守纪律,喜欢接老师的话茬,但是听课不专心,有时会发出怪声,喜欢给同学或老师起绰号,有时无缘无故欺辱同学。老师批评或同学责备他时,他反而感到高兴。小华平时和老师、同学很少沟通,好像不愿意和别人交流。他体育好,是运动场上的风云人物,拿过学校和区里的奖牌。据观察,小华敢作敢为,勇于承担任务。

请问:如果你是小华的班主任,根据上述基本资料,你会根据哪些教育原则对他进行具体教育？可以从哪些方面运用哪些方法，更好地促进小华个人和班级集体共同发展？在思考回答前述问题的过程中，你体会到班主任角色有什么独特性？

二、请你评价一下这位老师成功处理这场冲突事件的道理

一天中午，八年级的一批孩子正在操场上打篮球，战况"激烈"。学生 Z 和学生 C 从人群中冲了出来，两人拳脚相加，气势凶猛，我见这阵势，就停在十几米外的地方用冷眼瞅着他俩。大概 Z 同学也看到了我的神态，就慢慢地停止了他愤怒的"咆哮"。待他俩过来，我默默地看着他俩，直到他们都低下了头，于是我开始说话："瞧你俩刚才的样子，好像恨不得把对方给吃了！要不要我在全校同学面前安排一次表演赛呀？"两位同学把头埋得更低了，红着脸说"不要"。我看火候已到，就问他们："打球时发生碰撞、发生吃亏占便宜的事是很正常的，不至于大打出手，有失球星风度，更在同学们面前丢尽面子！我现在不追究谁对谁错，只想问一句，这件事是你们自己处理呢，还是我来处理？"他们互相看了看，说："自己处理"。于是我让他们商量处理的办法，商量好了再向我汇报。五分钟后，他俩握手言归于好。整个事情的处理用了不到 20 分钟的时间。

扫一扫二维码
直接获取答案
要点

扫一扫二维码
轻松获取练习题

【教学目的】

1. 理解教育法律法规的一般原理,了解有关的教育法律法规。

2. 理解教师的权利和义务,熟悉国家有关教育法律法规所规范的教师教育行为,依法从教。依据国家教育法律法,分析评价教师在教育教学实践中的实际问题。

3. 了解有关学生权利保护的教育法规,保护学生的合法权益。依据国家教育法律法规,分析评价教育教学活动中的学生权利保障等实际问题。

【关键词】

教育法：广义的教育法是指关于教育方面的法律、法规、规章等规范性文件的总称。它具体规定教育领域各权利主体的权利与义务。狭义的教育法就是 1995 年颁布的《中华人民共和国教育法》，是我国的教育基本法。

教育法的渊源：是指教育法是由何种国家机关、通过何种方式创立的，表现为何种教育法律文件的形式。

教育法律关系：是指受法律规范确认和调整的国家机关，公民，法人或其他组织之间的与教育相关的权利义务关系。是由教育法在调整教育领域中的各种社会关系的过程中所形成和确认的一种法律关系。

教育法律关系主体：是指教育法律关系的参加者，即在教育法律关系中享有权利或承担义务的人。

依法治国：就是依照体现人民意志和社会发展规律的法律来治理国家。

依法执教：就是广大教师要依据法律法规履行教书育人的职责。

教育制度：是根据国家的性质制定的教育目的、方针、各级各类教育机构和设施的总称。

义务教育：义务教育是国家统一实施的所有适龄儿童、少年必须接受的教育，是国家必须予以保障的公益性事业。

学校：是有目的、有计划、有组织地进行系统教育的机构。

学生：是指在学校或者其他教育、研究机构学习的人。

教师：教师是履行教育教学职责的专业人员，承担教书育人，培养社会主义事业建设者和接班人、提高民族素质的使命。

法律责任：是指因违反了法定义务，或不当行使权利所产生的，由行为人承担的不利后果。

教育法律救济：教育法律救济是指教育行政相对人的合法权益受到侵害并造成损害时，通过裁决纠纷，纠正、制止或矫正侵权行为，使受害者的权利得以恢复，利益得到补救的法律制度。

【本章结构】

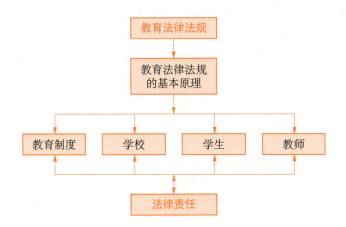

《中华人民共和国宪法》第五条规定："中华人民共和国实行依法治国,建设社会主义法治国家。"党的十八届四中全会审议通过的《中共中央关于全面推进依法治国若干重大问题的决定》,提出了全面推进依法治国的战略目标。依法治教是依法治国的重要组成部分。教育法律法规是依法治教的基本依据。教育工作者只有了解、熟悉有关的教育法律法规,并努力运用到教育实践中,才能逐步培养起对法律的信仰,为依法治国,建设社会主义法治国家作出应有贡献。

本章紧紧围绕教育行政机关、学校、教师、学生等几个教育法律关系主体而展开。主要内容包括:教育法律法规规定的国家教育制度;学校的法律地位;学校的权利与义务;学生的权利与义务;学生伤害事故的处理;未成年人的保护;教师的权利与义务;教师资格的取得与剥夺;法律责任以及法律救济等。为了便于学习与理解,适当介绍了教育法律法规的一般原理。

第一节　教育法律法规的基本原理

教育法律法规的基本原理也就是教育法的基本原理。包括教育法的本质与特征、教育法的基本原则、教育法的渊源与体系、教育法律关系、教育法律规范等方面。

教育法律法规统称"教育法",是关于教育方面的法律、法规、规章等规范性文件的总称。它具体规定教育领域各权利主体的权利与义务。它是由国家有关机关制定,以国家暴力机关为后盾实施的。教育法对各教育主体的行为具有强制约束力,同时也对各教育主体的权利义务起着规范和保护的作用。狭义的教育法就是1995年颁布的《中华人民共和国教育法》,是我国的教育基本法。

一、教育法的基本原则

教育法的基本原则是制定和执行教育法的出发点和基本依据,是教育法所应遵循的基本要求和价值准则。它贯穿于教育法的立法、执法、司法等环节,对教育法起着调节作用。根据教育事业发展的需要,教育法应遵循以下基本原则:

(一)教育的方向性原则

《教育法》第三条规定:"国家坚持以马克思列宁主义、毛泽东思想和建设有中国特色社会主义理论为指导,遵循宪法确定的基本原则,发展社会主义的教育事业。"这一规定既指明了我国教育的指导思想、基本原则和性质,又指明了我国教育应当坚持的社会主义方向。

(二)教育的公共性原则

《教育法》第八条第一款规定:"教育活动必须符合国家和社会公共利益。"这一规定确立了我国教育的公共性原则。教育事业的发展不仅是个体发展的需要,也是全社会的共同需要。教育不仅能促进人的身心发展,还能对社会的政治、经济、文化等方面起到重要的作用。《教育法》第二十五条第三款规定:"任何组织和个人不得以营利为目的举办学校及其他教育机构"。教育法要求任何组织和个人举办学校及其他教育机构,都应以促进学生的身心发展和教育事业的发展为主要目的,坚持教育要符合社会的公共利益。

（三）教育的平等性原则

《教育法》第九条规定："中华人民共和国公民有受教育的权利和义务。""公民不分民族、种族、性别、职业、财产状况、宗教信仰等，依法享有平等的受教育机会。"这一规定确定了公民受教育机会平等的基本原则。

针对我国各地发展水平不平衡的状况，教育法根据不同的实际情况，作出了具体的规定。《教育法》第十条规定："国家根据各少数民族的特点和需要，帮助各少数民族地区发展教育事业。""国家扶持边远贫困地区发展教育事业"，"国家扶持和发展残疾人教育事业"。这些规定有利于保障教育的平等性原则的实施。

此外，流动人口子女、女童、有违法犯罪行为的未成年人，也享有平等的受教育权。

（四）教育与宗教相分离的原则

《宪法》第三十六条规定："中华人民共和国公民有宗教信仰自由。"《教育法》第八条规定："教育活动必须符合国家和社会公共利益。国家实行教育与宗教相分离。"《义务教育法》第十六条规定："不得利用宗教进行妨碍义务教育实施的活动。"我国开展的教育是社会主义性质的教育，学校的根本任务是培养德、智、体全面发展的社会主义事业的建设者和接班人。任何组织和个人不得利用宗教干预学校教育和社会公共教育。

本原则主要体现两方面的内容：一是国民教育领域内的各级各类学校及其他教育机构、教师和其他教育工作者应当尊重公民宗教信仰的自由；二是宗教组织或者个人不得非法干预国民教育领域内的学校及其他教育机构的管理事务及教育教学活动。不得在学校及其他教育机构内传播宗教、举行宗教仪式，发展宗教教徒，进行破坏民族团结和祖国统一的活动。

（五）教育的终身性原则

随着现代科技和现代生产的迅速发展，以及知识的爆炸性增长，对终身教育提出了迫切要求。《教育法》以法律的形式肯定了终身教育原则，其中第十一条第一款规定："国家适应社会主义市场经济发展和社会进步的需要，推进教育改革，促进各级各类教育协调发展，建立和完善终身教育体系。"另外，《教育法》第四十一条规定："国家鼓励学校及其他教育机构、社会组织采取措施，为公民接受终身教育创造条件。"

二、教育法的特征

（一）教育法是由国家制定或认可，并以国家强制力保证实施的行为规范

从法的产生方面看，教育法是由有立法权的国家政权机关通过法定程序制定、认可的行为规范；从法的实施方式上看，教育法是以国家政权的强制力为后盾来保证其实施的。这是教育法与教育政策、职业道德以及各种政治规范等社会规范的重要区别。

（二）教育法体现统治阶级的意志，并最终决定于社会物质生活条件

从法的本质上说，教育法所确定的行为规范主要体现统治阶级意志，是统治阶级通过国家制定、认可并以国家强制力保证实施的。它是由社会的物质生活条件所决定（包括物质生产方式、地理环境、人口状况等），并根据统治阶级的利益和价值观念来进行相应的调整。

（三）教育法是规定教育法律关系中各主体权利和义务的社会规范

法律以权利与义务为基本内容。教育法对教育法律关系主体在教育教学活动中享

有哪些权利,应履行哪些义务进行规定。比如,《教育法》第二十八条规定了学校享有的九项权利及应履行的六项义务,《教师法》第七条规定教师享有的六项权利,第八条规定教师应履行的六项义务。

三、教育法的渊源

法的渊源指法的源泉、来源、源头。教育法的渊源是指教育法是由何种国家机关、通过何种方式创立的,表现为何种教育法律文件的形式。我国教育法的主要渊源是:宪法、教育法律、教育行政法规、地方性教育法规、教育规章以及自治条例和单行条例等。它们是由不同的国家机关制定或认可的具有不同法律效力的规范性法律文件。

(一) 宪法

宪法是国家的根本大法,它规定了一国的根本制度和任务,具有最高的法律地位和法律效力。宪法主要对我国的政治生活、经济生活和社会生活的若干准则进行原则性、纲领性的规定。其中也规定了教育的性质、目的、任务、教育结构和教育制度、公民的受教育权利和义务等内容。宪法作为教育法的表现形式之一,是制定教育法律法规的基本依据。

(二) 教育法律

教育法律是由全国人民代表大会及其常委会制定的规范性法律文件。

1. 教育基本法律

教育基本法律是依据宪法制定的调整教育内部、外部相互关系的基本法律规范,是教育法律体系的"母法"。教育基本法律通常规定国家的教育基本方针、基本任务、基本制度以及教育活动中各主体的权利和义务。

2. 教育单行法律

教育单行法律是国家根据宪法和教育基本法律的原则制定的,规范和调整某一类教育或教育的某一具体部分关系的教育法律。比如《教师法》、《职业教育法》等。

(三) 教育行政法规

教育行政法规是指国家最高行政机关为实施、管理教育事业,根据宪法和教育法律制定的规范性文件。教育行政法规在内容上是针对某一类教育管理事务发布的行为规则,在形式和结构上必须比较规范,在时效上必须有相对的稳定性;其制定、审定、发布须经过法定的程序。

我国目前生效的教育行政法规主要有:《教师资格条例》、《幼儿园管理条例》、《学校体育工作条例》等。

(四) 地方性教育法规

在我国,根据《宪法》第一百条和《中华人民共和国地方各级人民代表大会和地方各级人民政府组织法》第七条第一款规定,省、自治区、直辖市的人民代表大会和它们的常务委员会根据本行政区域的具体情况和实际需要,在不同宪法、法律、行政法规相抵触的前提下,可以制定和颁布地方性法规,报全国人民代表大会常务委员会备案。

根据《中华人民共和国地方各级人民代表大会和地方各级人民政府组织法》第七条第二款规定,省、自治区的人民政府所在地的市和经国务院批准的较大的市的人民代表大会,根据本市的具体情况和实际需要,在不同宪法、法律、行政法规和本省、自治区的地方性法规相抵触的前提下,可以制定地方性法规,报省、自治区的人民代表大会常务委员会批准后施行。

(五) 教育规章

根据《地方各级人民代表大会和地方各级人民政府组织法》第六十条规定,省、自治区、直辖市的人民政府可以根据法律、行政法规和本省、自治区、直辖市的地方性法规,制定规章。省、自治区的人民政府所在地的市和经国务院批准的较大的市的人民政府,可以根据法律、行政法规和本省、自治区的地方性法规,制定规章。

教育规章按制定发布机关可分为两类:即部门教育规章和地方政府教育规章。

(六) 自治条例和单行条例

《宪法》第一百一十六条规定,民族自治地方的人民代表大会有权依照当地民族的政治、经济和文化的特点,制定自治条例和单行条例。《宪法》第一百一十九条规定,民族自治地方的自治机关自主地管理本地方的教育、科学、文化、卫生、体育事业,保护和整理民族的文化遗产,发展和繁荣民族文化。

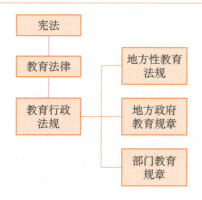

图 8 - 1

教育法的渊源

四、教育法律关系

(一) 教育法律关系的概念

教育法律关系是指受法律规范确认和调整的国家机关,公民,法人或其他组织之间的与教育相关的权利义务关系。它是教育法在调整教育领域中的各种社会关系的过程中所形成和确认的一种法律关系。是教育领域中的各种社会关系在法律上的表现形式。

(二) 教育法律关系的构成

1. 教育法律关系主体

教育法律关系主体是指教育法律关系的参加者,即在教育法律关系中享有权利或承担义务的人。法律上所称的"人"主要包括自然人和法人。

2. 教育法律关系的内容

教育法律关系的内容是指教育法律关系的主体所享有的权利和承担的义务,也就是教育法律关系的主体依法享有的权益和依法应当履行的责任。如教育行政机关、学校的权利和义务,校长、教师的权利和义务,学生的权利和义务,社会组织的权利和义务等。

3. 教育法律关系的客体

教育法律关系客体是指权利和义务所指向的对象。它是将教育法律关系主体之间的权利与义务联系在一起的中介,包括物、行为、智力成果等。

(三) 教育法律关系的类型

教育法律关系分为教育行政法律关系和教育民事法律关系。

教育行政法律关系是指教育行政主体在管理教育事物的过程中与相对人形成的法律关系。包括:(1)教育行政主体与学校及其他教育机构之间的管理与被管理关系;(2)教育行政主体与学校教师及其他教育工作者之间的管理与被管理关系;(3)教育行政主体与教育者及其监护人之间的管理与被管理关系;(4)教育行政主体与其他社会组织等的管理与被管理关系等具体形态。

教育民事法律关系是指受民事法律规范调整和确认的教育者和被教育者之间以及其他组织、公民之间的人身与财产关系。包括:(1)学校或其他教育机构与教师或其他教育工作者的聘用关系;(2)学校或其他教育机构与受教育者或其他监护人之间的关系;(3)学校或其他教育机构与其他民事主体为完成其教育教学职责形成的购销、相邻关系等具体形态。

五、依法治国与依法治教

《中华人民共和国宪法》第五条规定:"中华人民共和国实行依法治国,建设社会主义法治国家。"党的十八届四中全会作出了"全面推进依法治国"的重大决策和战略部署,对加快建设社会主义法治国家具有重要指导意义。

依法治国就是依照体现人民意志和社会发展规律的法律来治理国家。"依法治国,就是广大人民群众在党的领导下,依照宪法和法律规定,通过各种途径和形式管理国家事务、管理经济文化事业、管理社会事业,保证国家各项工作都依法进行,逐步实现社会主义民主的制度化、法律化,使这种制度和法律不因领导人的改变而改变,不因领导人看法和注意力的改变而改变。"依法治国是发展社会主义市场经济的客观需要,是社会文明进步的重要标志,是国家长治久安的重要保障。

依法治教,就是所有教育活动都应当符合教育法律的有关规定,所有的教育法律关系主体在从事各类教育活动时都应当遵守或不违背教育法律的规定和精神。在社会主义民主的基础上,使教育工作逐步走上法制化、规范化。依法治教的内容,主要包括教育立法、教育执法、教育司法、教育守法、教育普法、教育法律监督、教育法律救济等方面。其中依法行政、依法治校是依法治教的核心。

依法执教,就是广大教师要依据法律法规履行教书育人的职责。要求教师在所从事的教育教学活动中,严格按照《宪法》和教育方面的法律、法规以及其他相关的法律、法规的规定,使自己的教育教学活动法制化。教育工作者要更新观念,自觉履行《教育法》、《教师法》、《义务教育法》等相关法规的规定。在日常的教学管理中充分贯彻"依法执教"的精神,从素质教育入手,尊重青少年儿童的合法权益和人格尊严,关心爱护全体学生,促进学生德智体全面发展。教师要以身示范,为人师表,遵纪守法,以模范行为影响社会,教育学生。

法律规范

栏目 8-1

　　法律规范,是指由国家制定或认可,并由国家强制力保证实施的行为规则。法律规范是社会规范的一种,是一般的行为规则。法律规范通常由三个部分组成,即假定、处理、制裁,它们是构成法律规范的三个要素。假定指适用规范的必要条件。每一个法律规范都是在一定条件出现的情况下才能适用,而适用这一法律规范的这种条件就称为假定;处理指行为规范本身的基本要求。它规定人们的行为应当做什么、禁止做什么、允许做什么。这是法律规范的中心部分,是规范的主要内容;制裁指对违反法律规范将导致的法律后果的规定。如损害赔偿、行政处罚、经济制裁、判处刑罚等。

第二节　教　育　制　度

　　教育制度是根据国家的性质制定的教育目的、方针、各级各类教育机构和设施的总称。[①] 教育制度是国家教育方针制度化的体现,是社会制度中的一种类型。现代教育制度具有普及性、公平性、民主性、人文性、实用性等特点。

一、学校教育制度

　　亦称"学校系统"。指一个国家各级各类学校的体系。它规定各级各类学校的性质、任务、入学条件、学习年限以及它们之间的衔接和关系。《教育法》第十七条规定:"国家实行学前教育、初等教育、中等教育、高等教育的学校教育制度。"

二、义务教育制度

　　义务教育即依照法律规定,适龄人口必须接受的,国家、社会、学校、家庭必须予以保证的国民教育。[②]

　　义务教育是国家必须予以保障的公益性事业。义务教育的法律特征就是强制性。其实质是国家依照法律的规定对适龄儿童和青少年实施的一定年限的强迫教育,目的是为了培养合格的公民。

(一) 义务教育的学制

　　《教育法》第十八条以及《义务教育法》第二条都规定:"国家实行九年义务教育制度。"《义务教育法》第十一条规定:"凡年满六周岁的儿童,其父母或者其他法定监护人应当送其入学接受并完成义务教育;条件不具备的地区的儿童,可以推迟到七周岁。"并且规定"地方各级人民政府应当保障适龄儿童、少年在户籍所在地学校就近入学。"

(二) 义务教育的保障

　　《义务教育法》对国家、社会、学校、家庭、学生各法律关系主体的义务分别作了具体

① 夏征农,陈至立.辞海[Z].上海:上海辞书出版社,2010:914.
② 同上书,2253.

45. 贺拉斯·曼

(Horace Mann, 1796—1859)

美国教育家、公共教育思想的代表人物。他强调普及教育的重要性，认为普及教育对于政府和个人成为有知识的人都极其重要。他提出，公立学校对于普及教育是一条最好的途径，因此建立和发展公立学校是非常必要的。他还十分重视教师问题，认为有好的教师才会有好的学校。而为了培养好的教师，需要加强师范教育。不仅要重视师范学校的建立，更要重视师范课程的设置和教学实习。

主要教育著作：《公立学校杂志》(1838)、《第十二年度报告》等。

规定，为义务教育的实施提供了充分的法律依据和强有力的制度保障。

1. 国家保障

（1）国家负责组织、领导义务教育

义务教育首先是国家的义务，国家负有组织领导的责任。对此，《义务教育法》第七条规定："义务教育实行国务院领导，省、自治区、直辖市人民政府统筹规划实施，县级人民政府为主管理的体制。""县级以上人民政府教育行政部门具体负责义务教育实施工作。"《义务教育法》第六条规定："国务院和县级以上地方人民政府应当合理配置教育资源，促进义务教育均衡发展，改善薄弱学校的办学条件，并采取措施，保障农村地区、民族地区实施义务教育，保障家庭经济困难的和残疾的适龄儿童、少年接受义务教育。"

（2）国家为义务教育提供经费

提供经费保障是国家组织实施义务教育的重要举措。《义务教育法》第二条规定："实施义务教育，不收学费、杂费。""国家建立义务教育经费保障机制，保证义务教育制度实施。"并规定："国务院和地方各级人民政府用于实施义务教育财政拨款的增长比例应当高于财政经常性收入的增长比例，保证按照在校学生人数平均的义务教育费用逐步增长，保证教职工工资和学生人均公用经费逐步增长。"

此外，《义务教育法》还从经费保障上关注教育均衡发展。《义务教育法》第四十五条第二款规定："县级人民政府编制预算，除向农村地区学校和薄弱学校倾斜外，应当均衡安排义务教育经费。"《义务教育法》第四十七条规定："国务院和县级以上地方人民政府根据实际需要，设立专项资金，扶持农村地区、民族地区实施义务教育。"

（3）国家为义务教育培养合格的教师

国家有义务发展师范教育，为义务教育提供合格的师资。《教师法》第十八条规定："各级人民政府和有关部门应当办好师范教育，并采取措施，鼓励优秀青年进入各级师范学校学习。"《教育法》第三十二条规定："县级以上人民政府应当加强教师培养工作，采取措施发展教师教育。县级人民政府教育行政部门应当均衡配置本行政区域内学校师资力量，组织校长、教师的培训和流动，加强对薄弱学校的建设。"

2. 社会保障

国家鼓励企业、事业单位和其他社会组织及个人按照国家规定的要求，举办义务教育或向义务教育捐赠。《民办教育促进法》第三条规定："国家对民办教育实行积极鼓励、大力支持、正确引导、依法管理的方针。"《教育法》第四十六条规定："企业事业组织、社会团体及其他社会组织和个人，可以通过适当形式，支持学校的建设，参与学校管理。"

3. 家庭保障

未成年人的父母应该严格依照法律规定，自觉履行相关义务。《义务教育法》第五条规定："适龄儿童、少年的父母或者其他法定监护人应当依法保证其按时入学接受并完成义务教育。"《义务教育法》第十一条规定："凡年满六周岁的儿童，其父母或者其他法定监护人应当送其入学接受并完成义务教育；条件不具备的地区的儿童，可以推迟到七周岁。"《义务教育法》第五十八条还规定："适龄儿童、少年的父母或者其他法定监护人无正当理由未依照本法规定送适龄儿童、少年入学接受义务教育的,由当地乡镇人民政府或者县级人民政府教育行政部门给予批评教育,责令限期改正。"

小芳辍学案

小芳家住农村,在村里的小学上五年级。一天,爸爸突然对她说:"明天你不要去上学了,到小卖部给你妈帮忙吧。"小芳想念书,舍不得学校的老师和同学们。老师了解到小芳的情况后,找到了小芳的爸爸,劝他让小芳继续上学。小芳爸爸说:"女孩子读书多了也没用,还不如让她在家里干点活。再说了小芳是我的女儿,让不让她上学得由我说了算。"

请问:小芳爸爸的说法对吗? 小芳的爸爸都违反了哪些规定?

分析:小芳爸爸的说法显然不对。《中华人民共和国宪法》第四十六条规定:"中华人民共和国公民有受教育的权利和义务。"《中华人民共和国教育法》第九条规定:"公民不分民族、种族、性别、职业、财产状况、宗教信仰等,依法享有平等的受教育机会。"《中华人民共和国义务教育法》第五条规定:"凡年满六周岁的儿童,不分性别、民族、种族,应当入学接受规定年限的义务教育。"

让孩子上学接受教育是法律规定的父母必须履行的义务,而且法律规定,女孩和男孩享有平等的权利,不能歧视女孩。小芳的爸爸让小芳中途辍学的行为是违法的。如果不改正的话,当地政府应对他进行批评教育,并责令他送小芳返回学校上学。另外,为保护儿童受教育权利,国家还禁止工厂、商店、个体户等雇用不满16周岁的儿童。

4. 学校保障

学校是对青少年进行教育教学的主要场所。相关教育法律法规对学校建设的标准以及学校的权利义务作出了明确规定。

《教育法》第二十五条规定:"国家制定教育发展规划,并举办学校及其他教育机构。"《义务教育法》第十六条规定:"学校建设,应当符合国家规定的办学标准,适应教育教学需要;应当符合国家规定的选址要求和建设标准,确保学生和教职工安全。"

这些具体规定确保了学校能够正常开展教育教学工作,保障义务教育的顺利进行。

三、职业教育制度和成人教育制度

职业教育是指为使受教育者获得某种职业技能或职业知识、形成良好的职业道德,从而满足从事一定社会生产劳动的需要而开展的一种教育活动。

成人教育是指有别于普通全日制教学的教育形式。成人教育不限年龄,性别。通过这个教育过程,使社会成员中被视为成年的人增长能力、丰富知识、提高技术和专业资格,或使他们转向新的发展方向。在人的全面发展和参与社会经济、文化活动方面,使他们的态度和行为得到转变。

《教育法》第十九条规定:"国家实行职业教育制度和成人教育制度。""各级人民政府、有关行政部门以及企业事业组织应当采取措施,发展并保障公民接受职业学校教育或者各种形式的职业培训。国家鼓励发展多种形式的成人教育。"

四、国家教育考试制度

《教育法》第二十条规定:"国家实行国家教育考试制度。"国家教育考试是指国家批准实施教育考试的机构根据一定的考试目的,对受教育者的知识水平和能力按一定的标准所进行的测定。国家教育考试主要包括:入学考试,如高考、中考、研究生入学考试等;水平考试,如高中会考、汉语水平考试、外语水平考试等;还有文凭方面的考试,如自学考试、学历文凭考试等。实行国家教育考试制度对于实现教育机会均等、保护受教育者的合法权益具有十分重要的意义。

五、教育督导和评估制度

《教育法》第二十四条规定:"国家实行教育督导制度和学校及其他教育机构教育评估制度。"教育督导是根据本国的教育方针、政策、法律法规对教育行政部门和各级各类学校进行监督、检查、评估、指导和帮助,旨在加强国家对教育事业发展的全面管理,以保障教育方针和政策的贯彻执行,提高教育质量,促进教育事业的健康发展。

教育评估是指各级教育行政部门或者经过教育行政部门认可的社会组织,对学校及其他教育机构的办学水平、办学质量、办学条件等方面进行考核和评定的制度。通过教育评估,可以有利于增强学校及其他教育机构适应社会的能力,发挥社会对学校教育的监督作用,不断提高办学水平和办学质量。

此外,国家还实行学业证书制度、学位制度。

栏目 8-2

体制与机制

体制与机制是较易混淆的一对词语。按照《辞海》的解释,"体制"是指国家机关、企事业单位在机制设置、领导隶属关系和管理权限划分等方面的体系、制度、方法、形式等的总称;"机制"原指机器的构造和运作原理,借指事物的内在工作方式,包括有关组成部分的相互关系以及各种变化的相互联系。"机制"和"体制"的区别。"机制"指的是有机体的构造、功能和相互关系,泛指一个工作系统的组织或部分之间相互作用的过程和方式,如:市场机制、竞争机制、用人机制等。"体制"指的是国家机关、企业、事业单位等的组织制度,如:学校体制、领导体制、政治体制等。

第三节　学　　校

学校是有目的、有计划、有组织地进行系统教育的机构。[①]

---

① 夏征农,陈至立.辞海[Z].上海:上海辞书出版社,2010:2164.

学校的设立需要依据相关法律的规定,达到相应的办学标准;为有效开展教育教学活动,学校具有独特的权利与义务。国家法律保障学校的各项权利,学校也必须履行相应的义务。

一、学校的法律地位

学校是专门从事教育的机构,是学生接受文化知识的场所。《教育法》第三十一条规定:"学校及其他教育机构具备法人条件的,自批准设立或注册登记之日起取得法人资格。""学校及其他教育机构在民事活动中依法享有民事权利,承担民事责任。"一般而言,政府、社会所办学校都是一个具备法人资格的民事主体,其在民事活动中不仅能够独立地享受民事权利,而且能够独立地承担民事责任。特殊情况下,如一些工厂或社会组织所办学校不具备法人资格的,其民事责任如果不能独立承担的由其所属的法人承担。

二、学校设立的条件

根据我国《教育法》的规定,设立学校及其他教育机构,必须具备下列基本条件:

（一）有组织机构和章程;

（二）有合格的教师;

（三）有符合规定标准的教学场所及设施、设备等;

（四）有必备的办学资金和稳定的经费来源。

此外,《教育法》还规定,学校及其他教育机构的设立、变更和终止,应当按照国家有关规定办理审核、批准、注册或者备案手续。

三、学校的权利与义务

（一）学校的权利

学校的权利是学校为了实现其办学宗旨,独立自主地进行教育教学管理,实施教育教学活动的资格和能力。学校在行使这一权利时,必须符合国家和社会的公共利益,必须贯彻国家的教育方针,遵守法律、法规和国家主管部门的规定,不得违反规定滥用权利,也不得放弃和转让。

根据我国《教育法》第二十八条的规定,学校享有如下权利:

1. 按照章程自主管理

章程是学校自主管理的基本依据。学校根据本机构的章程,在不违背国家法律的前提下,可以自主作出管理决策,组织实施管理活动。学校按照章程自主管理的权利,是落实学校法律地位的重要保证。

2. 组织实施教育教学活动

教育教学活动是学校的基本活动。组织实施教育教学活动是学校最基本的权利。学校有权根据国家有关教学计划、教学大纲和课程标准等方面的规定,自主组织教育教学活动的实施。

3. 招收学生或者其他受教育者

招生权是学校的一项重要权利。学校有权根据自己的办学宗旨、培养目标、发展规划以及实际办学条件,依据国家有关规定进行招生。任何组织和个人都不得非法干预。

4. 对受教育者进行学籍管理,实施奖励或者处分

学校有权根据教育主管部门的学籍管理规定,针对受教育者的不同层次、类别,制定具体的学籍管理办法,实施学籍管理活动。学校有权根据国家有关学生奖励、处分的规定,结合本校实际,制定具体的奖励与处分办法。

5. 对受教育者颁发相应的学业证书

学校有权依据国家有关学业证书管理的规定,对经考核成绩合格的受教育者,按其类别颁发毕业证书、结业证书等学业证书。学校向受教育者颁发相应的学业证书,要遵循公正、公开的原则,并接受主管机关和受教育者的监督。

6. 聘任教师及其他职工,实施奖励或者处分

学校有权根据国家及主管部门的有关规定,制定本校教职工具体的聘任管理办法,对教师及其他职工实施包括奖励、处分在内的具体管理活动。即学校对教师依法享有管理权。

7. 管理使用本单位的设施和经费

学校对其占有的场地、校舍、教学仪器、图书资料、办学经费及其他有关财产,享有管理权和使用权,必要时可对其所占有的财产进行处分。但学校在行使这一权利时,要遵守国家有关国有资产管理、教育经费投入的管理规定,符合国家和社会的公共利益,有利于学校的正常发展。

8. 拒绝任何组织和个人对教育教学活动的非法干涉

这是为维护学校正常的教育教学秩序、抵制非法干涉而确立的一项重要权利。所谓“非法干涉”,是指行为人违背国家法律、法规和有关规定,做出的不利于学校教育教学活动的行为,如乱摊派、乱罚款、乱集资、随意要求学校停课等。学校有权对来自国家机关、企事业单位、社会组织以及个人的非法干涉,予以拒绝和抵制,并可通过教育行政部门会同有关部门予以治理。

9. 法律、法规规定的其他权利

这项权利是指除前述八项权利外,学校还享有现行法律法规赋予的其他权利。同时,还包括将来制定的法律法规确立的有关权利。

(二) 学校的义务

学校的义务,是指学校依法应当承担的责任。《教育法》在规定学校权利的同时,也规定了学校应履行的义务。根据《教育法》的规定,学校应履行的义务主要包括以下六个方面:

1. 遵守法律、法规

《宪法》第五条规定:“一切国家机关和武装力量、各政党和各社会团体、各企业事业组织都必须遵守宪法和法律。一切违反宪法和法律的行为,必须予以追究。”遵守法律、法规,包括遵守宪法、法律、行政法规、地方性法规以及规章等。

2. 贯彻国家教育方针,执行国家教育教学标准,保证教育教学质量

这项义务要求学校在组织实施教育教学活动的过程中,要保证贯彻国家的教育方针和教育标准,全面推行素质教育,努力为社会主义现代化建设培养德、智、体全面发展的人才。

3. 维护受教育者、教师及其他职工的合法权益

这项义务包括两方面的含义:一是要求学校自身不得侵犯受教育者、教师及其职工的合法权益,如不得克扣、拖欠教职工工资,不得拒绝符合入学标准的受教育者入学等;二是当其他社会组织和个人侵犯了本校受教育者、教师及其他职工的合法权益时,学校有义务以合法方式,维护本校教职工与受教育者的合法权益。

4. 以适当方式为受教育者及其监护人了解受教育者的学业成绩及其他有关情况提供便利

受教育者及其监护人了解受教育者的学业成绩及其他有关情况的知情权,是实现公民平等的受教育权和在学业成绩和品行上获得公正评价的重要前提,因此必须予以法律保护。学校应以适当方式如通过"家长接待日"、教师家访、找学生个别谈心等方式,提供便利条件,帮助受教育者及其监护人行使这项知情权。但需注意不得侵犯受教育者的隐私权、名誉权等合法权益,不得损害受教育者的身心健康。

5. 遵照国家有关规定收取费用并公开收费项目

《义务教育法》第二条规定:"实施义务教育,不收学费、杂费。"学校是公益性教育机构,公民依法享有受教育的权利,同时应按所入学校的不同性质依照有关规定缴纳诸如伙食费、服装费等一定费用,学校应根据国家有关部门的收费规定,确定收取费用的具体标准,不得巧立名目,乱收费用。同时,收费的具体名称和标准,要向家长和社会公开,接受家长和人民群众的监督。

6. 依法接受监督

学校办学行为的法律监督是教育法制建设的重要内容,加强学校办学行为的法律监督机制建设是促进学校办学规范化的必然选择。学校在办学过程中必须接受来自学校内外各方面的有效监督,保障办学行为的规范化与正规化。

中国教育和科研计算机网网络中心查询到的2011年工读学校基本情况如表8-1:

单位:人
Unit:in Person

表8-1

工读学校基本情况(2011)

	学校数(所) Schools	班数(个) Classes	离校人数 Scools Leavers	入校人数 No. of Persons Entered	在校生数 Enrolment	教职工数 Teachers, Staff & Workers	
						计 Total	其中专任教师 Of Which: Full-time Teachers
合计 Total	74	450	3 973	4 759	9 631	2 687	1 735
其中女 Of Which: Female			502	704	1 313	918	639

(2011年)

栏目 8 - 3

学校法律地位的特点

1. 学校法律地位具有公共性

在许多国家,都有"公法人"的概念。所谓公法人,一般指行使、分担国家权利或依属于公法的行政法等特别法,以公共事业为成立目的的法人。国外教育立法中或明文规定学校为公法人,或强调其公共性。如德国规定,学校是公共机构,同时也是国家机构。日本《教育基本法》规定:"法律所承认的学校,具有公共性质。"我国虽然没有公法人的概念,但学校却体现了"公"或者说国家的特点。

2. 学校法律地位具有公益性

根据我国《民法通则》,我国民法上的法人,依法人创立的目的和活动内容的不同可以分为企业法人和事业法人。企业法人是进行生产、经营活动,以扩大社会积累、创造物质财富为目的的各类经济组织。事业法人是指从事经济活动以外,从事社会公益事业、满足群众文化、教育、卫生等需要为目的的各类社会组织,包括科学、文化、教育、卫生、艺术、体育等事业单位法人。把学校规定为公益性机构是世界各国的惯例。

3. 学校法律地位具有多重性

我国学校在其活动时,根据条件和性质的不同,可以有多重主体资格。当其参与教育行政法律关系,取得行政上的权利和承担行政上的义务时,它就是教育行政法律关系的主体;当其参与教育民事法律关系,取得民事权利和承担民事义务时,它就是教育民事法律关系的主体。学校在这两类不同的法律关系中的法律地位是不一样的。在教育行政法律关系中,学校是作为行政管理相对人出现的。当然,这并不排除学校作为办学实体享有自己的权利和义务。在教育民事法律关系中,学校与其他主体处于平等地位。

除了这两种主要法律关系外,学校还与国家发生涉及国家对学校的财政拨款、国家对学校兴办产业给以税收优惠等经济法律关系,成为经济法律关系主体,具有经济法上的权利和义务。

第四节　学　　生

学生是指"在学校或者其他教育、研究机构学习的人"。[①] 法律规定了学生的各项权利,相关法律主体必须予以充分尊重与保障。学生(尤其未成年人)由于身心发展均未成熟,在受教育过程中难免被伤害或造成他人伤害。对此,相关法律法规都作出了具有针对性的规定进行保护。

学生的法律地位通过其权利、义务体现出来。

---

① 夏征农,陈至立.辞海[Z].上海:上海辞书出版社,2010:2163.

一、学生的权利与义务

（一）学生的权利

现行法律如《教育法》、《教师法》、《未成年人保护法》等都对学生享有的权利作出了规定。学校应保证学生在校期间享有各项合法权利,任何侵犯学生权利的做法都是违法行为。《教育法》第四十二条对学生享有的权利做了如下规定:

1. 参加教育教学计划安排的各种活动,使用教育教学设备、图书资料

该权利可简称为"参加教育教学活动权"。学生参加学校的各种教育教学活动是学生完成各项学习任务的保障,教育教学活动只有在师生的互动下,才能取得相应的成效。学校的各种设备、设施和图书资料是为学生而设立和投入的,他们有权使用这些物质设备,以保证学习的顺利进行,完成学习任务。

2. 按照国家有关规定获得奖学金、贷学金、助学金

该权利可简称为"获得学金权"。这"三金"是为了保障学生享有受教育权而设立的,奖学金是鼓励学业优秀的学生,贷学金、助学金是让贫困家庭学生获得均等的教育机会,以保证他们完成相应的学业。

3. 在学业成绩和品行上获得公正评价,完成规定的学业后获得相应的学业证书、学位证书

该权利可简称为"获得公正评价权"。它包括两方面,一是在校学习期间学生有获得公正的学业评价和品行评价的权利。教师对学生的评价应是认真负责、公平合理、实事求是。二是学生在完成规定的学业任务后,有权获得相应的学业证书、学位证书。

4. 对学校给予的处分不服,向有关部门提出申诉,对学校、教师侵犯其人身权、财产权等合法权益,提出申诉或者依法提起诉讼

该权利可简称为"申诉或诉讼权"。学生的合法权益受到侵犯时,有权通过申诉或诉讼保护自己,它是公民申诉权或诉讼权在学生身上的体现,也是教育法律救济的表现形式之一。

所谓教育法律救济是指教育行政相对人的合法权益受到侵害并造成损害时,通过裁决纠纷,纠正、制止或矫正侵权行为,使受害者的权利得以恢复,利益得到补救的法律制度。教育行政相对人可以是学校、教师、学生等教育法律关系主体。教育行政相对人的合法权益受到侵害,可以通过申诉、行政复议、行政诉讼等途径进行维权,从而获得法律保护。

5. 法律法规规定的其他权利

（二）学生的义务

学生作为公民,同样享有宪法、民法所赋予的一切权利,同时还享有《未成年人保护法》、《妇女权益保护法》等赋予的权利。需要指出的是,学生在享有权利的同时,还应当履行相应的义务,学生的权利与义务是统一的。

《教育法》第四十三条规定了受教育者应当履行的义务:

1. 遵守法律、法规

学生首先是社会成员,因而同所有公民一样,必须履行遵守国家法律、法规的义务。同时,作为受教育者,还必须履行遵守教育法律、法规的义务。

2. 遵守学生行为规范,尊敬师长,养成良好的思想品德和行为习惯

这是指必须遵守《小学生日常行为规范》、《中学生日常行为规范》这两部规章制度,

集中体现了国家对学生在政治、思想、品德等方面的基本要求。为此,学生应积极努力,自觉提高自身素质,养成良好的政治素质、道德品质、行为品质和心理素质。

3. 努力学习,完成规定的学习任务

努力学习是学生特定的义务。作为学生,要完成规定的学习任务,要充分发挥学习的主动性和积极性,刻苦学习,牢固掌握所学知识,成为社会主义现代化建设的有用人才。

4. 遵守所在学校或者其他教育机构的管理制度

这项义务是第一条义务的具体表现和延伸。学校或其他教育机构依照法律法规设立的管理制度,是建立正常的、规范的教育秩序所不可缺少的措施,学生有义务遵守学校的一切规章制度,成为自觉遵守学校规章制度的好学生。当然,学校的规章制度也应该符合法律的精神和时代的要求。

栏目 8 - 4

2013 年全国初中学生情况

单位:人

项目	毕业生数	招生数	在校生数					
			合计	♯女	♯一年级	♯二年级	♯三年级	♯四年级
总计	15 615 452	14 960 867	44 401 248	20 836 306	14 972 216	14 771 466	14 237 562	420 004
♯女	7 427 221	6 958 625	20 836 306		6 962 278	6 921 858	6 750 100	202 070
少数民族	1 542 653	1 662 122	4 710 203	2 224 493	1 663 207	1 560 155	1 479 896	6 945
四年制	482 988	449 353	1 752 404	836 837	449 563	450 433	432 404	420 004
九年一贯制学校	1 760 777	1 804 465	5 256 281	2 376 171	1 806 619	1 745 540	1 630 203	73 919
十二年一贯制学校	206 450	231 841	666 538	273 558	232 140	221 455	208 809	4 134
完全中学	2 081 587	2 057 158	6 127 520	2 869 994	2 058 925	2 043 732	1 989 501	35 362
附设普通初中班	95 566	84 197	252 633	113 683	84 201	80 883	80 883	1 714
附设职业初中班	2 789	157	417	152	157	99	151	10
独立设置少数民族学校	452 563	479 937	1 361 743	657 455	480 566	450 053	429 496	1 628
进城务工人员随迁子女	751 856	1 238 665	3 463 140	1 455 939	1 251 769	1 161 123	996 920	53 328
♯外省迁入	252 791	493 892	1 296 986	541 032	499 592	433 898	339 993	23 503
本省外县迁入	499 065	744 773	2 166 154	914 907	752 177	727 225	656 927	29 825
农村留守儿童	1 851 794	2 317 864	6 862 774	3 145 814	2 326 912	2 306 247	2 216 512	13 103

《统计年鉴》:2013 年全国初中学生数。

二、学生伤害事故及处理

（一）学生伤害事故责任的归责原则和构成要件

《中华人民共和国侵权责任法》于 2010 年 7 月 1 日起施行。该法对公民民事权益进行了全方位、多层次、立体化保护，其内容涉及社会生活的方方面面，其中也包括教育领域。《侵权责任法》是我国民事领域的一部重要法律，也是构建法治社会的重要基础。

1. 学生伤害事故责任的归责原则

（1）无民事行为能力人受到损害的学校责任

《侵权责任法》第三十八条规定："无民事行为能力人在幼儿园、学校或其他教育机构学习、生活期间受到人身损害的，幼儿园、学校或者其他教育机构应当承担责任，但能够证明尽到教育、管理职责的，不承担责任。"这说明对于无民事行为能力人在幼儿园、学校或者其他教育机构学习、生活期间受到人身损害的，适用过错推定原则。对于无民事行为能力人受到伤害，直接推定幼儿园、学校等教育机构有过失。幼儿园、学校等教育机构主张无过失的，应当由其举证证明自己没有过错。幼儿园、学校或者其他教育机构不能证明自己没有过失的，应当承担侵权责任；能够证明尽到了教育、管理职责的，不承担侵权责任。

（2）限制民事行为能力人受到损害的学校责任

《侵权责任法》第三十九条规定，对于限制民事行为能力的未成年学生在学校或其他教育机构受到人身损害，确定学校等教育机构的责任，实行过错责任原则，由被侵权人承担举证责任。

（3）第三人伤害学生的责任

第三人责任事故，是指学生伤害事故的发生，不是由于学校的过错，而是由于第三人的过错行为所引起，应当由第三人承担民事责任。《侵权责任法》第四十条规定："无民事行为能力人或者限制民事行为能力人在幼儿园、学校或者其他教育机构学习、生活期间，受到幼儿园、学校或者其他教育机构以外的人员人身损害的，由侵权人承担侵权责任；幼儿园、学校或者其他教育机构未尽到管理职责的，承担相应的补充责任。"这说明对于第三人的行为造成学生受到损害的，适用过错责任原则。

2. 学生伤害事故责任的构成要件

（1）学生遭受人身损害的客观事实

损害事实是指由于行为人的侵权行为致使他人的财产和人身等利益损害的客观事实。学生在校期间遭受人身伤害的损害事实，是构成学生伤害事故人身损害赔偿责任的前提性要件。

（2）学校等教育机构在学生伤害事故中存在违法行为

学校在学生伤害事故中的违法行为，是指学校在实施教育和教学活动中，违反或者未能正确履行《教育法》等法律、法规关于学校对学生的教育、管理和保护职责的行为。

（3）学校的违法行为与事故发生有因果关系

学校疏于教育、管理和保护职责的行为，必须与学生遭受伤害或者学生伤害他人的损害事实之间具有引起与被引起的因果关系。在判断上，应当采取相当因果关系学说。

（4）学校主观上有过错

学校承担学生伤害事故责任须具有主观上的过错（即故意与过失）。只有学校在主观上具有过错,学校才能对自己的行为承担赔偿责任,不具有主观上的过错,则不承担责任。

确定学校过失的标准,就是对履行《教育法》规定的教育、管理和保护的职责是否尽到了必要的注意义务。对这种注意义务的违反,就是过失。

(二) 学校应当承担法律责任的情形

2002年3月教育部颁布了《学生伤害事故处理办法》,其中第二条对本办法的适用范围作出了明确规定:"在学校实施的教育教学活动或者学校组织的校外活动中,以及在学校负有管理责任的校舍、场地、其他教育教学设施、生活设施内发生的,造成在校学生人身损害后果的事故的处理。"《学生伤害事故处理办法》第九条规定:"因下列情形之一造成的学生伤害事故,学校应当依法承担相应的责任。"

(1) 学校的校舍、场地、其他公共设施,以及学校提供给学生使用的学具、教育教学和生活设施、设备不符合国家规定的标准,或者有明显不安全因素的;

(2) 学校的安全保卫、消防、设施设备管理等安全管理制度有明显疏漏,或者管理混乱,存在重大安全隐患,而未及时采取措施的;

(3) 学校向学生提供的药品、食品、饮用水等不符合国家或者行业的有关标准、要求的;

(4) 学校组织学生参加教育教学活动或者校外活动,未对学生进行相应的安全教育,并未在可预见的范围内采取必要的安全措施的;

(5) 学校知道教师或者其他工作人员患有不适宜担任教育教学工作的疾病,但未采取必要措施的;

(6) 学校违反有关规定,组织或者安排未成年学生从事不宜未成年人参加的劳动、体育运动或者其他活动的;

(7) 学生有特异体质或者特定疾病,不宜参加某种教育教学活动,学校知道或者应当知道,但未予以必要的注意的;

(8) 学生在校期间突发疾病或者受到伤害,学校发现,但未根据实际情况及时采取相应措施,导致不良后果加重的;

(9) 学校教师或者其他工作人员体罚或者变相体罚学生,或者在履行职责过程中违反工作要求、操作规程、职业道德或者其他有关规定的;

(10) 学校教师或者其他工作人员在负有组织、管理未成年学生的职责期间,发现学生行为具有危险性,但未进行必要的管理、告诫或者制止的;

(11) 对未成年学生擅自离校等与学生人身安全直接相关的信息,学校发现或者知道,但未及时告知未成年学生的监护人,导致未成年学生因脱离监护人的保护而发生伤害的;

(12) 学校有未依法履行职责的其他情形的。

另外,《中华人民共和国刑法修正案(九)》于第十二届全国人民代表大会常务委员会第十六次会议通过,自2015年11月1日起施行。

《中华人民共和国刑法修正案(九)》第八条将刑法第一百三十三条之一修改为:"在道路上驾驶机动车,有下列情形之一的,处拘役,并处罚金:(1)追逐竞驶,情节恶劣的;(2)醉酒驾驶机动车的;(3)从事校车业务或旅客运输,严重超员或严重超速的;(4)违反危险化学品安全管理规定运输危险化学品,危及公共安全的。

《中华人民共和国刑法修正案(九)》第三款规定从事校车业务或者旅客运输,严重超过额定乘员载客,或者严重超过规定时速行驶的。责任人为机动车所有人、管理人。

"铅笔戳伤同学眼睛"案

王某和陆某是某中学初一年级同班同学。某日下午放学前的自由活动时间,王某从自己座位走上讲台拿作业本,在经过坐在前排的陆某身边时,陆某伸了个懒腰,手中的铅笔尖正巧戳进了王某的左眼。当时,王某因痛揉了揉眼睛,没有在意。第二天上课时,班主任得知他左眼被戳的事,但没有采取任何措施。次日晚上,王某爸爸带儿子到医院治疗。经手术治疗后,王某双眼又并发交感性眼炎,视力急剧下降。医院鉴定王某已达六级伤残。王某在索赔无果的情况下,将同学陆某和学校告上了法庭。法院审理后认为,学校和致害学生对王某受伤均有过错,判决两被告赔偿受伤人王某各项损失74 200元,其中陆某承担90%的责任,学校承担10%的责任。

分析:本案中,所涉及的教育法律关系主体有学校、学生陆某、王某及其监护人。该中学对事故的发生并没有过错,因为事情发生在下课自由活动时间,且事件的发生纯属意外。但学校在知情后善后处理不当,存在过错。老师应当意识到铅笔尖扎进眼睛后可能会产生的严重后果,听到学生的反映后,应当立即送受伤学生到校卫生室由保健医生检查后视情况进行救治,同时应当通知家长请家长协助。但该学校老师在得知王某眼睛受伤后没有采取必要措施,客观上延误了受伤学生治疗的时间。学校作为正常管理人,对学生在校期间所发生的有关情况具有注意和及时向监护人报告的义务。学校在王某眼睛被戳事故发生后的第二天就知晓王某眼睛受伤,却未及时将事故告知双方监护人,也没有当即采取相应处理措施,致使王某因未及时就诊而使病情有所加重。所以,该中学要承担相应的过错责任。陆某作为民法上规定的限制行为能力人,应当认识到在班级有学生的情况下手挥铅笔可能产生的后果,由于他的疏忽大意而造成王某眼睛受伤。故陆某对造成王某的伤残应承担主要的过错责任。鉴于陆某是限制民事行为能力人,应负赔偿责任由其监护人承担。

(三) 学生或者未成年学生监护人应当承担法律责任的情形

《学生伤害事故处理办法》第十条规定:"学生或者未成年学生监护人由于过错,有下列情形之一,造成学生伤害事故,应当依法承担相应的责任。"

(1) 学生违反法律法规的规定,违反社会公共行为准则、学校的规章制度或者纪律,实施按其年龄和认知能力应当知道具有危险或者可能危及他人的行为的;

(2) 学生行为具有危险性,学校、教师已经告诫、纠正,但学生不听劝阻、拒不改正的;

(3) 学生或者其监护人知道学生有特异体质,或者患有特定疾病,但未告知学校的;

(4) 未成年学生的身体状况、行为、情绪等有异常情况,监护人知道或者已被学校告知,但未履行相应监护职责的;

（5）学生或者未成年学生监护人有其他过错的。

（四）活动组织者应当承担法律责任的情形

《学生伤害事故处理办法》第十一条规定："学校安排学生参加活动，因提供场地、设备、交通工具、食品及其他消费与服务的经营者，或者学校以外的活动组织者的过错造成的学生伤害事故，有过错的当事人应当依法承担相应的责任。"

三、未成年人的法律保护

《未成年人保护法》第三条规定："未成年人享有生存权、发展权、受保护权、参与权等权利，国家根据未成年人身心发展特点给予特殊、优先保护，保障未成年人的合法权益不受侵犯。""未成年人享有受教育权，国家、社会、学校和家庭尊重和保障未成年人的受教育权。"

（一）家庭保护

《未成年人保护法》规定：父母或者其他监护人应当创造良好、和睦的家庭环境，依法履行对未成年人的监护职责和抚养义务。父母或者其他监护人应当尊重未成年人受教育的权利，必须使适龄未成年人依法入学接受并完成义务教育，不得使接受义务教育的未成年人辍学。禁止对未成年人实施家庭暴力，禁止虐待、遗弃未成年人，不得歧视女性未成年人或者有残疾的未成年人。父母或者其他监护人应当关注未成年人的生理、心理状况和行为习惯，预防和制止未成年人吸烟、酗酒、流浪、沉迷网络以及赌博、吸毒、卖淫等行为。

（二）学校保护

《未成年人保护法》规定：学校应当全面贯彻国家的教育方针，实施素质教育，提高教育质量，注重培养未成年学生独立思考能力、创新能力和实践能力，促进未成年学生全面发展。学校应当尊重未成年学生受教育的权利，关心、爱护学生，对品行有缺点、学习有困难的学生，应当耐心教育、帮助，不得歧视，不得违反法律和国家规定开除未成年学生。学校、幼儿园、托儿所的教职员工应当尊重未成年人的人格尊严，不得对未成年人实施体罚、变相体罚或者其他侮辱人格尊严的行为。学校、幼儿园、托儿所应当建立安全制度，加强对未成年人的安全教育，采取措施保障未成年人的人身安全。

案例分析 8-3

小陈被"劝退"案

小陈在陕西乾县实验初级中学上初三，临近中考，学校搞了一次摸底考试，并划定了一个分数线，规定凡低于这个分数线的学生都将被班主任"劝退"，不能报名参加当年的中考。考试结果出来，小陈名列其中。小陈的父亲曾找过班主任和学校领导，要求学校准许孩子报名，但被学校拒绝。

分析：根据《义务教育法》的规定：适龄儿童少年依法享有平等接受义务教育的权利；学校不得开除学生。陕西乾县实验初级中学初三学生小陈属于义务教育阶段的在校生，学校应当依法保护其接受义务教育的权利，不得以任何理由和借口，侵犯适龄儿童少年接受义务教育的权利。

（三）社会保护

《未成年人保护法》规定：全社会应当树立尊重、保护、教育未成年人的良好风尚，关心、爱护未成年人。各级人民政府应当保障未成年人受教育的权利，并采取措施保障家庭经济困难的、残疾的和流动人口中的未成年人等接受义务教育。

任何组织或者个人不得招用未满十六周岁的未成年人，国家另有规定的除外。任何组织或者个人不得披露未成年人的个人隐私。国家依法保护未成年人的智力成果和荣誉权不受侵犯。

四、未成年人不良行为的预防与矫治

《预防未成年人犯罪法》第十四条规定未成年人的父母或者其他监护人和学校应当教育未成年人不得有下列不良行为：

（一）旷课、夜不归宿；（二）携带管制刀具；（三）打架斗殴、辱骂他人；（四）强行向他人索要财物；（五）偷窃、故意毁坏财物；（六）参与赌博或者变相赌博；（七）观看、收听色情、淫秽的音像制品、读物等；（八）进入法律、法规规定未成年人不适宜进入的营业性歌舞厅等场所；（九）其他严重违背社会公德的不良行为。

同时，《预防未成年人犯罪法》提出对未成年人的"严重不良行为"应及时予以制止。所谓"严重不良行为"，是指下列严重危害社会，尚不够刑事处罚的违法行为：（一）纠集他人结伙滋事，扰乱治安；（二）携带管制刀具，屡教不改；（三）多次拦截殴打他人或者强行索要他人财物；（四）传播淫秽的读物或者音像制品等；（五）进行淫乱或者色情、卖淫活动；（六）吸食、注射毒品；（七）其他严重危害社会的行为。对未成年人实施本法规定的严重不良行为的，应当及时予以制止。对有本法规定严重不良行为的未成年人，其父母或者其他监护人和学校应当相互配合，采取措施严加管教，也可以送工读学校进行矫治和接受教育。

隐私权　　栏目 8-5

隐私权是指公民享有的私人生活安宁与私人信息依法受到保护，不被他人非法侵扰、知悉、搜集、利用和公开的一种人格权。而且权利主体对他人在何种程度上可以介入自己的私生活，对自己是否向他人公开隐私以及公开的范围和程度等具有决定权。侵害隐私权，是指不法行为人采用非法手段，搜集、利用和公开私人信息，侵扰他人生活安宁的侵权行为。侵害隐私权的形态多种多样，主要包括下列几种形式：（1）偷窥、私自拆开他人信件以了解他人的秘密，侵害他人的隐私权。（2）公开披露或宣扬他人隐私。这是指不法行为人未经他人允许，擅自公布他人受害记录、疾病史、生理缺陷、家庭生活、婚恋生活等个人隐私。（3）在网上泄露某些与他人有关的敏感信息，包括事实、图像以及毁损的意见等。

第五节　教　　师

　　教师是履行教育教学职责的专业人员,是人类文化的传播者,教师是人类灵魂的工程师,其劳动具有巨大的社会价值。国家实行教师资格制度。只有取得教师资格的人员才能受聘担任教师,从事教育教学工作。国家法律充分保障教师的各项权利,教师也必须履行相应的义务。我国有悠久的尊师重道的传统,全社会都应该尊重教师,教师也应该不断提高政治觉悟与各项素质,认真履行相应义务。

一、教师的法律地位

　　教师是在学校中担任教学工作的人员。[①]随着学校的产生而出现。中国古代称之为"师"。唐代韩愈《师说》:"师者,所以传道、授业、解惑也。"

　　教师的法律地位是法律所确认的教师的社会地位,即以法律形式规定的教师在各种社会关系中的位置。《教师法》第三条规定:"教师是履行教育教学职责的专业人员,承担教书育人,培养社会主义事业建设者和接班人、提高民族素质的使命。"法律意义上的"教师"是指"履行教育教学职责的专业人员",是与医生、律师、工程师等一样通过自己的专业知识服务于社会的特殊群体。1966年国际劳工组织和联合国教科文组织共同发布的《关于教师地位之建议书》。明确提出:"教育工作应被视为专门职业(profession)。这种职业是一种要求教员具备经过严格而持续不断的研究才能获得并维持专业知识及专门技能的公共业务。"

二、教师资格制度

　　教师资格是国家对从事教育教学工作的人员的基本要求,是从事教师职业必须具备的基本条件。国家实行教师资格制度,只有取得教师资格的人员才能受聘担任教师,从事教育教学工作。《教师法》第十条规定:"国家实行教师资格制度。""中国公民凡遵守宪法和法律,热爱教育事业,具有良好的思想品德,具备本法规定的学历或者经国家教师资格考试合格,有教育教学能力,经认定合格的,可以取得教师资格。"

　　《教师法》第十四条对教师资格的禁止取得也作出了明确规定:"受到剥夺政治权利或者故意犯罪受到有期徒刑以上刑事处罚的,不能取得教师资格;已经取得教师资格的,丧失教师资格。"《教师资格条例》中也有相应的规定。例如:对有弄虚作假,骗取教师资格的;品行不良,侮辱学生,影响恶劣的等情形者均由县级以上人民政府教育行政部门撤消其教师资格,由其资格认定机构收回其教师资格证书。

　　实行教师资格制度,有利于提高教师的社会地位,体现教师的职业特点,提高教师待遇;有利于吸引优秀人才从教,优化教师队伍,提高教育教学质量。

[①] 夏征农,陈至立.辞海[Z].上海:上海辞书出版社,2010:912.

三、教师的权利与义务

(一) 教师的权利

教师的权利可以分为两个部分,一是教师作为普通公民所享有的各种权利;二是作为教师职业的从业者所享有的权利,这部分权利与教师的职业特点相联系,是教师职业特定的权利。这两部分权利既有联系又有区别。结合教师的职业特点,《教师法》第七条规定的教师的权利包括以下六项:

1. 教育教学权

《教师法》第七条第一款规定,教师有权"进行教育教学活动,开展教育改革和实验"。这是教师最基本权利,任何组织和个人都不得非法剥夺在聘教师从事教育教学活动,开展教育改革和实验这一基本权利。对不具备教师资格的人员,不得享有这项权利;对具有教师资格,尚未受聘或已辞聘的人员,这一权利的行使处于停顿状态。教师在行使这一基本权利时应保证履行相应的义务和职责。

2. 科研学术活动权

《教师法》第七条第二款规定,教师享有"从事科学研究,学术交流,参加专业的学术团体,在学术活动中充分发表意见的权利"。这是教师作为专业技术人员的一项基本权利。但应注意在教育教学活动中,应按教学大纲或教学基本要求进行讲授,不应任意发表与讲授内容无关且有损受教育者身心健康发展的个人看法。

3. 管理学生权

《教师法》第七条第三款规定,教师有权"指导学生的学习和发展,评定学生的品行和学生成绩"。这是与教师在教育教学过程中的主导地位相适应的基本权利。教师要指导好学生的学习和发展,教师首先要转变传统的教育观念,树立现代教育观、树立正确的学生观、质量观,由应试教育转到素质教育的轨道上来,培养德、智、体全面发展的人才。

4. 获取报酬待遇权

《教师法》第七条第四款规定,"教师享有按时获取工资报酬,享受国家规定的福利待遇以及寒暑假的带薪休息"的权利。这是宪法规定的公民享有的劳动权和休息权的具体化。工资报酬包括基础工资,职务工资,课时报酬,奖金及津贴,班主任津贴及其他各种津贴在内的工资收入。福利待遇一般包括医疗、退休等方面享有的待遇和优惠。

5. 参与民主管理权

《教师法》第七条第五款规定,教师"享有对学校教育教学管理工作和教育行政部门的工作提出意见和建议,通过教职工代表大会或其他形式参与学校民主管理",称为"教师的参与民主管理权"。

教师在参与学校管理时要注意民主集中制原则,同时学校与教育行政部门负责人不得压制教师的批评和意见。

6. 进修培训权

《教师法》第七条第六款规定,教师享有"参加进修或者其他方式培训的权利"。

教师的这一权利同时也是政府和学校的义务,政府和学校应采取措施保障教师这一权利的实现。继续教育已成为现代教育体系中的一个重要组成部分,它对于提高广大教师的素质,更好地履行教书育人的职责具有极为重要的意义。

（二）教师的义务

教师的义务可以分为两个部分。一是作为普通公民应承担的义务,二是作为教师应承担的义务。结合教师的职业特点,《教师法》规定教师应承担的义务主要有以下六项:

1. 遵纪守法的义务

《教师法》第八条第一款规定,教师应"遵守宪法、法律和职业道德,为人师表",这项可称"遵纪守法义务"。此项义务也是教师所担负的"育人"职责和教师的劳动"示范性"特点对教师提出的基本要求。它要求教师严格要求自己,言行一致,成为学生和社会的楷模。

2. 教育教学的义务

教育教学工作是教师的本职工作,也是教师的基本义务。教师在教育教学活动中应全面贯彻国家教育方针。遵守学校的各项规章制度,履行聘任合同中约定的教育教学职责。《教师法》第八条第二款规定,教师应"贯彻国家的教育方针,遵守规章制度,执行学校的教学计划,履行教师聘约,完成教育教学工作任务"。

3. 思想教育的义务

《教师法》第八条第三款规定,教师要对学生进行"宪法基本原则的教育和爱国主义,民族团结教育法制教育以及思想品德、文化、科学技术教育,组织、带领学生开展有益的社会活动"。这项义务可称"思想教育义务",教师应当结合自己的教学教育业务的特点,把政治思想品德教育贯穿教学工作之中。

4. 尊重学生人格的义务

《教师法》第八条第四款规定,教师应"关心,爱护全体学生,尊重学生人格,促进学生在品德、智力、体质等方面全面发展"。这项义务可称作是"关心和尊重学生人格的义务"。爱护学生是教师的职业道德,是对教师的基本要求。它要求教师一方面热爱学生,另一方面保护好学生。

5. 保护学生权益的义务

《教师法》第八条第五款规定,教师有"制止有害于学生的行为或者其他侵犯学生合法权益的行为,批评和抵制有害于学生健康成长的现象"的义务。教师履行本项义务是有特定范围的。教师应当制止有害于学生的行为或者其他侵犯学生合法权益的行为。至于批评抵制有害学生健康成长的现象,主要是指社会上出现的有害于学生身心健康的不良现象。

案例分析 8-4

"求爱信被老师当众宣读"案

某校初中班主任吴老师在批改作业时,发现学生高某的作业本中夹了一封写有×××收的信件,吴老师顺便拆封阅读了此信。这是高某写给一位女同学的求爱信,吴老师后在班会上宣读了此信,同时对高某提出了批评。次日高某在家留了一张字条后离家出走。高某家长找到吴老师理论并要求将高某找回。吴老师解释说："我作为教师,对学生进行教育和管理是我的职责,我批评高某是为了教育和爱护他。他是从家中出走的,与我的工作没有关系。"

请问:(1)吴老师的哪些做法不正确? 试述你的判断所依据的法规及条款。(2)吴老师的解释是否正确? 为什么?

分析:(1)不正确。根据《中华人民共和国未成年人保护法》对未成年人的信件,任何组织和个人不得隐匿毁弃,除因追查罪犯的需要由公安机关或者人民检察院依照法律规定的程序进行检查,或者无行为能力的未成年人的信件由其父母或其他监护人代为开拆外,任何组织和个人不得开拆。(2)不正确。教师和学生之间的关系之一就是相互尊重的平等关系,教师应当尊重学生的人格,不得泄露学生隐私,不得侮辱学生。

6. 提高思想觉悟和教学水平义务

《教师法》第八条第六款规定,教师有"不断提高思想觉悟和教育教学业务水平"的义务。这项义务可称"提高水平"的义务。这项义务实际上是国家对教师不断提高自身素质的基本要求。

教师的权利和义务是统一的,不可分割的。法律在赋予法律关系主体权利的同时,也同时规定其应履行的义务。这种权利和义务是相应的,教师既应享有自己的权利,又必须认真履行自己的义务。

教师权利与义务的关系

栏目 8-6

一、教师的权利和义务是统一的,不可分割的。

权利和义务的统一有两种含义:一是法律关系一方主体的权利、义务的统一;二是法律关系双方主体的权利、义务的统一。法律在赋予法律关系主体权利的同时,必须要规定其应履行的义务。这种权利和义务是相应的。教师既享有自己的权利,又必须履行自己的义务。法律在赋予法律关系一方权利时,也同时规定了另一方义务。例如《教师法》第七条规定:"教师有进行教育教学活动,开展教育教学改革和实验"的权利。与此同时《教师法》第九条也相应规定了各级人民政府、教育行政部门、学校和其他教育机构的义务,即"提供符合国家安全标准的教学教育设施和设备","提供必需的图书,资料及其教育教学用品"。

二、在不同场合下,教师的权利和义务是互相交叉的,并可以相互转化。

权利和义务不是绝对的,有时权利也是义务。例如《教师法》规定教师有"指导学生学习和发展,评定学生的品行和学业成绩"的权利。这一项权利,实际上也是教师的义务。教师如果没有认真地指导学生的学习和发展,没有认真的评定学生的品行和学业成绩,则说明他没有很好地履行自己的法律义务,就是失职。又如《教师法》规定教师有"不断提高思想政治觉悟和教育教学水平"的义务,这实际上也是教师权利,是对教师提出的更高要求。

两者的关系如下所示：

教师的权利	教师的义务
教育教学权	遵纪守法的义务
科研学术活动权	教育教学的义务
管理学生权	思想教育的义务
获取报酬待遇权	尊重学生人格的义务
参与民主管理权	保护学生权益的义务
进修培训权	提高思想觉悟和教学水平义务

第六节 法 律 责 任

法律责任是指因违反了法定义务，或不当行使权利所产生的，由行为人承担的不利后果。(1)法律责任首先表示一种因违反法律上的义务关系而形成的责任关系，它是以法定义务的存在为前提的；(2)法律责任还表示为一种责任方式，即承担不利后果；(3)法律责任是由国家强制力保证实施或者追究的。

法律责任是法律规范的有机组成部分。如果没有法律责任，则法律规范就不完整，法律也就无法发挥其应有的作用。每一部教育法律法规都包含相应的法律责任。

一、《教育法》关于法律责任的认定
（一）违反教育经费规定的法律责任
1. 违反国家有关规定，不按照预算核拨教育经费的法律责任

这种违法行为具体表现为不按照本级人民代表大会审查和批准的本级人民政府的预算内容，向教育行政部门、学校或者其他教育机构核拨相应的教育经费，或者擅自调整更改教育预算支出。《教育法》第七十一条规定违反国家有关规定，不按照预算核拨教育经费的，由同级人民政府限期核拨；情节严重的，对直接负责的主管人员和其他直接责任人员，依法给予行政处分。

2. 违反国家财政制度、财务制度，挪用、克扣教育经费的法律责任

这种违法行为在客观要件上，主要表现为利用管理、经手或其他职务上的便利，挪用教育经费归个人或集体进行其他活动或非法活动等，克扣教育经费私分或归个人所有等。其中，利用职务上的便利，侵占、克扣教育经费集体私分或为个人非法占有的，是贪污行为；违反有关规定，将教育经费挪作他用，无论是公用还是私用，都属于挪用行为。挪用教育经费数额较大不退还的，是贪污罪。根据具体情节，分别做如下处理：(1)由上级机关责令限期归还被挪用、克扣的教育经费；(2)对直接负责的主管人员和其他

直接责任人员,由有关部门和单位依法给予行政处分。构成犯罪的,追究刑事责任。

(二) 扰乱教育秩序、破坏、侵占学校财产的法律责任

1. 结伙斗殴、寻衅滋事,扰乱学校及其他教育机构教育教学秩序的法律责任

主要表现为不法分子在学校及其他教育机构内或周围结伙斗殴、寻衅滋事。扰乱教育秩序的行为违反了《教育法》、《治安管理处罚法》或《刑法》的规定。对实施上述行为的人员,根据情节轻重及危害后果,分别给予批评教育、行政处分、行政处罚乃至刑事处罚。

2. 破坏校舍、场地及其他财产的法律责任

上述行为是指偷盗、抢夺或哄抢、毁损学校房屋、设备、教学器材或其他物资,使校舍、场地及其他财产的价值或使用价值部分或全部地丧失。情节较轻的,是一般违反治安管理行为,情节较重构成犯罪的,追究刑事责任。

3. 侵占学校及其他教育机构的校舍、场地及其他财产的法律责任

侵占学校校舍、场地及其他财产的行为,主要表现为偷盗、抢夺或哄抢、勒索学校的教学器材或其他物资,故意毁坏学校房屋和设备,占用学校的房屋、场地。这种行为扰乱了学校正常教学秩序,不仅违反了《教育法》,也违反了《民法通则》、《治安管理处罚法》或《刑法》。

(三) 使用危险教育设施造成人员伤亡或重大财产损失的法律责任

使用危险房屋进行教育教学活动,违反了《教育法》,同时违反了《未成年人保护法》、《刑法》。

《刑法》第一百三十八条规定:"明知校舍或者教育教学设施有危险,而不采取措施或者不及时报告,致使发生重大伤亡事故的,对直接责任人员,处三年以上有期徒刑或者拘役;后果特别严重的,处三年以上七年以下有期徒刑。"司法实践中,造成人员伤亡或者重大财产损失,一般是指:死亡一人以上或者重伤三人以上的;直接经济损失5万元以上的情形。

(四) 违反国家规定向学校收费的法律责任

违反国家有关规定,向学校或者其他教育机构收取费用,是指一些地区和部门的单位和个人,在国家法律法规和有关收费管理规定之外,无依据或违反有关收费标准、范围、用途和程序的要求,向学校或者其他教育机构乱收费、乱罚款和进行各种摊派活动。

对这一违法行为给予以下处理:(1)由政府责令退还所收取的费用;(2)由主管部门对直接负责的主管人员和其他直接责任人员,依法给予行政处分。

(五) 违法办学、招生、举办考试、颁发学业学位证书及向学生违法收费的法律责任

1. 违反国家规定举办学校或其他教育机构的法律责任

举办教育机构,必须经主管机关批准或者经主管机关登记注册才能取得合法地位,并受法律保护。违反《教育法》关于教育机构设置管理的规定举办的学校或其他教育机构是非法的。

对实施上述违法行为的单位或者个人按《教育法》第七十五条处理:(1)对非法举办的学校,由教育行政部门予以撤销;(2)对有违法所得的,由教育行政部门或政府授权的其他行政机关没收违法所得;(3)由主管部门追究直接负责的主管人员和其他直接责任人员的行政责任,依法给予行政处分。

2. 违法颁发学业、学位证书的法律责任

违法颁发学位证书、学历证书或其他学业证书的主要情形有：(1)不具有颁发学业证书和学位证书资格而发放学业证书、学位证书；(2)伪造、编造、买卖学业证书、学位证书；(3)在颁发学业证书、学位证书中弄虚作假、徇私舞弊；(4)对不符合规定条件的受教育者和其他人员颁发学业证书、学位证书；(5)滥发学业证书、学位证书从中牟利。

对上述违法行为依据《教育法》第八十条的规定，根据具体情节予以如下处理。(1)由教育行政部门宣布证书无效，责令收回或者予以没收。教育行政部门对违反规定颁发的学业证书，可采取下达通知、公告等方式不予承认其效力；责令违法颁发证书的机构收回已颁发的证书或者由教育行政部门直接予以没收。(2)对学校及其他教育机构、有学位授予权的科研机构，在违法颁发证书过程中有违法所得的，没收违法所得。(3)对情节严重的，由教育行政部门取消其颁发学业证书的资格。

3. 违法向学生收费的法律责任

学校及其他教育机构违反国家有关规定向受教育者收取费用，主要指违反国家有关收费范围、收费项目、收费标准以及有关收费事宜的审批、核准、备案以及收费的减免等方面的规定，自立收费项目或超过收费标准，非法或不合理向受教育者收取费用。实施上述违法行为学校及其他教育机构按《教育法》第七十八条的规定处理：由主管的教育行政部门责令其退还所收费用，并对直接负责的主管人员和其他直接责任人员，依法给予行政处分。

(六) 招生考试中舞弊作弊的法律责任

1. 招生工作中徇私舞弊的法律责任

在招生工作中徇私舞弊，主要指主管、直接从事和参与学校及其他教育机构统一招生工作的人员，违反招生管理的有关规定，利用职权或工作之便，故意采取隐瞒、虚构、篡改、毁灭、泄露、提示、协助考生作弊等方法，在招生考试、考核、体检、保送生推荐等各个环节上实施歪曲事实、掩盖真相、以假乱真等枉法渎职行为，使不应该被招收录取的考生及其他人员被招收录取，或使符合招收录取条件的考生及其他人员未被招收录取的情形。

实施上述违法行为的人员，根据其情节及后果的轻重，分别适用行政制裁或刑事制裁，给予以下处理：(1)由教育行政部门责令退回招收的人员；(2)由教育行政部门或主管部门对直接负责的主管人员和其他直接责任人员，依法给予行政处分；(3)构成犯罪的，依法追究刑事责任。

2. 在国家教育考试中作弊的法律责任

在国家教育考试中作弊，一是指考生在考试活动中的违反考场纪律的行为，如夹带入场、抄袭他人答案、交换答卷等行为；二是与国家教育考试活动相关联的国家机关及其工作人员、学校及其他教育机构在考试活动中的欺骗、蒙混、泄密等行为，还有指使、纵容、授意放松考试纪律，致使考试纪律混乱的行为，以及伙同他人作弊的行为。实施上述违法行为的单位或者个人依据《教育法》或《刑法》进行处理：(1)由教育行政部门宣布考试无效；(2)由教育行政部门或主管部门对直接负责的主管人员和其他直接责任人员，依法给予行政处分；(3)构成犯罪的，依法追究刑事责任。

《中华人民共和国刑法修正案(九)》第二十五条规定："在法律规定的国家考试中，

组织作弊的,处三年以下有期徒刑或者拘役,并处或者单处罚金;情节严重的,处三年以上七年以下有期徒刑,并处罚金。"

"为他人实施前款犯罪提供作弊器材或者其他帮助的,依照前款的规定处罚。"

"为实施考试作弊行为,向他人非法出售或者提供第一款规定的考试的试题、答案的,依照第一款的规定处罚。"

"代替他人或者让他人代替自己参加第一款规定的考试的,处拘役或者管制,并处或者单处罚金。"

以上六大类违反《教育法》的行为,主要应承担行政责任和刑事责任,应承担民事责任的,同时追究民事责任。此外,《教育法》分别对学校及其他教育机构、受教育者、教育者享有的权利作了规定,凡侵犯其合法权益而造成损失、损害的,同时违反了《教育法》和《民法通则》的,均应依法追究民事法律责任。

二、《教师法》关于法律责任的认定
(一) 侮辱、殴打教师的法律责任

教师是人类灵魂的工程师,是人类文明的传播者。现实生活中侮辱、殴打教师的事件并不鲜见,教师受到伤害的案件也经常见诸媒体报端。《教师法》对教师的人身安全作出特别规定。《教师法》第三十五条规定:"侮辱、殴打教师的,根据不同情况,分别给予行政处分或者行政处罚;造成损害的,责令赔偿损失;情节严重,构成犯罪的,依法追究刑事责任。"

(二) 打击报复教师的法律责任

《教师法》第三十六条对打击报复教师的法律责任作出规定:"对依法提出申诉、控告、检举的教师进行打击报复的,由其所在单位或者上级机关责令改正;情节严重的,可以根据具体情况给予行政处分。国家工作人员对教师打击报复构成犯罪的,依照刑法的规定追究刑事责任。"

(三) 教师故意不完成教育教学任务及品行不良的法律责任

《教师法》第三十七条规定:"教师有下列情形之一的,由所在学校、其他教育机构或者教育行政部门给予行政处分或者解聘。

(1) 故意不完成教育教学任务给教育教学工作造成损失的;

(2) 体罚学生,经教育不改的;

(3) 品行不良、侮辱学生,影响恶劣的。

教师有前款第二项、第三项所列情形之一,情节严重,构成犯罪的,依法追究刑事责任。"

"王洋被打"案

案例分析 8-5

王洋是某中学初中一年级的学生,成绩一直不好。在数学课上他不认真听讲,所以老师经常在课堂上用教鞭抽打他。因此,王洋一想到数学课,就感到害怕。

分析：根据我国《教育法》、《义务教育法》、《未成年人保护法》的规定，学校、幼儿园的教职员应尊重未成年人的人格尊严，不得对未成年学生和儿童实施体罚、变相体罚或者有其他侮辱人格尊严的行为。由此可见，教师也应当尊重学生的人格尊严。如果因为学习成绩不好，上课不认真听讲而体罚王洋，无疑会对他的身心健康构成很大的伤害，影响他健全人格的形成，而体罚学生也是法律所不允许的。对于老师违法行为，王洋可以通过他的监护人或者学校领导，要求教师纠正其体罚学生的错误做法。如果老师坚持不改的话，也可以要求对其给予行政处分，或者直接向人民法院提起诉讼，以维护学生自己的合法权益。

（四）拖欠教师工资的法律责任

《教师法》第三十八条规定："地方人民政府对违反本法规定，拖欠教师工资或者侵犯教师其他合法权益的，应当责令其限期改正。违反国家财政制度、财务制度，挪用国家财政用于教育的经费，严重妨碍教育教学工作，拖欠教师工资，损害教师合法权益的，由上级机关责令限期归还被挪用的经费，并对直接责任人员给予行政处分；情节严重，构成犯罪的，依法追究刑事责任。"

（五）侵犯教师合法权益的法律责任

《教师法》第三十九条规定："教师对学校或者其他教育机构侵犯其合法权益的，或者对学校或者其他教育机构作出的处理不服的，可以向教育行政部门提出申诉，教育行政部门应当在接到申诉的三十日内，作出处理。教师认为当地人民政府有关行政部门侵犯其根据本法规定享有的权利的，可以向同级人民政府或者上一级人民政府有关部门提出申诉，同级人民政府或者上一级人民政府有关部门应当作出处理。"

《教师法》第三十九条的规定也是属于教育法律救济的条款。

三、《义务教育法》关于法律责任的认定（部分）

（一）未履行对义务教育经费保障职责的法律责任

《义务教育法》第五十一条规定："国务院有关部门和地方各级人民政府违反本法第六章的规定，未履行对义务教育经费保障职责的，由国务院或者上级地方人民政府责令限期改正；情节严重的，对直接负责的主管人员和其他直接责任人员依法给予行政处分。"

（二）学校违反国家规定收取费用的法律责任

《义务教育法》第五十六条规定："学校违反国家规定收取费用的，由县级人民政府教育行政部门责令退还所收费用；对直接负责的主管人员和其他直接责任人员依法给予处分。"

（三）监护人妨碍被监护人接受义务教育的法律责任

《义务教育法》第五十八条规定："适龄儿童、少年的父母或者其他法定监护人无正当理由未依照本法规定送适龄儿童、少年入学接受义务教育的，由当地乡镇人民政府或者县级人民政府教育行政部门给予批评教育，责令限期改正。"

四、《未成年人保护法》关于法律责任的认定(部分)

(一) 监护人不依法履行监护职责的法律责任

《未成年人保护法》第六十二条规定:"父母或者其他监护人不依法履行监护职责,或者侵害未成年人合法权益的,由其所在单位或者居民委员会、村民委员会予以劝诫、制止;构成违反治安管理行为的,由公安机关依法给予行政处罚。"

(二) 教育机构侵害未成年人合法权益的法律责任

《未成年人保护法》第六十三条规定:"学校、幼儿园、托儿所侵害未成年人合法权益的,由教育行政部门或者其他有关部门责令改正;情节严重的,对直接负责的主管人员和其他直接责任人员依法给予处分。"

(三) 教育机构教职员工对未成年人实施体罚的法律责任

《未成年人保护法》第六十四条规定:"学校、幼儿园、托儿所教职员工对未成年人实施体罚、变相体罚或者其他侮辱人格行为的,由其所在单位或者上级机关责令改正;情节严重的,依法给予处分。"

栏目 8-7

法律责任

对法律责任可以从不同的角度作出多种不同的分类形式。最为常见的分类是按违法的性质和危害程度的不同作出划分。依此标准,法律责任可分为:民事法律责任,行政法律责任,刑事法律责任,违宪法律责任。

(1) 民事法律责任:民事法律责任是指违反了民事法律规范而应当依法承担的民事法律后果。民事法律责任就是基于民事违法行为而产生的,具体包括违反合同的民事法律责任和侵权的民事法律责任两类。民事法律责任主要是财产责任。民事法律责任可以在允许的范围内自愿和解。

(2) 行政法律责任:行政法律责任是指违反了行政法律规范而应当依法承担的行政法律后果。行政法律责任是基于行政法律关系而发生的,即在行政管理中,由行政主体一方违反行政法律义务或相对人违法所引起的法律关系。

(3) 刑事法律责任:刑事法律责任是指违反了刑事法律规范而应当依法承担的刑事法律后果。承担刑事法律责任的根据是严重的违法行为。刑事法律责任是最严重的法律责任。

(4) 违宪法律责任:违宪法律责任是指因违反宪法而应当依法承担的法律后果。

法律责任主要包括以上四种形式,但这四种形式有时不是单独使用的。对于同一个违法行为,有时需要同时追究多种形式的法律责任。

参考文献

[1] 张光杰.法理学导论[M].上海:复旦大学出版社,2015.

[2] 张维平,石连海.教育法学[M].北京:人民教育出版社,2008.

［3］杨颖秀. 教育法学［M］. 北京：中央广播电视大学出版社，2004.

［4］李小燕. 教育法学［M］. 北京：高等教育出版社，2001.

［5］劳凯声. 中国教育法制评论［M］. 第 10 辑. 教育科学出版社，2012.

［6］劳凯声. 中国教育法制评论［M］. 第 12 辑. 教育科学出版社，2014.

［7］中华人民共和国宪法.

［8］中华人民共和国教育法.

［9］中华人民共和国义务教育法.

［10］中华人民共和国教师法.

［11］中华人民共和国未成年人保护法.

［12］中华人民共和国预防未成年人犯罪法.

［13］中华人民共和国侵权责任法.

［14］学生伤害事故处理办法.

思考题

1. 简述教育法的基本原则。

2. 什么是教育法的渊源？教育法有哪些渊源？

3. 什么是教育法律关系？教育法律关系有哪些类型？

4. 什么是依法治国的内涵？如何进行依法治教？

5.《教育法》规定学校有哪些权利、义务？

6.《教师法》规定教师有哪些权利、义务？

7.《教育法》规定学生有哪些权利与义务？作为普通公民他们有哪些权利？

8.《学生伤害事故处理办法》规定哪些情况学校要承担法律责任？

9. 什么是教育法律救济？教育法律关系主体权益受到侵害可以通过哪些途径得到法律救济？

扫一扫二维码
直接获取答案
要点

10. 案例分析：

某天，某中学学生何某在陈老师上课板书之际，偷偷在下面抽烟，陈老师发现后叫他交出香烟，但何某再三否认自己抽烟。于是陈老师怒气冲冲地骂了他一顿并打了他两个耳光，恰好打在他的左耳上，使其左耳失聪。

（1）陈老师的行为违反了哪些法律规定？请根据相关法律进行分析。

（2）如果陈老师的行为不合法，他可能承担什么法律责任？

扫一扫二维码
轻松获取练习题